## 第17辑
(2013年·冬)

中文社会科学引文索引(CSSCI)来源集刊

# 文化研究

首都师范大学文化研究院
南京大学人文社会科学高级研究院　主　办

陶东风（执行）　周　宪　主　编
胡疆锋　　　　　周计武　副主编

社会科学文献出版社
SOCIAL SCIENCES ACADEMIC PRESS (CHINA)

# 《文化研究》编委会

**主　编**

陶东风（执行）　首都师范大学文化研究院

周　宪　南京大学人文社会科学高级研究院

**编　委**

国内学者（按姓氏笔画排序）

王　宁　清华大学

王逢振　中国社会科学院

王德胜　首都师范大学

乐黛云　北京大学

邱运华　首都师范大学

陈晓明　北京大学

金元浦　中国人民大学

赵　斌　北京大学

高丙中　北京大学

曹卫东　北京师范大学

戴锦华　北京大学

海外学者（按姓氏拼音排序）

洪恩美　澳大利亚西悉尼大学

托尼·本尼特　英国开放大学

大卫·伯奇　澳大利亚迪金大学

阿里夫·德里克　美国杜克大学

西蒙·杜林　美国约翰·霍普金斯大学

约翰·哈特莱　澳大利亚昆士兰科技大学

刘　康　美国杜克大学

鲁晓鹏　美国加州大学戴维斯分校

格雷厄姆·默多克　英国拉夫堡大学

约翰·斯道雷　英国桑德兰大学

沃尔夫冈·威尔什　德国耶拿席勒大学

徐　贲　美国加州圣玛丽学院

张旭东　美国纽约大学

张英进　美国圣迭戈加州大学

## · Editors-in-chief

Tao Dongfeng (Execute)　　Institute for Cultural Studies, Capital Normal University

Zhou Xian　Institute of Advanced Studies in Humanities and Social Sciences, Nanjing University

## · Editorial Board

**Domestic scholars**

Wang Ning　Tsinghua University

Wang Fengzhen　Chinese Academy of Social Sciences

Wang Desheng　Capital Normal University

Yue Daiyun　Peking University

Qiu Yunhua　Capital Normal University

Chen Xiaoming　Peking University

Jin Yuanpu　Renmin University of China

Zhao Bin　Peking University

Gao Bingzhong　Peking University

Cao Weidong　Beijing Normal University

DaiJinhua　Peking University

**Overseas scholars**

Ang, Ien　University of Western Sydney, Australia

Bennett, Tony　Open University, UK

Birch, David　Deakin University, Australia

Dirlik, Arif　Duke University, USA

During, Simon　The Johns Hopkins University, USA

Hartley, John　Queensland University of Technology, Australia

Liu Kang　Duke University, USA

Lu Xiaopeng, University of California, Davis, USA

Murdock, Graham　Loughborough University, UK

Storey, John　University of Sunderland, UK

Welsch, Wolfgang　Friedrich-Schiller-University Jena, Germany

XuBen　St. Mary's College of California, USA

Zhang Xudong　New York University, USA

Zhang Yingjin, University of California, San Diego, USA

# 目 录

主编的话 …………………………………………………… 陶东风 / 1

## 文本解读与历史反思

见证极权环境下的人性变异
　　——《血色黄昏》解读 ……………………………… 陶东风 / 3

## 专题一　城市文化研究

编者按 …………………………………………………………… / 37
帝京的明信片
　　——清代文人画作中的北京城市景观 ………………… 鞠　熙 / 39
北平沦陷的瞬间
　　——从"水平轴"的视野 ………………………………… 袁一丹 / 57
"都市梦"与"反都市"：清末民初留日学人的都市观 ……… 蒋　磊 / 80
永井荷风的文学漫步：都市漫游与日本现代性的反映
　　………………… 马尔文·马克斯（Marvin Marcus）著　郑以然 译 / 92
公共艺术与城市文化构建
　　——21世纪中国公共艺术生态考察 …………………… 李　雷 / 103

## 专题二　创伤记忆与文化表征

编者按 ………………………………………………………… / 121

事件化：哲学反思与历史叙事 …………………………………… 宋　伟 / 124
后国家和前国家时代的纪念与忘却
　　——近年华语电影对抗日战争的描绘 ……………………… 钱　坤 / 139
知青文学的一个盲点：论知青小说中红卫兵经历的处理
　　……………………………………………………………… 梁丽芳 / 156
"艾赫曼审判"之后：1960年代以色列本土作家的大屠杀书写
　　……………………………………………………………… 钟志清 / 168
"由侧面切入"：历史创伤与叙事模式
　　………………………………………… 裴尼柯（Nicoletta Pesaro）/ 182
文化创伤与记忆伦理 …………………………………………… 陈全黎 / 195

## 专题三　保罗·维利里奥研究

译者按 ……………………………………………………………………… / 217
保罗·维利里奥简介
　　………………………〔英〕约翰·阿米蒂奇 著　李会芳　常海英 译 / 218
20世纪军事战略家保罗·维利里奥：战争、电影与知觉的
　　后勤学 ………〔英〕约翰·阿米蒂奇 著　李会芳　常海英 译 / 239
《消失的美学》介绍 ……………〔英〕约翰·阿米蒂奇 著　李会芳 译 / 248

## 其他论文

当代中国文化场域中的主体与绝爽 …………………………… 杨小滨 / 267
莫言的《蛙》与社会主义优生学 ……………………………… 毕新伟 / 292
论文化记忆-文化想象的"共生环"
　　——基于南京民歌、"新民歌"的研究 …………………… 徐一超 / 308
视觉文化视域下的时尚秀场文化研究 ………………………… 史亚娟 / 327
粉丝群的形成：娱乐产业、文化消费与粉丝实践 …………… 同　心 / 343
瓷们，工体去！
　　——北京国安青年球迷亚文化研究 ………………………… 刘　佳 / 357

# Contents

Introduction                                   Tao Dongfeng / 1

## Text Reading and Historical Reflection

A Witness to the Variation of Human Nature in Totalitarianism:
   An Interpretation of *SanguineDusk* (*XueSeHuangHun*)    Tao Dongfeng / 3

## Issue Ⅰ    Urban Culture Study

A Brief Introduction                                                / 37
Postcards of Capital: The City Landscape of Beijing in the Scholar
   Paintings of the Qing Era                              Ju Xi / 39
The Moments of Peiping Fell: From a Horizontal Perspective
                                                   Yuan Yidan / 57
"BigCity Dream" or "Anti-city": The Ideas of the City of Students
   Abroad in Japan in the Late-Qing-early-ROC Period    Jiang Lei / 80
Nagai Kafū's Literary Strolls: Reflections on City Walks and
   Japanese Modernity                             Marvin Marcus / 92
Public Art and the Construction of City Culture: Ecological Investigation
   on the New Century China's Public Art                 Li Lei / 103

## Issue II  Traumatic Memory and Cultural Representation

A Brief Introduction / 121

Eventualization: Philosophical Reflection and Historical Narrative

*Song Wei* / 124

Remembering and Forgetting in Post-national and Pre-national Era:
 The Reflection on Anti-Japanese War of Chinese-language Films
 Recent Years *Qian Kun* / 139

A Blind Spot in Zhiqing Literature: On the Treatments of Red
 Guard Experiences in Zhiqing Fiction *Liang Lifang* / 156

After the Eichmann Trial: The Holocaust Writings of Jerusalem
 native writers in 1960s *Zhong Zhiqing* / 168

"Oblique": Historical Trauma and Narrative Pattern

*Nicoletta Pesaro* / 182

Cultural Trauma and Memory Ethics *Chen Quanli* / 195

## Issue III  On Paul Virilio

A Brief Introduction / 217

A Brief Introduction of Paul Virilio *John Armitage* / 218

A Military Strategist of 20th Century Paul Virilio: Cinema, War
 and the Logistics of Perception *John Armitage* / 239

An Introduction of *the Aesthetics of Disappearance* *John Armitage* / 248

## Other Articles

Subjectivity and Jouissance in the Cultural Arena of Contemporary
 China *Yang Xiaobin* / 267

Mo Yan' *Frog* and Socialist Eugenics *Bi Xinwei* / 292

On the Symbiosis Circle of Cultural Memory and Cultural
    Imagination: A Study Based on the Folk Songs and New
    Folk Song in Nanjing　　　　　　　　　　　　*Xu Yichao* / 308
Fashion Show Culture Study in the Horizon of visual Culture
　　　　　　　　　　　　　　　　　　　　　　　*Shi Yajuan* / 327
The Form of Fandom: Entertainment Industry, Culture Consumption
    and the practice of Fans　　　　　　　　　　*Tong Xin* / 343
Ci, Let's Go To Beijing Workers' Stadium: On the Fans of
    Beijing Guoan Football Club as Subculture　　*Liu Jia* / 357

# 主编的话

陶东风

《文化研究》丛刊2013年起改为季刊，每年4期（分别为"春之卷""夏之卷""秋之卷""冬之卷"），由首都师范大学文化研究院与南京大学人文社会科学高级研究院联合主编。由于第一次做这样的改动，稿子的需求量和编辑工作量一下子翻了一倍多，周宪和我都有些措手不及。虽然用尽了全力，但秋之卷（总第16期）和冬之卷（总第17期，即本辑）的出版还是拖延了时间。本该2013年底出版的"冬之卷"拖到了现在才交稿，这是我首先要向出版社和读者表示抱歉的。

本辑还是延续惯例，采用专题形式，共编了三个专题。

第一个是"城市文化研究"专题，这也是《文化研究》一直关注的专题。但本辑文章在选题、研究对象和研究角度方面都更有特色，更加多样化，更加不拘一格，且突出了本土的题材和视野。鞠熙的《帝京的明信片——清代文人画作中的北京城市景观》结合各种文献资料和口头资料，解读了清代文人画中的北京城市景观及其体现的审美趣味，体现了作者独特的学术发现。蒋磊的《"都市梦"与"反都市"：清末民初留日学人的都市观》揭示了期末民初留日学人的"留学梦""日本梦""强国梦"与"都市梦"之间的联系，特别是作者发现了一个有趣的现象：一部分留日学人的反日情绪以及由此产生的民族主义，十分微妙地与"反都市"的情绪叠合在一起，于是使得我们可以从一个新的角度理解民族主义情感的复杂性。袁一丹《北平沦陷的瞬间——从"水平轴"的视野》别出心裁地把"瞬间"作为一种叙事策略加以解读，提出了"水平轴"的研究设想，通过自己的研究发现："国家""主权""异族""占领"等抽象概念只有在和老百姓最基本的生活秩序发生联系，表现为对自己切身的威胁，并产生强烈的被排斥感时，才会变得实在具体，老百姓才会摆脱看客的位置，意识到异族支配的存在，意识到沦陷与个人的关系，进而锁定个人与国家主权的关系。

这里我们还要特别提一下华盛顿大学马尔文·马克斯（Marvin Marcus）的《永井荷风的文学漫步：都市漫游与日本现代性的反映》。借助这篇分析细腻深入的文章，我们得以知晓日本作家永井荷风（1879～1959）塑造的日本明治时期的"城市小路漫步者（日荫者）"形象，这是一个堪与本雅明笔下的漫游者相比拟的形象。

本辑的第二个专题为"创伤记忆与文化表征"，这也是本刊第四次关注与记忆（创伤记忆、文化记忆、集体记忆等）相关的话题。在此之前，本刊已分别做过如下专辑：第 10 辑的"现代性与历史记忆中的权力空间"，第 11 辑的"文化记忆：西方与中国"，第 13 辑的"历史记忆中的影像政治"。这不仅因为记忆问题是目前国际上很热的话题，更因为这个话题和中国有极大的相关性。

本专题论文主要来自 2013 年 5 月 27 日至 28 日首都师范大学文学院举办的"创伤记忆与文化表征：文学如何书写历史"国际学术研讨会参会论文。把学术会议的举办与本刊的组稿编辑工作捆绑在一起，是本刊的一贯做法。事实证明这样做效果很好：既留下了会议的成果，又保证了刊物的稿源与质量。

这个专题的作者、论题和风格，同样体现了多样化和博采众长的原则。既有来自美国的学者，也有来自中国的学者；既有对历史记忆、历史叙事最新理论的介绍（宋伟《事件化：哲学反思与历史叙事》），也有对文学与电影中的创伤记忆书写的个案研究；既有关于以色列作家大屠杀文学的分析（钟志清的《"艾赫曼审判"之后：1960 年代以色列本土作家的大屠杀书写》），也有关于大陆知青文学的研究（梁丽芳《知青文学的一个盲点：论知青小说对红卫兵经历的处理》）。还有对于大陆、台湾电影的比较研究（钱坤的《后国家和前国家时代的纪念与忘却——近年华语电影对抗日战争的描绘》）。所有这些文章虽然在选题和论述方法上各有特色，但它们都关注了一个共同的问题：创伤记忆的书写与文学/艺术表征之间的关系，它们都在提醒读者：如同美国社会学家杰弗里·亚历山大等人指出的，文化创伤并不是一个自然事实，而是一种文化建构，是一种符号表征行为的结果。

一个事件能否被建构为文化创伤，被建构为什么样的创伤，不仅取决于事件本身，更取决于如何去书写和叙述这个事件。关于创伤的表征行为总是受到权力、意识形态、时代精神状况等的制约，其所体现的种种问题和症候因此也就成为解剖意识形态权力话语的绝佳切入口。

本辑的最后一个专题是介绍英国学者阿米蒂奇教授（Prof. John Armitage）的维利里奥研究。保罗·维利里奥（Paul Virilio, 1932~ ）是当代法国一位传奇式的人物，正如译者说的，他是最具原创性的军事战略家、城市规划理论家、速度政治思想家和技术艺术批评家，还被称为关于西方未来的考古学大师。这些五花八门的头衔不仅显示了其研究领域的斑驳复杂，也反映其思考方式的非同寻常。自20世纪90年代以来，越来越多的西方学者开始沉迷于对他的研究，其中英国学者阿米蒂奇教授更是其中翘楚。本辑三篇文章均为阿米蒂奇教授授权本刊发表，借此机会，特向阿米蒂奇教授致谢。

本辑的其他文章也都值得在这里郑重推荐，限于篇幅，就此打住。

陶东风<br>2014年1月26日

## 文本解读与历史反思

# 见证极权环境下的人性变异
## ——《血色黄昏》解读

陶东风[*]

**摘要**：本文试图从见证文学的角度解读老鬼的自传体小说《血色黄昏》，并认为从见证文学的标准看，很多批评家对于老鬼此书的指责，比如缺乏艺术加工、语言粗糙、文学性不足、结构简单等，都是不能成立的，而且恰恰相反，这些所谓的缺点正好是作为见证文学的《血色黄昏》的优点。因为见证文学的最高原则就是客观地作见证，任何艺术加工都会损害这种见证的客观性。然后文章集中论述了小说如何见证了极权时代的人性蜕变："文革"的极权环境使老鬼及其周围人丧失人性，蜕变为动物。

**关键词**：老鬼 《血色黄昏》 见证文学 动物化

**Abstract**：This paper has attempted to interpret the autobiographical novel *Sanguine Dusk* written by Lao Gui from the angel of literature of testimony. Many critics criticized *Sanguine Dusk* for its lack of artistic processing and literariness such as coarse language and simple structure. The paper first argues that it is these so-called defects that prove *Sanguine Dusk* to be a good example of literature of testimony because any artistical processing will cripple the objectiveness which is embraced as the highest principle of literature of testimony. Then it further explains how the novel witnesses the variation of human nature in totalitarianism and indicates that Lao Gui and

---

[*] 陶东风，首都师范大学文化研究院教授、首席专家。

people around lost their human nature and degenerated into lower animals due to the totalitarian environment during the Cultural Revolution.

**Keywords**：Lao Gui　*Sanguine Dusk*　Literature of Testimony　animalization

老鬼的《血色黄昏》虽然出版于 1987 年，但开始写作的时间是 1975 年，原名《八年》（八年是作者在内蒙古插队的时间，1969～1976），历时三年后于 1978 年完成，也就是完成于"伤痕文学"流行的时候。[①] 作品先后被 14 家出版社退稿。1987 年（其等待出版的时间长于写作和修改的时间），中国工人出版社终于出版了此书（改名《血色黄昏》），由此可见，本书严格说是 20 世纪 70 年代末的作品。指出这点非常重要，只有明确这点，才能对这部作品与同时期其他知青文学，尤其是"伤痕文学"进行有意义的比较（包括相同和不同），给出相对客观的评价。

尽管推迟了 9 年出版，但本书出版后仍然引起了轰动，而且除了中国工人出版社外，还被多家出版社出版，发行量至少超过了 50 万册，[②] 并被译成多种文字在国外和我国港台出版。而且即使放在 1987 年的语境中，这部小说相比于同时期的其他同类题材小说，仍然是非常独特和有价值的。

## 一　关于《血色黄昏》的评价问题

《血色黄昏》的出版充满了戏剧性，关于这本书的评价同样如此。杨健在《中国知青文学史》中对于《血色黄昏》的评价是："《血色黄昏》是知青运动几十年以来，最具有价值的一部知青长篇小说。它描述了知青真的人生、真的历史。在'悲壮的青春'叙事背后，知青的历史通过《血色黄昏》终于得到了还原。它是知青文学的一块里程碑，至今还没有一部知青

---

[①] 洪子诚先生的《中国当代文学史》就把这本书归入"伤痕文学"。
[②] 目前查到的《血色黄昏》4 次出版信息：《血色黄昏》（第一版），中国工人出版社，1987 年 6 月第 1 版，1988 年 3 月第 3 次印刷，80910 册；《血色黄昏》（第二版），中国工人出版社，1989 年 5 月第 2 版，1990 年 7 月第 8 次印刷，197060 册；《血色黄昏》（修订版），中国社会科学出版社，1997 年 1 月第 1 版，1997 年 1 月第 1 次印刷，20000 册；《血色黄昏》（全新增订版），新星出版社，2010 年 10 月第一版，2010 年 10 月第一次印刷（此版是老鬼最新进行修订版本，比修订版多出约 3 万字）。

小说达到和超过这部小说的思想艺术成就。"①

这个评价似乎很高，但是作者接着又对小说做了尖锐的批评："小说还带有习作的痕迹"，"作者文学修养不足，结构、层次不够缜密，内容文字粗糙、简单"，"作者的粗蛮性格显得缺乏文明的浸润，加之流露的贵族习气，影响了小说可能达到的人道主义高度"。

值得注意的是，杨健肯定的是这部小说的"真实性"，说因为它"终于还原"了知青的历史（好像别的知青小说都没有做到这点）；而否定的则是这个小说文字上、艺术上的简单、粗糙，缺乏艺术加工。这样的评价不但自我矛盾，而且凸显了真实性和艺术性两个标准之间的矛盾，我们不禁要问：所谓的艺术性和真实性是否可以兼得？如果进行了"艺术加工"，调整"结构"和"层次"，《血色黄昏》还能"还原"知青的历史吗？因为显然，只要涉及艺术加工，就不可能保持对知青生活的实录式书写，当然也就无法"还原"知青生活。

对《血色黄昏》的这种评价并不限于杨健。比如许子东也认为："该书（《血色黄昏》）真是十分朴实，甚至文学性也不是很强。语言可以说是质朴自然，也可说是平淡的学生腔。技巧可以说是素朴也不妨说是粗糙。结构的营造、时空的剪辑处理、意识流的运用、哲理化的倾向等等，都谈不上。"它甚至"像是一段似乎未经处理过的原材料"。许子东的结论是："《血色黄昏》并非杰出的艺术品，在'文学性'层面讨论该小说意义不大。"但尽管如此，许子东仍然说"它无疑却是近十年来表现'文革'最重要的作品之一"。原因同样是它的"真实"。

我以为，通常的所谓"文学性/艺术性"的标准只适合于虚构文学。《血色黄昏》的确缺少"文学性"，但问题是《血色黄昏》是一部自传体小说，它通过非常朴素、原始、本真的语言（包括所谓的"学生腔"其实也是本真的一部分），记录了自己亲历的事件，有一些比较大的事，但更多是自己的琐事（比如监狱中的非人生活、在山上自己一个人的孤独无聊、挖空心思为自己翻案，等等）。小说中几乎没有虚构，也没有所谓"艺术加工"（它的结构完全是随自己的经历而直线式安排的）、文字润色（文字保持了原始的粗糙）。②

---

① 杨健：《中国知青文学史》，中国工人出版社，2002，第379页。
② 当然，虽然作者自诩的写作原则是自己不知道的事情不写，但是并没有完全做到这点，比如在监狱的时候外面的事情也写得很详细，雷夏等人是怎么出卖自己的，也没有交代自己的消息来源。

这里涉及的一个问题是：像《血色黄昏》这样的作品到底是否符合文学性的标准？甚至可以这样问：《血色黄昏》是"文学作品"吗？

我以为《血色黄昏》属于"见证文学"的范畴。小说的广告语宣称这是一部探索性的"新新闻主义长篇小说"，突出的不是文学性而是新闻性和纪实性。就作者的写作动机而言，其见证意识也是明确的（而其文学意识或审美意识倒是很薄弱）。作者明确拒绝虚构，坚持如实写作的宗旨。不妨说，作者对本书的所谓缺乏"文学性""粗糙"有清醒认识："本书只不过是其中的沧海一粟。它算不上小说，比起那些纤丽典雅的文学艺术品，它只能算是荒郊野外的一块石头。"① 在自己摘掉了"反革命"帽子、快要"翻身"的时候，作者写道："我要把自己经历的这一切都写出来，以免将来忘记。出版不了就出版不了，文学水平不高、粗糙丑陋也没什么。如果它能够真实反映出这个庞大的社会的一角，反映出浩大的上山下乡运动中的一个小小侧面，就没白费力气。"② "经历的各种事太多了，根本不用虚构，不用编，照实写出来，就是一篇引人入胜的小说。"③ 在这里，作者明确拒绝虚构和"编"，显然是有自己的考虑的：为了保持原貌。"在这种巨大的真实面前，文学的许多技巧、修饰、小把戏都显得苍白和微不足道。"④ 在作者看来，《血色黄昏》是不是"好小说"并不重要。

## 二 见证文学及其评价标准

那么，到底什么是"见证文学"？

"见证"，testimony 或 witness，原是法律术语，指法庭上证人的证词、证言。见证者必须是目击者、亲历者。作为专门术语的"见证文学"，应该是指由亲历者撰写的、为历史作见证的文学。在西方，"见证文学"特指 20 世纪缪勒、凯尔泰斯等作家，同时也是大屠杀亲历者所撰写的，有关大屠杀和集中营经历的自传体小说（上述几个作家都因为写作自己的奥斯维辛经历而获得了诺贝尔文学奖）。所以"见证文学"又称"幸存者文学。"

---

① 《血色黄昏》扉页作者题词，新星出版社，2010。
② 《血色黄昏》，中国社会科学出版社，2005，第 478 页。
③ 《血色黄昏》，第 478 页。
④ 《血色黄昏》，第 614 页。

"见证文学"和法庭上的"证言、证词"一样,其最高的标准是客观性、真实性和可靠性/可信性,而且见证者必须是灾难的亲历者(否则没有见证资格)。见证的语言必须是客观的、朴素的,拒绝感情色彩,更拒绝虚构(否则就会影响客观性)。法庭上的证人只需陈述自己知道的事实真相,不要抒情和议论。在这个意义上,可能"见证叙事""见证式书写"是一个更为合适的概念,可以免去"文学性"问题的纠缠。①

因为见证者必须是亲历者,因此,见证文学的叙事者一般是"我"。徐贲说:"只有真实经历者本人才有权利说,这是'我'的经历。'我'不只是一个方便的叙述角度,而且是一个对经验真实的承诺和宣称。这是一个别人无法替代的'我',一个非虚构的我。"② 自传体小说、回忆录和纪实性散文,是见证文学的主要类型,其共同特点是非虚构性,而《血色黄昏》正好符合上述这些条件,属于自传体小说。

"见证文学"的特殊意义在见证而非文学。"'文革'后中国的见证文学不仅是一种非常重要和不容忽视的文学存在,而且还创生、坚持和发展出一种相当独立的文学伦理,这就是'见证的伦理'。见证者的基本特点,就是'反抗遗忘'和'坚持真实',它们也是见证文学对待历史、对待现实以及对待写作者和文学自身的最为基本的伦理姿态。"③ 文学的见证功能之所以被如此强调,是因为它是一种反(官方)历史的历史书写。正如万之所说:"文学能够起到为历史作见证的作用,作家应该记录个人在历史中的深切和真实的感受,用自己的语言去对抗以意识形态来叙述的历史和政治谎言,也就是在给凯尔泰斯的颁奖词中清楚地说明的,'支持个人脆弱的经验而反对历史的野蛮专横'。"④ 这就要求见证作家必须超越意识形态话语以及意识形态规约下的历史理解和历史书写模式,"在再现个人经验时,作家只是见证人而不是其他。他首先不能把自己当作法官,或者当作审判团的成员,他不需要做出判决,或者干预判决,对谁有罪或者历史功过做出超出见证人立场的判决,因此作家就只是一个当事的见证人,一个个人,而不

---

① 徐贲就认为,"见证文学"的"文学"是在文献意义上使用的。
② 徐贲:《"记忆窃贼"和见证叙事的公共意义》,《外国文学评论》2008 年第 1 期。
③ 何言宏:《当代中国的见证文学——"文革"后中国文学中的"文革"记忆》,《当代作家评论》2010 年第 6 期。
④ 万之:《诺贝尔文学奖传奇》,上海人民出版社,2010,第 116~117 页。

代表法律，不代表任何意识形态，不代表道德标准，不代表任何政党、集团和政权"。① 这个对于见证者及其角色、作用的界定非常重要：见证的责任就是见证而不是判决，不做审判官，不发表主观评价，尤其是不能代表法律、意识形态、政党历史观和道德标准进行审判和评价。不但不能站在为大屠杀、"文革"辩护的立场来歪曲其极权主义灾难的性质，甚至也不能站在相反的立场（比如所谓的"拨乱反正"）发泄自己对大屠杀和"文革"等极权主义灾难的道德义愤，不能宣泄自己作为受害者的情感（这正是"伤痕文学"很要命的地方）。只有这样才能超越既有的意识形态和历史话语模式（哪怕是作者及其同时代人认为是"正确的"意识形态和历史话语模式）。也许正因为这个缘故，埃利·维赛尔的《夜》②、凯尔泰斯·伊姆雷的《无命运的人生》③ 等经典的见证文学名著，采用的完全是客观叙述的方法。

　　从这个标准出发或许有助于我们准确理解《血色黄昏》作为见证文学的地位与意义。回到当时的历史语境。"文革"结束以后，在对"文革"的历史讲述中，意识形态的权威话语（以《关于建国以来党的若干历史问题的决议》为代表）一直是衡量每一种关于"文革"的历史叙述是否"正确"的基本规范与标准，它有力地规约着各种关于"文革"的叙述（马识途所说的"官方文书"中的"文革叙述"④）。由此造成的结果是，不管是"伤痕文学""知青文学"，还是"反思文学""归来者的文学"，都受一种常见叙述模式的程度不同的制约："文革"是一小撮坏人利用领袖的错误造成的灾难；"文革"已经结束，坏人已经得到惩罚，冤案已经得到平反；"黑暗"已经过去，"新时期"开始了，大家"团结一致向前看"，等等。由于这套意识形态话语的宏观性与抽象性，"文革"时期每一个个体的具体命运很难得到客观、细致的呈现，其对"文革"的历史讲述也难做到生动、丰富与具体。与此同时，同样是受当时意识形态话语的激发，"伤痕文学""反思文学"的作者常常站在"法官"或"审判官"的立场来对历史进行宣判，预言历史的方向（这个所谓"方向"当然是党的方向），而且即使是

---

① 转沈杏培《小说中的文革》，南京师范大学博士论文，2011，第222页。
② 〔美〕埃利·维赛尔：《夜》，王晓秦译，吉林文史出版社，2006；此作者名也有译为"埃利·威塞尔"。
③ 〔匈〕凯尔泰斯·伊姆雷：《无命运的人生》，许衍艺译，译林出版社，2013。
④ 参见何言宏《当代中国的见证文学——"文革"后中国文学中的"文革"记忆》，《当代作家评论》2010年第6期。

一些回忆录（比如巴金的《随想录》），其中也有大量的议论、道德评价和情感抒发，很难说是典型的见证文学，因为作者并没有恪守见证人的只见证不判决、不干预判决、不宣泄受害者情感的原则立场。①

而《血色黄昏》作为"文革"的个体见证叙事，虽然还存在一些抒情议论的文字，但总体而言遵循了客观呈现的见证叙事原则，在很多方面丰富、补充甚至超越了"伤痕文学""反思文学"中的"文革"叙述模式。特别是，作者见证原则也是指向自己的。用事实来对抗谎言的原则使得作者没有掩饰自己在"文革"时期的种种兽性行为（比如和母亲杨沫决裂、把自己的亲姐姐捆绑在家里等）。在此书的修订版（新星出版社，2010）中，作者还特地增加、补充了自己"刚到草原时，因跟人斗气，写告密信，揭发同伴出身不好，把因情绪而给自己所恨的人加上的某些坏事还原给真正的责任者"等情节。

## 三　存在广义的"见证文学"吗？

应该在宽泛的、不太严格的意义上，还是在狭窄的、严格的意义上使用"见证文学"一词？沈杏培和徐贲、万之持两种截然相反的立场。

沈杏培在他的博士论文《小说中的文革》中持广义的"见证文学"概念，他认为不应该持"绝对真实"的见证文学标准，他所谓"艺术化地见证"的主张认为：虚构、夸张等文学手法在见证文学中是允许的，因为"见证文学"见证的不但是个人的、客观的历史，而且也可以是一个时代的"基本精神特征"。② 如果持这个标准，就没有必要把在"现实主义文学"或"批判现实主义文学"，乃至"文学"之外再杜撰一个"见证文学"术语了。因为任何文学都是要反映一个时代的"基本精神特征"的。

这里应该把文学的所谓"认识价值"与见证文学的那种纯客观的见证、记录区别开来。在我们的文学理论中，文学作品的"真实性""认识价值"

---

① 不少人把巴金的回忆录《随想录》也归入见证文学，有些评论家指责它缺乏"文学性""艺术性"，"忽略了文学技巧"，"文法上不通顺"，充满了情感的宣泄和肤浅的议论。何言宏拿见证文学的标准为巴金辩护。其实这个辩护是无力的，巴金的《随想录》的确充满了"情感的宣泄和肤浅的议论"。说它是见证文学很勉强。参见何言宏《当代中国的见证文学——"文革"后中国文学中的"文革"记忆》，《当代作家评论》2010年第6期。

② 沈杏培：《小说中的文革》，第195～200页。

与其艺术加工（虚构、想象等）并不矛盾，尤其是在把"真实性"理解为"艺术真实"或认为后者高于"生活真实"的时候就尤其如此。依据所谓"艺术真实"理论，文学的"认识价值"指的并不只是认识某个亲历者的客观经历，而是认识历史、社会的所谓"本质"，而"艺术加工"就是为了更深刻地反映、揭示这个所谓"本质"。如果只要具有这样的"认识价值"就是"见证文学"，那么岂不是凡文学都是见证文学？

当然我们必须补充说明的是：见证文学并不一定是最具有思想深度（更不要说艺术水平）的文学，比如《无命运的人生》，写一个十四岁小男孩克韦什·哲尔吉在奥斯维辛集中营的见闻，他还没有反思能力，用小孩的懵懂眼光看世界，没有任何的解释和评判。在他的眼里，集中营的一切都很"自然"。很难认为这个作品有多少理性反思的深度，但这并不妨碍其成为卓越的见证文学（作者还因为这本书而获得了2002年度的诺贝尔文学奖）。

大概就是因为上述原因，徐贲持与沈杏培相反的立场。在《孤独的写作和文革记忆叙述：从行村哲的〈孤独的咒语〉谈起》一文中，徐贲阐发了自己对"幸存者文学"——实即"见证文学"——这种特殊文类及其叙事特征的看法。行村哲的《孤独的咒语》以小说形式记叙了作者本人"文革"时期的遭遇。徐贲觉得作品中太多的虚构影响了其纪实性。徐贲由此谈到了"幸存者文学"中纪实和虚构的关系。徐贲认为，如果行村哲的写作"志业"是为"文革"灾难见证，那就不应该在小说中加入过多的虚构从而使得作品更像小说而不是纪实文学。

在徐贲看来，幸存者文学或见证文学这种文类的特殊意义和价值，就在于真实地保存了对人道灾难的记忆，说那是"文学"，其实是在"文献"意义上说的（"文学"一词的含义之一就是"文献"）。在纪实、见证之类写作中，对记忆内容进行过多的艺术化、文学化处理，会削弱叙述材料的原始的，也不妨说是粗糙的真实感。很多优秀的见证文学（比如徐贲激赏的费格斯特的《耳语者》）都为了保持真实性而拒绝虚构，甚至没有给全书设计一个完整连贯的结构，而是通过片段式的简单结构来达到纪实的目的：下笔简洁、克制，语调平实，没有大段的对话——因为记忆之中的那个过去本身就是这样的。

当然，这种"简单化"的写作，绝非意味着作者写作能力的低下。"简单"在此乃是一种自觉的选择。这种选择能够让纪实的记忆叙述得到读者的信任，与读者建立起一种信任关系。怎么说故事，决定了说出来的故事的性质。这充分展示了叙事方式对记忆书写具有根本性的意义。用加进了大量虚构、修辞的小说或戏剧形式来说"文革"故事，说出来的就不是一个全真的"文革"故事，它们不是纪实意义上的"文革"见证，因此至少就见证意义而言，这些形式的使用是得不偿失的。

当然，完全没有艺术加工因素的记忆书写或见证叙事是不存在的，任何写作只要运用语言文字，就必然会有虚构的介入。自觉意识到虚构等叙述因素、艺术因素在记忆书写中的规约、建构作用，正是为了对此进行控制，而不是天真地认为记忆可以越过叙述和艺术形式赤裸本真地自动出现。

关于见证文学的归属问题，可能并不像徐贲认为的那样可以简单地把它打发到"文献"中了事。在现代的文学概念建制中，难以找到见证文学的合法身份，因为现代的"文学"概念本来就是通过和历史、哲学等的区隔确立自己合法性的，而虚构性正是区隔的核心要素。① 因此，如同何言宏所言，在现代的文学建制下，见证文学时常会有文类方面的认同危机。为了避免此类身份麻烦，有些作家干脆另辟蹊径，希望突破现有的文学规范。比如当一位学者称《夜》为"小说"时，维赛尔就曾纠正他说，它不是一部"小说"，而是"自传历史"（auto-biographical history）。这样的定位实际上是在强调真实性诉求的同时，自觉撇清与"文学"的瓜葛（这等于在否定的意义上承认文学就是虚构写作）。而在谈及自己的《借我一生》时，余秋雨则发明了"记忆文学"概念，在"文学"前面加上"记忆"，大概也是出于同样的苦衷吧。

流沙河在其回忆录《锯齿啮痕录》的"自序"中也谈到了以真实为基础的写作的文类归属及其现代境遇：

> 文学作品分类甚繁，很难分得一清二楚。若要寻根究底，我看只有两类：第一类是实文，第二类是虚文。除此两类，别无文学。
> 实文源出历史，真中求善。虚文源出神话，美中求善。
> 中国的传统文学，实文为主流，虚文为支流；中国的现代文学，虚文为主流，实文为支流。虚实轮流坐庄，此亦时代风尚使然，怪不得

---

① 何言宏：《当代中国的见证文学——"文革"后中国文学中的"文革"记忆》，《当代作家评论》2010 年第 6 期。

谁,提倡实文,或有助于扫除当今浮靡不实的文风吧?

……现在一说文学,就是小说,以及云里雾里虚想的诗。应用文、记事文、议论文,好像都低一等,不免有点自惭,所以我不愿用纪实文学一词。何况"文学"两字使人想到创作,"创作"两字使人想到编造,那我不如就用实文一词好了。①

何言宏认为,中国的现代文学虚文为主流、实文为支流的基本事实,揭示出现代以来的中国文学在文类建制中贵虚贱实的等级结构,他认同流沙河的观点,要"一碗水端平"。他更指出"对于这些大量的实文,特别是对其中见证或真实地写照了'文化大革命'的见证文学,我们似乎再不应该像以往那样漠视与轻忽"。② 这些都是有道理的。但是他把巴金的《随想录》,余秋雨的《借我一生》《我等不到了》,流沙河自己的《锯齿啮痕录》,和维赛尔的《夜》放在一起,都作为见证文学或"实文"的代表,则是大可商榷的。

我们把《血色黄昏》归入见证文学,还有一个原因,一个和小说的内容有关的原因,这就是它见证了极权环境下的人性变异,而这正是西方《夜》《无命运的人生》等经典见证文学的主要内容。《夜》最震撼人心的地方就在于它写到了人在集中营的极端环境下如何变得六亲不认,连自己父亲的生死都无暇顾及。主人公"我"为了自保,出于恐惧而置父亲的求救于不顾,不敢挺身而出阻止纳粹对父亲的折磨,甚至希望他早点儿死掉,以便"摆脱这份(照顾父亲的)责任","集中剩余的全部力气为自己的生存而挣扎,关照自己"。③

与此类似,《血色黄昏》的震撼力也来自其对极权环境下人性之畸变堕落的赤裸裸、血淋淋、毫无遮掩乃至残酷的真实叙写。《血色黄昏》不像它同时期的知青小说、伤痕文学那样带有过多的不真实的理想色彩,诸如正义战胜邪恶,也避免了简单的俗套公式(比如"公子落难圣女相助")或留下一条光明的尾巴。他亲身的经历,触目惊心的血淋淋事实,呈现了人,

---

① 何言宏:《当代中国的见证文学——"文革"后中国文学中的"文革"记忆》,《当代作家评论》2010年第6期
② 何言宏:《当代中国的见证文学——"文革"后中国文学中的"文革"记忆》,《当代作家评论》2010年第6期
③ 〔美〕埃利·维赛尔:《夜》,王晓秦译,第149页。

特别是主人公自己在极"左"环境下的人性沦丧，大胆地亮出了他自己的兽性情欲和被罪恶毁灭的人性。正是真实性原则使作品在一定程度上突破了主流意识形态化的"文革"叙事框架（没有美女救英雄，没有光明的未来叙事，更没有好人/坏人的二元对立叙事）。

对自己或对别人的种种兽性行为和心理的不加掩饰的客观呈现，同时也就是对极权制度之反人性本质的揭露。在此，作品的深刻性几乎就是描写的真实性而不是反思的深度（实际上作品中未曾剔除干净的那些议论、反思，并不深刻甚至非常肤浅）：由于中国极权主义制度与文化的独特性，由于它和任何其他传统专制制度（如中国的皇权专制），以及西方国家的现代极权制度（比如纳粹德国或斯大林时期的苏联）的差别，因此，任何按照中国传统文化、革命文化乃至西方文化教育和传授给自己的意识形态、理论模型或叙事模式（比如伤痕文学中的那些"俗套"），来规范、剪接、建构自己的经验材料，都可能歪曲（哪怕是不自觉地）中国极权主义的特质。

我们应该这样理解《血色黄昏》的思想价值和认识价值：它没有深刻分析中国式的极权主义，但是它用大量事实客观呈现了这个极权主义。[1]

## 四 "人之异于禽兽者，几希"

《血色黄昏》的真实性主要不是体现在对兵团的物质条件、内蒙古知青的生存条件的描写上（虽然也有，但没有超过其他知青作家），而是体现在对极端环境——主要是极端的社会环境，即人际关系和社会环境，而不是极端的自然环境——下人性变异的真实刻画上。用林胡（又作"林鹄"，即作者"老鬼"，作为自传体小说，在《血色黄昏》中这两个名字是通用的）自己的话说，"我们被愚弄得像狗一样乱咬人。挥舞着阶级斗争的棒子，发着少年狂，踩着别人往上爬。我们真丑陋呀！"（《血色黄昏》，中国社会科学出版社版，2005，第614页；下引此书只注页码）本书最强烈的震撼力就在于写出了作者林胡自己以及周边人群在那个极端环境下的人性变异。孟

---

[1] 《血色黄昏》中也不乏议论，但是这种议论本身常常也成为一种特殊的见证：在当时的条件下，这些议论也是非常真实的（哪怕现在看来非常幼稚可笑），比如"能冻死人的……落后吧"，第10页；"写血书万岁，热血万岁"，第11页。

子说过,"人之异于禽兽者,几希",本书通过大量血淋淋的事实证明了这个真理。对人在极权主义环境下非人化、动物化过程的揭示,是本书最震撼人心的地方。而作为自传体小说,《血色黄昏》所描写的人的动物化过程,首先而且最集中地体现在林胡自己身上。[1]

人性变异的几个主要表现:

## (一) 暴力施虐本能的释放

在阶级斗争被人为强化,意识形态极大地异化了人的精神和心理世界,伦理道德和法治彻底崩溃的极权环境下,人的暴力、嗜血本能,人的攻击性得到了巨大释放,享受施暴和施虐的快感,兼有受虐者和施虐者的双重角色。

小说开始不久就写到了林胡(有些版本写作"林鹄",本文依据新星出版社版一律作"林胡")和其他几位知青为了积极响应号召,采取"革命行动",到蒙古老牧主贡哥勒家抄家,其手段极其恶劣。当贡哥勒苦苦哀求林胡不要伤害他们家的狗时,林胡"揪住他脖领像抓一只小鸡儿,提溜起他,蹬了一脚,给老家伙来了一个狗吃屎"。(第20页)当老牧主家的狗护主心切,咬了他一口时,林胡一怒之下便把贡哥勒那张干枯多皱的脸抽得涕泪交流,并且"右手一拧,老头就像个麻花被扭了个弯儿,拖了几步,雪地上留下了一道印痕"。(第21页)林胡在对待可怜的蒙古老牧主时,丝毫没有手下留情,一直把他往死里打(尽管林胡对牧主没有任何关于阶级仇恨的切身经验,牧主以及他的老婆和他无冤无仇,还帮助过他),甚至有一种越打越来劲的快感。作为施暴者,他逐渐沉浸在对施虐行为的享受中。林胡对贡哥勒的残酷施暴行为,既有"阶级斗争""意识形态"灌输的因素(林胡在批斗牧主的时候曾经有过犹豫,但最后都是"毛泽东的革命理论"使他坚定了立场,变得残酷无情),但也有施虐给他带来的快感和兴奋感。无意识层面的施虐快感、本能释放的快感,和冠冕堂皇的极权主义意识形态话语在此形成了相互支持的微妙关系。

除了虐待人,林胡还虐待动物。先是虐待狗。他用肉包在墨水瓶上,

---

[1] 《血色黄昏》对作者自身经历的书写应该说是比较客观真实的,并没有美化自己。它既写了自己的坦率、豪迈,也写了自己的狡黠、残忍;既写了自己的刚烈直率,也写了自己的苟安犬儒,仿佛一个旁观者在冷静地审视着自己的形象。

再在墨水瓶里面装上炸药，引诱狗来吃，然后炸死它，"端详着那血肉模糊的狗头，非常享受"（第381页）。然后是虐待老鼠：在老鼠身上泼上柴油烧得它乱窜；或是用小刀戳烂眼睛，看它跳舞；要不就割掉它两条后腿看它四处跑。（第384页）虐待完老鼠，林胡居然开始"杀虱子"，"手指甲上染满了血污，杀得我直流口水"（第384页）。对此林胡的感受是：看那血迹斑斑的小生命受到玩弄和折磨，感到这是"一种娱乐和享受"，充满"凶残的乐趣"（第384页）。一方面，林胡的这些举动淋漓尽致地展现了沉重的压抑、极度的孤独渐渐使一个正常的人沦落为具有严重施虐性格的人，通过将自己的痛苦转移到他物，通过虐待他人或他物，才能感觉到自己的存在和力量。另一方面，也是更为重要的，作品写出了正是极权政治迫害给林胡造成了极度的心理压抑和变态：林胡被打成"现行反革命"后，一个人孤独地在石头山生活，几乎不与人接触，心中常常涌起一股莫名其妙的"仇恨"，这才导致他开始将自己的施虐行为转向动物："总受压挨整，心肠也变得冷酷，喜欢杀死小生命。看见蚂蚁，必踩死之；捉住蝴蝶，必撕碎之；发现蜥蜴，必砸死之；所有蜘蛛遇见我休想活命。"（第383页）所有这一切的原因是自己的"受压挨整"。

此类暴力行为在本书有非常多的表现，不光是林胡虐待别人、虐待动物，更有别人虐待林胡（比如指导员和赵干事对林胡的虐待，在监狱中让林胡戴小号手铐，以致林胡无法吃饭、大小便；再比如在石头山上天津知青虐待刘毅，往人家的碗里吐了痰后逼他喝下去）。我们不禁要问：人的良知和道德就这样脆弱吗？虐待别人有很大的快乐吗？作品告诉我们：离开了道德和法律的制约，人很容易变成嗜血动物，"文革"的最大灾难或许就是由这种制度推动的人的动物化对道德和人际关系造成的灾难性伤害。因此，重要的不是人是否天生具有暴力嗜好或施虐本性，而是道德和法律在那时为什么被彻底摧毁。

## （二）孤独环境下人的动物化性欲的膨胀

《血色黄昏》中的兵团既是一个禁欲的地方，也是一个纵欲的地方：无权无势者无法得到女性身体，而有权有势者则可以随便占有女性。这两者都最易于动物化性欲的蔓延。像林胡这样没有办法得到性满足的人，常常通过手淫解决问题。这种变态的性欲及其满足方法同样不是人的本性使然，而是极权主义的环境造成的，首先是极权主义意识形态灌输禁欲主义，造成人格分裂，结果是造成性欲的变态。林胡一方面"狠狠压抑自己"，因为深感"偷偷想女人"与"革命战士的称号很不相称"；另一方面又压抑不住自己，"经常做着和牧主婆睡觉的美梦"，或者"经常用手干那事"。（第35页）

动物化的性欲满足发展到极致的地方是在石头山。作者以极度细致的写实原则写到了自己在完全脱离人群、陷于彻底孤独环境中动物化的性欲畸形膨胀（"几乎天天手淫"，甚至"一天干三四盘儿"，第383页），其直率和坦白令人震惊（即使在虚构的文学作品中，对于性的描写在当时都是非常节制的，何况是自传体小说）。山上难得看到女的，有一次见到两个蒙古少妇经过，于是：

> 我赶紧找来眼镜，匆忙戴上，贪恋地望着这两个少妇。在没有异性的石头山上，看看女人也解馋。我拼命地看着。……我赤着脚跑出门口，望着她们的背影，不住地咽着口水，张大鼻孔，使劲儿地吸着她们留下的女性气味儿，痛苦难耐。回到蒙古包，搂着大皮得勒，使劲儿地用手干了起来……
>
> 啊，孤独把人的兽性全孤独出来了。（第383页）

人不能离开社会环境，人性、人的文化属性和道德意识，都是环境赋予的。林胡反复讲到自己在石头山的处境是"旷野的囚禁"："我现在体会到，旷野的囚禁比监狱的囚禁更有囚禁的威力。牢房里虽然可怕，却总算是在人群中生活，离不开人类的生活范畴。在大荒原上，置身于人类社会之外，纯粹是自然界，时间一长就被自然界同化成非人"。（第390页）但这里所说的"旷野的囚禁"不能理解为纯粹的自然界所为，它实际上仍然属于极权主义的政治迫害，是一种社会性质的隔离和歧视，而不是"旷野"（自然）本身的问题。"旷野"之所以成为"囚禁"，就是因为极权政治剥夺了林胡回到人群的权利。这是一个极权主义环境，它既不是单纯的自然环境，也不是一个人自愿选择的独居环境（比如隐士）。而且它仍然时刻处在极权政治权力和行政体系的控制之下。

小说对原始动物性性欲的描写是极为大胆的，没有因为涉及作者自己而避讳，而且体现一定的反思意识。小说最后写自己对韦小立的单相思无望，遇到了钟小雪并发生关系。在第一次性交后，钟问林胡"爱不爱她"，

见证极权环境下的人性变异 17

林胡回答:"怎么说呢?其实是小家伙太饿了,要喂它一口饭吃。""我心里明白,自己的行为跟公猪干母猪没有区别,就是为了满足自己的性欲。"(第522页)"明明不爱她,连她多大岁数都不知道,就搂着人家干那事儿,我真成了臭流氓,衣冠禽兽了。不,比禽兽也不如。禽兽不会装。"作者甚至这样反思自己:"换了我,要处在刘副政委的位置,也未必比他强多少。"(第522页)

有些评论家认为作品的这些描写显得"粗蛮"。但依笔者之见,如果作者把自己的"粗蛮"性格"文明"化,作品的见证力量和认识价值也就大打折扣了:只有一个粗蛮的老鬼才能见证当时的粗蛮时代,表明那是一个没有文明的时代。

### (三) 人际关系和人伦道德的破坏

极权主义对于社会生活世界的毁灭性破坏之一,是对人际关系的毒化,包括家庭伦理的破坏,朋友、同事、邻里关系等的毒化。

小说中特别震撼人的一段是作者对自己对母亲落难后落井下石情节的直率交代:1967年初,杨沫被打成反革命,林胡不但没有安慰帮助母亲,反而带头叫来红卫兵抄自己的家,决心和父母划清界限,"不再进家门,投身世界革命",用斧头劈开母亲的有精致雕文的大衣柜,抢走300元钱去抗美援越。在家里的各个角落写上"杨沫必须低头认罪""彻底批判大毒草《青春之歌》""红卫兵万岁"等标语,更加不可思议的是,为了上火车前不被发现,他还把自己的两个姐姐用绳子捆起来,用两只臭袜子塞住她们的嘴。(第459页)

虽然作者做了直率的自我解剖和自我批判(这在当时乃至今天都非常难得)虽然作者是通过忏悔语气写的(多次用了"痛心""惭愧""原谅我吧"等词),但没有能够反思到底是什么使得自己丧失了人性,丧失了起码的孝道,为什么自己不能容忍"温情脉脉"的书、"儿女之情"的书、没有"革命军人"的书?自己对母亲的仇恨是怎么产生和强化的?自己为什么会"狂热的脑袋充满了世界革命和捐躯的壮烈",以至于"妈妈死了,我也不会哭"?(第459页)对这些问题,作者统统没有深入思考。因此,这个自我谴责和自我忏悔虽然很直率坦诚,在理性上却还是显得非常无力。

林胡在兵团时期与他人关系的异化也是小说的重要内容。《血色黄昏》一开始就写到了林胡和战友们对牧主及牧主婆的态度变化——从保持距离到残酷批斗和殴打。尽管牧主婆对自己很好，但因为她身上插着"白布条"，谁也不敢理睬她，"怕立场不稳"。（第11页）这个所谓牧主婆还为他们缝制皮得勒，可是大家都"绷着脸，默默无语"。尽管心里感激，还是"不敢表示出来"，原因就是她背后的白布"使我们不敢对她和气一点儿，视她为化成美女的毒蛇"。（第12页）这种带有明显矛盾、分裂心理的行为，其实包含了意识形态蛊惑、投机迎合、实用主义以及施虐快感等的奇妙结合，非常深刻地凸显了极权主义意识形态如何扭曲了人的常识和良知，使人变得虚伪和犬儒，为了谋求自己的利益可以无所不用其极。

不能否定这里面有极权主义意识形态教育的洗脑作用，"阶级敌人"理论使人丧失了建立在普遍人性和日常生活常识（牧主的老实和善良等）基础上的辨别力和常识理性，极权主义意识形态把所谓"阶级敌人"非人化，比如把牧主的老婆看成"毒蛇""牛鬼蛇神"。正是这种非人化处理压倒了林胡的常识理性和普遍、朴素的人性，压制了林胡及其知青战友对牧主和牧主婆自发产生的好感和感激，以及批斗时候的内疚。在这里，革命文化的教育起到了极大的作用。有这样一段精彩的描写：

> 老牧主曾经给我们拣牛粪，生火，杀牛……他老婆无偿地给我们缝皮得勒，做饭，我们却要抄人家，这很需要点儿铁石心肠。我咬咬牙，不断提醒自己："对敌人的仁慈就是对人民的残忍；对敌人就是要恩将仇报，就是要像严冬一样冷酷无情。"（第19页）

可见以仇恨教育为核心的社会主义道德教育在摧毁人的道德良知方面起到了何等恶劣的作用，而雷锋同志在培养中国人的仇恨心理方面则是一个极其典型的榜样。"文革"极权主义的斗争理论本质上就是仇恨理论和强盗理论，它对人性的破坏是致命的，远远超过了所谓市场经济条件下的个人主义和利己主义。

林胡等人在批斗牧主的时候也曾经有过思想斗争，心里有"恻隐""内疚"，需要"咬咬牙"坚持。可见意识形态其实并没有达到彻底摧毁其普遍人性和日常生活常识理性的程度。这个时候，一方面需要拿毛主席的话和雷锋这个榜样来激励自己，压制自己的同情心和良知，把自己的恶行合法化；另一方面更为重要的是，促使林胡他们作恶的主要动机，其实还是害怕自己犯"错误"，害怕自己受到牵连，或显得不积极。金刚在讲到批斗牧主的动机时一语道破天机："我们可不能落在人家后面"，否则就会惹来麻烦，至少是不能成为"先进"，不能成为"先进"也就不能获得政治和经济的利益。意识形态使得一个人的恶行合法化（变得心安理得），实用主义使得一个人的恶行极端化（变得禽兽不如）。

## 五  中国式极权主义与中国式平庸恶

在这里，我们遇到了一个非常重要、非常需要深入研究的理论问题，即中国极权主义和实用主义的关系。所有极权主义都带有信仰的性质或维度（这是它和依赖赤裸裸暴力的专制统治的区别。它有"教义"），但德国极权主义相对而言有较强的理想色彩，至少大大超过中国。中国极权主义特别缺少信仰的纯粹性、坚定性、一贯性和不妥协性，也就是说，不是因为极权主义的教义（革命理论）本身以其逻辑力量或道义力量俘获了大众，而是大众的实用主义生存智慧使他们对这种"教义"——即使自己并不理解或认同——采用了投机态度：不管这种"教义"是什么，不管我是否信，是否理解，只要对我有利我就信或装信，不信也信；对我不利就不信，信也不信。

这点有助于戳穿"红卫兵造反派"是理想主义者的神话。

《血色黄昏》中有大量例子写到了林胡身边的战友和老同学对林胡的态度，是如何取决于他有没有"反革命"的标签，至于林胡到底是不是"反革命"，或到底什么叫"反革命"，却没有人关心和认真思考过。大多数人对于什么"革命""共产主义""阶级斗争"之类教义从来就不曾认真对待过。林胡在戴上"反革命"帽子时人人避之唯恐不及，视之为洪水猛兽，疏远之，出卖之，揭发之，而其原因和动机都是非常实用功利的，因为谁接近林胡谁就是"敌我不分""丧失阶级立场"（第223页），就要倒大霉。大傻就是因为林胡被打成"反革命"后还称他为"哥们儿"而被开会批斗过。赶车人老常的老婆拒绝给林胡补裤子的理由是"实在是给整怕了哦"。（第224页）他们对于革命和反革命不能或懒得进行认真思考，而采取"现实主义"的态度：你今天是"反革命"，我就疏远、揭发、批判你，即使我知道你是好人，你是被冤枉的；你明天不是"反革命"了，我就接近你，和你友好，虽然我知道你还是原来的你。① 所以，一旦林胡摘掉"反革命"帽子或者有摘掉迹象的时候（兵团对他的"反革命问题"进行"复查"），同样是他们，根本没有认真思考林胡为什么不是"反革命"了，就开始接近乃至亲近他。这一切完全取决于利益考量：怎么做对自己有利就怎么做，与所谓"革命事业"其实没有任何关系。

还有一个戏剧性的例子：在兵团召开的批斗林胡的大会上，知青们表现得群情激奋：喊口号的男女知青们"青筋暴起，嗓子嘶哑，拼劲（尽）全力地喊"，他们一个个"目露凶光，真有一股同仇敌忾的劲儿"，"好像我杀了她的父亲"。（第 205 页）这些人就是所谓"群众"，他们完全不思考"反革命分子""反革命"是什么意思，他们的最大特点是随大流，人云亦云。一旦林胡获得平反，他们会立即彻底转变态度。这种所谓的"刻骨仇恨"根本就是装的。小说还写到，离团部越近的连队，批斗林胡时批得越厉害；离得越远越是轻描淡写，十一连的批斗因为连部离团部八十公里，因此："虽是批斗，到连部后，却受到了热情的接待，要茶有茶……食堂的知青大师傅还给我们饱餐了一顿有肉块儿的面条。批斗会就和聊天会一样轻松，没有一点敌对气氛。"（第 210 页）其实两边参加批斗的人的政治觉悟、政治素质、道德水平都没有什么差别，都是同样的人，差别完全在于利益：距离团部越近的就越不敢担责任，批斗会不认真就会被团部发现。

可见，林胡身边的人对林胡的态度既不是出于纯粹的信念（真诚信仰"阶级斗争"学说），也不是出于独立思考，而完全出于利己（就其利己目的而言，他们的选择并不是盲目的，但在信仰意义上是盲目的）。这大概就是中国式的"平庸恶"。

阿伦特关于"平庸恶"的观点告诉我们：做极端恶事的人不是和我们完全不同的、极个别的、不可理喻、不可解释的"恶魔"，而是包括我们自己在内的平常人，他们的特点不过是平庸，即不能独立思考（没有思考能力），随大流或不过脑子地执行上级指示。② 但是阿伦特没有论及的一个问

---

① 小说写到自己从北京回到兵团的时候，因为大家得知林胡的问题要翻案，于是有了以下这种表现："很快我就被一股淳朴的热情包围……粮食保管干脆给了我一麻袋小麦。"（第 457 页）"原来一个星期能够见到张朝我微笑的脸就算不错了，能让我高兴半天，现在回到连，认识或不认识的都朝我微笑打招呼。"（第 458 页）

② 参见〔美〕汉娜·阿伦特《耶路撒冷的艾希曼》，《〈耶路撒冷的艾希曼〉：伦理的现代困境》，吉林人民出版社，2003。

题是：还有一种平庸恶是实用主义的平庸恶，除了不能思考、不能分辨是非善恶，人们作恶的主要原因是为了自己的私利，不敢、不想（而不是不会、不能）坚持独立思考，坚持真理。即使会独立思考，由于不敢坚持，由于实用和投机，也会放弃真理。（当然，一般而言，不能独立思考和不敢、不想坚持独立思考是结合或纠缠在一起的，是相互强化的：越是有利己之心，就越不能深入思考，因为思考会使自己难堪：不知道自己在作恶和犯错总比知道要心安理得一些。）

这种实用主义平庸恶的最大特点，在于加入了中国式的投机和犬儒。雷夏原来是林胡的中学同学、好友，在"一打三反"运动中揭发林胡，彻底断绝关系。他后来对自己的行为有这样的解释："咱这出身没靠，团里让我揭发个人，我如果不揭发，自己就得进去。你说我怎么办？""我只有说瞎话，耍两面派，才能借调到团机关，才能入团，办困退。林彪说不说假话办不成事太对了。"（第530页）这不仅是不能思考的平庸（雷夏的这番话说明他很会思考，看得很明白），而是不能坚持言行一致、把自己的独立思考付诸行动的平庸和犬儒。

相对而言，一个法西斯主义者大概不会这么实用主义地、无原则地对待"敌人"：你到底是不是犹太人无所谓，你可以是也可以不是，关键是怎么对我有利。中国极权主义的重要基础大概就是中国人的这种实用主义态度，不但对别人的生命不当回事，而且对自己的信念也不当回事。

当然，这种犬儒化和投机化说到底是极权环境造就的。在兵团解散前夕，终于悟出了"生存真理"的金刚，劝说林胡不要以自己的经历为原型写什么小说，他说："老鬼，算了吧。我们应该学会忍耐，学会跟领导处理好关系。过去我们为什么受压？吃亏就在没有弹性，太书生气。""跟领导搞好关系不叫溜须，这是生存的本领。不过你硬要说那是溜须也没法子，那就得溜。……今后，我就打算这样干了。"（第479页）金刚不但学会了犬儒和投机，而且把它提升为"生存智慧"，而这一切都是极权主义环境教会他的。其实，我们今天批判的犬儒主义、投机主义，在"文革"极权主义时代就已经开始蔓延了。从这个角度看，对反革命分子"人人喊打"，和哈维尔描述的后极权时期意识形态的运作本质上是一致的：表演化和装饰化，一切从现实利益出发。中国的极权主义和东欧的后极权主义本质上具有一致性。

就是本书作者自己也是如此。首先，林胡听了金刚的这一番高论后，"我想回他几句，但心里又发虚，他的话太一针见血了"。所谓"一针见血"绝不是合乎林胡心目中的价值真理，而是合乎事实！林胡之所以"心虚"，是因为他自己也陷入了事实"真理"的泥淖：他无法站在事实之上，站在超越事实的价值高度（超越事实不是无视事实）为不合乎事实的价值真理辩护，更因为林胡承认自己也是投机分子，耍两面派，"也在暗暗使劲往上爬"。（第482页）但是作者对此没有理性上的深入反思，只是说自己耍两面派、玩鬼点子是"环境造成的"，或者一个劲儿地进行自我的道德谴责："我们被愚弄得像狗一样乱咬人，挥舞着阶级斗争的棒子，发着少年狂，踩着别人往上爬，我们真丑陋啊。"（第539页）

从这里还可以发现中国式极权主义的另一个重要特征："敌我"划定的随意性，"革命"和"反革命"经常相互转化。

先看林胡的一段话："政治问题的可怕还在于，它不像刑事问题有一个衡量罪行大小的客观尺度，它完全随领导人的好恶沉浮而变化。'文革'前，反刘少奇就是反革命，要杀头；'文革'后，反刘少奇就成了英雄，被人四处邀请去做报告。而且政治问题还有无限的伸缩性，如想整你，你喊毛主席万岁，也可以说你是'打着红旗反红旗'。政治上整一个人太容易了，连一个小麻雀都能被打成反革命，全国共诛之，何况一个大活人？"（第165页）

再看罗湘歌在日记中的一段话："在我们社会里，有一些干部把对自己好坏当作革命与反革命的界限，这些人力量之大，真可以把成千上万人吞没。"（第435页）

阿伦特曾经说：极权主义的法则就是永远的运动法则，依据极权主义意识形态，历史必须通过无休止的斗争发展下去，为此它必须制造自己要消灭的"敌人"（至于这个"敌人"到底是谁是次要的）。阿伦特写道："根据历史法则，一定会犯某些罪，而通晓历史法则的党必须惩罚之。为了制造这些罪行，党需要罪犯；也许有这样的情况：党虽然知道罪行，但是不十分清楚谁是罪犯；比清楚地知道谁是罪犯更重要的是惩治罪行，因为倘若没有这些惩罚，历史就不会进步，甚至还可能在其过程中倒退。所以，你要么是已经犯了罪，要么已经响应党的号召去扮演罪犯的角色——无论是哪种情况，你都在客观上变成了党的敌人。如果你不坦白，你就不再通过党推动历史前进,就变成了真正的敌人。"①

但相对而言,在德国纳粹那里,这个"敌人"是有客观标准的,犹太人是一个人种的界定,带有生物学、物理学的准确性,不是任意划定的。但在中国,敌我、革命反革命实际上没有客观标准,而是随着革命形势、人际关系的变化而变化的,特别是它常常取决于"领导"的态度,是非常主观随意的。在毛泽东的"谁是我们的人民,谁是我们的敌人"的著名论断中,革命和反革命的相对性就已经确立,而在以后的历次运动中这点被反复证明(比如单位领导说你是"右"派你就是"右"派)。

即使在马克思主义的意义上,"文革"时期的"反革命""阶级敌人""五类分子"也不是真正的政治经济学概念,在实际的运动中更没有人看重这些概念符号本身。人们看重的是它和自己的实际生活的关系,和自己社会地位、经济地位、政治前途的关系。

## 六 知青是一个什么样的共同体?

对"上山下乡"的否定,对兵团生活和兵团这个集体的阴暗面(知青之间相互钩心斗角、相互利用、相互拆台等)的描写、揭露,是《血色黄昏》的主体。对照所谓的"青春无悔"叙事(以梁晓声的《今夜有暴风雪》《这是一篇神奇的土地》等为代表),这点体现得尤其明显(后者把知青共同体虚假地描写成由"共同革命理想"维系的超功利的结合),作品中虽然也偶尔出现对兵团劳动生活、对兵团某些人的正面描写(比如主人公林胡被打成"反革命"后仍然有个别人对自己表示同情,天津知青张伟当着指导员的面给自己一个月饼,食堂的杨素芬"偷偷给自己两个馒头"。参见林胡1970年9月24日日记。《血色黄昏》第225~226页,)但是比例很小。直到1975年林胡自己获得了平反,兵团的四个女知青被推荐上大学即将离开的时候(已经接近小说结尾),小说中才出现了对兵团知青这个命运共同体的怀念。

这部分集中在第七章"漆黑的夜晚"的"分别"这节。一方面是马上要离开的女知青李晓华等人的依依不舍,伤心欲绝,另一方面是留在兵团

---

① Hannah Arendt, "Third Edition with New Prefaces," *The Origin of Totalitarianism*, New York: Harcourt, Brace & World, 1966, 1968.

的人依依惜别,痛哭流涕(作者并不属于特别依依不舍或痛哭流涕的那种,但是在描写的时候显然带有极大同情)。

那么,这种感情是什么性质的呢?它那么纯洁吗?回答恐怕是否定的。

第一,李晓华等的不舍感的前提是自己马上要离开了,用她自己的话说:"平常天天盼着走,真的要离开了,心里又特别舍不得。"(第496页)"我们从全国各地、四面八方汇拢来的知识青年,相聚在茫茫草原,同甘共苦了七年,离别时才发现这点点滴滴的友谊竟是那样美好难忘。"(496页)好一个"离别时才发现"!其实是只有离别时才能发现。在离别这个特殊时刻,知青之间的功利关系已经暂时悬置(尽管昨天他们还为了上大学打得你死我活)。如果这些人不走、继续留下来,那么,可以肯定,他们之间仍然会是一种你争我斗的关系。

第二,留下来的这些人的痛哭流涕、伤心欲绝与其说是为那些要离开的人,不如说是为自己,她们是为自己的命运哭。"她们觉得被社会抛弃了,被不公平的命运抛弃了,急得尖叫、跺脚、嚎(号)啕、用拳头砸在连部房屋的土墙。"(第499页)"怎么办呢?别人一个个上了大学,调转,病退,招工……自己却没路子,走不了。这辈子的最后归宿在哪里呢?……不敢想了,她们只好放声大哭。她们哭离别,哭自己,哭命运。"(第499页)可见,这种哭仍然带有极大的自私性和功利性。很遗憾的是,他们不能理性反思自己这种"命运"的制度根源,不能通过共同的政治信念把自己组织成自觉的政治共同体,不能发出集体的抗议、集体的行动,他们至多是一个前政治的生活共同体,命运共同体,一个眼泪共同体,擦干了眼泪以后依然是一盘散沙。

可见,知青分别时的这种情感性质,是与知青共同体的组织性质紧密相关的。知青是一个什么样的共同体组织?是基于血缘关系的共同体(比如塞尔维亚人)吗?不是;是基于政治见解、政治信念的政治共同体(比如东欧国家的政治异见分子)吗?更不是。知青是一个基于一种自己无法操控、并不真正认同也无力真正理解的政治制度和政治权力安排而被迫聚合在一起的命运共同体。但知青自己并不能清楚地知道这点,因此不能对自己的命运进行理性反思,也不会形成自觉的对抗这个政治力量的共同体组织。对他们而言,这种"命运"是偶然的、被动的,甚至是神秘的(尽管当时有些人参加兵团是主动的,但是他们的理想很快幻灭。因为这理想本身就是虚幻的)。这样,这个所谓的命运共同体的维系物只能是一些物质性的东西：共同的身体受苦经历、共同生活的地方："小小连队抬头不见低头见，打完了架，吵完了嘴还得睡一条炕，挤一个蒙古包……共同受累受苦。少了几个身体，顿觉一股寒意。"（第 497 页）这里突出的是知青们相互依赖关系中的身体维度和生理维度，说得难听一点儿，走了几个知青就如同羊群中少了几只羊。"同住一个蒙古包，同吃一锅饭，同用一口井，同使一个搓板，七年的朝夕相处已把彼此的生活习惯、语言、嗜好、感情的表达方式融合起来，分不清你的我的。"（第 496 页）。值得注意的是，这里所列举的"一个蒙古包""一口井""一锅饭"等都是日常生活中的生活器具，正是这些日常生活的物质用品把他们维系在一起，足见这不是一个政治性、宗教性的共同体，成员之间没有共同的政治和宗教信仰，他们的聚合也不是自由选择的结果，不但缺少精神维度，而且是前政治的、非理性的。

这样的共同体因此也就具有了如下特点：1. 它只是维系于特定的时间（兵团时期）和地点（内蒙古兵团），一旦这种时间和空间关系变化了，就会解体，因此是非常短暂的。2. 它具有突出的功利性，无论是相互帮助、相濡以沫，还是相互拆台、相互攻击，生存一定都是第一原则。前者如"大冬天，当你干一天活回到屋，生病的兄弟早把饭打回，放到火炉上，滋滋冒着热气……当你在东河牧区生病了，会有人连夜套上勒勒车，一步步牵着牛，穿过荒原，把你送到连部卫生室"（第 496 页），后者的例子就更多了。3. 原始性和情感化，它是为了身体生存而维系在一起的。作品中有一段与动物的对比非常说明问题："1969 年初来草原，深夜几十头牛聚在一起，为被杀的同伴哭泣、哽咽、喘气、蹄子刨地的场面又重现了。不同的是几十头牛换成了五十多个年轻姑娘。她们也为失去同伴哭得上气不接下气，用力跺脚，以拳击墙，披头散发，拼力惨叫。"（第 498 页）这个也许是不经意的对比，真是神来之笔，它说明知青共同体也和动物"共同体"一样，乃是基于一种生存需要的聚合（他们的相互反目也是出于生存需要），这种共同体感情的存在前提是对自己的生存有利，很少有精神性因素。

这些都决定了这个共同体的脆弱和短暂，也决定了在这个共同体面临瓦解时的那种依依不舍和慷慨赠物，是短暂的、一次性的和非理性的。

## 七 昧于未来者必昧于过去

在老鬼即将离开草原的那几天，一再表达了自己对草原和兵团的暧昧不清的感情：一方面承认自己青春荒废了，劳动白费了，而且还破坏了蒙古草原的生态，于自己、于国家都是一场灾难。自己的这段生活几乎一无是处，没有任何价值（这点和梁晓声不同）。作者对这段生活没有美化，离开的决心也没有动摇过。但另一方面又觉得"内心很矛盾，很复杂，总有那么一点儿当了逃兵的感觉"。（第524页）表示要"记住这段铭心刻骨的日子"。他在兵团最后岁月的奋笔疾书就是为了记录这段生活。

这种心理矛盾在离开兵团前最后一晚几个知青疯狂喝酒的时候有很充分的表达："嘿呀，谁能忘记兵团呢？尽管我们都挨过它的整，都不被它所宠爱，常常暗地里骂它、咒它，但它突然被解散后，却又对它怀有一种又恨又爱、又厌恶又眷恋的复杂感情。"（第536~537页）"你容纳了十万知青，你稳定了一九六八年各级领导都瘫痪了的内蒙古边疆秩序，你把先进的生产力带进了千里荒原，你为内蒙古大规模开荒提供了血的教训……你约束了大批青年没在邪路上变坏。""但你又干了多少劳民伤财的蠢事儿，用阶级斗争的大棒打压了多少老百姓，伤害了多少颗年轻的心，玷污了多少纯洁少女！""兵团啊，让我们为你再干一杯！你这亏损了两个亿的倒霉兵团，你这一分钱都没有给国家上交（缴）的短命兵团！"（第537页）这种对兵团的正反两面的矛盾态度，并不很理性。（其所谓的"正面价值"经不起推敲，比如"把先进的生产力带进了草原"，实际上是破坏了草原，草原不需要这种破坏性的"先进生产力"，所谓"约束了大批青年没有在邪路上变坏"，试问：还要怎么变坏？）但不能否认，这种感情作为理性无法解释的心理体验是很真实的。面对自己拼了老命开采的那些石头，作者一再抒发这种复杂感情：这些石头已经成为废物，但是"我的青春就埋葬在这石头墙里，有的石头上还沾着我的斑斑血迹"。（第547页）石头因为凝聚了我的鲜血和青春而不同于那些与我无关的、无生命的死物，我也因此无法对这种石头进行纯实用的、完全理性、客观的评价（比如有没有经济价值），无论我当初打石头的举动多么荒唐和无奈，但毕竟我的鲜血和青春凝结在上面，否则这些石头就是否定我的青春。即使我的青春荒废在石头上，我还不能为自己的青春——尽管是荒废的青春——掬一把泪吗？实际上，整个这部分关于石头的描写和抒情文字，差不多就是一篇自悼文，是自己献给自己的祭文：

> 石头，我们打了多少石头啊……
>
> 轻轻摸着这些似乎生了锈的略微发红的石头，冰凉、坚硬，它们都是我们用自己的鲜血从岩石上给生生砸下来的，为了这些石头，我们挨冻受困，流血流汗，用脊梁背，肚皮顶，肩膀扛，一个冬天穿开嘴一双新大头鞋，磨烂两三双皮手套……双手、脊背、小胳膊、肚皮都被磨出了茧子。
>
> 现在，我们变老了，变丑了，头上有了白发，脸上有了皱纹，成千上万石头耗尽了我们生命里最美好的一段年华。我们打下来的石块儿一堆堆地遗弃在荒野，任凭风吹雨打，沙尘掩埋。
>
> 最惨的……我们一钱不值吗？
>
> 不，不！借此一隅之纸，我要大呼：
>
> 自公元一九六八年大规模地上山下乡插队以来，那奋斗在祖国农村、牧区、边疆的一代青年，必将在中国历史上留下痕迹！（第547页）

还有最后一次对于"血色黄昏"的描写，其象征意味高度相似：

> 远方，血红的残阳隐没在地平线下，空旷迷蒙的天空越来越暗淡，只有天边还剩下一缕红霞，犹如鲜血洒在荒寒之空。她美丽的身躯弱小单薄，却一声不响地冲进了滚滚寒流。她人小志大，要濡温这千里的长空；她单纯幼稚，要热吻那冷酷的霜雪！汪洋大海般的晦暗吞噬着她。红霞不要命了，撕掉自己的一只胳膊送给南边那片云，砍下半条大腿投进北面那块天。暮色越来越昏暗，大口大口地吞噬着暗淡下去的红光。红霞垂死了，仍拼力散发着一点点微弱的热量。
>
> 壮烈献身的歌啊，精卫填海的歌啊，发生于万里高空的云端，无声无息地消失于暮色中。
>
> 这真是血色黄昏。
>
> 鼻子有点儿酸了，每每看见这血色黄昏的场面，总想哭。（第548页）

这又是一段献给自己的祭文：黄昏红霞如鲜血洒在荒漠之空，悲壮无奈，可歌可泣，为自己哭泣，为自己哀悼。

本书的结尾部分一再重复类似的议论，抒发类似的情感，很值得玩味。这与其说是在怀念兵团、怀念打石头的日子，不如说是在怀念和祭奠自己的青春岁月。无论如何，在即将离开自己生活和奋斗了七年的地方的时候，他必须为自己的这段青春找到哪怕一点点意义。这种心理情结大概在知青中非常普遍。不能面对自己的失败和荒废的青春，不能承认自己碌碌无为，因为这种自我否定是痛苦乃至难以忍受的。承认它等于承认自己白活了。哪怕"白活了"是一个事实，是自己也意识到、也承认的事实，但心里仍然无法承受这个事实。自己对兵团生活充满了可怕的苦难回忆，然而，"这种回忆，感情上激起的疯狂……我没有决心全盘否定它，尽管它问题成了堆儿，尽管它名声狼藉，尽管它被国务院撤销"，"现在临走时，只想好好哭一场"（第538页）。"没有决心"是一个关键词，一语道破天机：不是不知道应该否定，而是下不了决心，为什么？因为我无法忍受彻底否定自己，无法直面自己白活了的事实。这是一种心理防御机制。这种心理很值得分析：像抓住救命稻草一样紧紧抓住一点点值得纪念的东西，不敢承认自己的彻底失败，一定要从这个失败中找出一点"意义"来。于是他们选择把自己的"奋斗"抽象化，不问为了什么奋斗，奋斗的结果是什么，总之，我奋斗了。一个人否定自己的一个观点、一个做法、一件错事是容易的，但是否定自己的整段青春岁月是不容易的。这已经成为很多人不能认真反思上山下乡的主要心理原因。老鬼能够在怀念的时候做到保持基本的理性，已经不容易了。

在面对这种难以回避的残酷事实的时候，林胡之所以选择了心理防御机制，还有一个重要原因，是因为他没有能力对此进行理性反思。林胡们自己的悲剧，草原的悲剧（"亲爱的锡林郭勒草原，请原谅我们的无知狂热，我们往自己的母亲身上撒了尿。"第547页）到底是谁造成的？林胡对此没有反思能力，因此也就没有前进的方向和道路。即使在离开的那一刻，他对自己、对国家、对兵团的前途都是一片茫然。自己离开了，但是下一步要干什么仍然不知道。这种迷茫感也是导致林胡对兵团、对这片草原的思想情感暧昧不清的主要原因，不知道未来的人无法清理过去。因此，林胡不能彻底否定过去的另一个原因，理不清对过去的感情的另一个原因，是没有真正理解过去，更没有真正获得新生。

## 八 深刻认同革命文化的"反革命分子"
### ——《血色黄昏》或老鬼的局限性[①]

在分析《血色黄昏》作者的"老鬼心态"时，评论家许子东认为它完全是"文革文化"的产物。老鬼是在《青春之歌》的文化背景里长大的，从小被父母告知首先要听毛主席的话，为了追求革命不惜背弃家庭（反讽的是，杨沫塑造的革命青年林道静，便是日后不认她这个妈的儿子的榜样），到后来真的听了毛主席的话，造母亲的反，为了投身"文革"不惜捆绑姐姐抢走家里的钱。这中间心路历程的发展顺理成章。许子东指出：老鬼红卫兵心态的实例使我们看到："十七年文学"为"文革"作了多么重要的准备工作。[②] 支撑老鬼造反的文化武器，大多是"十七年文学"所锻造的。许子东写道：

> 老鬼是以《青春之歌》的精神来批判《青春之歌》作者的，即使那是他的母亲。（林道静不也曾为了追求革命而背离丈夫背离家庭吗？）在老鬼的造反心态这个实例中，我们可以发现"十七年文学"对于"文革"中"红卫兵心态"的形成，具有无可推却无法忽视的影响。1949年以后那些为宣传正义战争而出的英雄打仗一点不恐怖的虚假的小说电影，后来却指导了年轻观众读者参加许多真实的武斗（电影《枫》中有一个小男孩参加武斗，动作态度均模仿"小八路"），十七年间那些挖叛徒抓特务的阶级斗争故事模式，后来也启发影响了红小将、工宣队员们在"清理阶级队伍"、"一打三反"、"抓五一六"等运动中的斗争策略、方法（好些从前以写革命斗争而闻名的作家在牛棚里惊讶地发现，小将们审问他们的思路、方式及语汇，都是他们过去在作品里所创造的）；更为重要的是，"十七年"的很多作品，在表现"否定个人、改造自我"主题时常常借助于家庭与革命的矛盾冲突，让人们

---

[①] 本部分主要参考了许子东的两篇文章：《当代文学中的青年文化心态——对一个小说人物心路历程的实例分析》，《上海文学》1989年第6期；《对"文革"的两种抗议姿态：〈上海生死劫〉与〈血色黄昏〉》，《读书》1992年第3期。

[②] 许子东：《当代文学中的青年文化心态——对一个小说人物心路历程的实例分析》，《上海文学》1989年第6期。

被迫在父（母）子感情（伦理道德）与阶级感情（政治道德）之间作选择——这是"前文革"时期中国青年文化心态与传统文化最"决裂"的一个姿态，这种"决裂"使"文革"必然爆发，同时也隐含了"文革"走向失败的基因（老鬼若干年后向其母求援投降，是很有象征意义的）。[①]

许子东的这个观察是独到而深刻的。的确，在小说中我们看到，老鬼最钦佩的人物是中国革命文学和苏联革命文学中的英雄（许云峰、江姐、董存瑞、黄继光、保尔·柯察金），最憎恨的人物是这些文学中的反面人物如甫志高、戴瑜。除此之外，林胡的精神世界中还有武松、李逵等传统文化中的造反英雄。这表明，毛泽东时代的革命文化、革命文学（辅之以苏联文化和传统侠义文化）塑造了老鬼及其同代人的世界观和价值观，这点也注定了他被打成"反革命"后一系列行为的局限性。

比如第二章写到中苏形势紧张的时候，林胡希望参加战争、报效祖国，采取的方式则是写血书："战争终于来临，我心里非常高兴。终于有机会报效祖国了，有机会战死疆场了！从小学起，就憧憬这一天。甚至盼着苏修的坦克开过来，好让他们见识见识一心想打仗的中国知青。"（第62页）"苏联的卫国战争诞生了多少可歌可泣的故事，我们中国的这场卫国战争（指珍宝岛之战）同样如此。能参加这样的一场大战，并有机会像董存瑞、黄继光那样英勇一场，让自己平庸的生活里有几段传奇的战斗经历，那也不辜负自己这短暂的生命！我就怕自己一生无惊无险、庸庸碌碌、平平淡淡。"（第66页）他们的这种战争渴望与其说是出于理性的爱国、爱人民，不如说是为了实现自己的"英雄梦"和表现欲。他们不甘于平庸，渴望参军打仗，其中有很大程度的非理性成分，这不是西方式的个人英雄主义，而是革命文化培育的集体英雄主义，缺乏独立的价值观支撑。

再比如，林胡虽然深受"出身论"之害，却没有对于"出身论"的反思，也没有质疑过父母的案子到底是不是冤案，他对母亲的态度是彻头彻

---

[①] 许子东：《当代文学中的青年文化心态——对一个小说人物心路历程的实例分析》，《上海文学》1989年第6期。

尾的功利主义。① 实际上林胡本人就是大院子弟出身（尽管是因父母而落难的大院子弟），这点对理解小说很重要。这决定了他虽然深受"出身论"的牵连，但是仍然根深蒂固地保留着这种思想。"大院子弟"们虽然不能接受革命干部内部的"出身论"：老妈老爸成为"党内走资派"牵连到自己；但是依然接受或维护无产阶级与资产阶级、革命干部和"黑五类"的阶级差别，维护"黑五类"的出身论。在与资本家出身的知青皮金生闹矛盾时，林胡居然认为："他是资本家出身，我是干部出身，父母虽然在'文革'中靠边站了，但一般人还是挺尊敬他们的。"（第263页）可见，林胡仍然持有强烈的"革命干部子弟"的优越感，这种优越感是革命文化培育的，它本质上依然是出身论（流行于"文革"初期的"老子英雄儿好汉"）。林胡好像很反感兵团的特权，但是他自己利用母亲的特权并以此自豪，自鸣得意。小说写到老鬼（林胡）被打成"反革命"后，他的母亲杨沫找到了内蒙古自治区党委第一书记尤太忠，尤太忠指示复查此案。林胡当时的感觉是"终于等到了这一天，真是振奋人心"。他还对可能就林胡平反事件接受上级调查的知青小四川说："这回你不要怕。……我母亲托魏巍找了北京军区政治部主任，又给周总理写信，是尤太忠亲自批示复查的。"（第369页）为了平反找关系可以理解，但是为此扬扬自得则不应该。

其实，《血色黄昏》未能超越"伤痕文学"的地方，恰恰就在于：作者（同时也是主人公）本人就是革命文化培育的，他缺乏一套独立于革命文化的思想资源和价值标准，这决定了他只能用革命文化反革命文化，最后的结果只能是向革命文化投降。林胡就是一个典型的革命文化培育的"反革命分子"，是被革命冤枉的革命青年。②（在这点上，《血色黄昏》与另一种

---

① 这种功利主义和最近流行的"你们没有100万为什么生我"本质上没有两样。据媒体报道，2013年10月3日，安徽马鞍山一席高档婚宴上，丈母娘在女婿改口叫妈后给了对方一个堪称"马鞍山史上最贵嫁妆"：一辆价值约400万元的宾利车，当场惊呆"小伙伴们"。然而，婚宴上的一名单身汉似乎受到刺激，竟当场咆哮父母："没100万生我干吗?!"《金陵晚报》2013年10月5日。

② 许子东："就和老鬼当初用《青春之歌》方式造杨沫的反一样，也和他用'文革'语汇反'文革'定他的案一样，用同一文化系统中的思维、情感乃至语言逻辑来造该系统的反，即便最后胜利也意味着失败。""终于有一天，连长告诉老鬼，说他的现行反革命罪已减为严重政治错误，在老鬼惊喜万分的一瞬间，他的漫长申辩似乎成功了，但他也比以往任何时候更向那个审判他的政治文化秩序认同了——'首都知青慰问团发的毛巾、笔记本、茶缸又有我的一份了。'"许子东：《当代文学中的青年文化心态——对一个小说人物心路历程的实例分析》，《上海文学》1989年第6期。

文化培育的《上海生死劫》的主人公郑念以及《一滴泪》的主人公巫宁坤情况完全不同）在自己被指导员报复抓起来后，他又一次写血书。这个时候他想到的是"革命老人徐特立"。

除了革命文化，林胡还有另一个资源就是中国传统的造反文化和侠士文化，他写血书时想到的精神偶像除了徐特立还有"割断自己脖子的项目，砍掉自己胳膊的王佐，戳烂自己面孔的聂政，挖去自己一只眼睛的志愿军无名战俘"。（第143页）这些名字被排列在一起，充分表明古代的造反文化、侠士文化和革命文化其实有深刻的关联（毛泽东说革命就是农民起义）。

更值得注意的是：与革命文化及特权政治体制的这种关系，使得老鬼被打成"反革命"后的心理反应和行为方式——委屈/冤屈心理与无休止的申诉行为：我不是反革命（但从来没有质疑"反革命"这个罪名本身。足见他的遭遇并没有促使他的思考发生质的变化）。申诉成为小说情节的主体，而首先想到的申诉方式就是向"中央"写信——典型的在革命文化内部解决革命失误的思路。许子东再次深刻指出：

> 对老鬼以及他的很多同代人来说，既没有上帝（超世俗的秩序），也没有外国（不仅是地理上到不了外国，更是精神空间里不能容纳别种秩序）。最绝望时，老鬼也在唱："抬头望见北斗星，心中想念毛泽东……"
> 
> "跟姓共的碰没你的好下场！"小说中专职整人的保卫干事的这句口头禅至少回旋了几十遍，但实际上，老鬼的思想信念情感性格甚至生活习惯甚至基本语言逻辑，不也都是从十七年政治文化背景里锻造培养出来的吗？难怪他再苦再悲痛，也只是恨少数坏人，对于整个政治文化秩序，他只是献上自己委屈的泪：党啊，母亲啊，你的孩子并没有错呵，你的孩子在受苦啊。①

小说中多次出现林胡在监狱中向毛主席倾诉、唱革命歌曲的情节，显示了老鬼和革命文化的血肉联系，也决定了《血色黄昏》及其作者身上难

---

① 许子东：《当代文学中的青年文化心态——对一个小说人物心路历程的实例分析》，《上海文学》1989年第6期。

以去除的"伤痕文学"的情感基调：委屈、悲愤、哭喊、抗议：我冤枉啊！不应该啊！正如许子东指出的，从卢新华的《伤痕》到郑义的《枫》，从孔徒生的《在小河那边》到叶辛的《蹉跎岁月》，整个伤痕文学里不都是充满了上述委屈、哭诉的声音？这正是"伤痕文学"的精神实质所在。"呈现在伤痕文学中的青年文化心态，既有对'革命'失望时对党（极'左'路线）不满的因素，同时也有对'革命'继续认同向党求援渴望得到爱护的成分。"许子东把这种渴望界定为一种"青年文化心态"："伤痕文学骨子里是种'孩子型'的青年心态。青年人无意间还是将党、政府认同为父母家长大人的（老鬼给领导写血书、给父母写家信，申诉求援姿态是差不多的），他们责怪父母（毛主席）没有给他们足够的温暖，他们还是将自己视为'青年'——一个在传统家庭伦理化政治架构中有待于被关心被爱护的弱者群体。五十年代是'唱支山歌给党听，我把党来比母亲'，到'文革'结束时则是'吟个哀曲给党听，我要怨您没做好母亲'，声调虽变，伦理秩序却没变。所以我的看法是，'伤痕文学'就其间表现的青年文化心态而言，实在仍属于'文革文化'的范畴。"① 革命文化和青年文化的这种同构在"雷锋日记"中，在大跃进民歌中都有充分体现，即使在王蒙等"右"派作家复出后所写的"反思文学"中，也依然根深蒂固（参见王蒙《布礼》中的"娘打孩子"说）。

　　许子东还把旅美作家郑念的《上海生死劫》(Life and Death in Shanghai)和《血色黄昏》做了有趣的比较。这两本书都是以入狱或劳改后的漫长申辩为主要内容。但不同点在于：前者的申辩方式是：请你们证实我有罪，否则你们就错了；而后者的申辩方式是：请你们相信我是无罪的。许子东认为：这两种申辩方式之间的差异是极其重要的，前者基本上是一种西方近代文化和宗教感支撑的人权立场，是一个文化意义上的西方人面对"文革"所可能持有的态度（狱中郑念的很多具体言行也的确不像"中国人"），因此她在文化心理上并不认同审判她的政治秩序，所以她能和这种秩序在道德感和心理上处在平等地位；而老鬼的申辩方式是我要证明自己无罪，请你们相信我。这种申诉方式和心态"极为典型地概括了大部分知识分子和青年人在'文革'中的反抗姿态，另一方面这种申辩心态也

---

① 许子东：《当代文学中的青年文化心态——对一个小说人物心路历程的实例分析》，《上海文学》1989 年第 6 期。

延续伸展在'文革'后大部分青年作家的创作中。虽然这些作品也在批判'文革'甚至彻底否定'文革',但确实很难说这种申辩文学是否完全摆脱了'文革文化'的阴影"。① 但实际上这背后更深刻的差异在于:郑念所理解的"罪"是西方标准界定的:我虽然腰缠万贯,我继承了父亲的一个跨国公司,但我的财产是合法的私有财产,是神圣的,是得到法律保护的;而林胡的"罪"的观念却和审判他的赵干事等人没有差别:他竭力否定自己是反革命(我不是反革命),却从来没有从根本上否认"反革命"罪(世界上本来就不存在什么"反革命"罪)。

其实,在兵团监狱中,赵干事审问林胡时的绝对优势和《上海生死劫》中的审问官提审郑念时的绝对劣势(这方面有相当多的描写)已经充分说明了问题。赵干事的优势不仅仅是权力的优势,而且是话语——道理的优势,而林胡没有任何反驳赵干事的充足理由。在接连抛出的"罪证"面前节节败退,狼狈不堪,更重要的是,即使在心理活动层面,林胡也没有觉得赵干事列举的这些根本不是"罪"。林胡日记中记的那些关于自己的性行为、性心理的记录被赵干事认为"低级下流""肮脏透顶",而有趣的是,在林胡的心理活动中,他也同样认为这些东西是肮脏下流、见不得人的。再比如偷听敌台,比如说老干部被打倒是"不幸"等,林胡不但不敢公开说这些都不是罪,而是公民的隐私或权利,甚至在心理活动中,在潜意识中也没有这样想过!这就是说,林胡并不拥有与审判他的人不同的政治理念、价值观念、法制观念等,他完全没有想到"偷听敌台""攻击江青同志"等根本就不是罪,而是一个现代公民的权利,他更没有想到"反革命"罪根本就不能成立,世界上根本就不应该有这个罪名,他只是想方设法证明自己不是反革命(而这样做的前提恰恰是承认"反革命"罪是成立的)。

---

① 许子东:《当代文学中的青年文化心态——对一个小说人物心路历程的实例分析》,《上海文学》1989年第6期。

## 专题一
### 城市文化研究

# 编者按

最近几年，中国的城市化进程明显加速，据国家统计局最新发布的数据，截至2013年底，中国城镇人口占总人口的比重已升至53.73%，可以预见，未来几年中国城镇人口与农村人口的差距还会进一步拉大。有学者甚至提出，我们正在经历从"乡村中国"向"城市中国"的转型。在这种背景下，城市文化研究在中国如火如荼地开展起来。自第14辑开始，本刊就专门开辟了"城市文化研究"专题，截至目前，已经刊发了一些具有不同学科背景的佳作。本辑的"城市文化研究"专题依然延续了跨学科研究的宗旨，试图从不同维度、不同视角来透视城市文化。本专题收录的几篇论文不仅考察了城市文化的历史生成过程，以及城市文化变迁给生活于其中的人们带来的隔膜和不适，而且从横向比较的视野，着重关注了中国北京和日本东京这两个东亚首都城市的不同文化风貌，以及人们在跨文化流动中遭遇的问题。

如今，很多世界城市都有自己最具代表性和辨识度的文化符号，如时装之于巴黎，《蓝色多瑙河》之于布达佩斯，一提到北京，人们也会想到一些具有"老北京"味道的文化符号。这些文化符号已经成为一个城市的"明信片"。鞠熙的《帝京的明信片——清代文人画作中的北京城市景观》一文通过对清代文人画作的细致考察，梳理了北京城市文化符号的形成过程。诚如作者所说，北京一直就是一座流动人口占优势的城市，它的街景，从来都带有为旅行服务的印记。正是在内外眼光的相互作用下，一种新的文化传统与社会身份认同产生了。把清代文人画作放到更广阔的背景之中，我们能看到由多种媒体介质所共同完成的"北京印象"。与本文采用的历时研究方法不同，袁一丹的《北平沦陷的瞬间——从"水平轴"的视野》一文则选取了一个历史"瞬间"作为研究的"切片"，通过这种将时间定格的方式，作者试图打捞出那些被宏大历史叙事淹没的细琐声音，并描画出大历史与个人生活之间的关联。最终，本文向我们呈现了不同历史主体的"窃窃私语"，以及他们的日常生活图景。正是借助它们，我们得以一窥历史的复杂面向。特别值得一提的是，本文的多条叙事线索有条不紊地铺开，将作为一种叙事策略的"瞬间"运用得淋漓尽致，体现了作者强大的驾驭历史材料的能力。

蒋磊的《"都市梦"与"反都市"：清末民初留日学人的都市观》一文则关注了跨文化的生存体验。对于清末民初的留日学人来说，他们跨越的不仅是中国和日本不同民族文化之间的鸿沟，而且还有乡村文化与城市文化之间的鸿沟。正如作者敏锐地观察到的那样："清末民初留日学人的'留学梦'、'日本梦'，实际上也是一场'都市梦'；而一部分留日学人对于日本的反感以及由此产生的民族主义情绪，又十分微妙地与'反都市'的情绪叠合在一起。"这种厘析对于我们认识近现代留日学人的复杂心态是很有助益的。马尔文·马克斯的《永井荷风的文学漫步：都市漫游与日本现代性的反映》一文同样关注了跨文化生存给人带来的隔膜和不适，只不过，永井荷风经历的是从作为旧幕府首都的江户向作为现代化都市的东京的跨越。在永井荷风那里，都市漫游不仅是缅怀传统文化、批判现代文明的方式，而且还在无意中将旧东京的风貌通过文学的方式保留了下来。

作为城市文化的重要组成部分，公共艺术近年在国内各个城市大量出现，有些公共艺术作品已经成为一个城市的重要文化符号。但与此同时，一些让人或匪夷所思或一头雾水的"奇葩"城市雕塑也不断见诸媒体，并引起巨大争议。公共艺术如何实现公共性和艺术性的统一，显然是一个亟待解决的问题。李雷的《公共艺术与城市文化构建——21世纪中国公共艺术生态考察》一文考察了中国公共艺术出场的社会文化语境，并分析了其中存在的问题和认识误区，对于中国公共艺术的未来发展具有重要的借鉴意义。

# 帝京的明信片

## ——清代文人画作中的北京城市景观

鞠 熙[*]

**摘要**：景观不仅是建筑或园林学的事，它从来不能脱离人们的审美活动而独立存在。明清之际的巨大变动，曾一度使北京城市之美消亡，但随着本地文人群体的兴起，加上外来游子一如既往的不绝往还，这座城市重新获得了审美价值，但被打上了强烈的时代烙印。本文重点研究清代以北京城市景观为表现对象的文人画作，辅以其他文献资料和口头资料，初步分析18~19世纪人们发现北京城市之美、当下之美，并形成审美模式的过程。当景观一再被强调和重复，它也就成为"定义"这座城市的"明信片"，在此基础上形成的城市想象图景，一直影响到今天。

**关键词**：城市景观 旅游 想象 审美

**Abstract**: Landscape is not only related to architecture or garden design. It can never have an independent existence without people's aesthetic activities. During the period when Ming dynasty switched to Qing dynasty, the beauty of the Beijing city had once withered away because of the big change of society. Accompanying the rise of local literati group and the coming of numerous number of tourists, this city regained its aesthetic value, but with strong times brand. The literati paintings of the landscapes of Beijing

---

[*] 鞠熙，北京师范大学文学院讲师。本文为北京市社会科学界联合会青年社科人才资助项目（2011SKL009）的阶段性成果。

city in Qing dynasty are taken as the subject of study in this article. Supplemented by other documents and oral materials, the process how people in 18th – 19th century discovered the beauty of Beijing city at that time and how aesthetic pattern was built, is studied. When the landscape was repeatedly emphasized, it became a "post card" that defined the beauty of this city. Based on these, an imagination picture of Beijing appeared and is still affecting today's society.

**Keywords**: city landscape　tourism　imagination　aesthetic taste

## 一　清代北京城市景观的重新生成

1644年，甫入北京的清军并未像以往统治者那样，大肆拆改京城建筑以体现王朝的更替。但是，北京的城市景观仍然发生了翻天覆地的"变化"。随着改朝换代与异族统治的开始，《帝京景物略》中那个堪与东京汴梁与临安杭州媲美的北地城市不复存在，无论是在满族人或汉族人眼中，这座城市的身份与面貌都已与过往完全不同。在清初文人的笔下，北京要么"日翳不开五步之外，飞埃袭人，时塞口鼻"如蛮荒之地（谈迁）[①]，要么"垂三十年来，内城水关、三里河、泡子河已成陆可耕，无一草一木存焉者。勺园海淀尽废为樊圃，并其址莫可迹"而繁华尽失（宋起凤）[②]。生活在满洲治下的北京文人，眼中所见的却只有历史的遗迹，因此清初文献中描写北京时，多稽古之作，少写当下之语，这形成一种写作模式：即使贵胄如纳兰性德，在《渌水亭杂识》中所记也多为消失的历史遗迹，从"莫详其处"的临水亭台，到"今无片石"的药王庙，无不如是[③]。直到18世纪初，随着满人文化地位的上升、清朝统治的稳定，当时当下的北京城才重新获得了审美价值，除了《帝京岁时纪胜》这类专记当时四时风光的风俗志著作外，还出现了"为游览而设"的《宸垣识略》，以指导外来游子

---

[①] 谈迁：《北游录》，"纪文·寄李楚柔书"，汪北平点校，据邓之诚所藏抄本与北京图书馆所藏抄本互校断句排印，中华书局，1960，第275页。

[②] 宋起凤：《稗说》，收入谢国桢编《明史资料丛刊》第二辑，江苏人民出版社，1982，第134页。

[③] 纳兰性德：《渌水亭杂识》，《昭代丛书巳集》第24卷，据世楷堂藏版，第1~3页。

观看北京景观①。这标志着北京城市景观的审美视角已经形成，并且固定成为一种模式。

关于这种北京城市景观从消失到重新生成的过程，国外学者也有论述，但他们往往将其归因于统治者的意志。例如有学者指出，朱彝尊的《日下旧闻》作为清政府统治下第一本描述北京城市景观的书，在清帝的授意下，试图在明清北京之间建立联系与继承关系，以期将清代北京重新纳入中原正统的"帝都"系列中去。因此，此书重点描写的对象是已经逝去的明代北京，目的是要唤起帝京概念、重塑北京形象。到了《日下旧闻考》，这一意图已经相当明显并被很好地实现。这本北京城市景观的百科全书，以详细的文献考证与实地调查，成功地使这座城市成为整个帝国最伟大的权力象征。② 无论是何种解释，有一点是肯定的，即在17世纪至18世纪之间，北京的城市形象曾有一次剧烈的转变过程，其景观的审美价值，大约是在18世纪中期才被确定下来。然而需要注意的是，此时也正是北京城市社会发生巨大变化的时期，北京城市景观的生成，至少是伴随着以下三种进程同时发生的。

第一，正如美国学者韩书瑞（Susan Naquin）所说，明代北京并未出现如清代一般的修纂地方志高潮，此时北京及其周围地区的地方志不仅数量不多，也多为私人修志之作。这反映在皇权的直接控制下，北京当地文人并未获得在中国其他地区一样的话语权与地位。而入清以后，情况却有了变化，满族统治者为了缓和民族矛盾，巩固其统治，大量利用汉族知识分子改进北京形象，直接导致清代北京官修地方志的涌现。因此，北京地方志从少到多的过程，也正是北京当地文人地位上升的过程。③

第二，人口流动加剧。明代以来，北京一直是流动人口集中的地区。除了外地来京的举子、官员外，各种商人、使节、云游僧道等，也是这座城市的常客。入清以后，这种人口流动的大趋势丝毫没有改变，有学者估计，仅因科考进京的举子及他们的家人，就达四万之多，而当时北京内城

---

① 语见吴长元辑《宸垣识略》，据乾隆戊申年（1788）刻本、光绪丙子年（1876）刻本和一些镌刻年月业已遗落的刻本整理，北京出版社，1964，第5~6页。

② 参见 Luca Gabbiani, *Pékin à l' ombre du Mandat Céleste : Vie quotidienne et gouvernement urbain sous la dynastie Qing (1644-1911)*, Paris, Éditions de l' École des hautes études en sciences sociales, 2011, pp. 34-36.

③ 参见 Susan Naquin, *Peking : Temples and city life, 1400-1900*, Berkely, University of California press, 2000, pp. 251-252。

只有十几万常住人口。较之明代更为突出的是,由于清代施行的旗民分城而居政策,每日进出内城的官员、商贩等,事实上成为内城的"流动人口"。他们不能在此久居常住,于是城市景观的标志:城门、城墙、皇宫苑囿等,在他们眼中都有了外来者观看的意味,而这对北京城市景观的形成产生了重要影响。正如法国学者郎克律(Gérard Lenclud)所言,"景观"永远是"外来眼光"的结果,是社会分工和文化分化的产物,正是在有距离的批评性目光中,才出现了"景观"这种自上而下的思考方式[1]。一个社会中的外来人口越占优势,它被"景观化"的程度就越高,它的城市之美就越容易得到关注并引起共鸣,而这正是旗民分治政策所造成的影响之一。

第三,西方绘画技术的传入。17 至 18 世纪的北京还有一个独特之处,就是西方传教士大量聚集在宫廷周围,时刻准备为皇帝服务。传教士所带来的西方科学技术知识乃至西方产品并未在全国范围内产生影响,却的确在北京城市社会中掀起不小的涟漪。在朝鲜王朝赴清贺岁使、朝贡使的记述中,有很多天主教士在京活动的史料记载[2];西洋医生为平民治病而患者盈门的记录,也常有所见[3],这些都是西方文化直接影响北京市民社会的证据。其中与城市景观审美有关的,当属西方绘画技术的传入最为突出。以意大利传教士郎世宁为代表的西洋画家们,不仅用西方技法为诸位清帝绘制了不少画作,还在如意馆内向中国画家传授画艺,当时的知名画家如丁观鹏、张若澄等无不受其影响,在这些画家所创作的北京城景图中,也能清晰辨认出欧洲式景观画法的影子,例如徐扬所画《京师生春诗意图》轴,就从鸟瞰的角度描绘了北京城区的一部分,显然受到欧洲焦点透视画法的影响[4]。由于艺术对人审美习惯的引导作用,绘画技术的改变事实上也使人们观看城市的方式发生了变化。

---

[1] Gérard Lenclud, "Ethnologie et paysage," in Claudie Voisenat, dir. *Paysage au pluriel : pour une approche ethnologique des paysages*, Paris : Éd. de la Maison des sciences de l' homme, 1995, pp. 3–18. 另参见鞠熙《艺术化的风土与人化的自然——反思法国人文景观学》,《民族文学研究》2011 年第 3 期。

[2] 参见葛兆光《邻居家里的陌生人——清中叶朝鲜使者眼中北京的西洋传教士》,《中华文化研究》2006 年夏之卷。

[3] 参见余三乐《早期西方来华传教士与北京》,北京出版社,2001,第 219、221 页。

[4] 参见聂崇正《清代外籍画家与宫廷画风之变》,《美术研究》1995 年第 1 期。

图 1 徐扬《京师生春诗意图》轴

## 二 画作中的北京城市景观

正是在以上多种潮流交织而成的大背景下，北京城市景观经历了它"重新生成"的过程。同欧洲一样，除了描写地方风物景色的文学作品外，绘画也在这一过程中扮演了重要角色。一方面，北京风光画作的大量出现，表明北京再次获得审美价值；而另一方面，也正是这些画作的绘制与传播，使得北京之美形成固定的欣赏模式，"景观"得到了定义。通过梳理并分析这些以北京城市景观为表现对象的文人画作，我们能看到这种北京城市景观审美模式的形成过程及其特点。

## （一）从"市景"到"城景"：城市本身成为审美对象

清代以前不是没有以城市为表现对象的画作，其中最有名的当然是《清明上河图》。这幅长卷以东京汴梁为表现对象，市肆繁华、风土人情、城关建筑，无一不成为作者笔下的审美元素，其表现模式也为后人一再重复，明代苏州甚至出现专门画《清明上河图》的作坊，它成为对一类画而不是一幅画的称呼，因此说它形塑了中国人欣赏城市景观的基本方式也毫不为过。明代也有专门表现帝京街景的图作，这就是《皇都积胜图》。此图作者不详，大约作于嘉靖晚年到万历初年，长六米左右，绢底着色，现藏于中国历史博物馆[①]。和这些前代市景图中的帝都比起来，18 世纪以后的清代北京在画作中呈现鲜明的独特性。

首先是城市全景图的出现。无论是《清明上河图》还是《皇都积胜图》，都采取长卷的表现方式，画家重点表现的是城市中人的活动，从传统绘画分类上说，当属"风俗画"一类。而清丁观鹏的《太簇始和》与徐扬的《京师生春诗意图》，则采取了一种截然不同的方式来表现城市。这类画作将表现对象——往往是皇宫苑囿——放在广阔的城市背景之中，并且明显使用西方透视画法，以城市平民建筑的低矮、灰暗、平凡衬托帝王居处的壮丽、多彩与不凡。城市中的市肆街道、行人商贾全都退后而相对较小，是皇宫建筑与城市规制，而不是风土人情成为画家表现的重点。乍看之下，这类画作与中国传统界画颇为相似，都以建筑物为主要表现对象，但仔细分析会发现，一般界画的格局往往是以建筑为主体、山水为背景，而《太簇始和》与《京师生春诗意图》这类北京文人画作，则将井然有序的城市建筑作为背景，街衢巷陌虽不是作者意图表现的重点，却是至高皇权不可或缺的底衬。因此，市民活动虽用色浅淡，却丝毫不敢马虎，《太簇始和》中新春之日北京市民的演剧、杂戏、说唱等活动，均在画面上方历历在目地表现；而《京师生春诗意图》也同样以细致的笔触，描绘出正阳门前的牌楼、市肆、家居等场景。这表明，画家头脑里有一幅完整而肯定的城市图景，它以皇宫为中心，但必须通过城墙、街道、民居及其他建筑构成全局；它在皇宫的荫罩下运行，但也通过独特且有序的市民活动方能显示其伟大之处。这类画作中的城市，不再是一个个似乎能流动起来的场景，而形成井然有序、不可分割的整体。

---

[①] 参见王宏钧《反映明代北京社会生活的〈皇都积胜图〉》，《历史教学》1962 年第 7 期。

图 2　丁观鹏《太簇始和》图局部街景

与此同时，18 世纪也不乏《清明上河图》般的城市长卷，最具有代表性的当属清康熙帝六十大寿时绘制的《万寿盛典初集》图与乾隆八十盛典时绘制的《八旬万寿盛典》图，其中前者更具有代表性，后者基本延续前者的布局取景，只在细节上略有变化。这类卷轴中《清明上河图》的痕迹显然更重，例如都从一个稍高的视角表现街道中的活动，都将民俗生活置于画面核心位置，都展现出一种强烈的"即视感"，仿佛时间在一瞬间凝固，然而随着画卷的展开又在缓缓流动等。但是，《万寿盛典初集》图与《清明上河图》《皇都积胜图》的区别也是相当明显的。关于《清明上河图》，研究者目前普遍认为，此图所绘并非连续的城市现实街道，而是在位置上分为三段，出于艺术手法的需要，以乡村突出城市、以静穆渲染繁盛，是经过高度艺术加工的城市街景①。画面中重点突出的是市肆风俗，各种人

---

① 杨立武：《〈清明上河图〉所反映的东京地理位置》，《河南大学学报（社会科学版）》1986年第 4 期。

类活动都有丰富而细致的描摹，而城市建筑则大而化之，能看出它们的等级与基本形制，却无法辨认其具体位置与身份。《皇都积胜图》更是如此，此图虽然表现的是从北京南郊到北郊的景观，但过了卢沟桥不远就是正阳门，出了地安门就到了北郊，建筑与人物都几乎以一种随心所欲的比例关系来表现画家的意图，并且同样将人类活动而非城市建制作为绘作中心。

**图3　《皇都积胜图》之正阳门前**

然而在《万寿盛典初集图》中，情况却发生了变化，这幅长卷的视点更低，建筑相应显得更为高大，视域虽然集中在街道上，但两旁的建筑也同样是精心表现的重点。更重要的是，《万寿盛典初集图》几乎呈现一种地图般的效果，仅以西四牌楼到西直门这一段出现的寺庙为例，画面上依次出现：旃檀寺、双关帝庙、真武庙、西方寺、普庆寺、宝禅寺、关帝庙、龙泉寺、祝寿寺、北广济寺、三官庙、万寿庵、西直门内伏魔庵，无一不能与历史文献、乾隆《京城全图》，乃至实地调查互相比对印证，不仅距离关系、方位朝向与实际情况毫无出入，甚至连建筑形制、距离主要街道的远近等都被详细而精确地绘出。例如，崇元观在西直门大街以北，然而山门与大街之间尚有少许距离，山门以后乃一宽阔神道，与主体建筑相去颇远，这些细节都被表现了出来。从图4中能看见，崇元观山门之前尚有两道彩坊才是街面，而山门之后特意用云彩这种惯用手段，突出山门与主体建筑之间的距离。

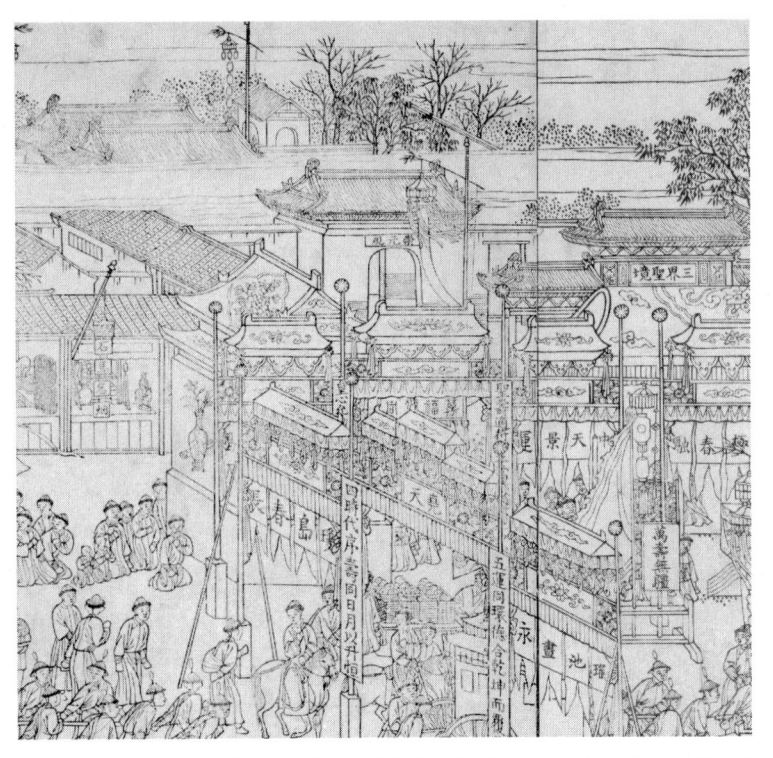

图4 康熙《万寿盛典初集图》中的崇玄观局部（时名崇元观，经拼合）

不仅寺庙如此，桥梁、牌楼、城门、水井，都被画家以一种近乎绘制地图般的热情记录了下来，连沟槽（今赵登禹路）上的小石板桥，都能与乾隆《京城全图》互相印证。很明显，《万寿盛典初集图》要表现的已经不仅仅是人类活动，它出于记录盛典与反映帝京之伟大的目的，也将城市本身看作了审美的对象。一方面，一些重要建筑，如寺庙、牌楼等，成为城市的地标而具有了象征意义；另一方面，地图般严谨与长卷之绮丽的叠加，使《万寿盛典初集图》获得一种"导游图"般的效果，随着观者视线的推进，画卷上展开的不仅是都市风情、人间百态，更有实际城市中的建筑、地标和布局，完全不再是概念化的"清明上河"城。总之，城市本身，以它的布局、规划、建筑及浸润其间的人类活动与城市气质，成为独立的审美对象。

值得指出的是，这种变化与《日下旧闻考》有相似性。与以往明代北京的地方志不同，朱彝尊在写作《日下旧闻》时不再把城市中的建筑或建制抽出，分门别类，而完全按城市方位的关系，以胡同街巷为经纬，详述区域内的重要地标及其相关文化。可以说，一种整体性的"城市感"已经在朱彝尊的头脑中形成，并得到了清帝的认可。通过乾隆帝下令修纂《日下旧闻考》的活动，这种带有强烈空间意识，将人类活动置于立体地图般背景之中的城市景观审美方式成为主流。无论是在其后的《宸垣识略》《燕都丛考》等文献，还是《日月合璧五星连珠图》这类图画中，都仍能看到这样的审美模式。它甚至还通过《唐土名胜图绘》等日本画家的仿作传播到海外，从而影响了无数外地来京游客的观赏方式。

### （二）从"心内之景"到"眼中之景"：当时当地获得审美价值

18世纪，以北京为审美对象的整体性"城市感"开始出现，这与当时紫禁城中的最高统治者有很大关系。也许正是由于清帝对绘画与地图的热情，才催生出这样一种东西交融的、地图化的景观意识。但与此同时，也不能忽视北京居民文化自信不断上升所造成的影响。当清初文人在历史的遗迹中寻找北京逝去的繁华时，17世纪末18世纪初的京城文人却逐渐开始发现城市当下的美。高士奇在为《日下旧闻》所作的序中说得很清楚，他"自束发来京师"，到处游览寻访，眼见"我朝当声名文物之盛，据天下形势之雄，控制中外，遐迩向化，梯航万邦，时集都下"，因此希望能记录下这些燕京胜景，"垂示永久，补前人所未逮"。[①] 正是在这样的普遍心态下，以部分现实主义的笔法描画城市景观，成为了北京画家画北京的重要方法。乾隆年间张若澄的《燕京八景图》就是一个很好的例子。

《燕京八景图》不是张若澄的首创，金《明昌遗事》中已列燕山八景之目，而明永乐十二年（1414），王绂扈从北京时，与邹辑等人唱和题

---

① 转引自王灿炽《燕都古籍考》，京华出版社，1995，第279页。

诗，绘《燕山八景图》①。虽然所绘对象完全一样，但张若澄与王绂的作品有本质上的差别。仅以燕京八景中的《琼岛春阴》（王绂作《琼岛春云》）为例，王绂画作中山石峭立、曲径通幽，殿宇藏在山水之间，仿佛深山幽境或海中仙山一般。如果不是题名，我们根本想象不出这是紫禁城边北海之内的小岛。事实上，在描绘帝京风光时，不是只有王绂一人这么做，文征明的《燕山春色图》虽然也以"燕山"为名，但画面上山崖流水、几株古松、石岸茅舍，说是其他任意地方也无何不妥。与其说他们画的是眼中所见的北京，不如说只是借着地名画自己心中的想象与情结。从这个角度来思考王绂，我们能理解他为何将琼岛画成了海中奇山：大定十九年（1179），金世宗在琼华岛上建大宁宫，并运汴京艮岳太湖石堆叠山上。明宣宗《御制广寒殿记》中说，明成祖朱棣曾告诉他万岁山、琼岛与艮岳之间的关系，那么扈从朱棣的王绂当然也会知道这段史事。以明代文人以继承宋代道统为己任的心态，将金人所建广寒殿掩藏在巉峭峻削、盘回起伏的艮岳奇石之下，也就能理解了。

**图5　（明）王绂《琼岛春云》图**

到了乾隆年间张若澄所绘之《琼岛春阴》图，画面有了翻天覆地的变化。张若澄作为御用画家，应该是熟悉王绂的《燕山八景图》的。然而在他的作品中，仙山一般的艮岳遗石已经完全不见踪影，如果非要说有的话，也只是画面细微处那些点缀的山石。虽然将琼岛上的建筑、园林与布局细致入微地一一描绘，但这幅画也不能称为完全现实主义的创作——

---

① 现藏于中国历史博物馆，题曰《王绂北京八景图卷》，参见史树青《王绂北京八景图研究》，《文物》1981年第5期。

居于中心位置的白塔几乎占去画面一半的高度,这显然是不合比例的夸张。永安白塔创修于清顺治八年(1651),仿阜成门内元代妙应寺白塔建成,它既是满族自我文化的标志,也是满蒙结盟的象征。张若澄在尽可能忠实表现琼岛实际景观的同时,也有意突出了"当代"文化的价值。"古迹"消失,对象本身被突出,这曲折地反映张若澄本人,以及他背后的乾隆皇帝的一种隐秘心态:18世纪的北京应该从宋明的文化阴影中解放出来,它已获得新的景观之美,并不输于历史上的"燕京八景",甚至比过往更为伟大。

图6 (清)张若澄《琼岛春阴》图

18世纪中期以后,以"当时当地"的北京作为审美对象已是潮流,不仅画家张若澄如此,比他稍晚一些的著名满族诗人法式善也同样如此。法式善结庐于松树街,因"心悦李公诗,居近李公第"[①],遂自号"小西涯居

---

[①] 语出法式善《诗龛》,收入《存素堂诗初集录存》卷7,王埔刻本,清嘉庆十二年(1807),第4页。

士"（李东阳号西涯居士），并有"前身我是李宾之""我于李宾之，旷代默相契"等句。从这来看，他追慕明代文化的心境，与前代纳兰性德等人似乎没有区别。但是与纳兰性德屡屡怅惘古迹之不可考不同，法式善在感叹往事不可追寻的同时，也盛赞当下景物之盛，最典型的代表就是《和西涯杂咏十二首用原韵》和《续西涯杂咏十二首用原韵》。李东阳曾有《西涯杂咏十二首》，描绘了海子、西山、响闸、莲池、慈恩寺、广福观等景物，法式善据其诗意唱和，也写了同样的景点。由于时代的变迁，慈恩寺、桔槔亭等已无处可寻，从"桔槔久已悬，云水空亭边"等句来看，法式善虽感慨逝者之不可追，然而也充满乐观旷达，谓"谁是百岁客，来看千年藤。佛在我心中，何必仍寻僧"。[①] 更重要的是，他没有停留在对明代景物的怀念上，他紧接着又写了《续西涯杂咏十二首用原韵》，盛赞了积水潭、汇通祠、什刹海、净业湖、李公桥、松树街、慈因禅院、虾菜亭、慧果寺、丰泰庵、清水桥等当时景物，诗句中流露强烈的文化自信，以及对当代城市景观的欣赏。在《慈因禅院》一首中，他写道："慈恩不可见，兹院题慈因。僧厨蒲笋香，饭后来儒僧。"[②] 现实景物在诗意中接续上历史，并因兼得历史之厚重与现实之鲜活，获得了与传世诗作同等的审美价值。

法式善号为乾隆后期之诗坛领袖，对当时审美风气的影响不言而喻。他的一些朋友：罗聘、顾鹤庆等，都曾据《续西涯杂咏十二首》绘过图册。也许是受法式善影响，也许也是法式善多次邀请朋友在什刹海边书画雅集，由此给画家带来的现实灵感，从收入《法诗龛罗两峰续西涯诗画册》中的《小西涯诗意图》（罗聘绘）、《诗龛续西涯十二咏诗意图》（顾鹤庆绘）来看，这些画作中，城墙、寺庙与荷花交相辉映，带有景物本身的特点，如顾鹤庆的《什刹海》，似从什刹海东南岸北望，积水潭土阜上的法华庵、湖心小岛、近处酒肆人家都历历在目，确为实景入图。罗聘绘《汇通祠图》，画出了祠边整石砌成的城墙、岸堤，《李公桥图》中也没忘记民宅、街道与拱桥、河堤。[③] 但与此同时，这些画作又都是高度概念化的。首先，它们都以积水潭、什刹海一带为题，内容近似、画意相仿，城墙+荷花+寺庙的主

---

① 语出法式善《诗龛》，收入《存素堂诗初集录存》卷7，第2~3页。
② 语出法式善《诗龛》，收入《存素堂诗初集录存》卷7，第2~3页。
③ 关于此图的介绍，可参见刘青山《罗聘〈小西涯诗意图〉考论——兼论罗聘与法式善之交谊》，《艺术探索》2010年12月。

题，几乎成为所有这些画作共有的模式。其次，画作中的想象成分也俯拾皆是，为突出慧果寺"佛阁耸溪头"的诗意，顾鹤庆特意把它画在了山林掩映之中，这与实际情况是不相符的。至于《净业湖》中那座湖边山丘，更不知从何而来。应该说，画家在赞颂当时帝京胜景时，也不自觉地将它纳入传统模式之中，例如以天高云淡表现观赏主体志趣高远，以山高水长表现超脱世事、不染尘疾，以花林古松表现野趣禅心，再加上"城墙、荷花（垂柳）、寺庙"的新模式，以什刹海一带为代表的北京城市景观，从此被逐渐固定了下来。

## （三）画作中北京审美模式的固定

除了法式善等北京文人日常交游所造成的直接影响外，随着《宸垣识略》等书籍的传播，一种固定的审美视角开始成为外来游客欣赏北京景观的主流。在18世纪末以后成书的纪游画作中，我们能清楚地看到这一点。

纪游图也是中国文人画作的传统之一，它们往往是为志游而作，表现旅途中的见闻与观感，即所谓"漫游图记"。进入19世纪以后，一些来北京宦游乃至长期居住的文人，也将北京画进了他们的漫游图记之中，比较有代表性的如《鸿雪因缘图记》《泛槎图》和《水流云在图记》，其中尤以《鸿雪因缘图记》中与北京有关的画面最多。此书作者麟庆（1792~1846），本为京旗满洲人，清嘉庆进士，授中书，官至江南河道总督。由于长期在北京生活，图作中仅与北京寺庙有关的画作就有14幅之多。而《泛槎图》作者张宝于嘉庆十一年（1806）到北京，次年被礼亲王永恩之子王昭琏聘入府邸，并在北京住了三年，嘉庆十四年（1809）夏离京。其间于嘉庆十九年（1814）、道光四年（1824）、道光五年（1825）多次来过北京。《水流云在图记》的作者陈夔龙于庚子事变时任京兆尹，并兼留京办事大臣。他们在京时间不长，笔下关于京城风光的画作也就不多。然而正因对北京"惊鸿一瞥"，反而能从侧面反映时人想象中的帝京模式。

麟庆故宅曾在鼓楼东，对于什刹海、积水潭当然无比熟悉，《鸿雪因缘图记》中的《净业寿荷》一幅，画家似乎站在城墙上向下俯视积水潭，近处法华庵的佛阁、鸡狮石，以及土阜上的石道被清晰地表现了出来。再远一点，居于画面中心位置的，就是开满荷花的积水潭，湖对面屋宇栉比，有寺庙，有茶肆，也有民居。值得注意的是，在画面左下角，德胜门城楼占据了不小的一块空间，这座理应在作者身后的建筑此时被绘在这里，显然是有意通过它突出帝京的独特气质，而"城墙、荷花与寺庙"也就因此一个要素也没落下。

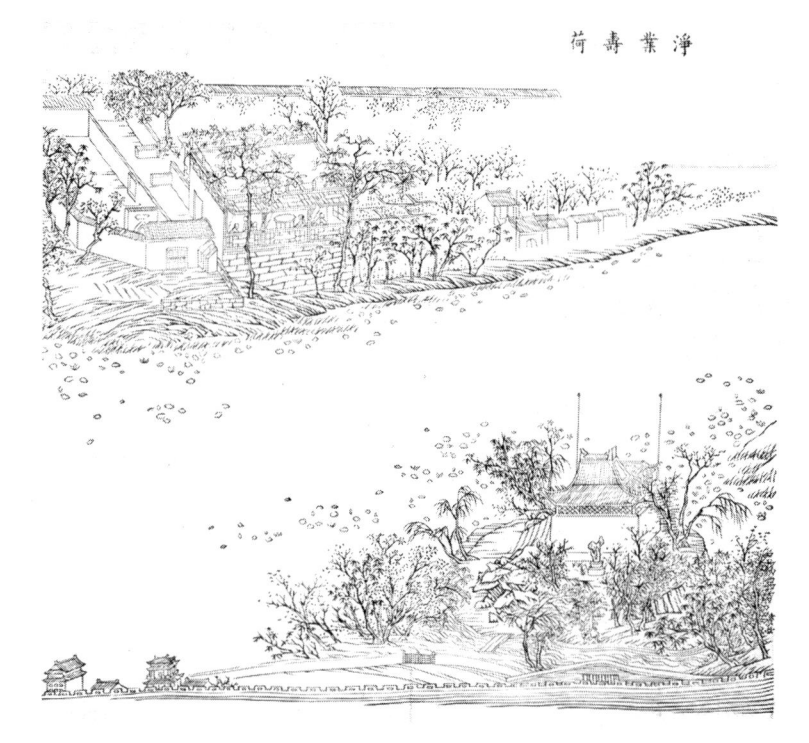

荷寿业净

**图7　麟庆《鸿雪因缘图记》之《净业寿荷》**

如果《鸿雪因缘图记》较之罗聘和顾鹤庆笔下的什刹海，只是主题相似，而在视点和表现方式上尚有变化的话，那么漫游图记在表现永安白塔时，则简直如出一辙。《鸿雪因缘图记》之《金鳌归里》[①]和《泛槎图》之《瀛海留春》[②]，无论是选择景观内容、视角取向、构图方式、布局比例，甚至希望表现的意境，都极为类似。《水流云在图记》中的《玉栋观荷》虽然稍有不同，但站在金鳌玉栋桥的西南角，以一个稍高的视角俯视北海，将金鳌玉栋桥放在画面底部中央、在画面右侧突出永安寺的团城与白塔，画面左上角试图将远处的五龙亭与阐福寺拉近等做法，显得别无二致。一些

---

① 麟庆撰《鸿雪因缘图记》第5册，清道光二十九年（1849）刻本，第116页。
② 张宝撰《泛槎图》（以嘉庆至道光间原刊本为底本），北京古籍出版社，1988，第371页。

"被挑选出来"的景物以同样的方式,被不同的作者反复描绘,使得这些景物成为城市的象征与标志。绘有这些标志性景物的图画被广泛传播,造成一种类似明信片的效果。可以说,伴随旅游而形成的图景画作,通过对同一景观、同一形象的反复描摹,形成了关于这座城市的"明信片",北京城市景观随之得到了定义。

图8　麟庆《鸿雪因缘图记》之《金鳌归里》

## 三　北京印象的形成

"城市明信片"的出现与旅行有极为密切的关系,漫游图记这种文体本身就是明证。正是内外眼光的互相启发、互相建构,才形成了文化的主体意识。正如前文所说,北京一直就是一座流动人口占优势的城市,它的街景,从来都带有为旅行服务的印记。因此我们不难理解,为何北京的城市景观从萌芽,到生成,再到被挑选出来变成明信片,发展得如此之快。而正是在内外眼光的互相作用下,一种新的文化传统与社会身份认同便产生

图 9　张宝《泛槎图》之《瀛海留春》

图 10　陈夔龙《水流云在图记》之《玉栋观荷》

了。把清代文人画作放到更广阔的背景之中，我们能看到由多种媒体介质所共同完成的"北京印象"。

关于画作之外其他媒介形式对北京城市景观的塑造，前文已有所论述，例如《日下旧闻考》中所体现的"城市感"、《宸垣识略》希望完成的"导游"功能、法式善的什刹海组诗等。除了这些同属文人创作的作品外，在民间文学领域我们也能看到相似的情况。明清文人曾大量写作京都竹枝词，这种文学体裁因常取地方风物入诗，故与城市景观的关系最为密切。而从清代文人竹枝词来看，他们所吟咏的内容与漫游图记常有同构性，此处仅举清蒋仁锡的《燕京上元竹枝词》为例，此词写元宵节活动，然而绝大篇幅是在描绘北海一带的城市景观，文曰："寿昌白塔坤隅声，缨络华鬘逼禁门。莫凭危栏望佳气，五云移傍畅春园。大西天共小西天，更与刘兰塑接连。玉蛛桥边人聚蚁，尘蒙宫柳似含烟。妆成丈六范金身，彩钠毯衫转法轮。"①其中提及的寿昌白塔（北海内永安白塔）、团城、畅春园、金鳌玉蛛桥，都是在上述漫游图记中反复描画的对象，至于刘兰塑胡同、大西天小西天经厂、旃檀寺中旃檀佛像等，也是麟庆《鸿雪因缘图记》中有过绘图的内容。同样的景观以同样的主题被歌颂、吟咏、描画，北京的几处景观因而显得比其他景观更为突出，更具有代表性。

比竹枝词传唱更广的是北京的民谣。当《万寿盛典初集》试图表现一种"导游图"效果时，北京的"城门歌""地名歌"毫不犹豫地将"导游"变成了自己的功能。这类歌曲在北京有很多，《中国民间歌曲集成（北京卷）》中的《北京歌》中说："北京城是刘伯温修，钟鼓楼在后门外头，牌楼顶上绣大字，月明楼上戏不休"，"那西便门外头就是白云观，那正月十九混天球"，空间方位与民俗活动水乳交融，唱起歌谣时，一座鲜活而立体的北京城仿佛就出现在人们头脑里。其实，在民国年间开始出现的风俗画中，正有很多以歌谣入画的内容，两种媒体形式的互构，将北京城的风土人情贴上了强烈的视觉与听觉标签。但由于篇幅所限，这已不是本文要论述的问题了。总之，正如去布达佩斯一定会想到《蓝色多瑙河》、去西班牙不会忘记弗拉明戈舞一样，多种媒介形式的共同作用，使一座明确而清晰的"想象中的"北京城在人们脑海中被构建起来，并因清代与现代之贴近，而在现代社会中仍有余韵，甚至可以说，这就是我们今日所说"老北京"印象的开端。

---

① 孙殿起辑，雷梦水编《北京风俗杂咏》，北京古籍出版社，1982，第28页。

# 北平沦陷的瞬间
## ——从"水平轴"的视野

袁一丹[*]

**摘要**：北平沦陷是一个被延宕的历史瞬间，其中包含的弹性与歧义，值得顺着城市的肌理逐层梳理。作为一种叙事策略的"瞬间"，意在抽取尽可能小的时间单位，展现出事件的诸种空间形象。"七七事变"后有两个时间点值得关注，一是1937年7月29日第二十九军撤出北平，二是8月8日日军入城驻兵，借助中央与地方的往来函电，新闻记者的现场报道，当事人的日记、追忆，辅以相关的小说、诗文，返回历史现场。以日常生活为基准，从"水平轴"的视野来捕捉沦陷的瞬间，关注的是北平人的共同体意识，试图从地方性中发掘填充民族主义的要素。

**关键词**：北平　沦陷　瞬间　抗日战争　日常生活史

**Abstract**: As an ambiguous historical moment, the fell of Peiping (i. e. Beijing) in 1937 is worth a deep description into the texture of this city. The narrative strategy of this paper is to display the spatial image of how Peiping fell in a temporal unit as short as possible. This paper will focus on two key points after the Marco Polo Bridge Incident in 1937. One is July 29, when the 29th Route Army withdrew from Peiping. The other is August 8, the day when the Japanese army started its eight year occupation of this city. According to correspondence between the central and the local government,

---

[*] 袁一丹，首都师范大学文学院讲师。

reports of journalists, diary or memoirs of onlookers, and novels or poems about this incident, we could return to the actual historical scenery. From a horizontal perspective to grasp the moments of Peiping fell, we are concerned with the will of a commonwealth, especially the daily life of people stranded in Peiping under the Occupation, and try to rescue local history from nationalism.

**Keywords**: Occupied Peiping　the Anti-Japanese War　History of Everyday Life (Alltagsgeschichte)

# 一　引言：作为叙事策略的"瞬间"

从瞬间而非长时段的刻度来看，1937年7月7日卢沟桥发生的战事，并未被即刻确认为全面抗战的开端，无论南京国民政府还是以宋哲元为首的冀察当局，还都徘徊在战与和的岔路口上，即便在最后一分钟亦不放弃和平解决的希望。当地方视野中的卢沟桥事件被赋予全局性的意义，反而遮蔽了它与近在咫尺的北平城的关系。被历史记忆的是"七七"这个大写的日期，而北平何时沦陷，已经不是关注的焦点，视线很快南移，转向上海、武汉、南京。北平沦陷的具体时间，不仅后来的研究者各执一词，就连在当事者的记忆中也是模糊不清的。

作为一种叙事策略的"瞬间"，意在抽取尽可能小的时间单位，展示出"共时空间中铺展开的'历史'"，或说"事件的诸种空间形象"[①]。关于北平沦陷的时间大致有两种说法，或以1937年7月29日第二十九军的撤退为标志[②]，或从8月8日日军入城驻兵算起[③]。意见的分歧，可能源于对"沦陷"一词的不同理解。搬用辞书上的定义，"沦陷"即等同于战时的军事占领，意味着暂时失去领土主权。由于北平作为地方的特殊性，从第二十九军失守到日军完全占领之间还有近十天的空当儿。因此，北平沦陷是一个被延宕的历史瞬间，其中包含的弹性与歧义，值得顺着城市的肌理逐层梳理。

---

[①] 参见赵园《那一个历史瞬间》，其呈现甲申年三月十九日明朝覆灭这一大变局的各个侧面；《想象与叙述》，人民文学出版社，2009，第9页。

[②] 吉元：《七七事变后北平沦陷日期之我见》，《北京党史研究》1990年第1期。

[③] 参见赵红《关于北平沦陷的时间》，《北京社会科学》1987年第4期。

## 二 "两日悲欢浑一梦"：谣言的解析

如果将7月28日到29日视为卢沟桥事变后的又一个转捩点，无异于承认第二十九军的撤退之于北平沦陷的象征意义。据傅仲涛对北平沦陷之回忆，"二十九军虽然和我们平日没有什么私的关系，可是这回的撤退，却不是往日奉张的撤退，其他军阀的撤退，乃是代表中国主权的撤退，即是敌人势力的扩张"。第二十九军撤出北平，致使"我们在此地失落了一切的依恃"，这才意识到"国家主权既然达不到此地，我们便是无主之民，便是俘虏了"。①

第二十九军的撤退在傅仲涛看来，"乃是代表中国主权的撤退"，然而，宋哲元的第二十九军系由冯玉祥的国民军蜕变而来，并非中央的嫡系部队，其与南京国民政府的关系，绝非"代表"二字这么简单。② 1935年6月"何梅协定"签署后，南京政府的军事、政治势力被迫退出华北，另设冀察政务委员会及绥靖公署，由宋哲元一人主持，迄于1937年卢沟桥事变后。③ 从7月28、29日前后宋哲元与蒋介石及何应钦之间的函电往来，可以窥知第二十九军的撤退背后，地方当局与中央政府微妙的角力关系。④

7月27日，宋哲元以冀察绥靖主任的身份，向国民政府军政部长何应钦及军事委员会委员长蒋介石分别拍发了"平津危急、请示机宜"，"北平四面皆敌、决心固守"两封函电。⑤ 同日，军政部参事严宽亦向上级报告，"和平已绝望，二十九军决与城共存亡"，望中央军速速北上。⑥ 28日，日军进逼北平四郊，对第二十九军发出"最后通牒"，要求主战派冯治安率领

---

① 傅仲涛：《北平沦陷之回忆》，《文艺与生活》第3卷第2期，1946年12月1日。
② 第二十九军的来历、性质、组织及训练，参见李云汉《抗日先锋第二十九军》，李云汉编《抗战前华北政局史料》，台北，正中书局，1982，第205~218页。
③ 《抗战前华北军政机构的递嬗》，参见李云汉编《抗战前华北政局史料》。
④ 此部分函电收入秦孝仪主编《芦沟桥事变史料》上册，中国国民党中央委员会党史委员会编辑《革命文献》第106辑，1986。
⑤ 1937年7月27日"冀察绥靖主任宋哲元呈何应钦部长告平津危急请示机宜电"，同日"冀察绥靖主任宋哲元呈蒋委员长告北平四面皆敌决心固守电"，均录自中央党史委员会库藏《芦沟桥事变史料》上册，第186页。
⑥ 1937年7月27日"军政部参事严宽呈何应钦部长告和平已绝望二十九军决与城共存亡电"，录自中央党史委员会库藏《芦沟桥事变史料》上册，第187~188页。

的第三十九师于当日正午以前撤出北平城①。宋哲元致电中央告"已严词拒绝日方最后通牒"②。

卢沟桥事变后,正在主持庐山会议的蒋介石迭发两电,敦促在乐陵原籍休养的宋哲元"速回驻保定指挥"③。拖至11日晚宋氏才从乐陵返回天津。12日蒋介石、何应钦分别致电宋哲元,命其"速赴保定坐镇",以免贻误战机④。言下之意,勿在天津逗留,谋求就地解决。然而宋氏执意在天津办理交涉,并于19日抵达北平,偕张自忠会见日军司令官香月清司。7月26日北平形势危急,蒋介石指示冀察当局"从速部署,决心大战",令宋哲元本人"立即到保定指挥,切勿再在北平停留片刻"⑤,语气愈发强硬。27日晚又发电要求第二十九军"固守北平三日","中央必星夜兼程,全力增援"⑥。28日晨蒋介石给宋哲元发专电:"希速离北平,到保定指挥。勿误,如何?盼立复。"⑦ 同时致电北平市长秦德纯等人,谓"接此电时,如平保线尚有汽车路小道可通,不论如何,应即硬拉宋主任离平到保,此非然为一身安危计,乃为全国与全军对倭作战之效用计也"⑧。29日晨第二十九军从北平撤往保定,宋氏为卢沟桥事变自请处分,并通电宣称北平军政事宜移交师长张自忠负责。⑨

---

① 1937年7月26日"日本华北驻屯军对我二十九军之最后通牒",录自外交部档案《芦沟桥事变史料》上册,第189页。

② 1937年7月28日"冀察绥靖主任宋哲元呈蒋委员长何应钦部长告已严词拒绝日方最后通牒电",录自中央党史委员会库藏《芦沟桥事变史料》上册,第188~189页。

③ 1937年7月8日、9日庐山海寒寺,"蒋委员长致冀察绥靖主任宋哲元指示速回驻保定指挥电",分别录自总统府机要档案及中央党史委员会库藏《芦沟桥事变史料》上册,第212~214页。

④ 1937年7月12日牯岭,"蒋委员长复示冀察绥靖主任宋哲元速进驻保定电",录自总统府机要档案《芦沟桥事变史料》上册,第218页;同日"军政部部长何应钦致冀察绥靖主任宋哲元务祈速赴保定坐镇电",《芦沟桥事变史料》上册,第219页。

⑤ 1937年7月26日南京,"蒋委员长致冀察绥靖主任宋哲元指示从速部署决心大战电",录自总统府机要档案《芦沟桥事变史料》上册,第232页。

⑥ 1937年7月27日南京,"蒋委员长致冀察绥靖主任宋哲元指示固守北平三日,中央日夜兼程增援电",录自总统府机要档案《芦沟桥事变史料》上册,第233页。

⑦ 1937年7月28日南京,"蒋委员长致冀察绥靖主任宋哲元指示速离北平到保定指挥电",录自总统府机要档案《芦沟桥事变史料》上册,第233页。

⑧ 1937年7月28日南京,"蒋委员长致北平市市长秦德纯并转军事委员会政训处处长刘健群等饬请冀察绥靖主任宋哲元离北平到保定电",录自总统府机要档案《芦沟桥事变史料》上册,第234页。

⑨ 1937年7月29日"冀察绥靖主任宋哲元为卢沟桥事变自请处分呈蒋委员长电",同日"冀察绥靖主任宋哲元为北平军政移由张自忠负责通电",均录自总统府机要档案《芦沟桥事变史料》上册,第192~193页。

宋哲元与蒋介石、何应钦之间的函电往来属于机要档案，一般民众自然无从得悉。从 7 月 28 日捷报频传，到 29 日第二十九军的撤退，本是中央政府与地方当局角力下不得已的军事决策，其引发的社会动荡及被赋予的象征意义，用冯沅君的纪事诗来形容，便是"两日悲欢浑一梦，河山梦里属他人"。

冯沅君的《丁戌纪事诗并注》，前三首记述北平沦陷前后的个人经历。①作为新文学家的冯沅君却启用"纪事诗"来抒写她的战争见闻，这一文类选择本身就是耐人寻味的。事变发生时，她正在北平西郊的燕京大学寓所养病，27 日美国大使馆传出消息，谓日机将于次日轰炸西苑驻军。"是日薄暮，送晚报者至，言城门已闭；报端亦刊登冀察政委会布告，云已拒绝日方无理要求，望居民沉着镇静，应付国难。"② 燕京大学与西苑东西相望，中间仅隔一条马路。当时燕大的美籍教职员已大半离校，入东交民巷使馆界避难，住校师生"皆惶惑不知所措"。28 日晨 6 时许，"果闻飞机轧轧，自寓所屋顶掠过西飞，继以轰隆之声，墙壁似皆震动"，冯沅君急忙携家人赴燕大男生体育部，入地窖中暂避。③《纪事诗》其二云：

  正欣失地俱收复，忽报大军去析津！两日悲欢浑一梦，河山梦里属他人。

辽时北平称析津。此诗自注称，28 日虽有西苑之变，但前线捷报频传，谓保定新到的中央军已北开，并有空军助战，廊房、丰台、通州等地相继收复，日军司令因败自裁。燕大本有情报会的临时组织，每日聚会一次，彼此交换消息。28 日晚 7 时留校师生又在适楼小礼堂开会，"到会者皆狂喜，高呼中华民国万岁"。④ 但好景不长，当晚 11 点左右，忽然从城内传来宋哲元赴保定、第二十九军退出北平的消息，"闻者咸信疑参半"。29 日上

---

① 沅君：《丁戌纪事诗并注》，《宇宙风》（乙刊）第一期，1939 年 3 月；前三首收入《冯沅君创作译文集》（袁世硕、严蓉仙编，山东人民出版社，1983），去掉自注，改题为"北平事变"。
② 参见沅君《丁戌纪事诗》其一自注。
③ 参见沅君《丁戌纪事诗》。
④ 参见沅君《丁戌纪事诗》；冯沅君的《丁戌纪事诗》可与其丈夫陆侃如的《北平陷落的周年》（1938 年 7 月 28 日作于昆明，《战时知识》第 5 期）对读。

午,城郊间有人来往,乃知胜利消息半不可信,第二十九军之撤退则属实情,北平战事到此可告一段落。"总观两日内,始则惊惧,继则喜,疑,终则愤慨,其奇幻固无殊于噩梦。"①

"将军雄略识安危,忍把中原付岛夷?'最后牺牲'应记取,幽燕父老望旌旗。"冯沅君《丁戌纪事诗》之三写北平七月末、八月初的事态,南北隔绝,谣言繁兴,"不谓平津将由国际共管,即言溥仪行将入关,建后清帝国,以故人心惶惑,唯恐华北沦为伪'满'第二,望我军北上反攻,不啻大旱之望云霓"。② 作为人心向背的表征,在信息流通不畅又缺少发言渠道的环境下,谣言亦可视为一种变相的社会舆论,或喻为公共舆论的侦察兵。③ 沦陷后产生的谣言,是自卢沟桥事变,甚至是九一八事变以来,民众长期积蓄的情绪的反弹,或者说一连串的心理刺激与反应的集合。

口耳相传的谣言,也许是最原始的大众传播媒介。从信息载体的意义上说,"谣言"本身是一个中性的概念,承载着未经核实的消息,却不等于虚假信息。④ 这些消息无论多么荒诞,也在意料之中,因为滋生谣言的环境,如战争,已经将这种荒诞合理化了。第二十九军在捷报的烟幕弹下突然撤退,令顿失依傍的北平人觉得"两日悲欢浑一梦",战争、谣言、心理之间的连锁反应,尤其是谣言这一中介,既是现实的产物,又是梦的解析工具。

战争期间关注谣言,是为了窥探谣言背后的心理,培养民众对谣言的免疫力,减少无数"庸人"的自相惊扰。1939年商务印书馆推出陈雪屏的专题研究,名为《谣言的心理》。⑤ 据作者交代研究缘起,九一八事变时,其正任教于东北大学,第一次感觉到谣言的魔力,产生研究的兴味。"以后在北平,由于华北局面年年必有一番变动,一度紧张,所搜集谣言的数目便年有增加。抗战开始以来,耳目所接,荒诞无稽,耸人听闻的消息更是屈指难数。"⑥ 陈雪屏将他搜集的种种谣言,加以归纳分析,试图寻求出演

---

① 参见沅君《丁戌纪事诗》其二自注。
② 参见沅君《丁戌纪事诗》其三自注。
③ 谣言作为变相的公众舆论,参见〔法〕弗朗索瓦丝·莫勒著《黑寡妇:谣言的示意及传播》,唐家龙译,"第一章 论方法",商务印书馆,1999。
④ 参见〔法〕让-诺埃尔·卡普费雷著《谣言:世界最古老的传媒》,郑若麟译,上海人民出版社,2008。
⑤ 陈雪屏:《谣言的心理》,商务印书馆,1939。
⑥ 陈雪屏:《谣言的心理》,"第一章 导言",第2页。

变的原则，以补从前研究之不足。采用归纳法的前提，是相信谣言的内部机制是可以拆卸的，它必严格地遵照某些规律运行。然而，谣言本身是难以界定的对象，能否以科学的方法来刻画？对于这种近乎捕风捉影的工作，工具是首要问题。陈雪屏从社会心理学的角度解析谣言，有意思的倒不在于方法论上的出新，或他归纳出的那几条演变原则，反而是在事变现场搜集的诸多例证。

从7月28日到29日，伴随北平局势陡转而生的种种谣言，被陈雪屏纳入"主观的好恶与愿望的补充"这一类型。据他提供的例证描述，28日北平近郊中日军队展开大规模的战事，城内终日能听到清晰的枪炮声与飞机轰炸声，究竟谁胜谁负，没有可靠的情报。下午1时纷传我军已占优势，随即听说廊坊克服，丰台克服，日军在清河的一联队全被歼灭。一时人心极为兴奋，但还不能十分确信。3点左右各通信社也传出同样的消息，并且把各路将领也都说得有鼻子有眼。直到黄昏时分，听见炮声渐渐逼近，才知道空欢喜一场。①

身处其间的陈雪屏，与冯沅君一样是这悲喜梦中人，他对这束谣言的时势分析是，当时我方战事始终未占优势，而且事前根本没有全盘打算，刚表决心，便张皇应战，一开始即注定节节败退的局面，直至第二十九军连夜撤退。那接连不断的胜利消息从何而来？有人推测是地方当局为军事转移而散布的烟幕弹，甚至有人说亲眼看到官方的宣传人员聚集在六国饭店，捏造捷报，向各处拍发。从群众心理学的角度解释，则"最初由于一般人共同的愿望，企盼战争胜利，由想象而变成某时某地确已获胜的传说"，又加之地方与中央在和战问题上态度暧昧，官方与民间信息的不对称、不透明，"而产生故意制造胜利的一幕活剧"。②

7月28日官民合演的这出乐极生悲的"活剧"，揭开北平沦陷的序幕。27日晚上9点，《宇宙风》的特约撰稿人王向辰给编辑陶亢德写信，称这恐怕是最末一次北平通信，日方发出"哀的美敦书"，限宋哲元28日午时"让"出北平。③ 这封"北平末次信"追述了自7月19日宋哲元从天津返回

---

① 陈雪屏：《谣言的心理》，"第四章　谣言演变的原则"之"（卯）主观的好恶与愿望的补充，例十九"，第36页。
② 陈雪屏：《谣言的心理》，第36～37页。
③ 老向（王向辰）：《北平末次信》（致陶亢德），作于1937年7月27日晚9时，收入华之国编《陷落后的平津》，时代史料保存社，1937，第55页。

北平，安抚人心，致力于和平解决后的"太平景象"：各要口、各僻巷的沙袋已经撤除净尽，① 剧院、电影院均奉命恢复夜场，② 无形中取消戒严，电车也恢复常态，不再晚出早归。③ 最足以表征太平的是平汉路的通车，虽然只能在白天通行卢沟桥，车头上有人扛一面大旗上书"客车"二字，而且有日军在道旁监视，但到底是通车了④。然而 26 日下午，王向辰目睹的北平街景，并不如报纸上渲染的那么太平，军用汽车来往驰骋，路上行人很少，到了晚上，各路口的沙袋又立刻现装现摆，宋哲元抱持的"和平宗旨"在他看来终难实现。⑤

据《国闻周报》的"一周大事日记"，7 月 26 日与北平战事相关的有三项："香月向宋哲元致最后通牒""日机轰炸廊坊""平广安门有冲突，形势又紧"⑥。27 日冀察当局的态度方才明朗化，宋哲元通电表示尽力自卫守土，拒绝日方一切无理要求。就在时局掀开之前日，北平的空气已相当凝重，据《大公报》记者鲁悦明对"古城最后的一瞥"曰：27 日早晨，北宁、平汉两站徘徊着不少"行不得也"的旅客，客货车完全不通，平津、平保、平京长途电话的各路线均中断；城门及各冲要路口，又将此前撤除的沙袋恢复旧观，清洁夫们忙着往麻袋中填充垃圾做沙堆；西单、东单、西四、东四，都立着武装的士兵，各城门口还有许多兄弟换上警察的制服加紧戒备；城门除前门外，多未开启，特别是地当要冲的广安门及宣武门外，在下午一时许的微阴中竟宣布戒严。⑦

王向辰注意到西单牌楼的沙袋堆，远不及此前筑得像样，"上次高也盈

---

① 《实报》1937 年 7 月 20 日称当局尽力安定人心，19 日城市各冲要处堆积的沙袋全部撤除。内城的宣武门、和平门全开，外城永定门亦开启两扇，沙袋展开。
② 《大公报》1937 年 7 月 24 日称北平市自 22 日起已无形宣布解严，行人须 12 时后始受检查，当局为体恤商艰，23 日通知各娱乐场所，自 24 日起准予恢复夜场，唯以 11 时为限。
③ 《实报》1937 年 7 月 25 日称北平市当局以时局渐趋转佳，尽力使市内秩序陆续恢复常态，防御物大都皆已撤除，戒严时间亦一再缩短，已似无形解严。电车因事变影响，每日损失千余元，24 日起已恢复常态。
④ 《大公报》1937 年 7 月 24 日称平汉路恢复通车，23 日平保间客车已通，24 日起客货车照开。
⑤ 老向：《北平末次信》，《陷落后的平津》，第 56 页。
⑥ 《一周大事日记》（1937 年 7 月 21 日到 7 月 27 日），《国闻周报》第 14 卷第 30 期，1937 年 8 月 2 日。
⑦ 鲁悦明：《古城最后的一瞥》（"一、时局掀开之前日"，1937 年 8 月 2 日作于北平），《国闻周报·战时特刊》1937 年第 2 期。

丈，今则不过三尺"，多半是清洁夫的"急就章"①。沙袋筑成的街垒，只是摆出防御的姿态。北平城内这种象征性的防御工事，在《大公报》记者范长江看来，实属不必。他以为如果决心大战，我方早应不客气地固守军事要害，与日军定和战于基本的防御线外。而今北平四周的战略要地先后被人占去，不奋起力争，只作市内的消极防御，未免太不像话。若外险已失，城内再起巷战，北方大局更将伊于胡底。"大门不守，守房门"，能有多大用处？②

北京政府时代被奉为"太上政府"的东交民巷，27日也戒备森严，呈战时状态，各自划分地界，由各国兵营派人把守。记者鲁悦明巡视一周，见东口系由美兵把守，西口由法兵把守，中间由意兵巡逻，御河桥西为英兵把守，台基厂则由日兵把守。这群"黄种弟兄"以有战意的眼神注视他通过，显示出所谓"同文同种"间更深的鸿沟。由东交民巷转到崇文门大街，这一带的国际商店，各自悬挂起富于保护色的旗帜，形形色色，宛如国旗展览。薄暮时，天微雨，各处摆设性质的筑砂工程还在进行中，第二十九军之刀影在阴影中闪烁，27日晚报上的大标题为："最后关头之今明日！"③

7月28日，"微阴，疏雨"。朱自清在枕上便听见隆隆的声音，27日下午他刚从西郊的清华园搬进城，借住在西单牌楼左近的胡同里。④被炮声唤醒后，朱自清赶紧起身到胡同口买报。胡同口正冲着西长安街，这儿有西城到东城的电车道，可是此刻：

> 两头都不见电车的影子。只剩两条电车轨在闪闪发光。街上洋车也少，行人也少。那么长一条街，显得空空的，静静的。胡同口，街两边走道儿上却站着不少闲人，东望望，西望望，都不做声，像等着什么消息似的。街中间站着一个警察，沉着脸不说话。有一个骑车的

---

① 鲁悦明：《古城最后的一瞥》，《国闻周报·战时特刊》，第58页。
② （范）长江：《血泪平津》，作于1937年7月25日，原载《大公报》，收入长江主编《沦亡的平津》，"抗战中的中国"丛刊之一，生活书店，1938，第4~5页。
③ 鲁悦明：《古城最后的一瞥》，"一、时局掀开之前日"。
④ 据1937年7月31日吴宓日记，朱自清在城中寓址为西单兴隆街21号张明英宅；《吴宓日记》第六册，三联书店，1998，第183页。

警察扶着车和他咬了几句耳朵,又匆匆上车走了。①

凡是"老北平"都晓得故都从前最热闹的街市,要算"东单西四鼓楼前",即东单牌楼、西四牌楼、鼓楼大街、前门大街的简称。但事变前些年,西四、东单的市面并无起色,鼓楼也沦为了古迹,只有新兴的西单牌楼,像十里洋场似的,日益繁盛起来。尤其是西单商场落成后,俨然有同东城王府井大街对抗的神气。从西长安街口,一直到甘石桥,白天车水马龙,乡下人进城,若转到这里,简直要头昏目眩,手足无措。即便是西单商场遭火灾后,残余的部分仍令人低回留恋,丝毫无损那条街市的繁华景象。② 然而28日清晨的西长安街"只剩下两条电车轨在闪闪发光"。

朱自清从报上看出当局终于决心"背城一战",午饭后门口接二连三地叫:"号外!号外!"买进来抢着看,起先说我军抢回丰台,抢回天津老站,后来说抢回廊坊,最后说打进了通州。28日下午,朱自清屋里的电话响个不停,有的朋友报告消息,有的朋友打听消息。报告的消息,或从地方政府得来,或从外交界得来,无不印证了号外上的捷报。③ 不光是号外、电话这两种传播媒介,参演了这出"制造胜利"的悲喜剧,甚至更有公信力的广播电台也以郑重的语调报告:"本台确信:丰台及廊坊已经克复。"④

《大公报》记者鲁悦明也见证了7月28日这一天古城的欢欣,下午他在北京大学的狂欢队伍中听到"通州克复"的喜讯,踏遍全市,到处所见,都是一副笑脸。没有一个警察能安于其位,四周簇拥着说笑的民众。为了堆筑防御工事,米店老板也毫不吝啬地交出麻袋。当街的墙上,层层叠叠地贴满号外。王府井大街失去往日的繁华,便衣队一度惊惶过后,街面上只有些小传单在翻滚。环绕着东交民巷,掘有丈深的沟壕,防备日兵从使馆界冲出来。经过东单牌楼新铺上沙的马路,日本兵营一片静寂,仅见堡垒的垛口后,隐约有些人影。前门的三座大门,只开着最西面的一扇,那一带行人拥挤,商店全部歇业。人丛中有几位西方记者在拍照,著名记者

---

① 朱自清:《北平沦陷那一天》(1939年6月9日作于昆明),《中学生战时半月刊》第5期,1939年7月5日。
② 参见蹇先艾《古城儿女》,万叶书店,1946,第1~2页。
③ 参见朱自清《北平沦陷那一天》。
④ 参见鲁悦明《古城最后的一瞥》,"二、一天的欢欣"。

斯诺也携着一个穿夏布衣衫的随从在内。①

捷报传来，北平市民对第二十九军的亲切，到了难以置信的程度：问路时，争相带路；疲倦时，便替他们雇车。中山公园前，或许出于老北京的礼数，还有人一壁向士兵作揖致敬。年纪在半百以上的北平人，追忆起庚子时代的投降姿态，频频说："到底民气不同！"但反讽的是，六国饭店、利通饭店、华安饭店在保护旗下，宣告客满。拥挤到一部分人只能在铁栅门内的小院子里，蹲在自己的包裹上听炮声，不时传来楼上的麻将牌声作伴奏。西城法国教堂的生意也极好，房价每天每小间三十元，走廊一般也要十五元，有产者甘心受此盘剥。28日近晚，炮声逼近城根，越听越近，但人心都沉醉在"胜利"的幻梦里，依然不曾感到什么惶恐。一个黄包车夫自信满满地告诉记者："这就是我们的炮，一炮打死一百小日本。"②

给胜利的白日梦蒙上一丝阴影的，是28日晚传出日机放毒气的谣言。张伯桢《丁丑杂咏》有诗云："一夕谣传撒毒氛，五城人语各纷纷。巡丁逐户叮咛嘱，蒜与黄泥捣合闻。"自注称"廿七夕谣传飞机撒毒，巡丁嘱备蒜与黄土辟毒"。③ 前几日，面向市民阶层、销路最广的小型报《实报》上就接连登出如何预防毒瓦斯的土办法，教人用菜籽油涂抹眼耳鼻口等处。④ 朱自清亦称28日晚警察挨家通知，叫塞严门窗，还得准备些土，拌上尿跟葱，以防夜里敌机来放毒气。他虽不相信日军敢在北平城里下毒，但家里的仆人还是照着警察吩咐的办了。⑤

28日晚日军放毒的谣言，亦作为例证进入陈雪屏的研究中，被定义为"突变式"。从9点到10点之间，他连续接到五个电话，报告日机将在当晚出动，投掷毒瓦斯弹，或称东交民巷已麇集大批浪人，并勾结汉奸，即将在中夜整队出发，到各市区放毒。这些说法其实全无根据，稍具常识者绝不轻信，但在当时流布甚广。因为当日军队在北平城外正式开战，城里人不知战况如何，人心不免惶乱。⑥ 消息的来源，有的说从卫戍司令部传出，有的说从美国领事馆传出，甚至还有人声称是汤尔和口头通知的。无论军

---

① 参见鲁悦明《古城最后的一瞥》，"二、一天的欢欣"。
② 参见鲁悦明《古城最后的一瞥》，"二、一天的欢欣"。
③ 张伯桢：《丁丑杂咏》，沧海丛书第五辑第二种，北图文津馆藏刻本。
④ 如《可怕的毒瓦斯》（1937年7月24日《实报》）、《紧急时期简单防毒法》（《实报》1937年7月27日）。
⑤ 参见朱自清《北平沦陷那一天》。
⑥ 陈雪屏：《谣言的心理》，"第二章　谣言的意义"，第9~10页。

事机关、外交界，或"日本通"都足以大大增加消息的可信度。①

不论是白日梦式的谣言，还是放毒气这类恐惧性的谣言，其产生的原因，除了地方当局与中央政府在战与和之间摇摆不定，及信息不透明，更重要的是敌我双方军事力量极不对等。时任驻美大使的胡适在一次演讲中坦言，中国在这次战争中的问题很简单：一个在科学技术上没有准备好的国家，却必须和一个第一流的军事工业强国进行一场现代战争。②

1937 年《伦敦新闻画报》对卢沟桥事变的现场报道，用图像这种更直观的语言记录下一个"喜剧性"的小插曲，足以说明这种实力上不容回避的不对等性。照片展示的是在北平郊区与日军激战的第二十九军的日常装备。③一提起第二十九军，就会联想起"大刀进行曲"，然而在日机的高空优势与频繁轰炸下，比用于肉搏的大刀更有效的装备，竟然是雨伞。雨伞在军事中的妙用，在华北平原的开阔地带，加之七月的酷暑，既可以遮阳，又可作伪装，避开日机的空中侦察。中国士兵，除了由德国军事顾问训练出来的中央正规军，像第二十九军这样藏在雨伞下，背负大刀，缺乏严密的组织调配，注重读经与道德训练的地方部队，在外人看来，简直是现代战争中一个"谜一般"的不可控因素。一戳就破的油纸伞，不过是自欺欺人的心理庇护，或者说中国式的幽默。飞机与大刀、雨伞，毒瓦斯与黄泥、蒜葱的对比，正是谣言产生的根源。

28 日还凌乱地做着胜利的美梦，29 日天刚亮，朱自清便接到朋友的来电，用确定的口气说，"宋哲元、秦德纯昨儿夜里都走了！北平的局面变了！就算归了敌人了！"④ 由国都而成为文化城，再沦为边城的北平，就断送在"制造胜利"的白日梦里。破晓后，《大公报》记者鲁悦明环城走了一周，视察换防的情形。各城门虽然关着，上面已经没有手持大刀的第二十九军士兵。巡警们正在指挥拆除麻袋，当记者摄影时，快嘴者纷纷喊道："又照相了！"可是警察一声不响，连头也不抬，"今日"与"昨日"宛然

---

① 陈雪屏：《谣言的心理》，"第四章 谣言演变的原则"之"（辰）自圆其说的补充"，例二十一，第 38 页。
② 1944 年 12 月 6 日胡适日记，"在 Lowell House 谈话"；曹伯言整理《胡适日记全集》第 8 册，台北，联经出版公司，2004，第 203 页。
③ 《藏在雨伞下的一支中国军队：利用老式装备巧做伪装的"喜剧性"插曲》，《伦敦新闻画报》1937 年 8 月 14 日，转引自《抗战现场：〈伦敦新闻画报〉1937—1938 年抗日战争图片报道选》，沈弘编译，中国社会科学出版社，2005，第 12~15 页。
④ 见朱自清《北平沦陷那一天》。

是两个世界。①

还被蒙在鼓里的北平市民，29日早晨仍等着报童送来第二十九军攻下丰台、廊坊以至于杨村、天津的号外。但城里的街景已悄然改变：各街口的沙袋、铁丝网、木棚子一夜之间消失殆尽；街口守望的巡警、宪兵也都不见踪影；缩在胡同口探头探脑的人群嘀咕着不知从何处打听来的小道消息：第二十九军撤出北平、宋哲元到保定、张自忠卖城。从西四牌楼到西单牌楼，平日里熙熙攘攘的街市异常清冷，行人稀少，两旁商店都紧闭着板门，稍或在门板旁边的一只小方洞里，露出一个半面胡须、满脸愁容的生面孔。从西单到东单，更是人迹清稀，只有在北京饭店门前，依然停了几十辆人力车，车夫们抱臂酣睡在脚板上。从东单转到地安门大街，这里的街景略有不同，有极多难民，男男女女、扶老携幼，从安定门和德胜门挤进来。城门大开，既没有警察，也没有宪兵，间或在难民拥挤中，出现许多秃头、紫面孔，上身着对襟蓝杂色布褂，下身却穿着灰军裤的伤兵，显得格外刺眼。拥进城的难民又像潮水似的，流灌到大街小巷。②

29日北平沦陷的一刹那，在傅仲涛的回忆中，定格在西四北大街。一夜之间，街上的行人少得可怕，光天化日之下，他孤零零地立在街中间，疑心这偌大的北平城莫非只剩下自己一个人：

> 朝南一望，无数的电杆好像墓标似的立着，一直的矮下去，矮到眼睛瞧不见的尽头；朝北一望，也是无数的电杆，一直的往北排列下去。③

这样的场景，这样的句式，仿佛张爱玲目睹香港沦陷的瞬间："一辆空电车停在街心，电车外面，淡淡的太阳，电车里面，也是太阳——单只这车便有一种原始的荒凉。"④ 荒凉背面是都市的繁华，电车作为都市现代性的标志物，被遗弃在舞台的中心，演员仓皇离场后，弥漫着暖色调的、亘

---

① 鲁悦明：《动乱中的北平》，《国闻周报·战时特刊》1937年第10期。
② 参见春风《九月烽火悼边城》（作于1937年9月23日），《宇宙风》第49期，1937年10月16日。春风君是东北人，东北陷而入北平，北平陷而南下。
③ 傅仲涛：《北平沦陷之回忆》，《文艺与生活》第3卷第2期，1946年12月1日。
④ 张爱玲：《烬余录》，《流言》，大楚报社，1945，第46页。

古不变的阳光。① 无论是傅仲涛眼里，墓标似的、南北延伸瞧不见尽头的电杆，还是朱自清记忆中西长安街上那两条闪闪发光的电车轨，与张爱玲情有独钟的"空电车"一样，象征着时间的凝滞，甚至是都市文明的停摆。

## 三　从易帜到进城

从 7 月 29 日第二十九军撤退，到 8 月 8 日日军进城，这十天的空当儿，北平城内虽暂且无事，位于西郊的海淀却因为西苑驻军，提前上演了"易帜"的闹剧。《九月烽火悼边城》中 29 日主仆间的一番对话，可以看作这出闹剧的引子：

> 第二天，她端菜送饭，往来咚咚几次以后，可就开了口啦。
> "天津——听说没拿回来，今早晨又听说连北京也着把上了！"
> 她的脸色又恢复了昨夜以前的样子，恐惧、忧愁。接着说："听说迟早鬼子要进城！"
> 她看了看我，我也看了看她，无言可答。不禁问她一句："那又能怎的？"
> "不是，"她说，"我先问先生一声，先生有个预备没有？"
> "预备甚么？"我问。
> "鬼子国的旗呵！"她好像对我的不晓事而表示极度的惊异说。
> 这一下可见出她的本领确比我来得高，我只得垂下头，加紧忙着用饭，假装没有听得十分清楚。②

鬼子迟早要进城，挂不挂旗，挂哪国旗，女仆赵妈与在她看来"不晓事"的先生，各怀心事。这不是赵妈一个人的忧惧，凡是见识过庚子之乱的北平人都有此经验。《四世同堂》中，北平陷落后，小羊圈胡同内主事的李四爷立在槐树下，声音凄惨地对大家说："预备下一块白布吧！万一非挂

---

① 关于空电车这一细节的解读，参见李欧梵《张爱玲笔下的日常生活与"现时感"》,《李欧梵论中国现代文学》，上海三联书店，2009，第 127~128 页。
② 春风：《九月烽火悼边城》（作于 1937 年 9 月 23 日），《宇宙风》第 49 期，1937 年 10 月 16 日。

旗不可，到时候用胭脂涂个红球就行！庚子年，我们可是挂过！"①

据仲芳氏《洋兵进京逐日见闻记略》，庚子年八国联军入城后，各树旗号，分界管辖，"凡在界内之铺户住户，不拘贫富，各于门前插白布旗一面。居住某国地界，旗上即用洋文书写'大某国顺民'；又有用汉文写'不晓语言，平心恭敬'贴于门前者；又有按某国旗号样式，仿做小旗，插于门前者"。仲芳氏家为美国所管，门前即插"大美国顺民"白旗，并请精通洋文者写"此户系安善良民，乞勿骚扰"等字粘于门上。②

7月29日以后北平城内的局势，虽然还没有到家家非挂太阳旗的地步，但外城一带，尤其是西郊西苑、海淀附近的居民，已被迫挂出用半只面粉口袋画一个红圈的旗子，甚至到了不得不头顶"太阳旗"出门的境地。③ 7月30日，住在西郊燕园左近的邓之诚在日记中写道："阴，气象愁惨。"这里的"愁惨"，与其指阴沉的天气，不如说是由"易帜"而感到的亡国气象："晨，闻日军自热河来者，已来西苑，高悬旭日旗。西栅阑〔营〕门有日兵二十名，海淀零星日兵甚众，向商家'公平'交易"，"各商皆悬日本国旗，一家如此，各家效之，往来皆手执一小旗，（后知首先悬日旗者巡警也。）四区署长亦手执一尺许日本旗。日兵过者顾而哂之。"④

在此种亡国气象的刺激下，显然以智识者自居的邓之诚追问："无知无识之小民，固不能责以大义，然使之至此者谁欤？"在他看来，悬挂或手持太阳旗的民众，较之庚子年门署"各国顺民"者，没有丝毫进步可言。想要倚靠这样的民众抗日，岂非梦呓？⑤ 8月2日日机轰炸南口，驻扎在西苑的日军亦调往清河迎战，然竟日未闻炮声，"海淀之人以为日军皆去矣，急下所悬日旗，后知不然，又复张挂（当下旗时，亦有未下者，自以为老成也），愚民可哂如此。"⑥ "愚民"见风使舵，下旗又复张挂的情形，与鲁迅

---

① 老舍：《四世同堂》，"第一部'惶惑'"，四，上海晨光出版公司，1946，第41页。
② 仲芳氏：《洋兵进京逐日见闻记略》，中国科学院历史研究所第三所编辑《庚子记事》，科学出版社，1959，第34~35页。
③ 参见春风《九月烽火悼边城》。
④ 1937年7月30日五石斋日记，邓瑞整理《邓之诚日记》第一册，北京图书馆出版社，2007，第582页。与西郊巡警率先易帜相反，李景铭称事变后各机关及各学校停止升旗，唯警察局尚悬青天白日旗。11日上午，"日兵见警察帽章有绘青天白日旗者，批其颊曰：尚需此乎？于是府中传令禁悬旗"。（《芦沟桥事变后北平闻见录》，《近代史资料》总65号，中国社会科学出版社，1987，第142页。）
⑤ 同上。
⑥ 1937年8月2日五石斋日记，《邓之诚日记》第一册，第588页。

小说中复辟前后剪辫子的风波何其相似。

海淀上演的"易帜"这出闹剧,令熟读"中华二千年史"的邓之诚自然想起易代之际的"顺民"形象。邓氏所著《骨董琐记》卷一"顺民"条,引《启祯记闻录》谓李闯王入京,百姓门首皆贴"永昌元年顺民"六字,各排香案,手执线香,或贴"顺民"二字额上,不拘何色人俱穿极破青衣,戴破毡帽,一时破衣破帽,重价求之不得。① 又言清兵入吴,百姓每图,为首一人手执黄旗,书"某国民投顺大清国",余人各执线香。② 既有"大清顺民",光绪辛丑年(1902)日本兵至天津,民众亦执旗以迎,书"大日本国顺民"。由此看来中国人惯为"顺民","人君之所最喜者为顺民,不顺则待之以死,畏之以兵,中国民之最惧者,为死为兵,故无所不用其顺,而以顺名于地球"。③ 邓之诚斥责的"愚民""无知无识之小民",不过是明清之际"永昌元年顺民""大清顺民",或庚子年"各国顺民"的子孙。

邓之诚的议论直指人心,固然有他的历史根据,多少忽略了上演"易帜"的外部环境。平津陷落后,墙上遍贴"华北是华北人的华北",屋顶上却挂着旭日旗。天津市场上,大批日人叫卖日旗,四枚铜元就可买到一面。把这面旗握在手里,生命即可得到一定的保障,否则随时随地有被羞辱、枪杀的危险。关于易帜,罗隆基列举了平津两地发生的诸多惨剧:有的因为不挂日旗,家破人亡;有的仅仅因为旗子不合样式而遭逮捕,永无下落;有的门前悬挂日旗,户内阖家痛哭。传说天津有一个十三四岁的孩子,将自家门前的日旗扔在地上,即被残杀。在这种严酷的环境下,罗隆基以为,"易帜"并非即可贴上"顺民"的标签,亦非国民缺乏爱国心的表现,而是外力迫使的结果,"岂得已哉"?④

邓之诚对"顺民"的斥责,还忽略了他自身得以反抗"易帜"的客观环境,即其任教的燕京大学作为教会学校对知识人提供的政治庇护。一篇化名为"燕京人"所作的《流亡记》描述了8月3日其坐洋车从西直门出城后一路上的见闻:路旁沟内有许多被雨水淹没的死尸,警察署空无一人,

---

① 参见《启祯记闻录》卷四,乐天居士编《痛史》第13种,商务印书馆,1911。
② 邓之诚辑录,邓瑞整理《骨董琐记全编》,中华书局,2008,第4页。
③ 《菊井丛谈·顺民》,(东京)《国民报》第1期,明治三十四年(1901)五月。
④ 罗隆基:《平津陷落后的状况》,《铁蹄下的平津》下卷,"战时小丛刊之四",战时出版社,1938,第92页。

屋旁添了几座新坟和未掩埋的棺材。"到了海甸，看见家家都悬日旗，多是纸做的，上涂一大红点就算了。到此才真真觉得是作了亡国奴。"①燕大门口有日兵盘查，门上挂的是美国旗。

在1920年代中期声势浩大的反帝、反宗教运动中，教会学校被视为"准租借地"，因其遭逢战乱便挂起洋旗，"俨然成为北京之东交民巷"。②校长司徒雷登回忆，在北平沦陷的危急关头，燕大第一次升起美国国旗，作为最先在教育部立案的教会大学，过去只升青天白日满地红旗或燕大的三角校旗。尽管急于保证美国教职员及中国同事的安全，并非美国大使馆的所有成员都赞成燕大悬挂星条旗，因为严格说来，燕大毕竟是在中国政府注册的机构。③ 29日，城内传来第二十九军退出平津的消息，日机飞走后，一辆来自美国大使馆的小汽车停在贝公楼后面，专程送来一面美国旗。"当灿烂的美国旗在空中飘扬；太阳旗已遍遮燕京外面的世界了。"④

第二十九军退出北平后的第十日，本来"遵约"不入城的日军从广安门、永定门、朝阳门进城。城门及其毗连的城墙，可视为北平的"界标"。这意味着必须穿过实体的城门洞才能算"进城"。正是这一重重颓败的墙垣，构成了北平这座古城的骨架。⑤ 在飞机加坦克的现代战争中，故都的城门与城墙早已沦为装饰性的防御工事，但不能忽视它的心理作用，仍以看得见的空间结构区分着：谁在城内，谁在城外；谁属于这座城市，谁不属于这种城市。⑥ 如《四世同堂》里一辈子蜷缩在北平城内的冠晓荷，被比作"都市的虫子"，他对城门有着依恋与畏惧："从城内看城楼，他感到安全；反之，从城外看它，他便微微有些惧意，生怕那巨大的城门把他关在外边。"⑦

---

① 燕京人：《流亡记》，长江主编《沦亡的平津》，第29页。
② 赵质宸：《教会教育与中国》，《新国家》1927年第3期。
③ 《在华五十年：司徒雷登回忆录》，"七、日本占领与自由之岛"，程宗家译，北京出版社，1982。
④ 《未名湖畔忆离散》，原载《大公报》，收入长江主编《沦亡的平津》，第24页。
⑤ 参见〔瑞典〕奥斯伍尔德·喜仁龙（Siren Osvald）著《北京的城墙和城门》，许永全译，燕山出版社，1985。
⑥ 城郭的心理作用，参见〔日〕芦原义信《街道的美学》，"一、建筑的空间领域"之"3、城市的围郭"，尹培桐译，华中理工大学出版社，1989，第18～19页。
⑦ 老舍：《四世同堂》，"第二部'偷生'"下册，三十二，上海晨光出版公司，1946，第664页。

进城出城,早晚城门的开闭,从空间与时间上框定了北平人的生活秩序。外城、内城、皇城的框架结构,养成了北平人对城门连带城墙根深蒂固的心理依赖。甚至可以说城门与城墙已然内化为北平人最基本的秩序感与边界意识,其在战时的象征意义远不止于军事防御功能。张伯桢《丁丑杂咏》有诗云:"簇簇新旗拂日暾,家家烟火掩柴垣。外城三月犹严闭,深夜愁看月打门。"自注称"内城已开,外城如左安门等至今尚闭"。一旦关上城门,北平即与四郊隔绝,尤其在战争的非常态下,城门的开闭,更是人心安定或恐慌的表征,加固了一城民众同生共死的连带感。

8月8日俞平伯日记称:"立秋,阴,时有微雨","是日午间日军自广安、永定、朝阳三门入,遂驻焉。"①《京都风俗志》曰:"立秋日,人家亦有丰食者,谓之贴秋膘。"②"贴秋膘"似乎是北平人的一个专有名词,"立秋"必得吃白肉,或联合三五友好,吃烤羊肉尝新,谓之"贴秋膘"。夏仁虎《旧京秋词》云:"立秋时节竞添膘,爆涮何如自烤高",自注称"旧都大立秋日食羊,名曰添膘。馆肆应时之品,曰爆、涮、烤。烤者自立炉侧以箸夹肉于铁丝笼上燔炙之,其香始开,可知其美"。③ 据《实报》对1937年立秋日之特写:"秋节烤肉,各样炒菜",有的饭馆已把新写的市招竖在门前,不过宣武门内的"烤肉宛"还没有把铁支放出来,只有菜市口的"烤肉陈"先行开市。④

与北平立秋"贴秋膘"的习俗,不应景的是日军之进城。8月8日《实报》声称"日军前方部队今日进城,稍作休息即将离平"。在北平地方维持会中担任要职的李景铭,与友人谈及日军入城的缘由,谓日兵司令部本设香山,借口通州保安队之反正,要求入城,故当局亦无法拒绝。当日李景铭自东城回,"沿途已见日兵,而我国警察手持钓竿以代指挥棒,吁可悯也"。⑤

1937年立秋日的天气,按俞平伯日记所载,"阴,时有微雨",邓之诚

---

① 1937年8月8日俞平伯日记,"秋荔亭日记(三)",《俞平伯全集》第十卷,花山文艺出版社,1997,第277页。
② 转引自邓云乡《燕京乡土记》,"饮食风尚录·贴秋膘",上海文化出版社,1986,第447页。
③ 夏仁虎著,张江裁校刊《旧京秋词》,收入《燕都风土丛书》,1939年铅印本。
④ 《昨日立秋》,《实报》1937年8月9日。
⑤ 李景铭:《芦沟桥事变后北平闻见录》,选自《嘨斋日记》,《近代史资料》总65号,第114~115页。

日记亦称有阴雨，傍晚转晴，"凉飔乍起，金风动矣"。①而老舍的《四世同堂》却想象成一派"亡国的晴寂"："天是那么晴，阳光是那么亮，可是整个的大城像是晴光下的古墓！"②沦陷时老舍早已不在北平，仅凭借家人的口述与往昔的生活经验，试图还原北平沦陷的瞬间，在细节的精确度上，肯定不如当事者的回忆。据记者的现场报道，街上贴满"大日本军入城司令"的布告，宣称为"维持治安"而来，并没有"小住即去"的意思。8月8日进城的日军系河边旅团，约三千人及机械化战队，分驻在天坛、旃檀寺、铁狮子胡同的绥靖公署等处。十二点整开始入城，在天安门前集合，一共戒严约四小时，动用全市警力，有意让群众围观。③

日军进城前，正逢汉奸赫鹏的灵柩出永定门，记者鲁悦明随殡探视城外的情形。这时沿途已经没有死尸及伤兵，只因连日落雨，道路泥泞。青纱帐郁郁茂茂，碧葱可爱，据乡下人说，里面还藏有死尸。④鲁悦明刻意强调入城的日军是"机械化"战队，"坦克车响声隆隆，啃得柏油路上留着齿印"，给在场及不在场者造成视觉尤其是听觉上的威慑。老舍的《四世同堂》没有正面描写日军进城的场景，却屡次提及坦克车的响动，最初"像从山上往下辂辘石头"，声音逼近了，空中、地上都在颤抖，"像几座铁矿崩炸了似的"，最后又化作"远处的轻雷"。⑤事隔半个世纪，台静农追述起北平陷落的瞬间，记忆难免有些模糊，甚至将日军入城的日期误记为7月30日，但有一个细节仍极为鲜活："坦克车巡回驰驶着，地都是动的。"⑥

8月8日日军入城的"盛况"，四天前就曾预演过。为造成地方上普遍的"恐日病"，因而有8月4日卢沟桥的日军联络员携带大批武器穿过北平城的桥段：上午八时起，日军联络员，或着军服，或索性赤背，断续唱着军歌，带着多辆披盖树枝和稻草的坦克车、铁甲汽车、机关枪车，自西南角上的广安门入城。东交民巷口上有美军布岗，还有日本妇孺摇旗欢迎，引得卡车里的军官出来立正还礼。经过东长安街、东单、东四，出朝阳门，

---

① 1937年8月8日五石斋日记，《邓之诚日记》第一册，第599页。
② 老舍：《四世同堂》，"第一部'惶惑'"，四，第47页。
③ 鲁悦明：《笼城落日记》，"二、北平陷落"，《沦亡的平津》，第56页。
④ 鲁悦明：《笼城落日记》，"二、北平陷落"，《沦亡的平津》，第56～57页。
⑤ 老舍：《四世同堂》，"第一部'惶惑'"，四，第47～49页。
⑥ 台静农：《始经丧乱》，作于1987年10月，原载（台北）《联合文学》第38期，1987年12月1日，转引自陈子善编《龙坡杂文》（增补本），三联书店，2002，第112页。

过东郊直赴通县。"一路上,参观者万人空巷,除了面有畏色,而态度则'异常镇静'。"①

如果将 8 月 8 日日军进城,视作北平这座"死城"的出殡,这场葬礼的主角,并非三千人的河边旅团及以坦克车为主体的送葬队伍,而是无名的看客,是还要在这座"死城"中挣扎着活下去的北平人。一座城市的沦陷竟然是通过"观礼"的仪式完成的。群众的围观诚然有被迫的成分,有清醒的痛楚,但也有无意识的,甚至"观赏"的意味。在这场"隆重"的出殡中,死者与生者、占领者与被统治者、看与被看的关系颇为吊诡。

当日军集合通过时,北平中心区戒严四小时之久,柏油路上只见市政府供给的载重汽车和城外来的大车来往,偶尔也有拖着西洋人的人力车夫在广场上的"独步"。在众人艳羡的目光中,"似乎连车夫都感到了骄傲,他们的脚步把地打得很响"。② 给满街观众做陪衬的,除了趾高气扬的人力车夫及他们的洋主顾,还有负责维持秩序的黄衣警察。记者对看客的描写方式,或许借鉴了鲁迅《示众》的写法。谨小慎微的警察,反衬出看客之投入:

> 警察打着呵欠在劝沿街的观众后退。"反正就是些人跟车,"他连声说,"有什么看头,大家退一退。"后来,又大声喊:"诸位,这要是出了误会……这要是出了误会……"不止,他也不想想:征服之下还有误会吗?③

街头小贩的功能,与警察相同:每条路口都是不透风的人墙,有人处小贩子便来了,敲着酸梅汤的铜碗,拍打着满是青蝇的烂桃,西瓜贩吆喝着"船"的个,斗大的块来。④

警察、小贩、观众,彼此推搡、起哄、斗嘴——在如此嘈杂的人墙间,入城的日军及其携带的道具反倒沦为无声的布景——拧成《示众》中巡警

---

① 鲁悦明:《陷落后的北平》(8 月 6 日作于检查住户声中),《国闻周报战时特刊》1937 年第 4 期。
② 鲁悦明:《笼城落日记》,"二、北平陷落",《沦亡的平津》,第 57 页。
③ 鲁悦明:《笼城落日记》,"二、北平陷落",《沦亡的平津》,第 57~58 页。
④ 鲁悦明:《笼城落日记》,"二、北平陷落",《沦亡的平津》,第 58 页。

与白背心之间的那条绳索,象征着无名的看客间种种看不见的关系,也便是北平沦陷这场葬礼中,城与人、生者与死者、演员与观众、加害者与被害者之间斩不断、理还乱的纠葛。当送葬的队伍"堂堂"地走过,另有撮"颓废派"——雇来摇小旗的丑角尾随其后。东交民巷美国兵营的高墙上,还有白皮肤的看客在摄影。交通恢复后,天安门前留下的是马粪、烂旗和坦克车的齿印。地方维持会的代表及新贵们,沿着坦克车的轮印赶去叩谒日军司令。

日军此次进城,令四十岁以上的北平人回想起"庚子之变"。《四世同堂》中的祁老太爷,壮年时眼见八国联军怎样攻进北京,由此得出"抵抗"乱世的办法,只消备足三个月的粮食与咸菜即可。事变后,祁老太爷又援引老例向主事的长孙媳妇解释日本人为什么看上卢沟桥的那些狮子:"庚子年的时候,日本兵进城,挨着家儿搜东西,先是要首饰,要表;后来,连铜纽扣都拿走。"[1] 在温顺的长孙媳妇面前,祁老太爷可以不断复述他的庚子经验,一旦碰到不配合的听众,老掉牙的故事立马被打断:"日本人要芦沟桥的狮子?笑话!他们要北平,要天津,要华北,要整个的中国!"家中最不听话的老三瑞全,样子很像祖父,可在思想上两人"相隔了有几百年"。"那!庚子年,八国联军……"当老人重新拾起话头,听众已经溜开了。[2]

庚子经验在《四世同堂》中不完全是老人的怀旧,也有与现实相通的部分。当钱家二少爷开着卡车连同三十多名日本兵一起摔进山涧的消息传开,老大瑞宣便想起祖母所说的庚子年八国联军入城时阖家自尽殉难的故事。不管殉难者的动机如何,他总以为敢死是气节的表现,而这回日军进城,北平人仿佛比庚子年更聪明了,除了阵亡的将士,官民中并没有殉难的[3]。在殉节这一点上,庚子又变成反衬当下的正面经验,这与老舍一家身为旗人的庚子经历有关[4]。作为祁老太爷及其同辈人的口头禅,庚子经验纵然在卢沟桥事变后的语境中几乎完全失效,但从易帜、进城、殉难等象征

---

[1] 老舍:《四世同堂》,"第一部'惶惑'",三,第27页。
[2] 老舍:《四世同堂》,"第一部'惶惑'",三,第28~29页。
[3] 老舍:《四世同堂》,"第一部'惶惑'",十一,第140页。
[4] 正如旗人富察敦崇《都门纪变》中《吊殉难》一诗所云:"好气丹心不可降,阖门忠义死双双。余生欲拟阳秋录,暗把霜毫向小窗。"

性的社会仪式上，可看出庚子早已积淀成北平人而且是不同时代的集体记忆。①

## 四 余论："水平轴"的视野

沦陷或许是一瞬间的事，但其造成的心理阴影，甚至作为一种生存状态却是长时段的，而且时段的长短，谁也无法预计。无论将北平沦陷的瞬间，定格在7月29日第二十九军之撤退，还是8月8日日军进城，都是从国家主权的得失上定义"沦陷"。然而这只不过是城的沦陷、看得见的沦陷，真正可怕的是看不见的沦陷，或者说人心的沦陷。沦陷的瞬间，对于一座城来说，不难考证出具体的年月日；对于生活在这座城中的个人、家庭而言，则未必发生在同一时刻。如若从日常生活的层面理解"沦陷"，这些小写的日期反而更值得留意。

"国家""主权""异族""占领"等概念，在得过且过的日常生活中，并不是触手可及的实物。只有当最最基本的生活秩序无以维系，自己或家人受到切身的威胁，产生强烈的被排斥感时，才会摆脱看客的位置，意识到异族支配的存在，意识到沦陷与个人的关系，进而锁定个人与国家主权的关系。对《四世同堂》中的祁老太爷而言，日本兵虽说进了城，只要还能操办自己的八十大寿，不妨碍他一家人过日子，不扰乱小羊圈胡同的平静，就不会产生"亡国"的意识。唯有无法守住自家的生活底线，发现三个月的粮食与咸菜竟不顶用，中秋节的北平城竟然没有"兔儿爷"，才觉得"绝了根"，一切的人与事都"十分"不对。② 这种日常生活的异质感，不单作为个人或家族，而被放大成共同体的危机强加于身时，"沦陷"的概念才得到生活实感的支持。

以日常生活为基准，从"水平轴"的视野来捕捉沦陷的瞬间，关注的是北平人的共同体意识，并非民族国家框架内的共同体，而着眼于吃饭穿

---

① 1937年北平沦陷，同样触发了外人的庚子记忆。8月4日李景铭听闻"出入东交民巷两洋人，多改穿中国夏布长衫，殆其心目中将有第二次义和团发见"，觉得"此种心理，实为可异"。（《芦沟桥事变后北平闻见录》，《近代史资料》总65号，第113页）"笼城"时期奥野信太郎在东交民巷避难，见夜间放三发花火，这也是义和团事件之际使用的手段（「北京籠城回想記」，『随筆北京』，第88页）。

② 老舍：《四世同堂》，"第一部'惶惑'"，十四，第193页。

衣、婚丧嫁娶，这种生理学意义上的共同体，试图从地方性中发掘填充民族主义的要素。[①] 所谓"水平轴"的观察角度，相对于自上而下的国族观念，更注重横向地把握城与人的关系、人与人的亲疏远近。沦陷作为日常生活的危机，不是以军事力量的进退为标准，取决于个人上下四旁的参照系。民众作为差异性的个体，当其养成对某一共同体的归属感时，是以自己及周边成员即亲友邻里的关系，是否得到相应的保证或受到阻碍为依据。一般社会的是非判断，出于朴素的道义感，更受制于其关切的对象、场所与个人关系的稳定性，并随着对象、场所的变化而变化[②]。北平沦陷下民众的共同体意识，与其说以"国家""民族""主义"等名词为基础，毋宁说立足于不同个体、不同阶层的生活实感，靠"水平轴"上的生活秩序取得平衡，并从具体而微的生活实例当中，生发出彼此的连带感及一同活下去的意愿。这种生活秩序的自我修复能力，日常的挣扎与零碎的反抗，才是潜藏在懵懂的情感领域，未被概念化的共同体的生存基础。

---

① 所谓"水平轴"的视野，是借用日本思想家冈本惠德的说法。参见〔日〕冈本惠德著《水平轴思想——关于冲绳的"共同体意识"》，胡冬竹译，《开放时代》2009 年第 5 期。
② 参见孙歌《如何叙述"战后"东北亚问题》，"四、民众视角与民众的连带"，《我们为什么要谈东亚——状况中的政治与历史》，三联书店，2011，第 163~165 页。

# "都市梦"与"反都市"：
# 清末民初留日学人的都市观

蒋 磊[*]

**摘要**：清末民初时期，几次大规模的留日潮使国人愈加了解邻国日本，也更加深了对于"何谓现代文明"这一问题的认识。在日本，由于现代教育机构和其他文化单位多集中于少数都市，因而，相较于乡村，都市吸纳了更多的留日学人，成为文化交流的中心。于是，以东京为代表的日本大都市，就构成了留日学人了解日本、想象世界、理解"现代文明"的媒介和窗口。可以说，清末民初留日学人的"留学梦""日本梦"，实际上也是一场"都市梦"；而一部分留日学人对于日本的反感以及由此产生的民族主义情绪，又十分微妙地与"反都市"的情绪叠合在一起。

**关键词**：留日 都市梦 反都市 鲁迅

**Abstract**: Chinese understood Japan a little better by several large mass activities of studying abroad in Japan in the late-Qing-early-ROC period, and understood "What Modern Civilization is". City is the center for cultural exchanges, because the most modern educational institutions and cultural institutions gathered in few cities in Japan. Therefore, Japanese Metropolis represented by Tokyo Become the media contribute to understanding Japan, and imagining the world or understanding Modern Civilization. In other words, the dream of studying of students abroad in Japan in the late-Qing-early-ROC

---

[*] 蒋磊，海南大学人文传播学院讲师。

period, is actually "Big city dream"; and the Chinese nationalism was triggered by the complex of "Anti-Japan" and "Anti-city".

**Keywords**: Students abroad in Japan　Big city dream　Anti-city　Lu Xun

# 一　引言

在晚清、民国两朝政府的引导下，出于对"国富民强"之现代理想的渴求，对个人人生抱负的践行，中国学人负笈东瀛、留日活动之兴盛，蔚为壮观。无论是梁启超、孙中山等学界、政界巨擘，还是周氏兄弟、创造社同人等文学青年，他们相约赴日、停留海外的时间少则五六年，多则长达十几二十年，可以说，"留学梦"与"日本梦"构成了他们青春记忆或壮年情怀的主要内容。从这一时期留日学人的活动范围来看，由于接收外国留学生的高等教育机构多设立于少数都市，而那些供旅日学者开展讲演、结社、集会和办报等文化活动的场所，也仅限于以东京都为代表的大都市，因此，自明治末期到大正时代初期的日本大都市，就构成了留日学人们了解日本、想象世界、理解"现代文明"的媒介和窗口。可以说，留日学人的"留学梦""日本梦"，实际上也是一场"都市梦""东京梦"。

## 二　"都市梦"：想象现代文明

现代都市象征了权力、财富和知识，现代人的人生理想往往与对大都市的憧憬联系在一起。因此，"都市梦"成为19至20世纪欧美文学一个常见的主题，在这一时期，写都市的作家和作品数量较之过去都在不断增多。与此相应的是，20世纪初期的中国人也普遍对北京、上海、南京等大都市心怀向往，形成了一种"都市的向心力"。而当年轻的中国人漂游海外时，保守而平庸的日本乡下是难以形成吸引力的，他们更愿意将东京这样的现代化都市作为人生理想的实践场。例如在署名"履冰"的清末小说《东京梦》（1909）中，主要描写了游日官僚和留日学生的"东京体验"。在这些留着辫发的晚清中国人眼中，东京的城市景观无一不是令人惊羡的，而游历东京的短暂经历也被形容为一场幻境般的美梦。

近代新兴的制造业、商业和教育文化机构普遍集中在城市中，相应地，农村成为了人才流失之地。有资料显示,从甲午战争到日俄战争的所谓"黄金十年"间,日本乡村人口占总人口的比率从1894年的84.36%,下降到1903年的79.06%,而城市人口的增长率却达到了61.74%[①]。在这一背景下来到日本的中国人,自然也被裹挟进"从乡村转向城市"的时代潮流。于是,以东京为代表的国际性大都市,被视为"现代文明"的象征,成为求学者追慕先进文化与科学技术的"圣地",同时也成了他们想象日本国、开眼看世界的媒介和窗口。

留日作家、创造社的重要人物陶晶孙的小说《木犀》(1919)曾备受郭沫若的称赞。小说主人公——旅日中国人素威生活在九州的乡间,心里却充满对大都市的向往:

> 到底是乡间,一座古庙虽然宽敞,但只呆呆地立着;庙前已通电车,过往的行人也颇不少。
> 
> 乡间也应有乡间的风味,而此处又多少兼带了些都会的要素,究竟乡不乡,市不市——乡则大俗,市可冷落了。
> 
> ……他难忘的少年时代是在东京过活了的,他是无论如何想留在东京的了。即使不能的时候,也想往京都去,那儿是他所爱慕的一位先生的乡梓。连这一层希望也没有达到,凄凄凉凉地流到九州来,过着漫无目的的生活,这是何等悲惨的呢![②]

从东京到京都,又从京都到九州,素威对人生前途的心理期待逐级降低。他对东京的态度是"无论如何想留下",而京都则等而次之,但最终,他"凄凄凉凉地流到九州",过的是"何等悲惨"的生活。由此可见,他人生理想的实现程度,是随着所居城市的大小、发达程度而改变的,在他心目中,东京是最佳的去处,是全国的中心,其他城市则根据发达程度的高低,按照"中心"到"边缘"的心理区位逐级排列。

尽管身在乡村,乡居者的心却仍然朝向城市。这样一种"从乡村到中小城市、再到大都市"的精神向度,无形中放大了都市与乡村之间的落差,

---

① 参阅〔美〕富兰克林·H. 金《四千年农夫:中国、朝鲜和日本的永续农业》,程存旺等译,东方出版社,2011,第274页。

② 姜诗元编选《陶晶孙文集》,华夏出版社,2000,第11页。

使得人口、金钱等各种资源纷纷涌向都市。但与此同时，都市愈加成为"空间再生产"的场所，成为向乡村进行文化辐射的核心区，在这种都市为文化中心、乡村为文化接收地的模式下，所有的乡村也都逐渐被"都市化"，所有的乡村生活也都被赋予了城市生活的色彩。从这一角度来看，现代乡村的形成，其实是不断演变为另一种意义上的"都市"的过程，从而缩小了与都市的差距。素威认为"乡间也应有乡间的风味"，所以"兼带了些都会的要素，究竟乡不乡，市不市"的九州，让他感到厌烦。其实，这种"乡不乡，市不市"的状况，正是在现代都市崛起过程中，乡村的改变所带来的必然结果。

与中国的清末民初约略同时的明治到大正时代，东京都等大都市正在努力转变为能够体现"现代文明"的新型都市。这些现代都市的规划与发展，虽然也征用了传统城市的基本构架，但同时又不断赋予其新的内涵和秩序。如果从传统城市近代转型的角度来考量，被城市规划师所设定的、作为都市的"现代东京"，其实还只是被设计、命名的"地点"（place），而非"空间"（space），仅仅具有规划图纸和建筑学上的意义。而只有当这些"地点"被注入了人的活动，例如街道的穿梭行走、对街景的观赏、对现代交通工具的使用和各类公共活动的开展时，"地点"才被激活为现代空间。

因此，"空间就是一个被实践的地点"。[1] 当留日学人怀揣"都市梦"，行走在乡村与都市之间的各个不同层次的"地点"时，实际上也在参与着现代"乡村-都市"空间建构的实践活动。在这种实践活动中，由于都市向心力的驱动，所有的乡村都成为了都市的辐射物，都面向都市而生长，也就都具有了都市空间的属性；而传统城市空间也随着乡村的蜕变而消失，逐渐转换为现代都市空间。

这是一个矛盾的过程。一方面，"乡村与都市"截然二分的模式将由此而建立，乡村生活与城市生活的差别日益明显；但另一方面，在这种模式中，由于所有的乡村的发展都以都市为核心，也都接受都市文明的影响，因而最终将导致"没有任何的乡村不是都市，没有任何的都市不是乡村"的状况，而所有的"地点"也都将成为都市空间的一部分，以至于乡村文

---

[1] 〔法〕米歇尔·德·塞托：《日常生活实践·1.实践的艺术》，方琳琳等译，南京大学出版社，2009，第200页。

明与城市文明在本质上日益趋同。

因此，当留日中国人放逐郊野，欣赏日本的田园景色或山水风光时，时常也不由自主地从一种"现代都市"的视角去"发现"风景。在郭沫若的《女神》组诗中，诗人对日本的自然风景进行了诸多富于激情的描写，可以从中看到这种奇特的文化心理。例如《笔立山头展望》（1920）：

> 大都会的脉搏呀！
> 生的鼓动呀！
> 打着在，吹着在，叫着在……
> 喷着在，飞着在，跳着在……
> 四面的天郊烟幕蒙笼了！
> 我的心脏呀，快要跳出口来了！
> 哦哦，山岳的波涛，瓦屋的波涛，
> 涌着在，涌着在，涌着在，涌着在呀！
> 万籁共鸣的 Symphony，
> 自然与人生的婚礼呀！
> 弯弯的海岸好像 Cupid 的弓弩呀！
> 人底生命便是箭，正在海上放射呀！
> 黑沉沉的海湾，停泊着的轮船，进行着的轮船，数不尽的轮船，
> 一枝枝的烟筒都开着了朵黑色的牡丹呀！
> 哦哦，二十世纪的名花！
> 近代文明的严母呀！[1]

诗人在这里描写的是日本门司市西笔立山边的海景。但是，如果将诗题去掉，读者几乎无法看出这首诗所绘风景为西日本海岸。全诗不仅毫无日本风味，反而带有浓厚的欧化色彩。也就是说，如果将此诗理解为对某个欧洲国家海滨风光的歌颂，也未尝不可。

为何会出现这种日本"地方感"的消失现象呢？原因恐怕在于，追慕"现代文明"的郭沫若，其实是从"现代都市"的角度来观察日本风景的——从全诗的首句即可看出，郭沫若毫不掩饰自己对"大都会"的向往、

---

[1] 郭沫若：《郭沫若全集》（文学编）第一卷，人民文学出版社，1982，第63页。

赞美之情,甚至于将大都市作为个体生命勃发的源泉。因此,在郭沫若的日本体验中,无论是日本都市还是乡村,都成为了他"大都市梦"的寄托之地,他目力所及的景色,无论是否属于现代都市的产物,似乎都变成了他进行"都市想象"的一种"方法"。实际上,以城市的人口数量和发达程度而论,位于九州北部的门司市在当时的日本根本算不得什么"大都会",可是在郭沫若眼中,"弯弯的海湾"和"数不尽的轮船"却都成为了大都会文明的象征,甚至于,一根根的烟筒,被形容为"开着了朵黑色的牡丹"一般美丽,引起了诗人对"二十世纪"与"近代文明"的无限憧憬与赞美。

在这种极具个人色彩的想象中,所有本属于乡村的传统文明形态,也都在"现代文明"的宏大主题中,被置换、忽视或抹除。而日本风景的地方特色,也就都在"都市化"的风景视角中,被悄然改换为"全球风景",从而被去除了"地点"的特征,纳入了"都市空间"的范畴。诗中连用了"打着,吹着,叫着,喷着,飞着,跳着"等一系列极富动感的词语,以及涌动着的"山岳的波涛、瓦屋的波涛",都具有未来主义诗歌的特点,无处不在释放着都市文明给人带来的无限希望与高度振奋之情。然而,这鸣奏着"交响乐"的热闹场景,和原本静谧安宁的日本海滨之间,其实是缺乏关联性的。所以,诗中反复歌颂的"近代文明"的宏丽美景,恐怕更多来自于诗人的内心情感宣泄,来自于一位崇尚西方文明的五四青年激情澎湃、昂扬向上的"都市梦"。

当然,如果说"都市梦"是留日学人群体普遍存在心理现象,未免有些以点概面。实际上,尽管大多数留日学人都居住、求学在城市,并乐于参与城市中的文化活动,但在他们的城市观念中,恰恰还存在一种"反都市"的矛盾情结。

## 三 "反都市":鲁迅的自我放逐

许多留日学人漂洋过海、求学东洋,除了以"学习先进文明"为目标,也多怀抱着"饱览东瀛美景"的愿望。这些久居都市的留日学人们,在课余时分,也时常向往郊外、乡村的迷人风光,因而产生了周作人、郁达夫等人描绘日本风景的美文,通过这些文字,可以清晰地读出作者对于喧嚣的都市生活的反感。例如在郁达夫用日文写成的游记散文《盐原十日记》(1921)中,作者写道,"都会的炎热愈益不堪",使他产生了逃离都会,奔向盐原的冲动。

另外,由于许多留日学人自小出身于中国农村或小城镇,本非大都市的熟客,因此,当习惯了乡村生活的他们来到东京这样的繁华之地时,未必就能很快适应大都市的日常生活和学习环境。有些人因学业所迫,不得不居留东京,但内心里也会日渐生出逃离都市、放逐乡野的愿景。

在这方面,鲁迅的城市观可谓典型。晚清政府的官派留学政策为鲁迅选定了落脚点——东京,但鲁迅对此似乎并不满意,都市的嘈杂纷扰、人满为患让他无心学习,他希望逃离都市,避开东京,自我放逐到一个清静、偏僻之地。

在回忆散文名篇《藤野先生》(1926)中可以发现,鲁迅对东京的印象是不佳的,甚至是不值一提的,他对东京的直观感觉,以一句"东京也无非是这样",十分平淡地一笔带过,透露出些微的失望之情。由此可见,东京都的先进与繁华,似乎并不能引起鲁迅太多的兴奋和期待。在鲁迅看来,不仅上野公园为清国留学生所占领的景象令他失望,就连"有几本书买,有时还值得去一转"的中国留学生会馆,也不免有"学跳舞"的杂音干扰。在鲁迅的整个创作生涯中,只有在《藤野先生》中能见到鲁迅对东京寥寥数笔的描绘,而就是这么只言片语的东京印象,却充满了不屑与反感。

出于对东京的种种乱象的厌烦,鲁迅开始考虑"到别的地方去看看",于是有了转而去仙台求学的经历。鲁迅曾详细打听了日本各地招收中国留学生的情况,经过一番比较,最终选择了仙台医学高等专科学校。实际上,当时在距东京更近一些的千叶、金泽等地,也都设有教育水平较好的医学专门学校,但鲁迅偏偏选择了位于本州岛东北地区、相对偏僻、人口不过十万的小城仙台,原因何在?根据周作人的回忆,他认为鲁迅这样的选择是因为看厌了东京那些头顶着"富士山"的清国留学生,不愿与之为伍,而当时的仙台尚无中国留学生[1],这成为鲁迅看中仙台的唯一理由[2]。

可以说,早年的鲁迅在留学地点的选择上,就和大多数留日学人的志向区别开来,显示了他内心里"反都市"的情结。他不愿与居住在东京的

---

[1] 不过,当时前往仙台的中国留学生并非只有鲁迅一人,和鲁迅同行的尚有一名叫作"施霖"的学生。

[2] 参阅周作人《东京与仙台》,张明高、范桥编《周作人散文》第三集,中国广播电视出版社,1992,第513页。

留学生群体为伍，而选择了自我边缘化的求学之路，这一特立独行的做法，为鲁迅一生甘于孤独寂寞、绝不随俗的文学创作品格埋下了伏笔，定下了文学风格的基调。

从东京到仙台的途中，鲁迅经过一处叫作"水户"的地方，并特意指出"这是明的遗民朱舜水先生客死的地方"①。虽然鲁迅对此并未加以带感情色彩的描写或评论，而是几句话带过，但是，如果结合上文对"清国留学生"的讽刺、对"学跳舞"者的反感，再结合下文的"匿名信事件"和"幻灯片事件"来看，就会发现其中暗含的思想上的连贯性。鲁迅和以"灭满兴汉"为口号的光复会关系密切②，而朱舜水是明末清初时期著名的"反清复明"思想家，鲁迅在此处提及这一人物，和《藤野先生》整体上透露出的"排满意识"，是高度一致的。

日本学者驹田信二认为，鲁迅在此特意提到"日暮里"，是别有用意的。实际上，名为"日暮里"的车站是在鲁迅首赴仙台之后才设立的，鲁迅应该是在之后往返东京和仙台的途中才知晓了这一地名，但鲁迅将这一记忆提前到首次赶赴仙台的经历中，并称"不知怎地，我到现在还记得这名目"③，之所以这样写，是"旨在把他从虽是同胞，却觉疏远的'清国留学生'团体中独自离去，前往陌生的仙台去的那种孤独感、寂寞感通过'日暮里'这一地名流露"④。

一到日本立即剪辫以明志的鲁迅，或许根本不认为自己是"清国留学生"的一员，他主动离开东京，是为了跳出这个保守落后的文化圈，于求学之路上另辟蹊径，因此而成为了留日学生群体中的一个异类。而在逃离东京的途中，鲁迅仍然在通过途中的见闻强化其"排满"意识，后又在仙台医专遭遇了日本同学的歧视和"幻灯片事件"，最终激化了这种意识，促成了他的人生转折。在鲁迅眼里，聚集了大批清国留学生的东京，成为"满清"旧势力、旧文化的象征，从东京到水户再到仙台的旅程，既是一个远离大都市的过程，也是在步步投向孤独、远离本民族文化圈的过程。在这里，"排满"和"反都市"的情绪十分微妙地结合在一起了。

---

① 鲁迅：《藤野先生》，《鲁迅全集》第二卷，人民文学出版社，2005，第 313 页。
② 鲁迅是否加入过光复会的问题虽有争议，但他与光复会及其成员的关系密切，这是不争的事实。
③ 鲁迅：《藤野先生》，《鲁迅全集》第二卷，第 313 页。
④ 〔日〕驹田信二：《日暮里和 Nippori》，《国外社会科学》1981 年第 9 期。

## 四 从"反都市"到"反现代性"

对大都市生活的反感，同样体现在其他一些留日文学作品中。成仿吾唯一的留日小说《一个流浪人的新年》（1921）书写了异国流浪者的都市体验。旅者的孤独感、对都市生活的厌倦感，构成了小说的主调：

> 市内的空气，浓得差不多连呼吸都很困难。他只任那人的潮流把他流去。那一家一家的装饰，和那陈列台上的物品，对他好象没有什么引力的一般。这不是因为他的感受力不灵敏，他觉得去年的冬天，好象就是昨天的事情一样，他们也曾把这些市街，红红绿绿的装饰了一遍，没有几天，又把他都撤了。他到如今还不知道为的什么缘故。所以这些装饰，都好象前几天见过的东西；也唤不起他的好奇心，也没有什么奇怪。
> 
> 他不解他们为的过一个年，何以就忙到这般田地。那街上走路的人，睁着两只小眼，都好象到那里去抢饭吃的饥民一样。无数的汽车，野兽一般的，狂号怒吼，跑去跑来，光景惊心得很。电车的声响，管理汽车的怪声，脚踏车的铃子，和人的呼号。喧扰得更不可耐。但是他只低着头往前走，倒象聋子一般；好象这些声音，在地球上互相消杀，他反听不见什么声音。[①]

都市中的空气，如何会比乡村更浓，浓得"连呼吸都很困难"？实际上，浓得逼人的空气，是一种生存空间被压缩的经验。"他"被大街上涌动的人潮推来挤去，几乎透不过气来。尽管周围有那么多的人，有纷繁芜杂、一家又一家的装饰品和陈列物，但他仍然是一位孤独的异乡人，是现代文明的"局外人"，他在都市里找寻不到属于自己的位置，都市的种种繁华景象似乎也与他无关。"他"理解不了周围人们的行为，"不解他们为的过一个年，何以就忙到这般田地"，"他"与都市新年的喜庆氛围格格不入，虽然身在都市，内心却已缺席，飞离到都市之外。

因为生存空间的挤压和都市景观的重复性，旅者的时间感也被压缩

---

[①] 成仿吾：《一个流浪人的新年》，《成仿吾文集》，山东大学出版社，1985，第316~317页。

了，变得无聊而乏味。去年的冬天，在"他"看来就好像昨天一样，街边商店里红红绿绿的新陈列品，就像前几天才见过的东西，唤不起他的好奇心。因此，"他"在都市中迷失了属于自己的时间，被迫卷入年复一年的复制性生活模式，这使他厌倦了都市的时间法则，产生了逃离都市的冲动。

在郁达夫等创造社学人笔下，这种"零余者"的人物形象屡见不鲜。作为漂泊异乡的弱国子民，留日者在受到冷落、歧视，或对异域生活感到不适之时，很容易产生思乡之情。可以说，是异域文化的隔膜促进了思乡之情的产生，但同时，旅者又以"思乡"来夸大文化隔膜感，不断确认自己作为"异乡人""流浪者"的身份。在这之中，现代都市生活的标准化、单调化、私人化，都促进了旅者作为"多余人"的心理暗示，而就连一些代表了现代文明的事物，也都那么面目可憎。于是，汽车变成了狂号怒吼的野兽，电车和脚踏车等发出的都市噪声让"他"难以忍受①，他只得装作聋子，行尸走肉一般在大街上迈步，就好像整座都市都在与"他"作对，试图将"他"从都市的人流中排挤出去。

在日本度过长达 11 年留学生涯的成仿吾，一生中却极少谈及自己青年时代的这段经历。日本关东大地震后，他写了一篇满怀幸灾乐祸之意的散文《东京》（1923），除此以外，涉及日本的作品就只有《一个流浪人的新年》这一短篇小说而已。就是这样一篇孤品，虽以东京为故事场景，却也几乎没有什么日本味儿，倘若将文中的都市置换为巴黎或纽约，似乎并不影响行文。作者仿佛有意在写作中回避日本，这固然和他在日本的不堪经历有关，但同时也书写出他在东京获得的一种现代早期的"全球化"（globalization）②体验。也就是说，该小说既可被视为一篇留日文学作品，也可被看作没有具体的描写地点、旨在书写超越了地域文化局限的现代都市的小说。这和郭沫若《女神》中日本地方感的缺失，有着惊人的一致性。

---

① 在茅盾《子夜》的开头部分，对"吴老太爷进城"的经典描写，与成仿吾小说的细节是十分相似的，前者表现了中国乡村宗法观念与都市文明的冲撞，而后者则将都市文明的背景置换到了异国，从而将乡村与城市的冲突，巧妙地置换为了异国文化观念的冲突。

② "全球化"是 1980 年代以后兴起的理论术语。对于"全球化"的定义虽未达成共识，但将 1870 至 1914 年间的全球贸易、文化流动视为近现代"第一次全球化"过程，是较为通行的提法。

在从明治到大正时代的经济发展过程中，随着农业立国思想的进一步瓦解[1]，日本的工业体系愈加完善，都市化水平也随之大幅提高。成仿吾所描写的1921年前后的东京，正处于经济状况空前活跃、人口数量快速增长的时期。当时东京市区的人口，已经从明治初期的50万左右，增长到两百余万，堪称世界级的大都市[2]，也是东亚地区除上海以外，最称得上是"大都会"（Metropolis）的都市。大都会的出现，不仅象征着日本国整体的经济、文化水平进入一个崭新的阶段，也意味着日本都市与欧美现代都市的发展有着步调上的一致性。因而留日文学中对东京都的描写，就与欧美文学中对巴黎、伦敦的描写具有了共通性。

可以说，成仿吾通过对个人内心苦闷的抒发，以及对无聊单调的海外生活的展示，对东京都的一切进行了极为彻底的否定，但如果将这种情绪放置在中西文明交融的大时代背景下来看待，这种"反都市"的情绪就不仅仅针对东京，更是对包括欧美都市在内的所有"现代都市"，乃至世界资本主义体系下的"现代文明"的否定。而这也正是成仿吾这篇小说缺乏"日本味"的原因之一。

通过成仿吾的"反日"事例，可以发现，留日者的异国体验存在多重经验交织的现象：明治到大正时代，日本正处于帝国膨胀期，民族主义情绪高涨、文化优越感日益外露，这使得成仿吾内心中产生了极度反感之情，以及无法融入日本社会的文化隔阂感。这种情绪成为后来中国民族主义思想的来源，成为20世纪中国革命的原初动力。但是，这种"反日"的民族主义情绪，又在对都市生活的批判性描绘中，十分微妙地与"反都市"情结叠合在一起，使得"反日"在一定程度上被置换为——或者说被表征为——"反都市"的观念形态。而恰恰由于现代都市是西方"现代文明"的象征，这种"反都市"情结又进一步引出了对于"现代文明"的抵制、对西方文化惴惴不安的焦虑感，这成为后来中国学人反思现代性思潮的早期来源。

---

[1] 在1868至1912年的明治时代，尽管日本是日俄战争的战胜国，却因战争消耗了大量的国力资源，使得工业生产进一步衰退，社会危机日趋严重，因此，虽然西方科技和思想大量输入日本，但其工业生产值仍长期落后于农业生产值，这种状况到了第一次世界大战以后方才发生了扭转，而大正时代的日本政府也将政策关注点从农村转向都市。

[2] 根据人口增长史的资料显示，1920年东京都包括郊区在内的人口约360余万，超过巴黎，位列纽约、伦敦、柏林和芝加哥之后。到1930年代，第二次世界大战前东京的人口数上升为世界第二，仅次于纽约。

## 五　尾声

通过东京这样的大都会的建立，日本都市与欧美现代都市取得了极为相似的品格，这种品格有积极的一面，如社会资源的有效利用、劳动生产率的提高、商品文化的繁荣等，但同时也存在现代都市的通病，如交通事故频繁、噪声污染、都市卫生、都市犯罪与阶级分化等问题。因此，留日学人追寻"都市梦"与"反都市"的不同态度，反映了清末民初时期中国青年群体在初次遭遇"现代文明"、触碰"现代性经验"之时，于思想观念层面上发生的"新"与"旧"、"文明"与"落后"、"现代"与"传统"等多重矛盾复杂交织的时代状况。这种由都市体验引发的观念矛盾，一方面促进了国人开放眼界、主动融入"文明进步"的世界发展秩序之中；另一方面，又为国人的"去帝国"观念和民族主义思潮的形成埋下了种子。

# 永井荷风的文学漫步：
# 都市漫游与日本现代性的反映

马尔文·马克斯（Marvin Marcus） 著　郑以然 译[*]

**摘要**：日本明治时期（1868～1912）的现代化进程与其新首都东京的崛起实际上密不可分。东京建立在旧幕府首都江户的基础之上。与明治政府领导者发起的激进的西方化的计划相一致，东京有意地去模仿伦敦、巴黎、柏林等欧洲大城市。这一新兴日本帝国的宝座所在地也想要有与之匹配的夺目壮丽。然而无论是大规模的城市翻新工程还是其背后更大的现代化议题都没有在明治文人和知识分子中获得热烈拥护。作家永井荷风（1879～1959）即是其中最不妥协的批评者。带着近乎偏颇的目光，他认为日本仿制的都市化可能威胁到珍贵的传统价值和追求，于是他精心构造了自己的文学，以此怀旧式地唤起对那个关于"旧江户城"的世界的回想。这篇论文探讨了永井荷风几篇有代表性的作品，在其中作者塑造了"城市小路的漫步者（日荫者）"形象，这是一个古怪无能却极为敏感的灵魂，总停留在城市的阴影里，尽情享受这个在"进步"的滚滚洪流中岌岌可危的世界的纹理和芳泽。

**关键词**：永井荷风　文学怀旧　城市漫步者　"日荫者"

**Abstract**：Japan's modernization in the Meiji period （1868–1912） is virtually synonymous with the emergence of its new capital city— Tokyo— which would be built upon the foundations of the old Shogunal capital of Edo.

---

[*] 马尔文·马克斯（Marvin Marcus），美国圣路易斯华盛顿大学东亚研究中心教授；郑以然，首都师范大学文化研究院讲师。

In line with an aggressive Westernization project initiated by the Meiji leaders, Tokyo was meant to emulate great European cities such as London, Paris, and Berlin. The seat of a nascent Japanese empire was meant to be suitable imposing. But neither the massive urban renewal project nor the larger modernization agenda that stood behind it were eagerly embraced by the Meiji literary and intellectual community. Among the most intransigent critics was Nagai Kafû (1879 – 1959), a writer who crafted a literature that nostalgically evoked the world of 'old Edo' while casting a jaundiced eye upon the ersatz urbanization that threatened to efface cherished traditional values and pursuits. This paper explores several representative works by Kafû that privilege the figure of the 'stroller in the city's byways' (*hikagemono*) — a curiously ineffectual yet deeply sensitive soul who lingers in the city's shadows and savors the textures and aromas of a world threatened by the inexorable march of 'progress'.

**Keywords**: Nagai Kafû    literary nostalgia    city stroller    *hikagemono*

现代日本在明治时期（1868～1912）的崛起与其首都东京成为一个西方式大都市的过程实际上是同步的。东京具备现代性的上层制度与下层基础设施，同时也是国家统一和帝国王权的象征。然而这个"新"东京是建立在旧的江户幕府首都基础之上的。旧江户城是一个武士主导的国家行政文化中心，这一国家是在17世纪早期由德川幕府建立的。"传统的"江户在明治时期变成了一个西方式的都市，这座城市的市政规划、建筑风格、公共空间都仿照伦敦、巴黎和纽约的模式，见证了这一变化的人们对于这座新首都的样子并没有产生一致的好感。

永井荷风（1879～1959）就是在20世纪第一个十年里对东京持有批判态度的代表人物之一。他是一位年轻的日本作家，东京本地人。永井荷风对于他自己称之为异化的、令人厌恶的城市景观表现一种明显的反感情绪。他这种美学上的厌恶，含有对于明治政权的强烈不满，并导向了他自己的文学创作，这种文学总在召唤读者回想起更古老的、"江户城式"的东京，包括其与众不同的邻里社区、小巷和场所等。永井荷风的文学之所以引起我的兴趣，在于其中都市漫游者所扮演的至关重要的角色。这些都市漫游者的敏锐观察与怀旧姿态带来了一种叙述上的丰富性——诗意的、怀旧的、多愁善感的情绪交织在一起，同时借此对明治时期日本的现代化进行了批判。

永井荷风的人生带有一种准传奇色彩，它呈现着"传统—现代"的界线，这在明治时期是极富象征意义的。① 永井荷风出生长大于东京的富有家庭，是一个反传统的男孩。他从小就反对"立身出世"的观念——这是当时日本社会对特权阶级出身的年轻人通常的期望。永井荷风后来成了一个文学青年，学习法语和法国文学，渐渐成为明治晚期文学先锋派的领军人物。② 尽管接受了西方人文教育，永井荷风却培养了对于江户文化的根深蒂固的热爱，尤其对井原西鹤以及两个世纪之后樋口一叶笔下的城市风月场情有独钟。③ 永井荷风长大于东京的上流街区山手区，却对下町区的平民世界更感兴趣，这一地区横跨隅田川，在作家的想象中始终保留着旧江户城的味道。④

永井荷风基本上拒斥贵族式的教育，因此和父亲产生激烈冲突，最终被送去美国。家人希望他能"改邪归正"，建立自己的事业。永井荷风在美国和法国待了五年，这段经历最终使他产生了一种对于城市漫游与个人叙述的激情，以分享自己漫游中的观察、经历与冥想。这些创作都收集出版于两部书中：《美国物语》和《法国物语》。这两部书充满了对于纽约、芝加哥、巴黎和其他地方的各种各样的描写。作为城市浪荡子（也就是城市街道上的闲逛者）游历的必要部分，永井荷风流连于红灯区，着迷于当地

---

① 对永井荷风更多个人经历的介绍，可以参见 Seidensticker 的著作。Edward Seidensticker, *Kafū the Scribbler: The Life and Writings of Nagai Kafū, 1879–1959*, Stanford: Stanford University Press, 1965; reprinted in *Michigan Classics in Japanese Studies*, Ann Arbor: Center for Japanese Studies, University of Michigan, 1990, pp. 3–177. 亦见 Stephen Snyder 的文章，收录在 Jay Rubin 所编辑的 *Modern Japanese Writers*, New York: Scribner's, 2001, pp. 135–147。
② 永井荷风曾研究左拉的自然主义和法国诗歌；在1913年，他以其《珊瑚集》成为一位重要的法国象征主义诗歌翻译家。永井荷风曾在日本庆应义塾大学做法语教授，后来他又放弃了这一职位，去追求文学理想。夏目漱石也有非常类似的经历，他辞去了东京大学英语文学教授的职位，成为《朝日新闻》的小说作家。亦要注意这类典型的自诗歌开始而后转向小说的作家职业生涯，岛崎藤村（1872～1943）也是其中之一。
③ 井原西鹤在17世纪晚期的小说可以用来定义德川时期的城市生活，尽管它们的背景设置在大阪。樋口一叶著名的短篇小说写于19世纪90年代，它们被视为具有井原西鹤式的文学风格，同时对心理表征以及当代社会问题投以现代观照。
④ 参见 Carol Gluck 的好文章 "The Invention of Edo"，收入 Stephen Vlastos 编辑的 *Mirror of Modernity: Invented Traditions of Modern Japan*, Berkeley: University of California Press, 1998, pp. 262–284。

妓女并对她们进行了不同寻常的栩栩如生的细致描写。①

当1908年回到日本时，永井荷风发现自己对于日本城市发展的恶俗之处深恶痛绝。尤其是东京的景象，改变得完全脱离了他所有的记忆，激起了他的愤怒和反感。在题为《新归朝者日记》的一系列文章里，永井荷风批判了日本现代化建设中的败笔——具体来说，是东京的可悲的变化：变成了一个西方式首都的仿制品。同时他表达了对于传统东洋文明的敬意。②由于明治政府当权下"进步"是一种不可阻挡的力量，政治上对其拒斥反对是几乎不可能的，永井荷风遂建造了自己的文学花园。永井荷风的作品证明了他文学品位与个人气质的和谐统一。我们可以看到，作家在作品人物身上得以再生——一个轻微边缘化的寻欢作乐者、一个乖戾的不满现状的人、一个扭曲的尖刻的观察者。③ 这个古怪的人对世界的观察恰恰符合他

---

① 请注意这些作品——尤其是《法国物语》——被审查的情况，以及无处不在的明治审查机制。这种审查制度对于政治异议以及伤风败俗毫不容忍。参见 Jay Rubin, *Injurious to Public Morals: Writers and the Meiji State*, Seattle: University of Washington Press, 1984。永井荷风基本被看作淫靡和堕落的样本，风月场的常客和积习成癖的嫖客。在杰出的批评家本雅明（Walter Benjamin）那里，这一"浪荡者"的形象被塑造成为现代性的标志。本雅明在波德莱尔及其18世纪中期诗歌中找到了例证。

② 参见 Rachael Hutchinson, *Nagai Kafū's Occidentalism: Defining the Japanese Self*, Albany: SUNY Press, 2011, pp. 152-156 关于《新归朝者日记》的评论。

③ 注意 Seidensticker 在 *Scribbler* 中的陈述，永井荷风是江户文化的一知半解者，耽迷享乐者，离经叛道者和阴郁悲观者。这一被广泛接受的观点在 Rachael Hutchinson 对作者的修正主义研究中受到了质疑。Hutchinson 认为，永井荷风是一位严肃的"欧化"的批评家，以此支持她对于相关批评理论的立场。她研究中"西方主义"一章实际上改写了 Seidensticker 书中的第三和第四章。关于永井荷风离经叛道的性格，下面的片段提供了一些有意思的自我观察。它出自一篇公开发表的访谈，属于1914年最有影响力的日报中"作家人生"系列：

> 对于人，我有非常强烈的厌恶。我会仅仅听到一个人的名字就决定讨厌一个人。但是我了解他以后也可能同样容易地喜欢上他。我非常憎恶和我的亲戚打交道。我从来不在那些正式场合拜访他们。当他们登门拜访时，躲不开的寒暄简直令我恼火，我会直接从后门溜走。他们确实把我看作一个怪胎。寒暄让我恶心，我也憎恨回信。庆幸的是除去偶尔几个亲戚以外，我很少有来访者。访客就是巨大的痛苦。但是没有比一个老伯母来访更糟糕的了，她们没什么好做的，没完没了说了半天却等于什么也没说。这类事情简直就是在威胁缩短我的生命!
>
> 我是一个非常喜欢呆在家里的人。我确实喜欢外出散步，让我的腿带我去任何它们想去的地方。我是一个贪睡者。没人像我睡得一样多。就好像我就是为了睡觉而生的。我下午会小睡一会儿。我晚上十一点入睡，酣睡到第二天早上九点。没有什么能吵醒我。去年一个窃贼闯进房子抢劫——他偷走了卧室的东西，但我连动都没动……
>
> 对我来讲写小说越来越难了。我失去了一些我曾有的自信。我不再喜欢那些太明显的哲学化或者理想主义的作品。我喜欢写那些有趣的描写。就像夏目漱石一样，我主张培育封闭，私密的个人世界。我不喜欢到外面的世界去，背负着野心，紧张地东

自己以及叙述者的观点。在永井荷风的"都市漫游"写作中,有一类"日荫者"形象,日荫者居住在城市的阴影中、偏僻处,并为在暗处偶遇的景象、声音、机会感到兴奋。

我现在想介绍两部作品——一部是虚构的,一部是自传式的,它们呈现了永井荷风精心构造的"小巷漫游者"角色。第一部是《隅田川》,它出版于1909年,写于《归朝者日记》之后不久。这部家喻户晓的故事背景设定在明治时代早期。它详尽描写了萝月(一个江户晚期俳句诗人)和他的外甥长吉(一个总做白日梦的17岁问题少年)之间的关系。长吉渴望能在歌舞伎剧院获得一席之地,这与盛行的努力立业的社会准则有着天壤之别。同时他还在追求一个女孩子阿丝,可惜女孩对他完全没兴趣。长吉可以说是明治晚期文学作品中"烦闷青年"的原型。

这个故事中长吉的结局并不乐观,他软弱可悲的性格基本上从一开始就决定了他的命运。他的舅舅的举措——鼓励这小伙子去追求梦想,反抗自己的母亲(他母亲坚持主张他待在学校,做个有出息的人),最后被证明也是白费力气。永井荷风对这两个人的描写以他们各自在城市中的行走为核心。这种漫游让他们沿着隅田川穿越下町。隅田川作为故事的标题,不仅是城市的中轴线,也是故事的轴线。

隅田川的故事开始于萝月步行出发去他的妹妹家,去讨论她家那个"问题少年"(即长吉)和他对于学校和事业满不在乎的态度。

> 突然准备出发,萝月离开家,迅速向妹妹家走去,妹妹家在今户,河的对岸。沿着河道,他从曳舟左拐,穿过蜿蜒的、只有住户才知道怎么走的小巷,经过稻荷神社,走到隅田川大堤……有时候,透过竹篱笆,他会看见一个女子在傍晚的月光下沐浴,于是他会停下来,随意地偷窥一番。通常的,最后会证明这是个家庭主妇,已经没有了令人惊艳的姿色,于是感到失望的萝月会加快他的步伐。经过一个写着房屋出租或者土地出售的标志时,他会停下来计算利润,并告诉自己要寻找个机会挣

---

奔西跑。我不喜欢正式的会议。尤其对于负责管理事情毫无兴趣。安静地在一个小空间生活——那就是我!我想让我的家明亮,但我的研究不应该被过度地照亮。些微的黑暗是我更喜欢的。(*Osaka Asahi shinbun*, April 5, 1914;参见 *Kafu Zenshū*, vol. 27, pp. 80–85.)

点快钱。当道路再转向开阔地时，一个池塘出现在面前，里面有繁茂的荷花，晚风把水稻分成两道，他要再度成为大诗人了。忘了那些占据他头脑的计算，闪现在他脑海中的古典诗句真是妙不可言。

大堤沿岸的樱树荫下已经很黑了，河那边的房子透出光亮。在河水的微波中，黄叶漂向岸边。他停下来喘一口气，拉开和服的前襟，在胸前扇着凉风。他已经走了很远，也很热。他看见一个茶馆还开着，于是迅速走进去。"来一杯清酒，"他说着，坐下来，"冷的。"①

萝月的妹妹一直求他鼓励长吉放弃关于歌舞伎职业的梦想，萝月对于处理她这一问题并不抱什么乐观希望，在去她家的一路上，萝月让自己成为一个闲荡者，沉溺于个人的幻想和酒精之中。另外，长吉，则是一个堕落的灵魂，城市的迷宫邀请他去游走和流浪其中。他梦中的女孩一直引诱着他，这个女孩始终毫无希望地不可触及。来看下面这一段：

长吉像往常一样早上七点以前离开家。当他到达观音庙的辖区时，他重重地坐在正殿旁的一条长凳上，好像一个精疲力竭的旅游者在路边的石头上休息。庙里的地面似乎广阔无边，空荡而干净。几个看上去有点邪恶危险的人，坐在正殿的长廊上，显然他们在这里过了夜。铅色的天空变得低沉，乌鸦和公鸡的啼叫、鸽子扇动翅膀的声音显得格外清晰。

然后 Chokichi 偶然看见了一个年轻的艺伎。她单薄的、肩膀圆润的身形、高高向上束起的发髻、圆圆的脸蛋和紧闭的小嘴令他想起阿丝，他差点就要从长凳上跳起来了。

---

① 出自 Edward Seidensticker, *Kafū the Scribbler: The Life and Writings of Nagai Kafū, 1879-1959*, Stanford: Stanford University Press, 1965; reprinted in *Michigan Classics in Japanese Studies*, Ann Arbor: Center for Japanese Studies, University of Michigan, 1990, p. 182.（译者注：本段对永井荷风作品的翻译基本从作者的英文转译，并参考了谭晶华对永井荷风作品的日文中译本（〔日〕永井荷风：《濹东绮谭：永井荷风小说选》，谭晶华译，上海三联书店，2012）萝月严格来说不是一个游手好闲的人，他是在去看妹妹家的路上，但是这次夜行将他放在了一个反思的框架里，而他也基本上听任自己沉溺于胡思乱想中。永井荷风此作品的英文全文参见 Seidensticker 的 *Scribbler*, pp. 181-218。日文原文见 Naruse Masakatsu, et al, eds, *Nagai Kafū shū*. Nihon kindai bungaku taikei, vol. 29. Tokyo: Kadokawa, 1970. 对于这个故事阐释性的评论参见 *Scribbler* 第 41～50 页，以及 Rachael Hutchinson, *Nagai Kafū's Occidentalism: Defining the Japanese Self*, Albany: SUNY Press, 2011, pp. 148-152.）

这个年轻的艺伎（之前已经走进了正殿），现在又再次轻轻走下台阶，走出大门，她木屐中的赤脚轻轻向内扣。他从长凳上站起，就像再也无法忍受了一样，开始跟在她身后，走下一条满是店铺的小巷。当他走到头，他跟丢了她。她显然拐到一条岔路去了。极度兴奋地，长吉大步走向雷门，在小巷地势低的一端。他不再追随年轻的艺妓。他其实更像是在追随阿丝的影子。他忘了学校，忘了一切，他一直走进河里，从驹形到藏前，藏前到浅草桥，到下町。当他来到有轨电车的主干道时，他有一点困惑，不知道该拐向哪条支路。他知道大致的方向，而且，怀着出生于东京的骄傲，他不愿意寻求帮助，他随机向左拐，然后又向左拐，从路边有两列类似建材批发的同一条河浜里出来了两次。直到他走上一条相当宽的街道，远远看到明治剧院高高的房顶，听到河中的汽笛声，他才终于明白他在哪里。一波疲倦袭来席卷了他。他不能休息，一刻不能。他最后找到了在那个月明之夜来过的那条小巷。①

永井荷风对于长吉迷茫烦躁的行走的描写决定了《隅田川》的主线。这几幕让这故事看上去像一个明治时期东京的"步行导游图"。但是这故事绝不是一部旅游手册。更应说它是什么呢？其"迷路的青年"的形象决定了一切，作者给这年轻人伤痕累累的内心世界——他的困惑、空虚的希望、绝望的感觉——搭配以曲折的道路，最终不知通向何处。这是一种可以感知的诗情，但它表现了一种忧郁的克制。唯一永恒的是隅田川，它对于身边人类的来来往往漠不关心，但同时又以潮起潮落映照着情感的起起伏伏。

作为一个以东京为中心的小说家，永井荷风绝不是孤独的，事实上，明治文坛出现了一批作品，这些作品以城市人或者从外省迁徙来的人物为中心。与他同时代的杰出作家夏目漱石一样，永井荷风用个人化的语调来描画自己的故乡。② 在 1915 年，他出版了一系列文章——《雨天的

---

① Seidensticker, 1990, p. 182.
② 注意夏目漱石的个人书写（小品），尤其是那些回忆其明治早期教育经历的——关于旧邻里、学校、童年伙伴的话语。在这一脉络中，夏目漱石的作品呈现为怀旧与眷恋，和对于记忆及其瑕疵的超脱反应的杂糅。和永井荷风一样，夏目漱石也在一个宏伟的西方大都市——伦敦——驻留多年，他所写的许多文章都以伦敦的街道为背景，它们都指向一种忧郁的、内向的、本质上精神失常的他乡体验。参见 Marvin Marcus, *Reflections in a Glass Door: Memory and Melancholy in the Personal Writings of Natsume Sôseki*, Honolulu: University of Hawaii Press, 2009, pp. 17-37。

鞋》——字面上就能看出它与行走有关。① 和那些《隅田川》里倒霉的都市浪荡者不同，这部小说中自传性质的叙述者并不把自己私密的幻想付诸行动，或者自怜自哀，他把这种都市行走架构于一种特殊的思想活动框架中。如下所述：

> 我不同寻常的高，我总是带着一把伞，穿着"日和下驮"。不管天气多么好，没有伞和木屐我就没有安全感——东京永远潮闷的天气实在不值得信任……突然的降雨总是把英雄和美人带进旧式的浪漫，但你该想想这种事情的发生不是过去的全部……
>
> 在散发着臭味的租户房屋中间，在他们腐朽的木桥和运载化肥和垃圾的船中间，你能看到一座寺庙的屋顶，听到它的木鱼钟磬之声。这种情状可以在所有隅田川沿岸那些破敝的、低洼的街道中看到。对我来说，这些穷困的景象一时间和现代社会问题分离开来，只是东京那些穷人居住区里面的问题，当和伦敦、纽约的贫民窟比较时，如果后者可以被叫作脏脏悲惨的，它们也可以。但是在它们中有一种确定的安静、肃静、宁静。确实，有些地区现在已经笼罩在工厂的白烟和机器的噪音中，沾染了西方世界的秽气。但是在穷困的后街并非如此，那里的阴影下仍保存着德川时期的生活方式。
>
> 不管更好还是更坏，现代文化还没有来到这些后街。因此你还有时可以听到女祭司的歌声、弓弦发出的弹拨声（梓弓之歌：巫女用梓弓弹奏的呼唤神灵之歌）。你也会听到其他古老的音乐，看到孟兰节的灯笼和招魂的烟火。在这里，专制江户时代遗留下来的虚空悲哀顺从的风气正在被新时代的教育制度打破，而当觉醒意识和反抗精神真正来到这个下层社会时，我非常确信，那才是他们悲惨的开始。②

以上两部作品指出了永井荷风想象中的作品主人公和他日记体的个人

---

① 参见 Seidensticker, 1990, pp. 67 – 70；Hutchinson, 2011, pp. 157 – 158。注释版原文参见 Naruse Masakatsu, et al, eds. *Nagai Kafū shū*. Nihon kindai bungaku taikei, vol. 29. Tokyo：Kadokawa, 1970, pp. 195 – 265。
② 参见 Seidensticker, 1990, pp. 67 – 69；（译者注：主要译自作者提供的英文，并参考了陈德文对永井荷风作品的日文中译本；〔日〕永井荷风：《晴日木屐》，陈德文译，花城出版社，2012）注意其与谷崎润一郎的《阴影礼赞》的密切关系。

角色的内在关联。我们可以感受到两者同样都强调"气氛""意境"和叙述。作者一方面强调现实主义的描写,另一方面也注重情绪和感受的表达。

《隅田川》的故事情节是它的外在框架,但它所表现的主观立场才是这部小说的内在灵魂。主人公的精神世界是内向的、悲观的、消极的,而城市的景象被用来作为主人公精神世界的镜像。[①] 另外,《雨天的鞋》则反映了永井荷风作为一个都市漫游者有选择性的观察。他热爱"旧江户城"的遗存,同时痛惋他钟爱的底层地区受到的都市恶习的侵蚀。

换句话说,永井荷风的叙述策略强调其逍遥自在的叙述者的观察性的、怀旧的、诗意的格调。我们需要了解他对于场景和季节,对于"场所的浪漫(romance of place)"的敏感。但是这种关注是非常复杂和微妙的。在"传统"上,对于季节更替和自然想象的认同并不等于对破败废弃的景象的描写。[②] 因此这也正强化了他"对另一个世界的渴望"——也就是说,那些只在作家想象中存在的、江户式的王国。

永井荷风的作品事实上充满一种怀旧的向往,一种憧憬的感觉,这是作家赋予他作品中人物的。但就像谷崎润一郎一样,他屈从于一个事实,就是现代文明总会一统天下,那些对于现代文明中反人性部分的责难终将被现代性的洪流扫到一边。

我们不得不承认永井荷风娴熟的叙述技巧模糊了想象与自传性叙述的界限。他的作品在其所在的时代是非常与众不同的。因此文体的划分似乎也变得没什么意义了,而作家有修养深厚的品位和敏锐的感觉则成为重中之重。[③]

永井荷风长期以来在日本现代文学史上占有重要地位。但他只是众多揭示了日本现代化关键问题的作家之一。传统的东京是永井荷风的"文学想象"的重要组成。但事实上,尽管经历了激进的都市重建,江户式的遗存并未被明治时期的重建完全破坏。更致命的破坏反倒来自1923年9月的

---

[①] 在此意义上,注意东京的街道和场所是如何作为精神分析的空间——差不多算是一种罗夏墨迹测试(Rorschach test),唤起故事中角色以及叙述者的情感、记忆和欲望。

[②] 注意类似的奥尔罕·帕慕克(Orhan Pamuk)关于 *Hüzün* 的见解,在帕慕克的杰作《伊斯坦布尔:记忆与城市》(Orhan Pamuk, *Istanbul: Memories and the City*, New York: Knopf, 2005)中有所揭示。*Hüzün* 指伊斯坦布尔本地居民面对满城崩塌、衰老、破碎而产生的忧思和无奈,对此他们感到一种强大而持久的亲和力。

[③] 在永井荷风多种多样的个人书写中,日记被认为是他最优秀的作品——这在近代作家中并不罕见,他们中的很多人是非常严肃且专注于文学的日记作家。

关东地震,然后是 1945 年 3 月的轰炸东京。① 在第二次世界大战后,旧东京实体的遗存少之又少了,但是仍然存在一种可持续的文化遗存——这正是来自他的贡献,永井荷风,一位出类拔萃的文学漫游者。

如果想更好地理解永井荷风明治晚期的文学观察,需要将其放置在更广泛的社会与文化语境下。下面是对这一语境关键方面的概括性审视。

在日本近代化过程中,建立了明治政府和对国家拥有控制权的精英阶层。城市的发展带来了向城市的大规模移民潮,以东京尤甚。公共交通和通信技术得到迅猛发展;铁路网络的发展有效地将国家统合为一个整体,并导致了对个人自治的新理解。这一过程中,新型社会、经济和性别关系开始浮现,现代教育制度日趋完善,城市中产阶级亦逐渐壮大。一些新的、受西方启发影响形成的概念在日本广泛传播,包括自我、主体性和精神内在等。

与此同时,国家有意培育起一种对抗性的传统主义观念,以此作为日本集体认同的试金石。一方面它被用于一种矫正力量,以对付在迅猛的现代化进程中出现的社会不稳定、混乱和孤独;另一方面以此建立关于和谐、家庭主义、"超越时空的传统(timeless tradition)"的神话,并付诸实践,传播关于文化认同和独特性的观念。这里的关键词有:"家族国家""国体"和"故乡"。国家在这里扮演的角色是塑造并保持这种"现代神话",以此作为壁垒以抵御西方文明和政治霸权的入侵。②

社会的剧变也在文学界产生了影响:东京文坛建立,日本近代文学呈现一种"东京向心性"。考虑到现代化进程中东京的大都市地位,以及东京作家所亲身经历并反映在自己的文学创作中的迅猛的社会变化,这种向心性实质上是一种必然。同样需要注意的是这种叙述以记忆和未完成性为中心——总是令人联想起年轻时代的场景和经验,反映了记忆的脆弱和对现实的寄托——这本身就映射了近代文学中关于"自我"的迷茫与求索。

另外,印刷媒介的扩张也导致了个人叙述类型与样式的增殖。明治晚

---

① 或许可以就后明治时期"城市步行者"叙述的发展以及他们在当下的状况进行单独的研究。这一研究可以探讨"步行者"叙述是如何与 1923 年地震和 1945 年 3 月大火以后的东京重建相关的。
② 关于霍布斯鲍姆(Hobsbawm)的"被发明的传统"的日本案例的文章,可以参见 Stephen Vlastos ed., *Mirror of Modernity: Invented Traditions of Modern Japan*, University of California Press, 1998。亦见 Stephen Dodd, *Writing Home: Representations of the Native Place in Modern Japanese Literature*, Cambridge: Havard University Asia Center, 2004。

期期刊印刷业惊人扩张，表现为大批期刊样式、传统和实践的出现。对于个人叙述和私人信息的披露的需求增加，作家被鼓励去滔滔不绝地讲述所有可能的话题，运用个人化的叙述意味着以反思的、怀旧的姿态，唤起真实的内在自我。尤其值得注意的是文坛怀旧文体的子文体，借此东京作家发表了他们对于"文坛生涯"的集体观察。①

伴随着日本现代城市崛起，都市内部也发生着空间与精神层面的变化。从空间建设而言，新的国内建筑具有私密空间和"自己的房间"。从精神建设来看，新的家庭关系——核心家庭（nuclear family）和现代家庭婚姻关系开始扮演关键角色；几种旧的社会关系（如公社、数代同堂的大家庭、村镇）加速破裂。② 在国家支持（同时也是具有法律约束力）的数代同堂的大家庭和亲属关系之下存在一种张力：一个人对家庭的义务决定了他所背负的社会期望，而这与他个人雄心之间往往有着某种冲突，这也正是近代文学乐于表现的内容。

最后，我们也不能忽视在日本现代城市中移动方式的变化及其在文学（和艺术）中的表现。轨道交通的重要性，作为一种运输方式革命性地改变了都市空间之间的移动体验。文学作品中有很多对个人乘坐火车和电车的描述，与走路相对照，这种不同的经验是如何被表现的？当"现代经验"曾经和正在被机器化、程式化和定时化时，我们该如何对它进行理论化或概念化呢？③

---

① 代表性的著作是田山花袋的《东京三十年，1885~1915》，出版于1917年。
② 参见 Karatani Kôjin, *Origins of Modern Japanese Literature*, ed. Brett deBary, Durham: Duke University Press, 1993；亦见 Sand, Jordan. *House and Home in Modern Japan: Architecture, Domestic Space, and Bourgeois Culture, 1880-1930*, Cambridge: Harvard University Asia Center, 2005。
③ 有很多关于"火车文学"的例子。如田山花袋写于1907年的诡异恐怖故事《女孩观望者》。关于明治时期东京现代交通系统及其文学和传媒叙述的研究，参见 Alisa Freedman, *Tokyo in Transit: Japanese Culture on the Rails and Roads*, Stanford: Stanford University Press, 2011。

# 公共艺术与城市文化构建
## ——21世纪中国公共艺术生态考察

### 李 雷*

**摘要**：近30年来，中国在政治、经济、文化等方面的全方位改革与深度体制转型，推动了公共艺术及其文化观念在中国城市的出场及其长足发展，但与西方成熟的公共艺术理念和完善的生产机制相比，21世纪中国公共艺术在政治、资本、观念三重权力话语的重压之下，或难以与公共空间建立有效的情境性关系，或无法寻找到与城市文化相契合的理想路径，致使其"公共性"本体的时常缺席。中国的公共艺术建设势必是一项长期复杂的系统性工程，其落脚点并非是艺术本身，而是借此来改造广大民众固有的艺术观念与日常生活方式，培养其公民观念与主体意识，最终指向一个开放、自由、和谐与民主的公民社会。

**关键词**：城市化 公共艺术 公共空间中的艺术 公共性 城市文化

**Abstract**: In recent 30 years, China's all-round reforms in politics, economy and culture as well as its deep transformation in systems have promoted the appearance and development of public art and its cultural concept, but compared with western mutual public art concept and its perfect production mechanism, the new century China's public art can not establish a effective situational relationship with public space, or can not find out an

---

\* 李雷，中国艺术研究院《艺术评论》杂志社编辑，助理研究员。

ideal path compatible with the city culture under the great pressure from the three power discourse of politics, capital and concept, which causes a frequent absence of its public property. The construction of China's public art is bound to be a long complicated systematic project, whose foothold is not art itself, but aiming to transform the broad masses of people's inherent artistic concept and everyday lifestyle, to foster their concept of citizenship and subject consciousness, and to establish a civil society of open, free, democratic and harmonious.

**Keywords**: urbanization　public art　art in public space　public property　city culture

现代意义上的公共艺术（Public Art）概念于 20 世纪六七十年代才出现，其作为一种新型艺术形态和文化实践进入中国则是更晚近的事情。约在 20 世纪 90 年代初期，伴随着中国社会的逐步转型，政治民主化与经济市场化程度的日趋加强，公共艺术称谓与实践得以在中国的一些经济与文化较发达的大中型城市出现并传播。经过 20 年左右的发展与推广，公共艺术现已被广大社会公众所熟知和接受，并愈加为各地城市政府机构所倚重，而纳入城市公共空间美化与城市文化身份建构的主题之中，与中国龙骧虎步的城市化进程一道飞速发展，大有遍地开花、争奇斗艳之势。

## 一　中国公共艺术的出场

公共艺术作为一种城市特有的人文艺术景观，其在中国的蔚然成风，是与 21 世纪以来中国的城市化进程密不可分的。随着城市的发展和城市功能系统的逐步完善，城市空间被各种不同的建筑实体分隔而形成了诸如街道、广场、公园、社区、绿地等开放性空间体，城市居民在其间可平等出入、自由交往、举行各种合法集会活动，这些脱离了自然状态的、与公众生活密切相关的社会文化空间便是所谓的城市公共空间。不难发现，这种现代化和城市化的产物与哈贝马斯所谓的"公共领域"存有诸多重合之处。在哈贝马斯看来，"公共领域原则上向所有公民开放。公共领域的一部分由各种对话构成，在这些对话中，作为私人的人们来到一起，形成了公众。……当他们在非强制性的情况下处理普遍利益问题时，公民们作为一个群体来行动；因此，这种行动具有这样的保障，即他们可以自由地集合和组合，可以自由地表达和公开他们的意见"[1]。可见，城市公共空间，因其开放性和自由性，自然属于公共领域的范畴，而公众是否拥有就公共事务和普遍利益发表看法、交流意见的自由话语权与行动独立性，是判断公共领域是否成熟的关键准则，公共领域则可进一步被视为衡量社会政治文明与文化民主程度高低的重要标尺。如此一来，从政治层面上讲，城市公共空间建设绝非简单的城市物理空间的规划与设计，而是关乎社会政治与文化民主程度的彰显，关系到公民权利的保障与实施，亦是社会政治文明建设的重要组成部分。从城市自身来看，城市公共空间建设，属于城市文化软实力的范畴，直接关涉到城市的综合竞争力和大众的生活满意度，是城市文化建设必不可少的组成要素。因此，城市公共空间建设绝不可以停留于传统的填充与布置空间的单纯建筑学层面，而必须纳入更多的美学意味与文化内涵。

城市公共空间建设，首先指向空间的规划与营造，这基于对城市整体发展和长远规划的宏观了解以及对城市空间具体布局的全面掌握，切不可将其视为可有可无，或仅仅是建筑实体定位定型后的自然空白。城市公共空间被预留与营造之后便关涉到具体的空间充填、功能设计与美化装饰。其开放性和公共性，决定了其不同于普通的私人空间或封闭式公共场所，对其的开发与利用既要与城市文化品格相契合，又必须充分尊重公众的公共空间理念与情感意愿，满足当今公众休闲、娱乐、审美和健康的诗意生活需要。而综合了"公共"与"艺术"双重身份的公共艺术，恰巧可以通过艺术的手段来激发公众关于在公共空间中位置和角色的思考，调动公众以艺术的方式参与公共事务的热情，而且适应当下中国城市建设由硬件时代向软件时代过渡的转换需求。公共艺术在美化装点城市空间的同时，也能够提升城市的文化品位与精神内涵，故而越来越多地被纳入当今城市空间营构与城市文化建设系统之中，与城市自然景观、建筑实体、公共设施等物质性存在共同组成了多姿多彩的城市景观。

显然，中国不断加速的城市化进程需要亦带动了中国文化艺术的迅猛发展，并使其在与国际艺术潮流接轨对话的过程中实现了与生活相融合的

---

[1] 〔德〕哈贝马斯：《公共领域》，汪晖译，汪晖、陈燕谷主编《文化与公共性》，生活·读书·新知三联书店，1998，第127页。

日常生活化转向。城市空间的扩容与市场经济的发展助推了消费主义文化的勃兴，消费主义文化主宰下的商品交换原则使得包括艺术在内的各种物品皆被贴上商品的标签而进入市场自由流通领域，某种程度上，这不仅改变了传统的艺术本体概念，使得本雅明所谓的艺术"即时即地的原真性"彻底丧失，而且打破了过去艺术被权贵或精英独揽专享的现实，大大增加了公众接触艺术的机会。艺术本身"不再是单独的、孤立的现实，它进入了生产与再生产过程"，绘画进入了广告，建筑进入了工程技术，手工艺品与雕塑成了工业美术，艺术或审美元素被吸纳整合至日常的生活与生产之中，"因而一切事物，即使是日常事务或平庸现实，都可归于艺术之记号下，从而都可以是审美的"。[1] 同时，波普艺术、行为艺术、观念艺术等后现代主义艺术流派不断挑战人们的传统艺术观念——任何日常生活用品、事件甚或行为本身，皆有可能以审美的形式被呈现来并被划归到艺术序列。受此影响，艺术家们纷纷选择摒弃传统的架上绘画模式，积极介入日常生活本身和公共文化事务，突破个体的象牙塔垒筑而代之以群体的公共旨趣表达，弱化艺术的距离感和精英色彩的同时，增强艺术的现实感和世俗意味，如此便有效地消解了横亘于艺术与生活之间的鸿沟，拉近了艺术与公众之间的距离。无疑，艺术审美的日常生活化转向以及随之而来的公众接触、参与艺术可能性的大大增加和艺术鉴赏力的逐步提升，为公共艺术的生产与接受创设了良好的文化理论场域和群体心理基础。

公共艺术即是艺术家顺应城市化进程与后现代主义艺术思潮，自觉转变艺术观念，打破现代主义美学所标榜的纯粹性、形式性与精英性等原则，而试图将艺术世界与日常生活世界相结合的产物。他们走出审美自律性王国，介入社会生活领域，转向对社会事件、道德责任、环境保护、性别差异等公共性主题的表现。而且，除了艺术作品本身，以往常被忽视的艺术品所在空间场域亦成为艺术家关注和思考的对象，公共空间的形式、结构、面积等参数被纳入艺术创作之中，艺术的情境性及其与外在空间的和谐性与匹配性作为重要的艺术命题而得以凸显。以最常见的城市雕塑为例，在创作方面不再局限于理想化、英雄化的宏大叙事表达和抽象化、形式化的自我艺术理念探索，同时或者更多地转向世俗化、大众化的惯常生活内容呈现；在安置方面也有意弱化以往雕塑的崇高感和距离感，而尽量与市民

---

[1] 〔英〕费瑟斯通：《消费文化与后现代主义》，刘精明译，译林出版社，2000，第99页。

生活相融相合，增强亲切感及与公共空间的和谐性。回归生活，紧接"地气"，已成为当今公共艺术显在的创作诉求与价值取向。

21世纪以来，公共艺术及其文化观念在中国的长足发展是多方力量综合作用的结果。如果说，城市化进程的持续推进与艺术自身公共性诉求的增强是促使公共艺术勃兴的直接缘由和内在动力，那么自20世纪90年代初期以来形成并渐趋成熟的具有独立意识和公共意识的市民社会，则为公共艺术的发展提供了必不可少的宽松的外部文化空间。伴随着社会政治、经济和文化体制改革的深入，社会政治文化环境明显宽松，文化发展态势渐呈民主化和多样化，市民借助文化艺术参与社会公共事务的自由度得以显著提升。尤其是网络传媒时代的到来，令公众了解社会现实与文艺景况，获取艺术资料信息的渠道更加多元，为公众自由发表意见提供了开放性的平台，对公权力进行监督与批判的公民权利由此得以加强，同时也部分消解了政府机构和文化精英对于文化艺术的话语霸权，使得政治民主、平等对话和文化共享真正成为一种现实可能。基于当代市民社会切实的政治制度保障和民主文化氛围，公共艺术的合法性地位被广泛认可而得以顺利出场。

## 二　中国公共艺术的问题与症候

经过最近30多年来的高速发展，中国的现代化与城市化程度已逐步与西方发达国家相接轨，基本实现了由传统农业社会向现代工业社会的过渡与转型。但与西方漫长而有序的现代城市文明进程相比，30多年短暂的发展历程注定了中国在追赶和效法西方现代化、城市化的过程中难免存在跳跃式的"急躁冒进"倾向。具体到城市化建设层面，即过于注重城市的商业化水平与外在环境美化，内在的人文性与精神性建设相对滞后，对城市历史文化的传承与保护重视不足，甚至以牺牲历史文化遗存来换取现代化的城市开发与扩建。相应地在文化艺术层面上，为尽快实现文艺观念的传统变革与现代转换，某些中国文艺精英各取所需地对西方20世纪以来的各种哲学思想、美学观念和艺术流派随意标榜与借鉴，既忽略了西方文化艺术发展的整体历史脉络，也缺乏对诸种风格背后所蕴含的艺术理念与文化诉求的深度探究，由此而导致对某些艺术形态及其美学理念的理解存有部分偏差，包括公共艺术在内的众多后现代主义艺术形态即是在此种略显功利的文化心态之下被推介至中国的。

前已提及，公共艺术是在西方文化艺术后现代主义转向的整体场域中衍生的一种新型艺术形态，与波普艺术、行为艺术和环境艺术等后现代艺术形态一道旨在打破审美现代性所建构的高雅艺术与大众艺术、艺术世界与生活世界之间的壁垒，扭转艺术的纯形式化和极端抽象化等弊病而令艺术回归日常事物，与日常生活经验发生关联，并跳出艺术家自我营构的象牙塔而面向关乎人性与生存的公共性话题。萨拉·柯耐尔曾言，"20 世纪 60 年代初，现代建筑、抽象绘画与雕塑已变成像学院派那样的事物了，并且就像它们最初所取代的古典风格那样牢固地确立起来。现代风格已经证明，并且继续在证明着：它太容易被人模仿，弄得粗俗起来，它导致了生活环境的某种无人性和无个性的特点，在我们的城市里，则格外明显"。[①] 艺术的发展进步永远是在一种或多种风格的确立与更替过程中实现的，在此意义上讲，公共艺术可谓西方艺术风格演变链条上的有序一环，是城市文明进程与艺术历史发展的必然产物。

中国现代化起步的后发性及因此而造成的发展错位，导致中国由前现代向现代再到后现代的双重转变表现得过于急遽和不彻底，从而造成前现代、现代和后现代等多种文明形态并存的独特社会文明景观。仅就文化艺术领域而言，中国的艺术家们在尚未完全吸纳现代主义艺术观念之时，却又遭遇了后现代主义"艺术终结论"等反艺术观念的影响，他们在同一时空语境之下不断地进行着中国与西方、传统与现代、现代与后现代之间的观念转换和理论对话，中国的当代艺术便因此而呈现形式多样、风格混杂的复杂局面。以城市雕塑为例，在美国极少主义雕塑家卡尔·安德烈看来，西方雕塑经历了"作为形状的雕塑、作为结构的雕塑和作为地点的雕塑"三个重要阶段，这三个阶段恰巧可以分别对应古典雕塑、现代雕塑和后现代主义雕塑。进入 20 世纪 60 年代，雕塑创作不再以个人化风格与自律性"结构"或形式为要旨，而将"地点"或"场地"作为艺术本体，现代主义雕塑的历史便宣告终结，从此，雕塑告别架上走向架下，从室内走向室外，进入公共艺术时代。[②] 但在中国当下，此三种观念殊异、风格迥别的雕

---

① 〔美〕萨拉·柯耐尔：《西方美术风格演变史》，欧阳英、樊小明译，中国美术学院出版社，1992，第 218 页。
② 参见何桂彦《城市雕塑如何体现自身的公共性》，《美术观察》2013 年第 2 期。

塑形态能够巧妙地共存，甚至同一位艺术家可以在三种不同雕塑语言间自如转换，或服务于不同的功能需要，或服务于自我的艺术表达。此种有意或无意摒弃发生语境与深层诉求而仅专注于艺术本身的接受方式，自然对于艺术观念的革新和创作手法的丰富大有裨益，但也极易引发艺术创作上的技法崇拜与风格混乱，并助长艺术家的精英主义心态，这在某种程度上左右了中国当下的城市雕塑创作生态。

与西方发达国家在社会整体发展水平上的固有差距以及在推介与接受西方艺术时先入为主的"拿来主义"做派，注定了公共艺术置入中国都市语境之中被中国化的命运和被多重解读的可能。尤其是21世纪以来，随着中国各地城市化进程的加快以及打造城市特色文化的需要，与城市广场热、地标性建筑热相连，以城市雕塑为代表的公共艺术获得了前所未有的发展空间，于是，风格各异、形体不一的公共艺术品如雨后春笋般迅速占据了大大小小的城市公共空间。但近一两年内愈来愈多的质疑与批评声音逐渐暴露出中国公共艺术繁荣表象之下所存在的诸多问题。之所以如此，关键还在于西方公共艺术基本是城市管理者（政府部门）、投资者（开发商）、艺术家和公众四方协作、共同努力的结果，且以公共性作为其本体规定性，但在中国上述四方因各自不同的功能需要而对公共艺术的理解与认知远未达成一致，许多公共艺术所必需的公共性在不同形态的权力话语的介入、争夺与博弈中丧失殆尽。在笔者看来，中国当下的公共艺术创作大致存有如下三种权力话语。

第一，政治权力话语。一般而言，在公共空间中委托或设置艺术从一开始源于某种政治的需要，公共艺术的立项和公共工程的召集往往由作为权力机关的政府部门来承担。政府部门根据城市发展总体规划与美化公共空间的需要，确立公共艺术项目，然后以官方任命或公开招标的方式来选择合适的艺术家进行方案拟订与艺术创作。公众作为公共领域的享有者参与和监督方案的论证与工程的实施，政府则进行有效的监管和宏观的调控。即是说，在比较成熟完善的公共艺术生产机制之中，政府机关尽管在名义上是公众意见和利益的代表，担当公共艺术的召集人和社会资金的执行人，但亦只是公共领域的平等成员之一，无权将官方意志与权力人物的志趣好恶完全凌驾于公众之上，否则极易造成对公众权利的无视与剥夺。

由于公共艺术传入中国的时间比较短暂，在中国尚未确立成熟完善的公共艺术生产机制，加之中国传统的官本位思想根深蒂固，权力部门往往会根据现实需要，从项目的设立、艺术家的人选到方案的确定直接予以落实，而无意间忽视了公众的意见和要求，造成公众声音的缺席。在易英先生看来，更严重的是，"公共艺术在中国几乎已成为一种腐败，在由计划经济向市场经济艰难转型的过程中，权力垄断下的市场经济将公众财产变成权力寻租的对象，在经济模式的表象下是权力对公众权利的剥夺，公众不仅对于艺术没有意见交流的空间，对于购买艺术品（公共雕塑）的资金（纳税人的钱）也没有权利过问"。① 此种强势政治权力话语主导之下的公共艺术往往有以下两种弊病：其一，延续专制时代的艺术理念，强调政治纪念性与歌功颂德性，此种公共艺术大多蕴含浓重的政治隐喻色彩，体现官方意识形态与主流价值取向，被作为统治者的权力象征而存在，即所谓的"骑在马背上的英雄"。当然，随着社会的进步、权力的分化和权力监督机制的逐渐完善，此类艺术在中国当下已愈来愈少。其二，亦是当下较为普遍的，出于打造新型城市地标与城市文化形象的需要和招商引资的经济考量，许多政府公职人员将以公共艺术为代表的城市文化建设视为关系其政治前途的重要砝码，盲目跟风，对于诸多的质疑与反对之声置若罔闻；或者作为表现其单方面艺术志趣的工程游戏，从宏观的主题、风格到具体的材质、形制等皆依据其个人喜好来确定，使得公共艺术彻底沦落为某种政绩工程或形象工程。

第二，资本权力话语。公共艺术的工程资金来源除了政府的政策资金之外，大多数源自艺术基金会或企业的赞助和个人性捐助。但与西方相比，中国的公共艺术生产机制并不完善，不仅缺少名目繁多的艺术基金的支持，如果政府不出资的话，只得依赖于企业、公司或私人赞助，而且企业赞助艺术项目，政府并不为其免税。所以，中国的公共艺术项目，一旦企业或私人参与赞助，势必潜藏着某种资本权力话语，在创作时必须充分考虑赞助商的"资本利益"或"公司形象"，甚至唯赞助方的"马首是瞻"，否则企业或私人会认为无法得到预期的"回报"而选择退出。如此一来，艺术家的创作自由度和公众的集体意愿表达势必受到极大的限制，公共艺术作品也因掺杂了过多的资本元素和商业成分而导致公共性与艺术性的降低，表现明显的商业化和同质化趋向。

所谓"商业化"，即是指公共艺术作品已超出单纯的艺术品范畴，而成

---

① 易英：《公共艺术与公共性》，《美术观察》2004 年第 11 期。

为一种带有广告宣传意味或可供消费的文化商品。所谓"同质化",是指公共艺术作品在资本逻辑的统一改造之下,丧失了其本应有的地域文化特色和艺术家个人风格,而表现得犹如同一生产线制作的批量化商品。近年来,各地的房地产商为标榜浪漫舒适的西方生活品质,刻意营造居民社区的欧式风情和艺术格调,而在社区公共空间创设的众多庸俗而雷同的西式古典雕塑,即是资本权力话语支配下的公共艺术败笔。

第三,观念权力话语。公共艺术家是公共艺术方案的提供者与实施者,其在公共艺术创作过程中的重要性不言而喻,某种程度上,公共艺术家对于公共艺术的认知程度与创作能力直接决定了公共艺术的成败。因此,公共艺术项目中最关键的环节便是公共艺术家的选择。公共艺术家的选择,通常包括公开招标筛选论证和相关部门直接委托两种途径。目前国内以后者居多,尽管该途径简便易行,但也存在一些问题:首先,某些业余公共艺术设计者借助各种"关系"和渠道混迹其中,滥竽充数;其次,助长了某些艺术家的专家或精英主义心态。某些艺术家虽未有多少公共艺术的实践经验,但因获得政府部门的信任与授权,而在创作上表现强烈的自信与极度的自我。他们或是持守固有的创作理念,依然按照以往架上雕塑/室内雕塑的创作习惯,追求个人化的风格与自律性的观念表达;甚至直接以艺术精英自居,拒绝了解和聆听公众的心理意愿和审美需求,而完全按照自我的艺术理念和美学语言进行创作,以至于某些所谓的公共艺术作品与以往的博物馆艺术或室内雕塑等无异,充斥着艺术家个人艺术观念与美学主张的表达,带有强烈的精英化和个人化色彩,而与公共空间和公众生活无涉,造成了某种"视觉独裁"和"观念暴力"。

目前,这种漠视公众意愿的观念暴力在国内的公共艺术创作中不乏少数。某些作品固然包含着艺术家独特的美学风格与艺术思考,但一旦放置于公共空间且与公众的日常生活产生交集,其必然需对公众负责并接受公众的价值评判。例如,之前矗立在北京大学光华管理学院新楼门前的两尊雕塑《蒙古汉——站》与《刚柔之道——老子像》(后被移至苏州金鸡湖畔),如果单纯作为雕塑,它们可能恰如其创作者所言有其独特的创作立意,但其古怪的造型显然与其置身的高等学府校园文化氛围格格不入,其略显牵强的创作立意无形中更是构成对莘莘学子的观念暴力,某种程度上,其备受非议并最终被移除便是公众积极维护自身公共权益和对抗观念霸权的结果。

应该说，上述三种权力话语在中国当下的公共艺术创作中不同程度地存在着，各方为争取自身利益或自我声音的最大化而不断强化各自的主体意志，这势必构成对"他者"权益的侵犯与挤压，最终无论哪一方胜出，或未能有效平衡各方的权益，都将造成对"公共性"的破坏。于是，三种权力话语相互角力、博弈之下而创作的所谓公共艺术，便难以与公共空间建立有效的情境性关系，而缺少真正的"公共性"与"艺术性"。之所以如此，固然与中国尚未形成现代社会的"公共性"传统及其自觉意识有关，关键原因还在于社会上下对公共艺术的认知存在偏差或尚未达成统一，不了解公共艺术的公共性内核，故欲改善中国当下公共艺术创作的症候，必须对公共艺术的概念本体有更加清晰的认识与理解。

## 三 公共艺术≠公共空间中的艺术

尽管公共艺术进入中国文化语境已有30多年的历史，但国内关于公共艺术的概念界定似乎一直处于模糊不清的状态，这很大程度上源于未能完全厘清"公共艺术"与"公共空间中的艺术"的差异。当下，包括部分公共艺术创作者在内的许多人，皆误以为公共艺术就是"公共空间"和"艺术"的简单叠加，进而想当然地认为所有公共空间中的艺术便是公共艺术。但事实上，二者存在一定的差异，因此，对"公共空间中的艺术"（art in public space）与"公共艺术"（public art）加以界定区分便成为必要。

宽泛地讲，所有的"公共艺术"皆属于"公共空间中的艺术"，二者具有共同的公共空间属性和艺术属性。但严格来讲，"公共艺术"又并非简单意义上的"公共空间中的艺术"，除了公共空间属性外，"公共艺术"还有区别于"公共空间中的艺术"的许多要素。一般而言，艺术进入公共空间，便可以被称为"公共空间中的艺术"，但其远不能因此而被视为"公共艺术"，因为被置于公共空间仅是艺术迈向公共艺术行列的第一步，究竟能否晋级为公共艺术，必须接受公众的检验与认可。如单从所有权层面上来讲，"公共空间中的艺术"可谓临时性地置放于公共空间之中，其所有权仍属于艺术家。"公共艺术"则是长期甚至永久性被安置于公共空间之中，其所有权属于公共空间的集体拥有者——公众，尽管这种集体拥有权往往被代表公众利益的政府部门或权力机关来行使。所以说，"公共空间中的艺术"与传统的室内艺术或美术馆、博物馆艺术，除却生成或存放空间的差异外，并无本质的差异，艺术家可以完全按照自己的想法来进行艺术的探索与实验，并通过公共空间将个人艺术观念传达给公众，但这种传达纯属艺术家的主观个人行为，存在凌驾于公众审美意愿与艺术旨趣之上的潜在可能性。公众可以根据自身的功能与审美需要接纳该艺术品，亦完全可以直接拒绝它，甚至如果艺术品妨碍了公众的正常生活，侵害了其权益，公众可以法律途径来移除该作品。

1989年纽约联邦广场上被移走的雕塑"倾斜之拱"，即是公共艺术史上因未能实现由"公共空间中的艺术"向"公共艺术"成功转换而被移除的经典艺术案例。这件由著名雕塑家理查德·塞拉设计的作品，从其竖立于广场之日起便处于争论的旋涡之中，截至目前，关于其的解释与争论也一直在持续。塞拉一直在声称该雕塑是其一生中最重要的作品，并强调作品潜在的公共职能，"《倾斜之拱》的构建是在对话中与公众建立起密切关系，此对话可能在感觉与概念上加强整体广场与它的联系。……作品通过它的位置、高度、长度、横向和倾斜，站立在当地自然环境之中。观看者在广场上变得意识到他自己、他的环境和他的运动"。[①] 固然，塞拉的创作初衷考虑到了公众与广场、公众与艺术品之间的关联，但终因作品过多的现代主义和精英主义色彩构成了对公共空间、城市公众的漠视而被拆除。

由此经典案例反观当下的很多所谓的"公共艺术"，事实上皆属于临时性的"公共空间中的艺术"范畴，尽管此类艺术存在于开放性的物理空间之中，并可能获得了某种资金的支持，亦得到了权力机关的认可，但其仍是艺术家的个人行为，并非真正意义上的"公共艺术"，究其原因关键在于其缺乏"公共艺术"的本体规定性——公共性。

尽管"公"与"私"的概念区分和事实对立自古便已存在，但相较于古希腊时期的民主政治与有限的公共自由（仅针对特定的阶级或阶层），普遍意义上的民主与公共性应是现代市民社会的产物。根据哈贝马斯的理解，公共性是公众在公共领域中自由交流和开放性对话的过程，是一种就公共事务平等表达个体意见的公共权力机制，其体现了现代民主社会对每一社会个体独立的政治、经济、文化、审美等权利的肯定和尊重，也体现了公

---

[①] Richard Serra, "testimony in *Public Art*," *Public Controversy: The "Tilted Arc" on Trial*, ed. Sherrill Jordan et al., New York, 1987, p. 148；转引自李建盛《公共艺术与城市文化》，北京大学出版社，2012，第303~304页。

众对公共领域自觉的权利要求和主动参与意愿,是现代社会民主与文明程度发展进步到一定阶段后的产物。[①] 即是说,公共性存在于当代社会任何一个因普遍性利益而集合的政治、经济、宗教、艺术等公共领域之中,彰显的是一种平等对话与自由协商的公共精神。具体到艺术的公共性,则可从以下两个层面来加以简单理解:

从艺术创作层面讲,区别于以往从政治性功能需要或"为艺术而艺术"纯粹审美诉求出发的艺术创作,艺术的公共性强调公众艺术意愿的平等表达。公众不再仅仅是被动的艺术接受者,而可以参与到从策划到立案再到实施的整个艺术创作过程,其艺术观念和审美旨趣将得到充分的尊重。不仅如此,一旦该艺术方案与绝大多数公众的意愿相违背,公众有权对其进行否决。由此而生的艺术品便不再仅是国家权力的象征或艺术家个人的"作品",而是综合各方需要、彰显公共精神与多元价值的公共艺术。

从艺术接受层面讲,与局限于皇宫府邸、私人宅院或艺术沙龙等多少带有私密性的接受空间不同,艺术的公共性拒绝权力阶层或精英贵族对于艺术接受和审美鉴赏的垄断,而诉诸艺术的开放性和共享性,力求接续被审美自律性逻辑割断的艺术与生活本然关联,旨在重建公众与艺术间的审美对话关系。这种公共性最直接的表征便是艺术"下架",走出美术馆、博物馆,进入开放性公共空间,以各种艺术语言与形式表现公众日常生活与公共文化现实的同时,与公众形成高度紧密的互动关系,而且艺术的所有权归属公众,为公众所共享和共有。

所以说,被放置于开放性的公共空间之中,仅是艺术成为"公共艺术"的前提条件,决定其是否是"公共艺术"的关键质素在于"公共性",只有具备了公共性的公共空间艺术才是真正的公共艺术,否则便只是徒有其表的"公共空间中的艺术"。

## 四 公共艺术与城市文化的契合

明确公共艺术的本体规定性及其与"公共空间中的艺术"的差别,仅为改善当下公共艺术创作增添了极大的可能性,欲让公共艺术充分彰显其

---

[①] 参见〔德〕哈贝马斯《公共领域》,汪晖译,汪晖、陈燕谷主编《文化与公共性》,第125~127页。

公共性并在公众生活中发挥尽可能充分的功能，除要求与所在的公共物理空间相吻合与匹配外，还必须与所在城市的整体美学风格与地域文化氛围保持统一。简言之，与所在的城市文化相契合。

世界城市化进程日渐表明，城市人口的密集程度、商业化水平以及GDP等显性指标不再是衡量城市发达与否的唯一标准，城市的人文内涵与文化品格等隐性质素愈加成为评价城市的关键性依据。文化被视为城市的生命和灵魂、城市的核心竞争力以及城市可持续发展的战略重心，继生产建设、公共设施建设之后，城市文化建设便被视为城市建设的重中之重。城市文化建设旨在将视角从以物为中心向以人为中心转变，将"文化城市"作为城市建设的未来理念，努力营造充满人文精神和人文关怀的城市空间，从而让生活更美好，实现诗意的栖居！而公共艺术作为彰显城市文化与精神面貌的直观载体、装点与美化城市空间的必需工具、保存城市记忆与提升城市品质的重要途径，正越来越多地参与到城市文化建设之中，发挥着不可估量的重要作用。

既然公共艺术被普遍视为城市文化建设的重要组成部分，并被形象地称为"城市家具"，理想的公共艺术必然是城市文化与城市精神的载体，既能承续城市的历史与传统，实现对历史记忆与城市文脉的留存，又能体现城市当下的风貌与精神，切中城市的发展脉搏与未来走向，保持与城市文化的完美契合。进而言之，欲创作理想的公共艺术，必须充分了解与把握所在的城市文化。如果对于所在城市的历史传统、地域风俗、人文风貌、内在品格等缺乏基本的了解，势必造成创作中的文化偏差以及作品的"水土不服"，而这种状况在中国当下的公共艺术创作中可谓比比皆是。

其一，雷同化创作。每个城市皆有其文化个性和特色，这便注定了每个城市与众不同的城市形象与气质，这种独特的形象与气质，根植于城市所在区域的文化基因之中，与城市所在区域的人文环境、生态环境等息息相关，是任何其他城市所不可替代的，于是便有了"风之城"芝加哥、"汽车城"底特律、"泉城"济南和"瓷都"景德镇等独一无二的城市命名。所以，契合城市文化的公共艺术理应是属于某个城市的独特唯一性作品，带有所在城市文化的鲜明符号印记，但与近年来中国城市文化建设"千城一面"弊病相伴而生的便是中国目前公共艺术创作的雷同化趋向。许多公共艺术虽看似符合该城市的文化特色，但又与其他城市文化并无违和之感，例如，早些年遍布大小城市的代表希望与光明未来的不锈钢球，近年来在各地文化街上出现的与真人同等大小的穿长袍马褂、戴瓜皮帽的明清或民国人物黄铜雕像，文化广场上的欧式座椅与喷泉雕塑等，大多是急功近利的浮躁心理驱使下的跟风之作，毫无文化创意与城市特色。

其二，浅表化创作。城市文化的形成绝非一朝一夕之功，而需经过漫长的时间沉淀和广泛的群体认同，同样的，城市文化的表现也并非某些简单的符号或元素便可实现，而必须深谙城市历史与当下，洞察城市外在与内里方有可能达成。唯其如此，许多公共艺术往往流于城市文化的浅表化表达，仅仅是对城市文化象征符号或代表元素的简单堆砌，而缺乏历史的厚重与思想的深度，给人的印象只是点缀城市公共空间的文化快餐而已，而且大多数公共艺术充斥着大同小异的城市文化符号，难免给人平庸和流俗之感。很多城市的公共艺术作品并不少，但真正有代表性且令人印象深刻的乏善可陈。

其三，丑陋化创作。公共艺术以艺术的形式置入城市公共空间，介入公众的日常生活，不仅营造着新的城市文化空间与环境景观，也在影响和塑造着公众的审美趣味。优秀的公共艺术美化城市空间环境的同时，也带给公众审美的愉悦享受。但目前国内出现了许多造型丑陋的所谓"公共艺术"，以乌鲁木齐"飞天"雕塑、"永川章子怡"雕塑等为代表的"2012年全国十大丑陋雕塑"，它们的造型或颇为怪异或过于庞大或趋于恶俗，公众观之非但没有丝毫的审美愉悦，反而产生了巨大的心理不适感与压迫感。这些作品既和外在的物理空间难以匹配，又与当地城市文化脉络相互断裂，基本无法代表所在城市的历史与文化精神，难免被公众视为对市容市貌的破坏和对城市形象的贬损。

可以说，上述三种创作弊病皆是与所在城市文化脱节乃至背离的结果。优秀的公共艺术项目绝不可以仅停留于对所在空间环境的美化或装扮，而应把"艺术点缀环境"延伸到"艺术营构新的公共环境空间，创造新的城市文化空间"的高度，拉近与公众之间的心理距离，激活公众参与文艺创造和鉴赏的主体性意识，唤醒集体的城市情感记忆，并在此过程中获得审美愉悦和文化认同感。如果说公共性是公共艺术的社会性的必备质素的话，那么，与城市文化的契合，则是公共艺术的艺术性的根本保证。只有社会性与艺术性兼备的公共艺术，才是真正美的公共艺术，是经得起时间检验的公共艺术。

## 五　结语

　　总之，在健康完善的公共艺术生产机制之下，公共艺术绝非单一化的个人行为，而是多方协作、共同努力的结果，体现的是公众集体的文化与审美意愿表达；公共艺术也绝非简单化的艺术创作，亦是一种城市文化建设和政治文明建设。公共艺术的发展水平反映着社会文化艺术的开放性与共享性程度，也体现着城市发展的形象气质与文化品位，更反映和检验着社会的政治文明和文化文明程度，是社会总体发展水平及其内在凝聚力与和谐度的外层文化体现。在此意义上说，公共艺术可谓是检验社会艺术民主程度的试金石，亦是彰显城市文化建设成效的晴雨表，这意味着中国的公共艺术建设必然是一项长期复杂的系统性工程。因为，必须明确的是，公共艺术的落脚点并非是艺术本身，而是借助这种独特艺术形态及其文化精神，改造广大民众的固有艺术观念与日常生活方式，培养其公民意识与主体自觉性，最终指向一个开放的、自由的、和谐的和民主的公民社会。

## 专题二
# 创伤记忆与文化表征

# 编者按

20世纪是一个充满苦难的世纪，人类不仅经历了两次世界大战的洗礼，而且还与各种局部战争及其他天灾人祸相伴而行。有数据显示，在20世纪发生的373次武装冲突和局部战争中，共有超过1亿人死亡。在这种背景下，如何书写人类的灾难历史就成为一个非常重要的问题，它不仅关乎历史，而且关乎未来。与西方相比，中国在近代以来遭受的苦难有过之而无不及，然而长期以来，中国的创伤记忆书写一直受到有意或无意的抑制，它常常让位于另一种被认为更富激励性的历史书写模式，即英雄主义叙事。职是之故，无论是创伤记忆研究，还是创伤记忆书写，中国都没有取得与自己灾难深重的历史相称的成绩。为此，《文化研究》关注的核心话题之一即为创伤记忆问题，截至目前已经组织了几个研究专题，以期推动国内创伤记忆研究的发展。在本刊主编陶东风教授等人的推动和组织下，2013年5月27日至28日，首都师范大学文学院三个北京市重点学科（中国现当代文学、文学理论、比较文学与世界文学）联合举办了"创伤记忆与文化表征：文学如何书写历史"国际学术研讨会，本次会议共收到80多篇参会论文，本专题内的大部分文章都是从中选取的。

宋伟的《事件化：哲学反思与历史叙事》一文分析了20世纪创伤记忆研究兴起的学理背景，即事件哲学的转向。文章认为，伴随着当代西方文化思想的转换，"事件化"的思维方式逐渐激发起思想家的兴趣，事件哲学因而成为理论和知识建构的当代形态。从政治视域看，事件哲学力图重启批判理论的政治学实践，以取代价值中立和知识论立场。在20世纪的诸多历史事件中，最具症候意义的两个事件分别是"奥斯维辛"和"古拉格群岛",对它们的分析和诊断,意味着对18世纪以来建立起的现代性的分析与诊断。可以说,这篇文章对创伤记忆研究的理论依据和现实意义进行了深刻的阐发。

以下的三篇文章分别聚焦于抗日战争、上山下乡运动和纳粹大屠杀,分析了文学艺术作品在书写创伤记忆过程中呈现的症候和问题。钱坤的《后国家和前国家时代的纪念与忘却——近年华语电影对抗日战争的描绘》以近几年出现的三部电影文本为例,分析了抗日战争这一创伤记忆在海峡两岸的不同呈现方式:在大陆,《南京!南京!》和《金陵十三钗》都脱离了原有的民族国家叙事,呈现后国家时代普世化的人文视野;而在台湾,《赛德克·巴莱》既认可了现代化也歌颂了原住民的反抗精神,这种内在的逻辑矛盾反映了前国家时代台湾人身份认同的困惑与焦虑。梁丽芳是知青文学研究的专家,她在《知青文学的一个盲点:论知青小说中红卫兵经历的处理》一文中敏锐地提出了一个问题:无论是知青文学作家还是其笔下的知青主人公,在上山下乡之前都不同程度地参与了红卫兵运动,然而,知青小说对红卫兵经历的描述却是零星散碎的,甚至是完全空白的。作者认为,造成这种现象的原因很复杂,其中最为关键的一点是,"文革"后对红卫兵运动的负面历史评价,使得参与者(从打砸抢到尾随者)羞于启齿、千言万语欲说还休。这也生动地印证了对集体记忆的书写是有选择性的。钟志清的《"艾赫曼审判"之后:1960年代以色列本土作家的大屠杀书写》一文提出,"艾赫曼审判"是以色列社会重新建构大屠杀集体记忆的一个转折点。由于建国之后的国家政治话语总在宣传大屠杀中的英雄主义,年轻人认为犹太人在大屠杀期间并非是遭屠戮的羔羊。然而在审判中,大多数证人都是在日复一日的恐惧和屈辱中幸存下来的普通犹太人。这使以色列年青一代意识到,犹太人在大屠杀中并没有像在以色列"独立战争"中那样取得以少胜多的胜利,而是像"遭屠宰的羔羊"一样被送进焚尸炉。这种集体记忆的转变也影响了文学书写,唤起了作家对历史浩劫与民族创伤的重新反思。这一案例在印证了集体记忆的建构性的同时,也向我们揭示了国家意志在集体记忆塑造中的重要作用。

文学可以书写历史,但这种书写不是一种实录,而是少不了各种文学技巧和修辞的参与。因此,在对这类作品进行分析时,我们应该进入文学作品内部,注意分析作品的语言、叙事、结构等形式特征。就此来说,裴尼柯的《"由侧面切入":历史创伤与叙事模式》一文做出了可贵的尝试。

作者从卡尔维诺的理论中得到启发：文学在书写历史，尤其是伟大的、创伤性的历史事件时，不适合以直接的叙述方式去面对，而应该"由侧面切入"。在卡尔维诺看来，儿童视角能够更好、更自然地表达人们对创伤历史的一种态度。不管是卡尔维诺本人，还是中国作家莫言、苏童和王朔等都经常采用儿童视角。不同的是，卡尔维诺为了和创伤保持距离而经常采用第三人称叙事，而中国作家为了不同的表达目的则更常采用第一人称叙事。在我们看来，从叙事角度对创伤记忆书写进行研究，在中国是一个有待掘进的方向。陈全黎的《文化创伤与记忆伦理》一文则关注了另一个常常被忽视的理论问题，即记忆伦理学问题。正如作者所说：对于同样的过去，不同的人、不同的时代有不同的记忆，我们究竟应该聆听谁的声音？我们应该记住怎样的过去？要对这些问题做出回答，就必须引入记忆伦理学的研究视角。与创伤建构理论不同，记忆伦理学主要关注的不是集体记忆的选择性和创伤记忆的再现过程，而是记忆主体的道德立场、评判标准以及记忆实践的伦理内涵。显然，对于中国的创伤记忆研究来说，这些问题都是亟待厘清的。

# 事件化：哲学反思与历史叙事

宋 伟[*]

**摘要**：伴随着当代西方文化思想的转换，在传统形而上学被不断瓦解和后形而上学理论重组重构的过程中，"事件化"的思维方式逐渐激发起思想家的理论兴趣，一种关于事件的哲学思考逐渐进入当代的理论视域，"事件哲学"因而成为理论和知识建构的当代形态。从哲学视域看，事件哲学试图给出哲学反思的"本体论承诺"，以取代先验本体论的形而上学谵妄；从历史视域看，事件哲学探寻重建时间维度的历史学记忆，以取代历史决定论的线性规律；从政治视域看，事件哲学力图重启批判理论的政治学实践，以取代价值中立的知识论立场。作为在20世纪诸多重大历史事件背景中兴起展开的一种新的理论视域，事件哲学是对奥斯威辛和古拉格群岛等具有症候意义的历史事件的诊断、反思与批判。事件哲学将以其另类别样的思考方式展示当代理论的价值取向与意义追求。

**关键词**：事件哲学 历史事件 后形而上学 奥斯维辛 古拉格群岛

**Abstract**：With the contemporary transition of western culture and ideology, "Eventualization," as a way of thinking, has been arousing thinker's theoretical interest in the disintegrating process of traditional metaphysics and the reconstructing and recomposing course of post-

---

[*] 宋伟，辽宁大学文学院、当代文化艺术研究中心教授；本文为辽宁省教育厅哲学社会科学重大基础理论研究课题："社会转型语境中的文学批评研究"的阶段性成果。

metaphysics. A philosophical introspection over "event" has emerged in the contemporary theoretical vision, and "event philosophy" has, in turn, become a present pattern of theory and knowledge construction. From a philosophical perspective, event philosophy intends to provide philosophical reflection with an "ontological commitment" to replace the metaphysics delirium of transcendental ontology. From a historical perspective, event philosophy seeks to reconstruct a historic memory in a time dimension to replace the linear law of historical determinism. From a political perspective, event philosophy attempts to reboot critical theory's political practice to replace the value free position in the theory of knowledge. As a new theoretical vision, expanded against the background of significant historical events in the $20^{th}$ century, event philosophy is a diagnosis, a reflection and a critique over symptomatically significant historical events such as "*Auschwitz*" and "*The Gulag Archipelago*". Event philosophy, in its unique thinking mode, exhibits the contemporary theory's value orientation and meaning searching.

**Keywords**: event philosophy    historical event    post-metaphysics    Auschwitz    the Gulag Archipelago

伴随着当代西方文化思想的转换，在传统形而上学被不断瓦解和后形而上学理论重组重构的过程中，"事件化"的思维方式逐渐激发起思想家的理论兴趣，一种关于事件的哲学思考逐渐进入当代的理论视域，"事件哲学"因而成为理论和知识建构的当代形态。值得进一步思考的是，事件哲学的兴起对于我们在后形而上学时代重构新的理论形态和知识谱系具有怎样的意义？从哲学视域看，事件哲学能否给出哲学反思的"本体论承诺"，以取代先验本体论的形而上学谵妄？从历史视域看，事件哲学能否重建时间维度的历史学记忆，以取代历史决定论的线性规律？从政治视域看，事件哲学能否重启批判理论的政治学实践，以取代价值中立的知识论立场？正如事件哲学的兴起对于当代文化思想依然是一个全新的议题一样，如何理解事件哲学对于重构当代理论形态和知识谱系的价值与意义，无疑也是一个意味深长的理论议题。

## 一 事件哲学与本体承诺

从哲学视域看，事件哲学试图给出哲学反思的"本体论承诺"，以取代先验本体论的形而上学谵妄。显而易见，作为一种新的理论形态或知识谱系，事件哲学是在反形而上学或后形而上学的当代哲学语境中兴起展开的。因此，如何在后形而上学的意义上理解事件哲学的本体论意义是一个关乎如何在事件哲学的理论基础上重构当代知识谱系的重要问题。作为一种后形而上学理论话语，我们应该在何种意义上理解事件哲学的哲学本体论地位，事件哲学在何种意义上可以实现取代传统本体论的任务，并给出当代意义上的本体论承诺，就成了一个需要思考的前提性理论问题。

一般来说，在西方思想传统中，哲学即是本体论或存在论，而本体论或存在论亦即形而上学，因而，无论是将事件作为一种哲学来确立，还是将哲学作为一个事件加以理解，事件哲学与本体论哲学之间应该处于一种怎样的关系，就成为不得不思考的问题。也许是难以摆脱本体论或存在论的哲学诱惑，在将事件提升为一种哲学的同时，也就意味着必须在"事件"与"本体"之间建立起这样或那样的关联，即如何在哲学层面上赋予事件以本体论的意涵。1988年，以左翼激进思想而著称的法国理论家巴迪欧发表了《存在与事件》，"巴迪欧关于事件的哲学本身无疑是法国哲学的重大事件之一。"[1]巴迪欧强调"我们的时代将被再现为思想的事件得以发生的时代"，[2]并认为事件哲学是当今时代对哲学提出的要求："哲学要保证思想毫不焦虑地接收和接受事件的戏剧性。……这样一种哲学就将是事件的哲学。这就是世界，当下的世界对哲学提出的要求。"[3]巴迪欧关于事件哲学的理论建构凸显了鲜明的本体论色调，他将"事件"嵌入"存在"（本体论）、"主体"（主体论）、"真理"（认识论）与"忠实"（伦理学）之中，对"存在"与"真理"进行事件化的全新阐释。作为嵌入存在论的楔子，事件使存在事件化，事件因而获得本体论的地位。从本体论层面说，存在的敞

---

[1] 〔英〕霍尔沃德：《一种新的主体哲学》，陈永国译，汪民安主编《生产》第三辑，广西师范大学出版社，2006，第216页。
[2] 陈永国主编《激进哲学：阿兰·巴丢读本》，北京大学出版社，2010，第114页；此书名中的"巴丢"即注①引文中的"巴迪欧"。
[3] 陈永国主编《激进哲学：阿兰·巴丢读本》，第134页。

开需要事件的增补,事件以一种特殊的或偶然意外的方式嵌入存在,"存在的事件性发生"导致现成既定的存在发生情势状况的突变。从主体论层面看,主体是实践行为建构的结果。在事件之前,主体是非存在,只有积极地介入事件之中,主体才能够经由事件而成为其主体,事件以其独特的降临方式宣告了主体的生成。事件化的过程即是主体化的过程。从认识论层面说,"每一个真理都是后事件的"。[①]"真理的起源是事件的秩序……如果没有事件的增补,就不会有真理"。[②] 从政治伦理层面说,忠实于事件并对之思考就是真理。事件的真理不仅关乎认识,同时也关乎政治伦理,真理只能由是否忠实于事件来确定,因而政治的最重要的功能就是忠实事件并为之命名。

巴迪欧的《存在与事件》会让人自然联想到海德格尔的《存在与时间》和萨特的《存在与虚无》,尽管巴迪欧标新立异地声称"回到柏拉图",似乎是反柏拉图主义的当代潮流的逆动,但他的事件哲学或哲学的事件化阐释已经无法返回柏拉图的本质主义源头。换言之,事件哲学的本体论证明,只有在后形而上学的框架内加以理解才是有效可行的。正如巴迪欧在追溯自己的理论资源时所言:"一方面对拉康、萨特和我自己,另一方面对海德格尔和德勒兹和利奥塔的某些方面……加以重新组合——对过去三十年来的哲学进行某种出乎意料的形式上的重新组合。"[③]虽然海德格尔与萨特的存在主义思想有着巨大的分歧,但其共通性在于运用现象学方法对西方传统本体论或存在论进行了颠覆性的解构。也就是说,经由海德格尔、萨特等存在主义思想家的开拓性探索,传统形而上学本体论正式进入其终结阶段。我们看到,虽然海德格尔的基础存在论构想依然潜伏游荡着本体论的幽灵,以至于人们指责他依然深陷于本体论的深渊而难以自拔,正如他指责萨特依然深陷于形而上学深渊而难以自拔一样。但不可否认的是,经由存在主义,经由海德格尔、萨特以及福柯、德里达、罗蒂等后形而上学思想家的挑战攻击,本体论或存在论问题已经被赋予有别于传统的崭新意涵。从此意义上说,巴迪欧的《存在与事件》是海德格尔与萨特颠覆传统形而上学

---

[①] 陈永国主编《激进哲学:阿兰·巴丢读本》,第123页。
[②] 陈永国主编《激进哲学:阿兰·巴丢读本》,第91~92页。
[③] 〔英〕霍尔沃德:《一种新的主体哲学》,陈永国译,汪民安主编《生产》第三辑,第224页。

本体论之后的再度出发。

众所周知，20世纪西方文化思想界对传统形而上学展开了持续不断的全方位攻击，颠覆瓦解了西方知识体系得以确立的基础性构件，传统哲学、传统理论或传统知识因而陷入危机并进入其终结阶段。在"拒斥形而上学"的当代哲学转向中，传统形而上学被指证为本质主义、基础主义、绝对主义、普遍主义、逻各斯中心主义和在场形而上学等，这些指证或批判，虽侧面不同、角度各异，但基本的趋势走向体现家族相似的谱系学特征，其理论旨趣的共同取向是对传统形而上学的颠覆，并宣告后形而上学时代的来临。然而，由于形而上学的颠覆瓦解导致传统知识体系得以确立的前提性基础被彻底掏空，以往所致力于破解的本体、本质、规律、基础、逻辑、绝对、必然、普遍等理论问题域被逐一删除遗弃，因而带来了理论的恐慌和知识的断裂。种种迹象似乎表明，理论恐慌和知识断裂所带来的直接后果是现实关怀意识的淡化、批判解构能力的退化和社会历史问题的遗忘。许多墨守成规或无所适从的人索性从理论的场域中逃逸出离，或者将自身锁闭在传统的知识牢笼里自得其乐；或者将思想放逐于理论的荒原上漂移游荡。

上述问题的出现是拒斥形而上学者们所始料未及的。因为，颠覆瓦解形而上学的直接理论诉求或明确理论目标是扭转传统知识形态对历史现实所做的先验理解，以改变先验形而上学将现存世界本体化、将事物存在本质化、将感性生命抽象化、将历史情势规律化、将批判反思概念化的理论弊端。超越传统哲学的知识论立场，超越传统形而上学的先验本体，哲学需要"回归事情本身""回归事件本身""回归生活世界"，因此，后形而上学不再是关于"事物"之"事实"的实体本体论证明，而是一种关于"事情"或"事件"之"意义"的本体论承诺。因为，事物是既定或给定的僵固世界，而事情总是人之事情，事件总是人之事件，面向"事情本身"、面向"事件本身"、面向"生活世界"、面向"此在人生"，事件哲学的生存论意蕴因而得以敞开。也就是说，后形而上学之理论诉求是摆脱形而上学的先验性，使理论反思回归此在世界、回归感性生命、回归实践场域、回归历史情势、回归生存境遇，以此建构一种全新的理论形态和知识谱系。

为了解开传统哲学与当代哲学在本体论问题上的理论纠缠，当代美国分析哲学家蒯因提出了"本体论承诺"的观点。在蒯因看来，无论是哪一种哲学都无法回避"本体论承诺"问题,即哲学总是要回答关于存在的根本性问题。但蒯因反对将本体论问题规定为传统意义上的形而上学本体论证明,反对先验化、抽象化和概念化的本体论独断,认为人们可以有不同的本体论态度或选择,以实现人类对于世界存在的意义关怀和价值承诺。因此,仅仅宣布传统形而上学本体论的终结,并未真正解决思想理论所面临的时代问题,依然需要询问世界存在的价值意义,依然需要某种意义上的本体论追问,即不断询问人及其存在的根本性问题。否则,人们只能伫立在虚无主义的荒原上而无所适从。其实,作为一种反形而上学或后形而上学的理论,事件哲学本来无须为自身的哲学身份进行本体论的证明。但是,置身于西方哲学传统之中,无论何种意义上的哲学似乎都不能不对其哲学身份予以本体论上的证明。这个问题虽然复杂,但或许也可以给出一个简单解决的思路,即此本体论非彼本体论——事件哲学的本体论意义与传统哲学的本体论意义是性质完全不同的两个问题,或者换个角度说,只有在反传统本体论的维度上,才可能真正理解事件哲学的当代理论意义。

## 二 事件哲学与历史叙事

从历史视域看,事件哲学探寻重建时间维度的历史学记忆,以取代历史决定论的线性规律。无论从何种意义上说,事件哲学都应该是一种历史语境化的哲学。作为后形而上学的思想方式,事件哲学凸显历史的事件化,并以此解构形而上学的历史观念。显而易见,传统形而上学的历史观建基于意识哲学、精神哲学和概念哲学的思维方式之上,历史因而获得抽象意义上的客观必然规律,而这种看似客观的历史必然规律实质上不过是概念逻辑的衍生物。

西方哲学史上,尼采开启了后现代叙事理论的先河。通过叙事与历史的分析,尼采拆穿了黑格尔所建立起来的历史理性的骗局,使藏匿在历史假面具背后的形而上学理性的真实面相暴露无遗。在尼采看来,经黑格尔绝对理性的逻辑设计,理性赋予历史以某种发展进程的目的,某种线性的因果关系,历史因而成为绝对理性通过历史实现自身运动的历史。尼采之后,后现代思想家对形而上学历史观念发动了猛烈的攻击。在德里达看来,"历史一词无疑总是与一以贯之的在场相关"。德里达从历史的意义建构入手,辨析传统历史观念,指认"形而上学的历史概念"是一种在场的形而上学。在《立场》一书中，他提出："形而上学的历史概念……是历史作为意义历史的概念……是意义自身的发展、自身的生产、自身的实现的历史。它是线性的……直线的或环线的。……历史概念的形而上学特点不仅与线性相联系，而且与整个含义的系统相联系（包括目的论、末日论、提高和内在化的意义的收集、某种类型的传统性、某种连续性的概念、真理的概念，等等）。"[1]总之，从后形而上学视域看，拘禁于形而上学之中的历史观念，不过是理性叙述或制造出来的历史，不过是理性虚构某种目的的合理合法化叙事。这种由理性虚构的历史，往往以其客观历史规律的面貌充当历史的真实，致使历史成为理性的骗局，并常常以一种理性狡黠的方式戏弄人类的社会实践。

值得注意的是，德里达在解构历史时引入了事件哲学的思考方式，并尝试从事件哲学的视域出发重新阐释历史。德里达在谈到解构与历史、解构与事件的关系时指出，那种认为解构即是非历史、解构历史即是虚无历史的观点，实在是一种误解。"因为，从一开始，解构就不仅仅要求关注历史，而且从历史出发一部分一部分地对待一个事物。这样的解构，就是历史。……解构全然不是非历史的，而是别样地思考历史。解构是一种认为历史不可能没有事件的方式，也是我所说的'事件到来'的思考方式。"[2]德里达以当代思想家的切身经验，向人们道出了后现代主义解构历史、解构现代性的历史性内涵，同时也道出了现代性与后现代性问题提出的历史事件背景。也就是说，后形而上学所要解构的历史是理性虚构的意识形态化的历史叙事。这种解构，不是走向虚无历史，而是再度返回历史或重新置身历史。解构了理性虚构的历史之后，人们所面对的历史就应该是或只能是事件的历史或事件到来的历史。因为，"没有事件就没有历史和未来"。[3]

与德里达一样，福柯也将现代性问题的提出和回答，理解为一种哲学事件或事件哲学。福柯在《什么是启蒙运动？》一文中，将康德对于什么是启蒙的追问与回答，理解为一种哲学事件或事件哲学。他说："我们在康德的文章里看出作为哲学事件的现在问题产生了，哲学事件是谈论现在问题的哲学家的。……作为事件的哲学向现实性提问，作为事件，哲学应该论

---

[1] 〔美〕米勒：《重申解构主义》，郭英剑等译，中国社会科学出版社，1998，第41页。
[2] 《德里达中国讲演录》，杜小真等编译，中央编译出版社，2003，第68页。
[3] 《德里达中国讲演录》，杜小真等编译，第69页。

述它的意义、价值与哲学的特殊性,并且它要在这种现实性中同时找到自身的存在理性和它所说的东西的基础。"①福柯如此看重康德这篇别具一格的短文,就在于此文透露出康德哲学与历史现实性的内在亲缘关系,而实现这种连接的关键就是作为事件的法国大革命。"什么是理性?""什么是我们?""什么是启蒙?""什么是革命?"所有的问题都是对法国大革命这一历史事件的事件哲学的反思。在福柯看来,事件哲学也是实践形式的哲学,同时也是历史性、现实性或当前性的哲学——即当前事件的本体论。如果说事件哲学是一种关乎历史性的哲学,那么,它与传统历史哲学处理历史的方式有何不同?对此,福柯在《方法问题》中以"事件化"和"脱事件化"予以区分。虽然事件哲学与历史哲学都需要面对和处理历史问题,但从"事件"的角度看,它们采取了两种截然不同的方式。受制于形而上学自明性的追求,传统哲学在历史性中预设了普遍必然的历史规律,历史学的任务被规定为在"脱事件化"的过程中抽象地给出历史的自明性知识。在福柯看来,"事件化"这个概念首先是对"自明性"的决裂。"自明性"标榜自己存在的理所当然和毋庸置疑性,它经常借助于"历史永恒性""历史必然性""历史普遍性"等理论神话,即以所谓宏大的历史叙事为自身存在的合理合法性辩护,丧失了对于历史现实切身性与事件性的关注。福柯指出:"由于历史学家们丧失了对于事件的兴趣与关注,使脱事件化成为一种解释历史的原则。这种脱事件化的研究方式,将分析对象归结为齐一的、必然的、不可避免的,最终成为外在于历史的机械论或现成结构。"②福柯所说的脱事件化的历史学家,亦即形而上学的历史学家,他们热衷于绝对真理的发现和绝对知识的建立,而事件化则意味着把所谓的绝对知识、普遍真理还原为一个个特殊的"事件"。脱事件化的历史也就是形而上学的历史,它将活生生的历史事件抽象为普遍的历史规律,历史成为凌驾于现实的抽象物,而现实反倒成为实现理性逻辑、普遍规律的无奈过程,因此,在形而上学的解释框架中,历史总是普遍化、总体化、目的论的历史。

后现代思想家为什么不断地质疑历史?并对历史理性保持如此高度的

---

① 〔法〕福柯:《什么是启蒙运动?》,于奇智译,《世界哲学》2005 年第 1 期。
② Michel Foucault, "Questions of Method: An Interview with Michel Foucault," In Burchell, Gordon, & Miller (Eds.), *The Foucault Effect: Studies in Governmental Rationality*, London: Harvester, 1991. P. 78.

警觉？了解其中的真相，并不是一句"历史虚无主义"就可以解决的。需要进一步思考的是，后现代思想家否弃或反对形而上学历史观念，是否意味着否弃了历史本身，走入一个无历史或超历史的历史虚无之境中呢？情形也许恰恰相反。正如弗朗索瓦·多斯在描述从结构主义到解构主义思潮嬗变时所说的那样："福柯哀悼历史。与整个结构主义一代人一道，他在追问，在西方文明这个摇篮里，理性是如何派生出纳粹主义和斯大林主义这样极权主义的？处在他与历史的关系的核心地带的就是这一创伤。这一创伤使他无法满足于各处表面的回答，他也总是兴致勃勃地探寻隐藏在启蒙宣言背后的野蛮征服，隐藏在自由背后的巨大禁锢，隐藏在平等背后的对肉体的奴役，隐藏在博爱背后的排斥。这是黑暗的历史景观，也是对现代性所做的批判。"[1]如此看来，解构历史，正是为了抵达历史，反对历史正是为了返回或置入历史。因为，所解构的历史是经过形而上学理性叙事编织出来的历史，是带着理性假面具的虚构历史，是为了建构某种秩序或达到某种目的而精心设计的历史。这种历史带着理性的假面具，成为历史舞台上的演绎者，它时常露出理性狡黠的微笑，诱惑人们进入形而上学所设计的历史叙事圈套。正如形而上学本体论是一种对于"存在的遮蔽"或"存在的遗忘"，形而上学的历史观念同样是一种历史的遮蔽，这种遮蔽，常常会让我们在进入历史的入口时，就已经开始了历史的遗忘。

如果说形而上学的历史时间是对历史的遮蔽，理性偏见的历史叙事已经让人们无法真实地面对历史。那么，在后形而上学时代，我们应该以怎样的方式进入历史或面对历史，进而体验历史、解读历史与反思历史呢？这是我们理解事件哲学的关键所在。答案似乎很简单，那就是直面历史本身。所谓直面历史就应该像托克维尔所说的那样，"将事件揉（糅）进思想，将历史哲学融入历史本身"[2]。历史本身意味着什么？历史本身就是事件，因为，历史总是事件的历史，事件构成历史本身。作为事件的历史才是鲜活的曾被体验或正被体验着的历史，离开或遗忘了事件，历史就只能成为形而上学理性抽象演绎的历史。

---

[1]〔法〕弗朗索瓦·多斯：《从结构到解构：法国20世纪思想主潮》下卷，季广茂译，中央编译出版社，2004，第341页。

[2]〔法〕托克维尔：《回忆录：1848年法国革命·序言》，周炽湛等译，上海人民出版社，2005，第14页。

## 三 事件哲学与政治创伤

从政治视域看，事件哲学力图重启批判理论的政治学实践，以取代价值中立的知识论立场。毋庸讳言，事件哲学的政治批判取向和立场是十分鲜明的。从某种意义上说，它所关注的事件无一不具有强烈的政治意味。福柯在强调"事件化"对传统形而上学自明性的破解时，道出了事件哲学的政治批判功能，对自明性的理论批判同样也是对现存性的政治批判："对自明性的破解，对我们的知识、我们的默许以及我们的实践建立其上的这些自明性的破解，是'事件化'的首要的理论—政治功能。"[①] 在福柯看来，任何理论话语的建立都不可能真正实现"脱事件化"或"去事件化"，所谓真理性的、自明性的、必然性的、普遍性的理论话语，不是对某些事件的阐释，便是对某些事件的遮蔽。因此，无论"事件化"还是"脱事件化"，其背后总是隐蔽着某种文化政治的内在诉求。值得注意的是，福柯在《什么是批判？》一文中，将启蒙、批判与事件化联系在一起，并对事件化进行了批判维度的阐释。福柯认为对待启蒙可以有两种分析程序，一是将它作为知识问题，追问其合法性；二是将它作为权力问题，考察其强制机制。因此，对于"什么是批判"的思考，"必须根据权力和事件化来处理问题，而不是根据知识和合法化来界定问题"。[②] 作为一种思想方式，作为一种态度立场，批判就是不被统治的艺术，而对于权力的考古学分析，必须在历史的事件化中加以审视。因为，事件化思考方式并不是一个关乎理论知识的纯形而上学的问题，而是一个富有政治意义的历史的、事件的和现实的问题。同样，巴迪欧也特别强调将事件政治的批判纳入事件哲学的视域中来思考。巴迪欧反思事件政治的旨归是寻求解放政治的可能性，他将政治事件界定为"衡量国家权力的固定标准的后事件体制"，也就是说，政治事件是制衡国家权力、突破现行体制的事件。"政治事件及其发起的真理规程的真实特点就在于，一个政治事件固定了那种出格，并用某个标准衡量国

---

[①] Michel Foucault, "Questions of Method: An Interview with Michel Foucault," In Burchell, Gordon, & Miller (Eds.), *The Foucault Effect: Studies in Governmental Rationality*, P. 78.

[②] 〔法〕福柯：《什么是批判？》，汪民安主编《福柯读本》，北京大学出版社，2010，第148页。

家的超级权力。它固定了国家的权力。因此,政治事件介入国家权力的主观错误。它画出环境状态的轮廓。它给它一个图形;它勾画它的权力;它衡量它。"①

那么,何种事件是必须纳入事件哲学视域中的重大政治事件呢?在20世纪诸多的历史事件中,我们或许可以选择两个最具症候意义的事件,作为进入事件哲学或事件政治问题的楔子,它们分别是"奥斯威辛"(Auschwitz)和"古拉格群岛"(the Gulag Archipelago)。② 奥斯威辛指证的是法西斯主义种族屠杀的全部罪行;古拉格群岛指证的是斯大林主义专制统治的极端恐怖。作为哲学事件、历史事件或政治事件,奥斯威辛集中营和古拉格群岛,不仅为我们理解现代性问题提供了切入历史的入口,同时也为我们理解后形而上学思想提供了真实的历史语境。作为20世纪最重要的历史事件,奥斯威辛集中营和古拉格群岛是20世纪思想家无法回避、无法绕开的重要议题。

阿多诺的"奥斯威辛之后"已成为当代西方思想史上一个极富象征意义的专门术语。奥斯威辛事件宣布了形而上学哲学的死亡,同时也构成了当代哲学的基本问题和首要问题。可以说,回避或者绕开奥斯威辛的当代思想是绝对无效的。也正因此,阿多诺在《否定辩证法》之"形而上学的沉思"一章中以"奥斯威辛之后"作为开篇的标题。阿多诺在奥斯威辛之后写下了那句振聋发聩的警世判言:"奥斯威辛之后写诗是野蛮的。"面对奥斯威辛大屠杀这一暴行,所有诗意化的美学乌托邦不仅是虚假的矫饰,而且很可能就是一种野蛮的共谋。阿多诺进一步指出,奥斯威辛事件所带来的不仅仅是美学层面的创痛,它更带来了生存论层面或本体论层面的创伤。从这个意义上甚至可以说:奥斯威辛之后活着是野蛮的。"在奥斯威辛之后你能否继续生活,特别是那种偶然地幸免于难的人、那种依法应被处死的人能否继续生活?……奥斯威辛之后的一切文化、包括对它的迫切的批判都是垃圾。……奥斯威辛之后,任何漂亮的空话,甚至神学的空话都失去了权力,除非它经历一场变化。……奥斯威辛证实纯粹同一性的哲学

---

① 陈永国主编《激进哲学:阿兰·巴丢读本》,第166页。
② 奥斯维辛,"二战"期间纳粹德国在波兰奥斯威辛镇建立的死亡集中营。古拉格群岛,出自前苏联作家索尔仁尼琴于1973年出版的一部长篇小说,古拉格是前苏联"国家劳动改造营总管理局"简称的译音,古拉格群岛意指前苏联的极权主义统治社会。

原理就是死亡。"① 奥斯威辛的死亡证明了文化的死亡、政治的死亡、哲学的死亡。奥斯威辛验证了这一事件之后的所有文化都可能是野蛮的文化，所有的历史都可能是野蛮的历史，所有的政治都可能是野蛮的政治。作为哲学事件，奥斯威辛用死亡奠定了存在论或生存论的事件哲学位置，瓦解了包括神学在内的西方传统形而上学的根基。

鲍曼在1989年出版了《现代性与大屠杀》，这部著作继承了阿多诺的批判理论精神，更为明确地向我们展示出奥斯威辛作为事件，如何形成了现代性与后现代性问题的基本题域。鲍曼指证大屠杀就是现代性本身所固有的必然结果。奥斯威辛大屠杀作为现代性之验证，证明了现代性的终结和死亡。鲍曼一再强调，我们必须从现代社会、现代文明的整体背景中反思奥斯威辛，因为，"大屠杀的经历包含着我们今天所处社会的一些至关重要的内容"，"只要现代性继续走下去，大屠杀就既不是异常现象，也不是一次功能失调"。② 也就是说，只要现代性没有终结，只要现代性一直持续发展下去，奥斯威辛作为事件就有可能再度发生甚或是正在发生。既然奥斯威辛不是一个异常的例外，那么，对奥斯威辛所进行的现代性诊断与反思，对于诊断反思20世纪的其他灾难性事件同样有效。因为，"正是人类手段不断增多的力量，以及人们不受限制地决定把这种力量应用于人为设计的秩序这两者之间的结合，才使得人类的残酷打上了独特的现代印记，而使得古拉格、奥斯威辛和广岛事件成为可能，甚或不可避免地会发生"。③ 1989年，《现代性与大屠杀》被授予欧洲阿马尔菲奖。鲍曼在获奖致辞中，再度强调对奥斯威辛进行现代性诊断与反思，同样适用于对20世纪诸多灾难性事件的诊断与反思："对于那些保守着古拉格秘密的人和那些秘密地准备轰炸广岛的人来说，如果他们去旁听审判奥斯威辛的刽子手的话，也不是一项轻松的任务。"④ 在鲍曼看来，对奥斯威辛、古拉格群岛与广岛核爆炸等事件的审判，即是对现代性的审判。现代性问题因此被纳入事件哲学的题域中，成为当代文化政治批判的重要议题。

福柯在谈及后现代的理论谱系时强调："在所有这些谱系中，最关键的是过去四十年来呈现为暴力、攻击性和荒谬性的权力的本质，它伴随着法

---

① 〔德〕阿多诺：《否定的辩证法》，张峰译，重庆出版社，1993，第362、368页。
② 〔英〕鲍曼：《现代性与大屠杀》，杨渝东等译，译林出版社，2002，第151页。
③ 〔英〕鲍曼：《现代性与大屠杀》，杨渝东等译，第283页。
④ 〔英〕鲍曼：《现代性与大屠杀》，杨渝东等译，第273页。

西斯主义的垮台和斯大林主义的衰微。我们必须问，这种权力究竟是什么？"[1] 福柯认为法西斯主义和斯大林主义是两个巨大的阴影，是这个时代的"黑暗的遗产"，因此，"对法西斯主义不进行分析是近三十年来重要的政治事件之一。"[2] 福柯之所以始终关注权力问题，揭示权力与知识之间的隐秘共谋关系，揭示权力无所不在的压迫机制，就是要探究法西斯主义（奥斯威辛）和斯大林主义（古拉格群岛）所形成的极权恐怖之根源究竟在哪里。[3] 正是这些事件构成福柯理论谱系的关键性问题域。在福柯看来，对法西斯主义的分析必须要以18世纪以来建立起来的现代性机制的诊断为背景。"纳粹实际上是从18世纪起建立的新权力机制发展的顶端。……法西斯主义直至那时也许在不为人知的维度上产生影响。而人们可以希望，或者合理地认为将不会再有这样的经历。因此这是一个特殊现象，但是不应否认，在很多点上，法西斯主义只不过是延续了一系列在西方政治和社会体系中已经存在的机制。毕竟，大政党的组织、警察机关的发展、压迫技术的存在（如劳动营），这一切已经都在自由西方社会中完全建立了，而法西斯主义不过是接受了这一切。"法西斯主义虽然"有其历史特殊性，但是它们不完全是独创的。法西斯主义利用和扩张了在其他大部分社会已经存在的机制。不仅限于此，而且，不管他们如何内在地疯狂，他们在很大程度上利用了我们的政治理性的观念和程序"。[4] 因而，对法西斯主义和斯大林主义的分析和诊断，意味着对18世纪以来建立起的现代性的分析与诊断。正是在这一现代性的分析与诊断过程中，后形而上学的理论题域才得以展开，正如福柯所说，不对法西斯主义与现代性的关系进行分析是当代最重要的政治事件之一。如此说来，站在后形而上学的事件哲学立场上，对现代历史进行诊断与反思也就是当代最重要的政治事件。在此意义上，可以说事件哲学的兴起是当代西方最重要的政治思想事件之一。

利奥塔也同样把奥斯威辛和古拉格群岛等历史事件视为现代性毁灭的症候事件。利奥塔在《历史的符号》一文中将这种具有哲学意义的症候事

---

[1] 包亚明主编《权力的眼睛》，上海人民出版社，1997，第223页。
[2] 〔法〕福柯：《必须保卫社会》，钱翰译，上海人民出版社，1999，第256页。
[3] 福柯曾使用"监狱群岛"这一概念，来分析社会权力统治，福柯说："我是借用索尔仁尼琴著作的标题来指一种政治性的群岛：一种惩罚系统采取了散布的形式，但是却覆盖了整个社会。"参见《权力的眼睛》，上海人民出版社，1997，第204页。
[4] 〔法〕福柯：《必须保卫社会》，钱翰译，第257页。

件称之为具有专名意义的事件,并认为这些具有专名意义的事件"为重新考虑我们时代的历史现实指示一个入口。……这些专名有如下显著属性:它们使现代历史或现代政治的评价悬而不决。阿多诺指出,奥斯威辛是个深渊,黑格尔思辨话语的哲学样式似乎湮没于这个深渊之中,因为'奥斯威辛'这个名称宣告了这种话语的前提已经无效:这一前提是,凡是现实的都是合理的,凡是合理的都是现实的。'1956年的布达佩斯'是另一个深渊,历史唯物主义话语样式消失于该深渊里,因为这个名称宣告了这种话语样式的前提已经无效,即一切无产者都是共产主义者,一切共产主义者都是无产者。1968年又是一个深渊,民主自由话语(共和主义对话)样式的前提已经无效,因为这个名称宣告这种话语样式的前提已经无效,即所有关于政治群体的一切都可以在代议制游戏规则之内得以表述。"[①] 利奥塔反复强调这一主题:"有几种形式的毁灭,几个象征着它们的名称。'奥斯威辛'可以被作为悲剧性地'未完成'的现代性的范式名称。"[②] 正是通过对具有专名意义的症候性历史事件的高度关切,利奥塔指出后现代性即是对现代性的重写,而重写现代性的关键就是对罪行的回忆、反思和揭秘。"'重写现代性'经常在这一意义上,在回忆的意义上被理解,似乎关键在于确定现代的组构引起的罪行、罪孽、灾难。"[③]

20世纪,人类经历了无数触目惊心的历史事件,这些触目惊心的事件造成了巨大的历史性创伤,并成为现代性的历史症候。事件历史的创伤令人惊悚地展示着现代性历史本身的种种病理症候。由此,现代性之诊断、反思与批判,即现代性问题,成为一个具有事件性、切身性的问题。我们强调现代性问题是一个事件性、切身性的问题意味着,"现代"作为历史,并不是客观历史进程的线性演绎,也不仅仅是文化类型的转型嬗变,更不是绝对理念的自我反思。"现代问题"带着切肤的痛苦、切身的体验和战栗的记忆,从事件历史血腥的模糊里睁开双眼,从事件历史的废墟中挣扎出来,从事件的历史中裸露出来。今天,虽然现代性问题似乎已成为一个具有高度涵盖性的理论问题,但问题背后的事件历史背景以及对这些事件历史的切肤痛苦的体验和记忆,依然是现代性问题提出的真实语境。没有切

---

[①] 汪民安主编《后现代性的哲学话语》,浙江人民出版社,2000,第284页。
[②] 包亚明主编《后现代性与公正游戏》,上海人民出版社,1997,第168页。
[③] 包亚明主编《后现代性与公正游戏》,第157页。

身性经验的思想何以可能？没有事件记忆的历史反思何以可能？遗忘了事件、遗忘了苦难记忆和经验的切身性、事件性，无疑就等于遗忘历史，而这也正是后形而上学质疑历史的内在真相之所在。

　　上述分析表明，作为反形而上学或后形而上学的思想方式，作为新的理论形态或知识谱系，作为在 20 世纪诸多重大历史事件背景中兴起展开的一种新的理论视域，事件哲学是对奥斯威辛和古拉格群岛等具有症候意义的历史事件的诊断、反思与批判。事件哲学将以其另类别样的思考方式展示当代理论的价值取向与意义追求。

# 后国家和前国家时代的纪念与忘却
## ——近年华语电影对抗日战争的描绘

钱 坤[*]

**摘要**：本文通过分析三部华语战争影片——《南京！南京！》《金陵十三钗》和《赛德克·巴莱》，来探讨全球化时代战争、创伤和民族国家叙事之间的复杂关系。虽然集体创伤是这三部电影不可忽略的表层主题，但由于对战争暴力的理性再现反映了当代战争电影对民族国家叙事的反思与重构，于是记忆成为一种有组织的忘记。具体来说，大陆导演对南京大屠杀的描绘彰显了后国家时代（post-national）超越狭隘民族主义情绪的人文关怀和道德救赎，而魏德圣的电影则体现前国家时代（pre-national）台湾人身份认同的困境。

**关键词**：后国家　前国家　战争电影　创伤　纪念与忘却

**Abstract**: This paper focuses on three Chinese-language war films: Lu Chuan's *City of Life and Death* (2009), Zhang Yimou's *Flowers of War* (2012), and Wei Desheng's *Warriors of the Rainbow: Seediq Bale* (2011), to discuss the complex relationship between war, trauma, and the narrative of nation-state. The author argues that, although collective trauma is the apparent common theme, all three films suggest remembering as a form of institutionalized forgetting, for the rational representation of violence appears to be the re-examination and reconstruction of the narrative of modern nation-state in contemporary mainland China and Taiwan. In particular, films from

---

[*] 钱坤，美国匹兹堡大学东亚语言文学系助理教授。

the mainland exhibit a sense of post-national humanism and redemption that transcends narrowly defined nationalism, while Wei's film presents a pre-national ambivalence stuck at the immanent struggle between identities in Taiwan.

**Keywords**: post-national  pre-national  war films  trauma  remembering and forgetting

最近几年，抗日战争题材在华语电影中屡次出现。姜文的《鬼子来了》（2000）、管虎的《斗牛》（2009）、陆川的《南京！南京！》（2009）以及张艺谋的《金陵十三钗》（2012）是其中值得关注的几部。而在台湾，新锐导演魏德圣也以《海角七号》（2007）和《赛德克·巴莱》（2011）间接或直接地反映日本的殖民统治对台湾社会的影响。战争、集体记忆与创伤似乎是这些电影所欲表现的共同主题。尤其是《南京！南京！》《金陵十三钗》和《赛德克·巴莱》分别再现了南京大屠杀和雾社事件惨烈的战争场景，重新揭开了半个多世纪前的历史疮疤。

本文拟通过分析这三部影片，来探讨在全球化时代，战争、创伤和民族国家叙事之间的复杂关系。笔者认为，虽然集体创伤是这三部电影不可忽略的表层主题，但由于战争电影与民族国家叙事之间不可分离的密切关系，创伤本身总是被不同的意识形态曲解切割、淡化削弱。于是记忆成为一种有组织的忘记，因为对战争暴力的理性再现反映了当代战争电影对民族国家叙事的反思与重构。具体来说，大陆导演对南京大屠杀的描绘彰显了后国家时代（post-national）超越狭隘民族主义情绪的人文关怀和道德救赎，而魏德圣的电影则体现前国家时代（pre-national）台湾人身份认同的困境。

## 一  创伤、战争与民族国家叙事

有战争就有死亡、破坏、家园被毁和失亲之痛，自然就有创伤。可是西方的创伤理论一开始只注意个人的心理创伤及其反应，很少把创伤与集体记忆联系起来。20世纪80年代以来，创伤理论从个人心理延展到社会历史领域，呈现普遍化的态势（universalization of trauma）。理论家们开始讨论整个人类现代历史实际上就是受创伤的历史，"二战"时期的欧洲大屠杀是最惨烈的经验。① 这种创伤的普遍化倾向把战争和苦难推上了集体记忆的前台，使创伤叙事与解读成为反映战争的最重要模式。好莱坞电影《猎鹿人》（*The Deer Hunter*，1978）、《全金属外壳》（*Full Metal Jacket*，1987）和《辛德勒的名单》（*Schindler's List*，1993）就是几个有名的例子。

然而，战争又往往与民族国家的建构有着不可分离的联系。作为一种社会政治现象，战争实践着对国家主权、民族身份以及领土边界的建构、巩固和重塑。尤其是战争电影，作为一种电影类型，它的产生和发展与现代民族国家的建立和整合几乎是同步的。如 Macia Landy 指出的，电影技术与现代战争技术的发展如影随形。② 一方面，电影的发明正处于帝国主义扩张和现代民族国家觉醒的时期，因而电影成为直接的宣传工具；另一方面，人们希望了解战争的需求也促进了电影的发展。电影技巧的逐步完善使导演可以有效地调动观众的参与情绪和认同感，因而战争电影成为民族国家叙事不可或缺的表现资源。实际上，由于不同国家战争经历的不同（战胜国与战败国、入侵者与自卫者等），战争电影是一种国家间差异最大的电影类型。不过有一点是相通的——战争电影常常被用来建构集体记忆，甚至改写历史。③

基于战争电影与民族国家叙事之间密不可分的联系，创伤叙述似乎与战争电影有一种矛盾紧张关系。因为创伤理论强调历史的断裂，这与民族国家叙事所要求的连续的、不断向前发展的、线性的历史观有冲突。根据创伤理论，幸存者时刻生活在受创情境中，记忆定格停滞，呈现一种居丧（mourning）状态，很难与周围事物的发展同步。因此有理论家声称，创伤是无法表现的。战争电影尽管可以表现战争的残酷与破坏力，却无法集中描写集体创伤。

具体到中国，战争电影也经历了很大转变，从拒绝创伤到反映创伤也走了很长一段路。20世纪五六十年代的抗日电影着力刻画尖锐的民族矛盾、残酷的战争场面，却很少描写人民的苦难。相反，这些战争电影（如《地

---

① Helmut Schmitz & Annette Seidel-Arpaci, "Introduction," in *Narratives of Trauma: Discourses of German Wartime Suffering in National and International Perspective*, (New York: Editions Rodopi, 2011), 7.
② Macia Landy, *Italian Film*, (Cambridge: Cambridge University Press, 2000), 34.
③ Barry Langford, *Film Genre: Hollywood and Beyond*, (Edinburgh: Edinburgh University Press, 2005), 108.

道战》《地雷战》《小兵张嘎》等）着重表现中国人民坚强不屈、大智大勇、团结抗敌的英雄气概。相比之下，日本士兵虽然残暴可恨，却并不可怕，反而有些愚蠢可笑。同时，在性别表征方面，男人、女人和儿童都被塑造成勇敢的斗士，不同性别、年龄、生理和心理上的差异被抹杀，恐惧、软弱、犹疑等常常与女性联系在一起的性格特征被削弱甚至忽略，取而代之的是英雄主义的阳刚之气。因而，战争、阳刚性（masculinity）和民族国家的建构在这些电影中被有机地结合在一起。在当时的历史条件下，这无疑对增强民族凝聚力、建设社会主义新中国有正面意义，可是历史的真相被掩盖了，战争留下的创伤和教训也没有得到应有的展现。正如 Gary Xu 所分析的，通过调动爱国主义、英雄主义情绪，20 世纪五六十年代的电影把抗日战争纳入线性的、持续发展的民族国家叙事，而暴力所带来的创伤却被忽略了。[1]

在这种背景下，不难理解，中国 20 世纪 80 年代以前的战争电影从未涉及南京大屠杀。不是公众已经忘记了这桩惨剧，而是民族国家叙事需要弱化这类苦难、耻辱以及增强责任感来巩固现有政权的合法性。南京，在中国人民的集体记忆中，集中了领土被践踏、姊妹被蹂躏、民族自尊心被阉割等融汇着愤怒、伤痛和羞辱的几重"生命不可承受之重"。对南京的回避反映了对创伤的回避，因为这与以阳刚性为显要特征的民族国家叙述格格不入。其结果是，中国媒体的沉默与日本政府的否认形成一种共谋关系，南京大屠杀在国际上很少有人知晓，以至于当华裔作家张纯如偶然听说此事时，称其为"被遗忘的大屠杀"。

20 世纪 80 年代后期以来，也许是受了国际上反映德国纳粹大屠杀和其他反战电影的影响，几部描写南京大屠杀的电影相继问世。虽然在国际上没有产生太大影响，但这些电影均脱离了以往的英雄主义叙事，而意在还原历史真相，迫使观众尤其是日本观众直面现实的残酷。1987 年，由罗贯群导演，翟乃社、陈道明主演的《屠城血证》首次披露了日军在南京犯下的罪行。影片围绕一个在国际安全区工作的中国医生、一位普通的南京摄影师和一位在中国受过教育的日本军官展开，突出描写日本军人的暴行和中国人民的苦难，

---

[1] Gary G. Xu, "Violence, Sixth Generation Filmmaking, and *Devils on the Doorstep*," In Xu, *Sinascape: Contemporary Chinese Cinema*, (Lanham, MD: Rowman and Littlefield, 2007), 25–46.

以及日本的军国主义意识形态如何把一个受过良好教育的青年变成杀人机器，陈道明扮演的日本军官亲手击毙了自己爱恋的中国女友。影片尤其揭露了日军试图蒙蔽世人的宣传手段——通过伪造中日军民友好的证据，同时封锁反映现实的影像资料，日本军人有意隐瞒事实真相，欺骗国内外有良知的人士。从影片的标题可以看出，《屠城血证》是针对日本右翼长期误导公众否认南京大屠杀的行为的，其结果是有效地激发了反日的民族主义情绪，固化了民族国家的叙事边界，而对创伤的描绘则不够深刻——人们看到的多是暴行的实施，而不是暴行的效果。1995年，另两部反映南京大屠杀的电影——《黑太阳》和《南京1937》与观众见面。同样，这两部电影把日军高层描写成疯狂的战争机器，而普通士兵则是毫无人性的衣冠禽兽。虽然普通市民的苦难得到更深入的表现，但影片依然侧重揭露军国主义制造的恐怖以及拷问战争责任，凸显中日两国对立的民族矛盾。[①]

进入21世纪，伴随着全球化的深入，尤其是张纯如的《南京暴行：被遗忘的大屠杀》出版以后，有关南京大屠杀的电影超越了中日两国的界限，表现的也不再是单纯的民族主义情绪。在海外，美国人 Bill Guttentag 和 Dan Sturman 导演的纪录片《南京》(Nanking, 2007)，Roger Spottiswoode 导演、中德奥联合出品的《黄石的孩子》(The Children of Huang Shi, 2008) 和 Florian Gallenberger 导演、中德法合作的影片《拉贝日记》(John Rabe, 2009) 相继问世，以西方人的视角再现那段历史。同时，在2009年和2012年，大陆导演陆川和张艺谋又同时把镜头对准了南京大屠杀。那么，他们的电影是如何处理战争与民族国家叙事之间的关系的？是否对集体记忆和创伤有了新的阐释？在战争电影里表现创伤到底有多少可能性？果然如理论家所说，创伤是无法表现的吗？

## 二 《南京！南京！》和《金陵十三钗》：
## 后国家时代的人文叙述

显然，《南京！南京！》和《金陵十三钗》都引入了国际视野。像纪录片《南京》和传记片《拉贝日记》一样，令国际友人在影片中扮演了举足

---

[①] 虽然影片《南京1937》集中描写了一个中日混合家庭的苦难，但正是这个家庭的苦难更深刻地揭露了日本军国主义制造的民族对立，激发了中国观众的反日爱国情绪。

轻重的角色。抗日战争不再是中日两国之间的局部战争，而是被放在第二次世界大战的大背景中，中国人民的苦难变成了所有参与和经历战争的人的苦难。拉贝先生被迫回国，临行前在南京市民面前长跪，为不能继续保护他们而含泪忏悔；美国人约翰也经历了灵魂的炼狱，为救助女孩子们殚精竭虑，甚至甘冒生命危险。在《南京！南京！》中，日本士兵角川正雄因为不能理解亲身经历的残酷而选择自杀；而《金陵十三钗》也描写了一位会弹钢琴、讲英语、彬彬有礼的日本军官长谷川，他的修养与其他日本兵的残暴形成鲜明对比。两部影片都宣扬人道主义精神，不仅赋予西方人以"拯救者"的角色，而且试图还原日本军人人性的一面，强调是战争使原本平凡善良的日本人变成了杀人不眨眼的禽兽，而日本民族不应该是仇恨的对象。

《南京！南京！》采用多视角叙事的方法，打破了以往黑白分明的道德框架。影片开始，一系列刻有1937年12月邮戳、从南京发出的英文明信片介绍了历史背景，暗示着西方叙述者的客观公正。然后，镜头切换到日本士兵角川茫然地向天仰望着刺眼的太阳，预示着他以后将被太阳的光辉——即天皇的扩张政策——灼伤（见图1）。最后出场的才是中国人。这种多视角的叙事需要观众不断调整自己的身份来认同影片里的人物，从而使观影经验趋于多样化。

图1 角川仰视刺眼的太阳

虽然影片的叙事结构不甚连贯，但还是大体遵循了国军守城、日军破城屠城泄欲、安全区内外女性的恐怖炼狱、拉贝被迫离开以及安全区解散等几个阶段。虽然死亡、毁灭、被污辱、被侵犯的阴影始终笼罩在南京市民的心头，但对中国市民创伤的描写并不是影片的全部。在这部电影里，日本士兵同样被刻画成有血有肉的人。他们是最普通不过的青年，闲暇时会在一起唱思乡的歌谣；在教会学校受过教育的角川甚至爱上了日本慰安妇百合子。影片表明，从某种程度上，他们都是战争的受害者。百合子贫病交加，终于被无休止的性虐待折磨致死，她的命运并不比其他被凌辱的中国女性好。同时，日本士兵虽然疯狂，却不乏同情心。下级军官伊田修在影片中坏事做尽，但是当唐先生的妻妹饱受欺凌、被迫为士兵表演戏曲时，他开枪打死了她，理由是"她那么漂亮，这样活着还不如死掉"。这种举动可以理解为源于要毁灭所有美丽事物的变态欲望，但也可以理解为他想为小妹保留一份做人的尊严。出于同样的原因，当姜老师被捉去，用英文请求角川杀死她时，角川拔枪结束了她的生命。影片结尾，角川实在无法解决自己的内心冲突。他释放了小豆子和幸存下来的国军士兵老赵，自己开枪自杀。

这样的描写无疑使日本士兵的形象人性化、多样化起来。正如陆川所说："我们过去更多的是在哭诉屠杀的事实，我们习惯于把日本兵塑造成魔鬼，中国人和日本人都被符号化了。但如果一直把他们当作妖魔去描述，一味去哭诉，世界上又有多少人会真正认同这种仇恨的情感？"陆川认为，要让世界认真思考南京大屠杀事件，就必须首先把日本人作为"人"来描述，这是必要的叙事策略。① 日本人既然具备了人性，原本邪恶的"他者"形象变得模糊，那么一个与之对立的"自己"必然也变得模糊。在影片中，中国人虽然是受害者，值得同情，但并不是完全无辜的。首先，是国军的形象欠佳。虽然以陆建雄为代表的国军士兵进行了英勇的抵抗，但影片开头无序的撤退场面，令人联想到早已撤离的中央政府以及指挥不力的国军部队。其次，唐先生为了保护自己的家人，主动做了汉奸。虽然他的努力都是徒劳的，最终失去了女儿和小妹，自己也丧了命，是一个值得同情的小人物，但他的形象显然与以往电影中的英雄或反面人物大相径庭。

---

① 陆川：《拍摄〈南京！南京！〉是一个去符号化的过程》，新华网，北京，2009年4月24日电；网络资源 http: //news. xinhuanet. com/newscenter/2009-04/25/content_ 11252706. htm。

由此可见，隐藏在黑白画面后的历史并不是非黑即白的，而是一个深浅不一的灰色地带。陆川选用黑白片来拍摄南京大屠杀，与姜文的《鬼子来了》一样，一方面试图复制战时遗留下来的影像资料，以塑造历史的真实感；另一方面，贯穿于整部影片的灰色模糊了民族种族间的界限，使战争带来的创伤具有超越民族国家的普遍意义。战争创伤不再仅仅是受害人的苦难，而是施害人与受害人共同承受的交织着罪咎、耻辱、否认与创痛的综合体。这与中国官方既定的有关南京大屠杀的二元对立的叙述是有出入的，它反映了后国家时代人道主义的视野。

与《南京！南京！》令人压抑的灰色调相反，张艺谋的《金陵十三钗》充溢着斑斓的色彩。透过教堂彩色的圆形玻璃窗，我们看到一个伪装成神父的美国殡仪师、一群教会学校的女学生、十四位风姿绰约的秦淮女子和一位英勇抗敌的国军士兵共同面对大屠杀制造的恐怖。然而，除了精彩特效营造的战争场面和偶尔几处画面表现日军暴行，日本军人的存在仅仅是背景。影片的主旨并不在于表现大屠杀的残酷与创伤，更不在于激发民族主义情绪。正如张艺谋所说："牢记历史是希望（人们）珍惜今天的和平，善良、救赎和爱是这部电影的主题。""故事的视角很独特，从十三个金陵风尘女子传奇性的角度切入，表达一个救赎的主题，反映了崇高的人道主义"，这是"用人类之善向人类之恶宣战"。[①]

的确，教堂这个地点的选择具有明显的象征意义。虽然教堂曾作为西方传教士文化殖民的证据而遭到中国人的反抗，在这部影片里，在日军武力肆无忌惮地践踏中国人生命和领土的时候，它却超越了民族、国家甚至文化的界限而具有普世价值。玻璃窗绚烂的色彩似乎象征着人性的光辉最终战胜了世间的邪恶。在这里，处女与妓女、酒鬼与神父，这些在平时对立冲突的身份在战争这种极端的环境下和谐统一。影片似乎想表明，当约翰穿起神父的袍子，当十三钗换上女学生的服装，他们经历了从外表到内心的质的转变（见图2）。他们勇敢地搭救了别人，同时也在灵魂上拯救了自己。然而，这种有宗教意味的诠释显然与南京大屠杀的创伤叙事格格不入。它代替了以往敌我分明的民族国家叙事，但有意识地把无辜的人们放入了既定的道德框架中。也就是说，所谓"救赎和爱"是单向的——妓女救处女合情合理，反之则不行。在这种道德框架下，人与人生命的价

---

[①] 《金陵十三钗》，百度百科：http://baike.baidu.com/view/1857725.htm。

值是不平等的。既然妓女的牺牲已经升华成了救赎，那么她们的经历便构不成创伤。她们的行为肯定了世俗的道德理想，从而妓女们，这些在社会道德之外的女人，重新被纳入以往的道德秩序中。观众在被十三钗的仗义之举感动之余，在对她们的绰约风姿和婉转歌喉恋恋不舍之后，终于可以满意离场。

图 2　约翰穿起神父的袍子试图阻止日本人的暴行

　　值得注意的是，两部电影都用了大量篇幅展现强奸及其带来的恐惧。在一些观众眼里，这是导演过度执着表现受伤的中国男性自尊心。在北京一次以创伤为主题的学术研讨会上，陈剑澜先生对两部电影中的强奸镜头表示异议，称导演过分耿耿于怀于日军得到的"那点儿快感"。① 笔者认为，问题不在于中国导演是否纠结于日本人取得的"快感"，而在于强奸的镜头所带来的视觉冲击力及其反映的力量对比。在战争中，强奸通常被视为战术的一种，是入侵者肆意侵害、羞辱、控制弱者、展示霸气的手段，其目的是逼迫被入侵政府早日投降就范。如前所述，民族国家叙事强调的是男权中心的阳刚之气，而女性的身体又往往与土地、祖国

---

① 陈剑澜先生的发言发表于"创伤记忆与文化表征：文学如何书写历史国际学术研讨会"，北京，2013 年 5 月 27~28 日。

等概念联系在一起。① 在战争中，无辜女性的身体被蹂躏等同于领土被占领，也即等同于对被入侵国所有男性的阉割。在某种程度上，尤其是在中国这样一个千百年来"重气节、轻生死"的文化氛围中，强奸比屠杀更具有震慑力和杀伤力。因此，张纯如以 *Rape of Nanking*（奸污南京）作为《南京暴行：被遗忘的大屠杀》的英文标题。中国观众不堪忍受强奸的镜头，恰恰是对阉割焦虑的压抑与抵制。而导演们敢于大胆表现强奸，则表明他们已超越了民族心理上的"自卑情结"（inferiority complex）。

另外，对强奸的充分再现也反映了导演揭露日军暴行的人性视角。评论家 Nicola Henry 指出，日军投降后，东京审判没有邀请一位女性受害者出庭作证，日军的暴行被定性为"反和平，反人类"，可其反人性的、对女性的侵害却被一带而过。这样的处理既反映了国际法对女性权益的忽视，也决定了这场战争被记忆的基调，即令所有女性受害者失语。② 虽然《南京！南京！》和《金陵十三钗》并未真正赋予女性以声音，但两部影片以女性的恐惧与羞辱（包括百合子的遭遇）再现了战争的残酷。这与近年来联合国关注女性权益的做法也是同步的。

在这两部影片中，汉奸的角色同样值得关注。唐先生和书娟的父亲孟先生一反以往电影中面目可憎的汉奸形象，变成两位值得同情的人物。他们都是以家庭为中心的男人，为了保护亲人，选择为日本人工作。虽然背负着"汉奸"的罪恶感和亲人的不理解（书娟视其父为耻辱），并最终难逃被日本人杀害的命运，他们却为保护亲人起到了关键的作用——唐先生最终送走了自己怀孕的妻子，而孟先生为约翰送来修车的工具和通行证，从而保证了女孩子们安全脱险。这样的描写不仅使"汉奸"的角色脱离了敌我分明的政治框架，而且"先家后国"的选择同时解构了以往战争电影中宏大的民族国家叙事。

简单来说，《南京！南京！》用黑白画面、多视角叙述等方式把南京大屠杀纳入了理性反思的反战模式，而《金陵十三钗》则用救赎的概念把集体创伤崇高化，使之回归既有道德秩序。对家庭和个人的关注，连同西方国际主义的视角，使两部影片脱离了原有的民族国家叙事，呈现后国家时代普世化的人文视野。

---

① 这一点，中国文学与俄罗斯文学相近。见 Jill Steans, "Revisionist Heroes and Dissident Heroines: Gender, Nation and War in Soviet Films of 'the Thaw'," *Global Society*, 24: 3, 2010, 403-404。
② Nicola Henry, *War and Rape: Law, Memory and Justice*, (London: Routledge, 2011).

## 三 《赛德克·巴莱》：前国家时代的身份认同困境

与南京大屠杀相似，雾社事件也很少在电影上得到表现。若不是魏德圣的《赛德克·巴莱》，多数大陆观众对此还一无所知。虽然自20世纪80年代以来，台湾学界开始关注对少数民族的讨论，但对"雾社事件"的不同诠释经常裹挟着政治诉求和政治利益，使"雾社事件"成为台湾各政治派别的一张牌。"少数民族"也成为"泛政治化"社会中各方可以善加利用的"符号"。①

这种"泛政治化"倾向，或者把"雾社事件"纳入中国人抗议殖民统治的民族国家叙事，或者使之成为少数民族自救抗争的历史依据。例如，台湾作家蓝博洲认为，"雾社事件"留给后人的最大遗产就是"莫那·鲁道精神"。1984年12月"台湾原住民权利促进会"成立，通过"莫那·鲁道精神不死"的号召，展开抗议人口贩卖与山地雏妓、抗议东埔乡滥挖祖坟等少数民族自救抗争运动。②这种"泛政治化"解读的结果，就是把雾社事件的记忆转变成有组织的忘记，因为赛德克族为此付出的代价和创伤被系统地忽略了。

魏德圣的《赛德克·巴莱》也许是还原历史真相的一种真诚的尝试。然而，由于徘徊于"自上而下"的民族国家叙事和"自下而上"的保护地域文化两种视角之间，魏德圣难免陷入身份认同的尴尬。

影片首先需要回答的问题是：莫那·鲁道是一位抗日民族英雄，还是野蛮未脱的部族领袖？魏德圣的回答是：两个都是。然而，民族英雄和部族首领这两个身份是有矛盾的。民族英雄需要有对民族国家——即中国——的认同，有反殖民、反侵略的现代意识；而部族首领则没有全局意识，只在意自己部落的利益，并为保存自己的领地和权威而战。从影片的描写来看，莫那·鲁道更属于第二种人。对他的既英雄化又野蛮化的描写，反映了魏德圣徘徊于两种身份之间，隐含着对现有民族国家叙事的抵触，

---

① 赵鹏：《雾社事件：一次抗日"出草"大行动》，《羊城晚报》2012年5月12日；见网络：http://www.ycwb.com/ePaper/ycwb/html/2012-05/12/content_1389240.htm。
② 赵鹏：《雾社事件：一次抗日"出草"大行动》，《羊城晚报》2012年5月12日；见网络：http://www.ycwb.com/ePaper/ycwb/html/2012-05/12/content_1389240.htm。

呈现当今台湾前国家时代身份认同的困境。

在赛德克语中，"赛德克"意思是"人"，"巴莱"是"真正的"，"赛德克·巴莱"就是"真正的人"的意思。显然，魏德圣是从赛德克人的角度出发，力图创作一部反映他们部族文化的史诗巨制。然而，影片中含有太多无法解决的对立冲突：文明与野蛮的冲突、殖民政策与民族独立的冲突、现代化与传统文化的冲突，以及暴力与和平的冲突。虽然日军野蛮残暴的殖民统治得到了充分展现，但赛德克人的生存状态仍未脱离原始阶段，很难被纳入现代文明的叙述框架。

魏德圣力图还原赛德克人的生活方式和信仰。在美丽的亚热带丛林里，赛德克人捕鱼游猎，与大自然和谐统一。然而，暴力与仇杀却是他们民族信仰的中心。"出草"（砍掉首级）这一野蛮行为是赛德克青年成为英雄以及死后跨过彩虹桥（进入天堂）的必要手段。观众可以想象，如果没有日本人，以莫那·鲁道为首的马赫坡社与铁木·瓦力斯为首的屯巴拉社依然会世代残杀，争夺死后的天堂牧场。事实上，日本人后来之所以很快平定起义，还是得力于铁木·瓦力斯的帮助。这种部落利益优先于民族利益的认识和行为，显然与现代民族国家想象格格不入。然而，在影片中，魏德圣极力把"出草"的习俗理性化、浪漫化。一方面，"出草"被视为赛德克人传统的一部分，这种原始英雄崇拜是赛德克人文化身份的根基；另一方面，"出草"习俗的被迫消失代表尚武精神的消亡，因此现代文明的到来从某种程度上扼杀了尚武的英雄主义。

事实上，魏德圣暗示：赛德克人的英雄主义与日本的武士精神如出一辙。在影片结尾，日本军官看到鲜红如血的樱花大发感慨：现在他明白了为什么这里的樱花更加灿烂，因为在日本已经消失的武士精神在赛德克人身上得以展现（见图3）。似乎人们在庆祝现代文明胜利的同时也应该哀悼原始尚武精神的消亡。

这种对原始文化的伤感悼念自然导致对暴力的浪漫化描写。在影片中，略带忧伤的音乐伴随着大部分惨烈的打斗场景，使残酷的杀戮成为对赛德克文化的赞歌和挽歌。当莫那·鲁道的父亲在部落"出草"中去世，当达多砍下日本警察吉村克己的头颅，当赛德克起义军无差别地屠杀小学校广场上的日本人，或者当赛德克勇士倒在日军的炮火袭击下，悲壮伤感的音乐总是适时响起，暴力的视觉震撼效果便随之减轻。

对暴力的抒情化表达自然有助于突出赛德克人捍卫家园的英雄主义，

图3 日本将军慨叹樱花绚烂

但同时也使暴力本身正常化了。这使日本人入侵的暴力与赛德克人反抗的暴力失去了本质区别，从而削弱了民族"抗暴"的正义性。作为一个非山地人，魏德圣试图认同赛德克传统文化，但又很难脱离现代文明阐释框架的束缚。在影片中，原始与现代的冲突集中体现在花岗一郎和花岗二郎身上。两个受过日本教育的赛德克青年，一方面得益于现代文明的教化，另一方面又痛感传统文化的消失。他们无法在日本人与赛德克人两个身份中做出选择，因此在起义后双双选择自杀。

自杀是魏德圣解决影片中无法解决的冲突的唯一方式，也是最具创伤意味的描写。当年轻的母亲们亲手杀死还在襁褓中的婴儿后集体自杀，当巴万等一群少年也加入战斗而先后惨死，当赛德克勇士们在丛林里明知不敌而坚持到最后……我们看到必死的决心。魏德圣对赛德克英雄主义的颂扬最后以自杀式的殉道结束，一方面是对"彩虹桥"充满向往的怀念，另一方面也理性地表明这种信仰在现代文明中的无法延续。

《赛德克·巴莱》中体现的暴力美学，令人联想起描写印第安人的好莱坞西部片。在传统西部片中，印第安人的形象常常是彪悍勇武的。他们多擅骑射，生性执拗，能令散居的白人闻风丧胆。然而，在早期的影片中，白人和印第安人的冲突往往不是领地的争夺或文明与野蛮的碰撞，而是种族间的冲突。20世纪五六十年代的电影《搜索者》（*The Searchers*，1956）和《不可饶恕》（*The Unforgiven*，1960）就是反映种族对立的经典，符合美国当时反种族主义运动的潮流。直到后来，印第安人才被用来批判和反省白人的扩张政策。如在凯文·科斯特纳（Kevin Costner）导演并主演的电影《与狼共舞》（*Dances with Wolves*，1990）中，主人公邓巴中尉最后选择与土著印第安人一起逃避白人军队的追杀。

这些西部片的一个共同特点，就是它们都是从白人的角度来描写印第安人的，因而印第安人成为美国西部开发的历史见证。如电影评论家 Peter Rollins 和 John O'Connor 所指出的，好莱坞西部片创造了一个美国边疆历史的神话。在这部神话中，印第安人被卷入定义和刷新"美国性"或"美国精神"的运动中。[①] 的确，在西部片中，印第安人是永久的"他者"，被用来肯定、质疑或批评美国主流道德系统。他们的形象可以是正面的，然而他们永远是被表现的对象，而非表现的主体。我们可以看到他们，却无从听到他们的心声。

与此相反，《赛德克·巴莱》则以赛德克人为主体，选择了土著人的视角。赛德克人不是作为日本人或者汉人的"他者"形象出场的，而是作为台湾丰饶资源的主人翁存在的。在影片中，我们看到赛德克人已经在雾社的山林里繁衍栖息了不知多少个世纪，而在山下做生意的汉人无疑是后来者，与山地人互通有无，毗邻而居。

汉人出现在影片中的次数其实很少。首先是在电影开始，当日本人强行入驻时，台湾军民进行了抵抗。但他们的抵抗如昙花一现，不堪一击。然后是日据时期一个在雾社卖酒的杂货铺老板。他世故圆滑，显然在体力和意志上都逊于山地人。最后出现的汉人是在雾社起义时期，一个街上的病痨鬼听到原住民出草的消息吓得魂不附体，逢人便喊山民要下山杀人啦，结果被日本警察一耳光扇晕过去。虽只寥寥几笔，但已然逐层勾勒出汉人虚弱、贪财、胆小和奴性的特质，与影片极力赞扬的英雄主义精神相去甚远。换句话说，如果导演想要表现中国人民抗击侵略的决心和勇气，汉人显然不是代表。

对于《赛德克·巴莱》，台湾大学历史系教授周婉窈认为，导演试图从赛德克族的文化来诠释莫那·鲁道及其族人的浴血抗日："魏导演似乎采取

---

[①] Peter Rollins and John O'Connor, "Introduction: The Study of Hollywood Indian—Still a Scholarly Frontier?" in *Hollywood Indian: the Portrayal of the Native American in Film*, eds., Peter Rollins and John O'Connor, (Lexington KY: University Press of Kentucky, 2011), 3.

了一个比较'内部'的观念。这样的观念之所以可能,显然不是魏导演一个人的思索结果,而是一个漫长历程的里程碑。"① 从以前单纯的抗日民族国家叙事,到魏德圣的山地人的赞歌与挽歌,这个漫长历程除了台湾近年来对少数民族的关注以外,似乎也应该包括台湾人对日据时期的重新思考和今后台湾何去何从的讨论。正如美国西部片反映了不同时期美国社会所关注的严肃话题一样,《赛德克·巴莱》也必然留有当代台湾敏感思潮的印记。魏德圣的前一部电影《海角七号》(2007)以一对恋人的生离死别表达对日据时代的脉脉温情,同时也强调台南地区有别于北方的地域文化。② 这种脱离主流民族国家叙事的做法,显然是寻求台湾本土认同的尝试。

在影片《赛德克·巴莱》开始不久,清军在甲午海战中失手,把台湾割让给日本。影片短暂再现了台湾人民的抵抗,随后,一面印有金黄虎标志的旗帜被日军砍落马下(见图4)。这个容易被忽略的镜头反映了台湾一段鲜为人知的历史。1895年甲午战争之后,台湾人民为了免于被割让,推举台湾巡抚唐景崧为总统建立"台湾民主国",脱离清朝管辖。虽然仅仅存在了150天,"台湾民主国"却有自己完整的行政体系和标志。③ 影片中被砍落的旗帜就是"台湾民主国"的国旗(见图5)。

**图4 日军镇压台湾人民的抵抗**

显然,这个镜头的安排是经过导演深思熟虑的。在台湾今后何去何从

---

① 周婉窈:《试论战后台湾关于雾社事件的诠释》,见《台湾风物》60卷3期,第13页。
② Chilan Sharon Wang, "Memories of the Future: Remaking Taiwanese-ness in Cape No. 7," *Journal of Chinese Cinemas*, vol. 6, 2, 2012, 135-151.
③ 百度百科:"台湾民主国", http://baike.baidu.com/view/251480.htm。

图5 "台湾民主国"国旗

的讨论中，魏德圣也许倾向于台湾独立。但《赛德克·巴莱》中无法解决的文明与野蛮的冲突显示了导演的矛盾心理。换句话说，以赛德克失败的抗暴运动建构有别于"中国"的"台湾性"是不够的，因为被日军凌辱是海峡两岸共同经历的历史创伤，反映抗日符合建立统一的民族国家的叙事逻辑。同时，作为少数民族，赛德克也不能从根本上代表台湾独特的本土文化。从影片对赛德克人既理性又浪漫的描写，我们看到导演面临身份认同的困境。

## 四 结论

本文着重分析了南京大屠杀和台湾雾社事件在近年华语电影中的表现。《南京！南京！》《金陵十三钗》和《赛德克·巴莱》都是描写创伤事件的战争电影，但由于导演都力图把创伤控制在理性的叙事框架之内，创伤记忆不可避免地成为有组织的记忆与遗忘，即记住应该被遗忘的，或记忆也是一种遗忘。具体来说，大陆电影重在超越。通过开放电影表现视野，以西方人的参与及其人文视角反观中国人的创伤，《南京！南京！》和《金陵十三钗》解构了南京这个城市的地域局限和受害者的集体记忆，试图成为超越民族界限的具有普世价值的反战电影。同时,《赛德克·巴莱》则强调台湾原住民的特殊性,从而封闭了电影的表现空间,使台湾认同纠结于文明的碰撞与民族主义情绪之间,无法超脱。一方面,现代化似乎是脱离野蛮的唯一途径,日本的殖民统治似乎有其合法性;另一方面,独立自由是一个民族不可或缺的内在需求。两者之间的矛盾没能在电影中得到有效解决。魏德圣以其富于感染力的电影手法既认可了现代化也歌颂了原住民的反抗精神。这种内在的逻辑矛盾反映了前国家时代台湾人身份认同的困惑与焦虑。

# 知青文学的一个盲点：
# 论知青小说中红卫兵经历的处理

梁丽芳[*]

**摘要**：知青文学以其诉说"文革"上山下乡的苦难，获得了广大读者的共鸣，也因其文学上的成就在当代文学史上获得了显赫的地位。然而，知青文学有个盲点，不可不察。记忆是有选择性的，在写什么和不写什么的选择过程中，知青作者不断面对道德对记忆的纠缠，一直没有得到解脱。本文旨在梳理"文革"以来知青叙事对红卫兵经历的几种处理方式，并从它们对红卫兵经历的刻意扭曲、淡化或放逐中，窥探该盲点对知青文学道德力量和艺术成就的影响。

**关键词**：知青小说　盲点　忏悔　红卫兵经历　上山下乡

**Abstract**：With the thematic emphasis on suffering during the Cultural Revolution, Zhiqing Fiction has reached a wide readership and has attained a high status in post-Mao literature. Yet it has its blind spot. Memory is selective. In the process of choosing what to write and what not to write, zhiqing writers have continued to face the issue of moral demand in memory. The aim of this article is to examine the different treatments of the Red Guard experiences in Zhiqing Fiction. It shows that the de-emphasis, distortion and avoidance of the Red Guard experiences in writing have led to the weakening of the moral impact and artistic achievement of the genre.

**Keywords**：Zhiqing Fiction　blind spot　confession　Red Guard

---

[*] 梁丽芳，加拿大阿尔伯达大学教授。

experiences Up the Mountains and Down to the Countryside

在《记忆对道德之要求》(*The Moral Demands of Memory*)[①] 一书中，犹太裔作者哲非·布勒斯坦（Jeffrey Blustein）就记忆与道德的种种关系，个人记忆和集体记忆的运作，以及二者受到的时间、空间、历史、身份认同等因素的制约和影响，做了非常仔细和具有说服力的阐释。这本书给我最大的启发是，如何重新审视知青文学叙事中对红卫兵经历的处理。

红旗下成长起来的一代标志性的文学作品，无疑是以上山下乡运动为主轴的知青文学，而知青文学又以小说为主，知青小说的作者几乎全都是曾经的知青，因此就产生了作者的遭遇与小说人物遭遇相重叠的现象。这种重叠，使得知青小说在很大程度上带有传记色彩，成为这一代人心路历程的文学载体。我们从这种文学载体的主题取向、人物塑造、故事情节以及对写什么和不写什么的选择，既可窥见这一代人的感情和思想倾向，也可窥见其内心的隐秘、困惑和恐惧。

知青小说写上山下乡，写知青的命运，写知青人物在逆境中为了追求个人的理想而挣扎、抗争，无疑符合这个文类的范围，名正而言顺。可是，一个吊诡的历史事实却是，无论作者或其笔下的知青主人公，都不单单是知青，他们上山下乡之前，不少都曾不同程度地参与了或者见证了轰动国际的、激烈的、暴力的红卫兵运动。这一代人是在红卫兵运动过后，才大规模地自愿或者被迫迁徙到异乡异地，承受了前所未有的文化震惊，以及失去教育、家庭温暖的种种伤痛。作为知青，他们的遭遇无疑是一场历史悲剧，是一场史无前例的强制迁移，一场浪费青春的骗局。

既然知青经历是红卫兵经历的延续，而且这个延续在相当程度上是发生在同一个人的身上。那么，为什么知青小说关于红卫兵经历的描述零星散碎，甚至是完全空白呢？当这些知青在不见印刷文字的荒野地带时，难道他们不会想起自己曾经烧掉了人类文明的书籍和文化艺术的结晶吗？在求知无门的乡间，难道他们不为自己曾经虐打过师长而内疚吗？在不见物质文明的穷乡，难道他们不后悔抄家时砸烂多少人家的家具物件吗？在思念亲人时，难道他们不后悔自己曾经伤及他人家庭吗？不后悔与家人划清界

---

① Jeffrey Blustein, *The Moral Demands of Memory*, Cambridge University Press, 2008.

限吗？难道这一切都可以摒弃不提吗？难道所有这些记忆，都能压下、弃置、缺席吗？

细看知青小说，我们不无惊讶地发现，许多知青叙事都是从下乡之后展开的。知青主人公的感情、思绪、意识、行动几乎都围绕如何回城的烦恼和筹谋。作者写知青人物之间的情爱，写知青人物与干部之间的矛盾，写知青人物与农民之间的冲突，写为了回城而产生的种种忧虑、牺牲、得失等，唯独对下乡之前的记忆采取了能少则少，甚至完全放逐的处理。就算是倒叙，也往往是以下乡之后为开始。

当然，每一篇小说侧重的主题和内容不同，作者有权选择写什么和不写什么。对于那些以红卫兵经历为焦点的小说，不提上山下乡，是可以理解的，也是合乎美学原则的。例如新时期出现的第一篇关于红卫兵武斗的短篇小说郑义的《枫》(《文汇报》1979年2月11日)，就聚焦于红卫兵的派系斗争，写一对男女学生的悲剧，而不触及其他，这是符合它的主题需要的。但对知青小说而言，红卫兵经历的缺席却会影响人物的刻画深度。一个人物总有他或她的"前传"，尤其是在描写心理活动时，人物会自然而然地思前想后、天马行空。但是，我们经常看到的是，知青主人公的前传（特别是红卫兵经历）往往是缺席的或并未展开，削弱了人物的深度和广度，如果刻画的是知青人物的成长，红卫兵经历更是不可缺席的一环。我们看到的许多知青小说，大多知青人物只有现在，没有过去。如此一来，知青文学即使汗牛充栋，也不免令人觉得它未能成为真正的一代人的文学，它只完成了一半。

造成这种现象的原因很复杂。红卫兵经历在知青小说叙事中的缺席，除了源于知青作者对题材的偏好或选择之外，还有更深层的考量和吊诡的隐秘。关键的一点，是"文革"后对红卫兵运动的负面历史评价，使得参与者（从打砸抢到尾随者）羞于启齿、千言万语欲说还休。

红卫兵运动的参与者和见证者的重叠身份，本来是非常珍贵的创作资源。吊诡的是，在红卫兵运动中，有些是加害者，有些是受害者，或者合二为一，如此一来，如何分拆自己当时的态度和立场，如何回答历史评价"谁之过"，从什么角度和道德立场来描述这段记忆，便显得剪不断理还乱了。或许有人认为，上山下乡对个人、对社会、对中国的伤害太过沉重，以致知青理直气壮地挥笔鞭挞还唯恐不及，哪能顾及下乡前的那段短暂的青春狂热行动呢？况且，他们是响应革命领袖的号召而行动的？这个想法牵涉到集体认同（collective identity）和集体耻辱（collective shame）问题。[1] 在某一个负面历史事件发生之后，如果个人不愿意认同这个参与的集体或者企图与这个集体保持距离，那么，他们便不想把自己归到这个集体中了。因为原先的集体认同（collective identity），已经转化为集体耻辱（collective shame）了。与耻辱为伍，情何以堪！对于红卫兵经历，知青作家的反应也可以作如是观。

与纳粹德国人不同的是，红卫兵运动（即负面历史事件）之后，参与者本应是承受道德谴责的集体，但因政治风云之变幻，成为另一场政治运动的受害者，而受害时间之长，波及范围之广，造成伤害之深，比前者更为沉痛和惨烈，使得这些前后两个政治运动的参与者能够理直气壮，并从中获得了解脱"集体耻辱"的凭据，而摇身一变成为名正言顺的受害者。变换身份后的知青，可以把"集体责任"（collective responsibility）束之高阁、置之不理。无可置疑，上山下乡的确是一场史无前例的灾难，但是，这并不表示作者笔下的知青人物，只能是个没有回忆的人。

在以下篇幅，我们试从20世纪60年代"文革"时期以知识青年为主人公的小说开始，追索红卫兵经历在不同时期小说中的处理特征，看这些处理如何影响知青小说叙事特别是知青主人公的塑造。我们将会发现，不同时期的知青小说对红卫兵经历有不同的处理态度。而这些处理态度和呈现又不同程度地反映了当时的政治意识形态以及作者的个人背景。作者的集体性回避，显然是一代人远离"集体耻辱"心理的折射。

## 一 前向性的"文革"知青小说：
## 红卫兵与知青之间画等号

"文革"前夕，黄天明出版了长篇小说《边疆晓歌》（1966）。[2] 小说集中描写了云南知识青年从昆明出发到南部橡胶农场参加祖国边疆建设。地理空间的转移与人物冲突的发展节节相扣。从动员启程、途中经历、农场内的斗争到斗争的胜利，叙事发展朝意识形态预设的方向推进。男主人公出身好，是个典型的领袖型英雄人物。他的父母被资本家剥削欺负，阶级

---

[1] Jettery Blustein, *The Moral Demands of Memory*, pp. 151–158.
[2] 黄天明：《边疆晓歌》，作家出版社，1966。

仇恨是他的主要记忆。他的思考内容是当下性的和前向性的,打倒阶级敌人、献身橡胶事业、创造光辉未来几乎成了他思考和行动的全部。这个形象为1968年底席卷全国的上山下乡运动树立了榜样。

以动员城市知识青年到农村为题材的小说在1950年代已经零星出现了。到了1968年12月毛泽东上山下乡的指示发出后,为了配合宣传,70年代初陆续出现了一些短篇和散文选本以及几部长篇小说。1974年,上海人民出版社"朝霞丛书"的《序曲》包括了22个短篇,其中的《青春颂》[1] 塑造了一个典型的女红卫兵形象。主人公于培英"样子不到二十岁,短辫子,圆脸盘儿,黑眉大眼,风采焕发"(第207页)。这个年轻女子竟是"红代会"的负责人,她带领两千个红卫兵下乡到偏僻的滨海农场干革命。值得注意的是,作者不称他们为知识青年,而从头到尾都称他们为红卫兵。可见在当时的文学作品中,红卫兵与知青之间并没有清晰的界限。这可能是因为在"文革"时期红卫兵是响当当的名字,在未下乡之前,他们仍是红卫兵。既然二者的身份都带有光环,那么,作者也就没有必要把他们严加区分了。这样写一方面合乎当时的政治需要,另一方面也合乎这一代人当时的集体认同和期许。(这些英姿勃勃的女红卫兵,到了后毛泽东时期,都反讽地以负面形象出现。她们往往是知青中的铁姑娘,不打扮,不照镜子,简直到了自虐地步。到最后,她们都被描写为不可救药的老处女,极"左"革命思维的牺牲品。这是后话。)

在这篇小说中,随着情节的发展,作者逐步凸显于培英的英雄形象。作为铁姑娘的典型,于培英挑着重担,长途步行,到达目的地的当天,就带头拒绝农场副主任提供的二层楼房,她的理由是楼房设备太过讲究,不合乎红卫兵来农村艰苦奋斗的目的。她建议用席子和竹子搭席棚让大伙居住。在另一个会议场合,她抗议农场聘请民工,而建议让红卫兵应付草荒。农场老职工和农场革委会主任协助于培英识破了生产组副主任的"修正主义"阴谋。最后,于培英还发令,派人"把他(生产组副主任)送回场部,监督他作检查交代"(第234页)。于培英发号施令,俨然成为革命与权力的化身。她是一个没有私人空间的人,她把集体当前的利益放在首要位置,以路线为行动标准。她也没有回忆空间,她的一切活动和思维都是前向性的。

---

[1] 姚华:《青春颂》,收入《序曲》,上海人民出版社,1974,第205~235页。

男红卫兵到农村的故事，写法也相当类似。在长篇小说中，类似于培英的执着和偏颇将加倍放大渲染。1973 年，郭先红的长篇小说《征途》①是从 1969 年上海的一群红卫兵登上前往北大荒的火车开始的。男主角钟卫华是上海"红代会"常委，他带领二十多个男女红卫兵，到黑龙江定县松树大队插队。他的思维与于培英如出一辙。他建议在零下 40 度的严寒中徒步走 120 里到目的地松树大队，而拒绝乘坐大队提供的马车（第 99 页）。在饥寒交迫中，他还提议开批判会，批判的对象是上海资产阶级家庭出身的万莉莉，原因是她偷偷带了两个热水袋来取暖（第 150 页）。钟卫华用极"左"的观点和态度对待一切，衡量一切。先不说在如此寒冷的天气中能否走这么远的路，只说人性中的怜悯，正如读者看到的，已经让位于阶级斗争和主义路线之争。钟卫华是个缺乏私人记忆的人物，他的工人阶级出身是作者用第三者的倒叙提供的，而不是通过这个人物的个人回忆流露的。私人与集体之间的两难，反讽地留给了"反面人物"万莉莉。回上海和上大学的渴望煎熬着万莉莉，使她成为最有人情味、最具有私人空间的人物。在描述了万莉莉的挫折和困扰之后，作者用封闭了私人空间的革命英雄钟卫华去否定和批判她，以求突出意识形态的导航作用。

"文革"时期的政治挂帅，严重扼杀了文学作为人学的基本特质。这些知青人物明显缺乏私人空间。在政治挂帅的创作局限之下，作者未能写出人物真正的感情、行动、思索和记忆，这是意料之中的事。叙述的前向性变成了主调，记忆让位于空想乌托邦的筹谋以及路线和主义的斗争。

## 二　红卫兵经历与个人命运：巧合、初恋、忏悔

卢新华在 1978 年 8 月 11 日发表于上海《文汇报》的短篇小说《伤痕》虽然在技巧上不够纯熟，有个别情节太过巧合，但现在重读仍令人感动。原因何在呢？主要是王晓华这个人物合乎人性。她在"文革"期间顺着大潮加入红卫兵，她与被打倒的母亲划清界限后到农村插队。小说的倒叙，写的就是多年前她在企图参与红卫兵时遇到的挫折，因为这个挫折，才有后来一连串的事件发生。把红卫兵经历与知青经历递进呈现，一浪接一浪，"文革"造成的家庭悲剧合乎发展逻辑。小说是从王晓华在火车上回忆过去

---

① 郭先红：《征途》（上下册），上海人民出版社，1973。

开始的,由此引出她的记忆和忏悔,她是在"文革"结束后出现的第一个具有记忆与忏悔的知青形象。

巧合是伤痕文学常用的技巧。以下的三个红卫兵的初恋,都因为一方在不知情的情况之下用暴力伤害了另一方的家属而破灭,其后,男女主人公又因为忏悔而达到谅解。这几篇早期的小说都涵盖了红卫兵经历和上山下乡,如果把这两个经历融合写下去,本来很有发展潜力,可惜1982后因批判现代派以及精神污染,红卫兵题材陷入低潮,以致失去了深入开掘的机会。

冯骥才的《铺花的歧路》(1979)[①]是新时期率先写女红卫兵的暴力行为和忏悔的小说。作者冯骥才生于1942年,没有红卫兵经历,反而因为父母的政治背景而被抄家。小说主人公白慧是常鸣的初恋。在一次红卫兵的暴力行动中,她恰巧打伤了常鸣那个素未谋面的教师母亲,其后常鸣的母亲伤重致死。白慧发现后受到良心谴责,决定上山下乡,在忏悔中过日子。四人帮的倒台成为恋人团圆的前奏。回城后的白慧与常鸣相见并达到谅解。张抗抗的《火的精灵》(1981)[②]也是借用巧合来写红卫兵的暴力与忏悔,并把恩怨延续到上山下乡的生活。岳米达与严冰本来是青梅竹马的邻居,十多年前搬家后没有来往,为后来的巧合重逢埋下了伏笔。岳米达参加红卫兵后的暴力抄家,打伤了严冰的作家父亲,并烧毁他的书稿《追求》,严冰父亲受伤身故。数年后,二人在北大荒农场的相遇是第二个巧合。因为政治形势的转变,岳米达早已从加害者成为受害者,在北大荒忍受着歧视。男女主人公各自在应否原谅对方、应否忏悔的折磨中过着知青生涯。严冰三次救了岳米达,二人终于敞开心怀,达到互相谅解。最为大学生喜爱的礼平的中篇小说《晚霞消失的时候》(1981)[③]也是利用巧合作为人物关系发展的重要推动力。作者营造的气氛和张力为其他同类小说所不及。这是新时期描写红卫兵经历最为引人入胜的小说。红卫兵头目李淮平恰巧到他的初恋南姗家里抄家。这个戏剧性的重逢令他们措手不及,震惊、失望、百感交集。事后,两个主人公分道扬镳,李淮平参军而去,南姗则上山下乡。这段沉痛记忆无疑贯穿他们二人的生活记忆之中,刻骨铭心,以致分

---

① 冯骥才:《铺花的歧路》,收入《收获》1979年第2期。
② 张抗抗:《火的精灵》,收入《当代》1981年第3期。
③ 礼平:《晚霞消失的时候》,收入《十月》1981年第1期。

别 12 年后，他们仍不忘对方。作者设置了饱含寓意的泰山巧合重逢作为一个忏悔与原谅的平台。

以上几篇小说都以加害者和受害者互相谅解作为结束。这个圆满结局，并没有在孔捷生的短篇小说《人与人》中出现。[①] 这篇小说比较复杂，作者没有轻易设置对与错的分歧。红卫兵一定极端丑恶，非红卫兵一定清白，这个黑白分明的二分法，在他的笔下受到质疑。在《人与人》这篇小说中，红卫兵经历无疑是影响整个故事结构、人物关系的关键内容。秋实与春华兄妹从广州到海南岛插队，船上与张星相遇。秋实对张星不予理睬的态度构成悬念。原来，张星在"文革"时是个红卫兵头头，在一次抄家中，抽打了秋实的教师母亲（用的也是巧合情节），三天后秋实的母亲受伤死亡。秋实知道事情的真相，但是春华蒙在鼓里。当秋实发觉妹妹与张星相恋后，极力反对，二人发生冲突，情节进入高潮，小说在春华的精神失常中结束，留下令人思索的空间。

孔捷生提出了一个值得探讨的问题。究竟谁更有罪呢？张星并非是万恶不赦的红卫兵头头，到了海南岛之后，他企图通过大量劳动，以肉体的自我惩罚作自我救赎。另外，自认清白、以审判者姿态对待张星的叙述者秋实，当他暗恋的女知青小芳在一打三反中被无端批斗时，却没有勇气替她说话。相反，被认为是罪人的前红卫兵张星，却勇敢发言支持小芳，以致自己被逐、受罚。叙述者没有直接说明谁是谁非，却利用小说情节和人物的冲突，指出红卫兵暴力是错误行为的同时，也通过张星的赎罪行动提出谁更有罪的诘问。

## 三　从上山下乡的实践中觉醒：
## 反思、忏悔、认识现实

晓剑和严婷婷合著的中篇小说《世界》（1983），[②] 较早关注了红卫兵在上山下乡中逐步醒悟、转化的过程，可惜后来的小说较少向这方面发展。

吴大路和他的六个男性和一个女性"战友"，带着一番热情和改造山河的革命气概，自动要求到最艰苦的地方插队，他们插队的地方是景颇族的

---

① 孔捷生：《人与人》，收入《追求》，广东人民出版社，1980，第 95~114 页。
② 晓剑、严婷婷：《世界》，收入《收获》1983 年第 2 期。

贡嘎寨。第一次到达异地的文化震惊，还是让有心理准备的他们惊讶得说不出话来。这几个知青，不是一般的知青，原来在城市里他们属于被人打倒的红卫兵革命派别，而另一派恰巧也到了附近插队。他们在镇上相遇，不出三言两语便发生肢体冲突。属于对立一派的林道成其后对红卫兵派斗产生厌倦，以体力劳动来表示忏悔，他患上肺结核病死亡后，吴大路带领自己一派去吊祭，两派达成和解。以一个知青之死来消解和终结红卫兵的派别斗争，意味深长。到此，红卫兵的身份已经归入历史，革命立场和仇恨已经没有必要和失去意义。他们都换上了知青的身份，红卫兵自以为最革命的狂热和认同一去不返。

一去不返的还有红卫兵自以为是的信仰：这包括爱情与革命的关系。陈光与李红的恋爱，被吴大路批判为自私的爱，吴大路"不能容忍他所设置的生活中长期存在的儿女情长，这会摧毁掉他们的未来"（第15页）。在把陈光赶出集体之后，吴大路以为这个集体就可以清净了，革命了。其后，他与林道静邂逅，相互吸引，爱情使他觉醒到自己过去的狭隘无知。陈光临走时的宣言"爱，没有错"，否定了吴大路及他同伴的偏执和违反人性。以上的细节，是红卫兵派系斗争以及缺乏人性的极"左"思维的觉醒。但严格来说，更多的红卫兵在下乡之前的恩怨情仇都没有触及。

他们自己否定的，还有改造农村的一厢情愿和蛮干，这也是他们红卫兵极"左"横蛮的做事方式。吴大路带领几个知青在高山上开水田失败，宣布了红卫兵空想革命主义的无效。有一次森林起火，他冲去救火，但是，当地人明白山火之后下雨乃是那地方的自然现象，知青去救火，只会导致死伤。对于这些判断的错失，吴大路有以下的觉醒："两年多了，你怎么就看不见这些呢？这么长的日子里，你为他们做过些什么呢？做过的，修水田，虽然失败了；修路，虽然还未完成；甚至，想去扑灭山火，作林道成那样英勇献身的英雄……你以为做这些都是为了他们，其实，你心上更多的是为自己，你对自己受的苦难耿耿于怀，你想干出个样子，你想证明你是对的，你想高于他们之上，你想当一个盖世无双的英雄……无怪乎一生下来就在艰难中挣扎的勒干大爹那么愤慨，'没有你们我们也能活！'"最后，他深感悔意："啊，勒干大爹，景颇乡亲们，你们为什么不早把我赶走？啊，还奢谈什么解放别人，还是先救救自己吧……"（第45页）

## 四　分别处理红卫兵经历："出身好"的作者的记忆分流

有个别"出身好"的知青作者，例如张承志和梁晓声，似乎倾向于把红卫兵经历和上山下乡分别处理，原因不难理解。他们都是红卫兵，也都是知青，二人都是被推荐上大学的工农兵学生，二人都是充满激情的作家。[1] 张承志更是"红卫兵"这一名词的缔造者，[2] 他的红卫兵情结不言而喻。梁晓声对于红卫兵的经历也是充满了理解。

张承志在《金牧场》（1987）[3]（1994年删改为《金草地》出版）中，把红卫兵运动视为青春的、革命的、理想的行动来描述。作为红卫兵的命名者，他也写了忏悔。他记忆大串联时跟几个朋友模仿红军长征。长征所具有的革命象征意义，似乎抵消了红卫兵经历中的负面。在这个长篇中，张承志用分割式的叙述铺排，让红卫兵经历、内蒙古草原知青经历和日本访问学者经历分别进行，以致这三个经历未能达到互相撞击的效果，在插队中领略和反思红卫兵经历的可能性，因而未能充分展开。

梁晓声分别对待红卫兵经历和上山下乡的态度比张承志更为明显。他的男知青主人公，几乎都具有英雄主义气概。《这是一片神奇的土地》[4] 中第一人称叙述者的多情与豪气，对于北大荒的不离不弃，乃是梁晓声理想化了的知青英雄，这个人物是否有红卫兵经历完全没有提及。这个人物跟他在《一个红卫兵的自白》（1989）[5] 中自我塑造的多情和倔强一脉相承。梁晓声在回忆录《一个红卫兵的自白》的扉页上有一句话："我曾是一个红卫兵，我不忏悔。"这可以用来解释他对于这场运动的态度。这本红卫兵的成长史，印证了他的成长和文学创作的渊源。但是，他的北大荒知青小说，跟红卫兵经历并没有前后有机地连贯起来。

---

[1]　关于二者的背景和创作，见梁丽芳《从红卫兵到作家：觉醒一代的声音》，香港，田园书屋，1993，第187~206、325~338页。
[2]　见梁丽芳《从红卫兵到作家：觉醒一代的声音》，第192页。
[3]　张承志：《金牧场》，作家出版社，1987；《金草地》，海南出版社，1994。
[4]　梁晓声：《这是一片神奇的土地》，《北方文学》1982年第8期。
[5]　梁晓声：《一个红卫兵的自白》，香港，艺苑出版社，1989。

## 五 红卫兵经历的缺席："出身不好"的作者的记忆选择

竹林的《生活的路》（1979）[①] 是第一本批判成分论和上山下乡的长篇知青小说。[②] 女主人公娟娟的父亲是反动学术权威，她下乡后被歧视，被村干部强奸怀孕，投河而死。竹林本人也是因为出身的问题，受到种种歧视，甚至多次失去被推荐上大学的机会。叶辛也是出身不好。[③] 他的《我们这一代年轻人》（1979）和《蹉跎岁月》（1980）[④] 的男主角都因为出身不好，受到屈辱和排挤。可能他们都被排斥在红卫兵组织之外，这两个长篇都没有把红卫兵经历（即使是作为旁观者）纳入主人公人物的性格发展之中。

同样出身不好的李锐，他的短篇小说《黑白》[⑤] 写一对知青夫妇黑与白在农村插队九年。黑作为早期下乡的典型，回城无望。在其他人都走光了后，他们把儿子送回北京让丈母娘照顾，自己留在农村。作者写黑出身平民，对干部子弟特别看不顺眼："黑最讨厌的就是那帮不可一世的干部子弟，尤其讨厌那些穿将校呢的军干子弟。黑的父亲是煤球厂的工人，新中国成立前摇煤球，新中国成立后还是摇煤球。黑从'文化大革命'一开始就存了一个雄心，一定要做一件惊天动地的事情超过任何人。黑从内心深处觉得毛主席的'文化大革命'是为了自己这样的人而发动的。"[⑥] 作者没有从这个方向深入挖掘和发挥，究竟这个后来成为知青典型的人物在"文革"期间做了什么，才影响到后来的命运呢，不得而知。这个人物的前传，也就空缺了。否则，黑的人格成长和后来的自杀将会更立体、更震撼。

## 六 结语

抛开20世纪60年代和"文革"时期的知青极"左"文学不说，70年

---

[①] 竹林：《生活的路》，人民文学出版社，1979。
[②] 关于竹林的背景和创作，见梁丽芳《从红卫兵到作家：觉醒一代的声音》，第129~140页。
[③] 关于叶辛的背景和创作，见梁丽芳《从红卫兵到作家：觉醒一代的声音》，第355~372页。
[④] 叶辛：《我们这一代年轻人》，收入《收获》1979年第5、6期；《蹉跎岁月》，收入《收获》1980年第5、6期。
[⑤] 李锐：《黑白》，收入他的《北京有个金太阳》，时代文艺出版社，2001，第37~67页。
[⑥] 李锐：《黑白》，《北京有个金太阳》，第42页。

代末以来的 30 多年间，回城后分散各地的知青通过不同角度的挖掘，以各自的文学技巧对记忆进行重组，在这一过程中，知青题材不断扩大和深化，出现了牵动人心的故事、令人激赏的经典、全国轰动的电视剧。这些创作业绩，在令人觉得兴奋的同时，也令人觉得有某些不足之处。在红卫兵记忆的处理上，知青作者的表现显然是侧重自己在上山下乡中所受的苦难，知青文学也因而成为受害者文学、苦难文学。大多知青小说都是以主人公到达农村或兵团为起点，很少回忆过去，特别是红卫兵的经历。知青主人公的行动集中于现在，尤其是如何筹谋回城，总的来说人物的活动和思维都是前向性的。那些关注知青与农民关系的作品，名正言顺地不提主人公的红卫兵经历，那些写回城后重新面对新生活的作品，更把记忆定格在下乡期间，不再向更遥远的过去取材。

90 年代后，知青回忆录冒起，诉说受害者种种遭遇的叙述成为知青文学的回暖潮流。另外，1980 年代后，特别是进入 1990 年代，来自中国大陆的海外华人留学生在北美和欧洲陆续出版了一些用英语写的个人回忆录。可能基于个人回忆录的要求，红卫兵经历几乎都不同程度地纳入文本。然而，除了杨瑞的《吃蜘蛛的人》(1997) 触及忏悔外，绝大多数都采取了受害者的立场。到了 21 世纪初，中国大陆的媒体事业突飞猛进。都梁的《血色浪漫》①把出身高干家庭和底层市民的红卫兵，先作为反叛青年流氓来描写，然后，从上山下乡、参军到回城后从商，全景式地展示他们的生命流程，可是批判色调淡化。牵动一代人的大悲剧，在市场考虑下通过影视包装化为玩世不恭的红卫兵流氓、知青、高干兵的浪漫史，震撼灵魂的血色黯然隐退。

记忆是文学创作的重要源泉。记忆因为时间的侵蚀而有所变形，记忆有不可避免的选择性，在记忆国度抽回那些值得重新描画的片段，是文学作者经常的做法。记忆无疑也牵涉到道德立场，当一代记忆者有意地淡化和放逐自己的负面过去时，他们便是企图摆脱那个包含了"集体耻辱"的"集体认同"，以求不需要肩负那个"集体责任"。在这些矛盾心理的持续作用之下，知青小说中便一直在逃离更为深远和艰难的记忆，知青小说的盲点便一直存在。

---

① 都梁：《血色浪漫》，长江文艺出版社，2004。

# "艾赫曼审判"之后：
# 1960年代以色列本土作家的大屠杀书写

钟志清[*]

**摘要**：1961 年 4 月 11 日，以色列耶路撒冷地方法院开始对纳粹头目之一艾赫曼进行为期数月的公开审判，并执行了以色列立法机构确立以来的唯一一例死刑。这次审判对以色列人认知犹太民族在"二战"时期的遭际产生了巨大影响，改变了 1948 年以色列建国以来本土以色列人业已形成的大屠杀集体记忆形式。文学社团和个体作家均被此次审判吸引，并对种族灭绝的经历反响强烈。从此以后，描写大屠杀及其余响的希伯来语叙事文学开始以民族创伤记忆的方式呈现那段历史，对幸存者和流亡者的态度亦开始更新。本文对"艾赫曼审判"以后出自本土以色列作家之手的两类希伯来语大屠杀叙事文学加以讨论，探讨上述问题。

**关键词**：艾赫曼审判　集体记忆　本土作家　大屠杀叙事或书写

**Abstract**: On April 11, 1961, the Eichmann Trial before the Jerusalem District Court began in Israel, which lasted for a few months. Eichmann was found guilty and executed by hanging in 1962. The only death sentence carried out by the Israeli justice system, the Trial had a tremendous impact on

---

[*] 钟志清，中国社会科学院外文所研究员。本文根据作者在以色列本-古里安大学希伯来文学系所作博士论文"A Comparative Study of Hebrew and Chinese Literature in Response to the Catastrophe of World War Two"（指导教师：Prof. Yigal Schwartz, Prof. Andrew H. Plaks）的部分内容撰写而成。感谢笔者在哈佛燕京学社作中犹比较文学研究期间的合作导师之一王德威教授，他在百忙中阅读此文，并从中国文学角度提出富有启迪性的建议。

Israeli awareness of the Jewish people during World War Two, and changed the forged collective memory of the Shoah in Israel since 1948, the founding of the State of Israel. Both the literary establishments and individual writers became absorbed in the trial and responded strongly to the experience of annihilation. Literary narrative on the Holocaust and its aftermath also showed this national ideological change and produced a new manner towards the survivors and to the experience of exile. This essay will examine the above questions through discussing two groups of native Israeli writings in the 1960s.

**Keywords**: the Eichmann Trial　collective memory　native writers　Holocaust narrative or writings

20世纪60年代初，以色列在耶路撒冷对纳粹头目之一艾赫曼（Adolf Eichmann）进行为期数月的公开审判，并执行了以色列立法机构确立以来的唯一一例死刑。[①] 这次审判对以色列人认知犹太民族在"二战"时期的遭际，确立民族记忆方式与民族身份产生了巨大影响，改变了1948年以色列建国以来本土以色列人业已形成的大屠杀集体记忆形式。描写大屠杀及其余响的希伯来语叙事文学也从此表现民族记忆形式的转变，对待幸存者与流亡者的关注亦开始更新。要厘清这个问题，需要对1950年代希伯来文学如何反映大屠杀这一主题进行简要回顾。

## 一　1950年代的以色列大屠杀记忆与书写

在大屠杀刚刚结束的1950年代，以色列作家在反映与表述历史灾难时面临着一种艰难的挑战。其中的原因来自多个方面，首先是人们对文学是否能够反映大屠杀这一历史事实表示怀疑。犹太世界一向推崇美国犹太作家、诺贝尔和平奖获得者埃利·威塞尔（Elie Wiesel）曾作的论断：描写奥斯维辛的

---

[①] 艾赫曼在"二战"期间是负责把犹太人遣送到集中营的中心人物，也是和欧洲犹太人领袖有直接联系的最高级别纳粹官员。"二战"结束后他逃到阿根廷，从此更名换姓，在布宜诺斯艾利斯郊外靠做工为生。1960年5月，以色列特工人员悄悄将艾赫曼秘密逮捕并押解到以色列；1961年4月以色列耶路撒冷地方法院对艾赫曼进行公开审判，1961年8月审判告一段落，同年12月三位法官将艾赫曼定罪，1962年5月31日艾赫曼被送上绞架的

小说，要么不能算是真正的小说，要么就是它写的不是奥斯维辛。① 一语道出文学书写与历史事实之间存在的无法逾越的距离。这种疑虑在犹太世界里带有普遍性，导致作家在试图涉猎大屠杀这段历史时心存余悸。

其次，如果文学可以书写历史的假说成立，那么如何对大屠杀这段历史进行表述？有的学者曾经提出，这类文学是否只对暴行及其过程本身做忠实的记载？时间是否只限于1933年到1945年之间？对于个人或者群体，对幸存者、幸存者的子女以及我们大家是否有沉重的压力？是讨论某一具体事件，还是人类总的境况？② 从这个意义上说，大屠杀文学的书写范式是很难界定的。

最后，文学本身的内在规律性也对大屠杀文学产生了一定的制约作用。这里先要谈及的是文学类型问题，在大屠杀文学领域，有长篇小说、短篇小说、戏剧、诗歌以及日记等，文学类型在某种意义上决定着叙述形式的选择，但在很大程度上具有模糊性。有的长篇小说看起来像日记与回忆录，有的日记和回忆录又带有相当浓厚的文学色彩。还有就是文学语言问题。在大屠杀文学研究领域，流行着这样一种说法：表达不可表达之事，描述不可描述之事。③ 这句话本身便是一个悖论，因为如果事物本身无法真正言状，那么就不要做任何言状的尝试。换句话说，如果你触及了这个领域，用语言去表述，那么它就不是不可言状之物了。实际上，这里指的是语言上的难度。犹太人，尤其是以色列的犹太人，多难以摆脱对大屠杀历史的记忆。以色列犹太人中有几十万大屠杀幸存者，多数家庭要么有家人、亲友在大屠杀中丧生或在集中营遭受过迫害，要么就是在国家对民族历史灾难记忆的建构过程中形成了对大屠杀的深切体验。他们对这一历史事件所做的回顾与反思经历了一场从肉体到心灵的炼狱过程，幸存者本人不愿意去回忆令人毛骨悚然的惨痛经历，他们的子女也本能地不愿意去触摸父辈的伤疤。著名的第二代大屠杀女作家娜娃·塞梅尔（Nava Semel）曾经说过："孩子有保护母亲的秘密任务。奥斯维辛是所有恐怖的一个语词密码，

---

[1] Elie Wiesel, "For some measure or Humanity", *Shema*, October 1975.
[2] Leon I. Yudkin, "Narrative Perspective in Holocaust Literature," In *Hebrew Literature in the Wake of the Holocaust*, London: Associated University Presses, 1993, pp. 13–32.
[3] Lawrence Langer, *Admitting the Holocaust: Collected Essays*, New York: Oxford University Press, 1995; *The Holocaust and the Literary Imagination*, New Haven: Yale University Press, 1977.

是某种东西的开门咒,其背后只是绝对的疯狂。所以不要做这件事,请不要去写。"① 此外,还会有民族或集体的一些禁忌。基于上述种种原因,语言显得苍白无力,成了真正的囚牢。

更重要的是,以色列在 1948 年刚刚宣布建国便遭到周边阿拉伯世界的联合进攻。以大卫·本-古里安(David Ben-Gurion)为首的政府为了国家的生存需要,欲激励积极向上的民族精神,把犹太复国主义思想教育放到了至关重要的地位,注重强调以"华沙隔都起义"(Warsaw Ghetto Uprising)②为代表的大屠杀中的英雄主义精神,而忽略了欧洲犹太人在手无寸铁的情况下面对强权所遭受的苦难。本土以色列人非但未对大屠杀幸存者的不幸遭际予以足够同情,反而对数百万欧洲犹太人"像羔羊一样走向屠场"的软弱举动表示不解,甚至对幸存者如何活下来的经历表示怀疑。在这种政治话语的影响下,对战争期间像"遭屠宰的羔羊"一样死去的数百万人的纪念也不免会成为新兴国家铸造立国精神的不利因素。大屠杀幸存者的痛苦即使不会被从以色列人的日常生活中全部驱走,但也要同主流的政治话语拉开距离,在公共场合没有立足之地。

诚然,以色列建国与大屠杀有着某种程度的关联,但是,幸存者希望在新的土地上获得新生,他们并不为过去的苦难经历感到骄傲,而是对过去梦魇般的岁月具有本能的心理抗拒。多数幸存者为了新的生存需要,不得不把对梦魇的记忆尘封在心灵的坟墓里。2002 年 4 月,我跟随以色列教育部组织的学生代表团赴奥斯维辛的途中,认识了出生在匈牙利、现住在特拉维夫的大屠杀幸存者爱莉谢娃(Eliesheva)。她告诉我,在以色列建国之初不可能将自己在集中营的痛苦讲给别人,如果你这么做,人家会认为你是疯子,最好的办法就是保持沉默。身为幸存者的作家阿佩费尔德(Aharon Appelfeld)曾经说过,战后抵达以色列的最初岁月让人感到压抑,否定你的过去,在铸造你的个性特征时不考虑你曾经经历了什么,你是谁,"人的内在世界仿佛不存在。它缩成一团,沉浸在睡眠之中……存活下来并

---

① 〔以〕娜娃·塞梅尔:《内在灵魂——谈创作大屠杀文学》,钟志清译,《世界文学》2003 年第 6 期。
② 隔都(Ghetto)原指犹太人在欧洲的居住区。"二战"期间,德国人下令在波兰等地建立一批隔都,对犹太人进行看管。建于 1941 年的华沙隔都是当时欧洲最大的隔都。1943 年 1 月,华沙隔都里的犹太人用走私来的武器向德国人开火,试图阻止德国人把隔都里的犹太人运进死亡营。德国士兵退却了。1943 年 4 月,当德国士兵和警察再次准备运走那里的犹太人时,700 多名犹太战士奋起反抗,这便是历史上著名的华沙隔都起义。

来到这里的人也带来了沉默。缄默无语地接受这样的现实：对有些事不要提起。对某些创伤不要触及"①。

如何把历史创伤转换成当下进行爱国主义思想教育的政治话语，也成为当时以色列政府颇为重视的一个问题。本-古里安曾有过这样的名言，"灾难就是力量"。② 意思是要充分将历史上的恐怖和灾难转变为一种力量，以保证新的犹太国家今后能够在阿拉伯世界的重重围困中取得生存。1953年，以色列议会通过有关法令，要建立犹太人大屠杀纪念馆。1959年，又规定将大屠杀纪念日定为"大屠杀与英雄主义"纪念日，有意在官方记忆政治话语中强调大屠杀中的英雄主义，历史创伤就这样被塑造成了带有英雄主义色彩的神话，以适应新的社会与政治需要。即使有作家勇敢地打破禁区，如大屠杀幸存者卡-蔡特尼克（Ka-Tzetnik）将笔触伸进集中营，但是读者群仍非常有限。③ 因此，在后大屠杀时代，希伯来文学在相当长的一段时间内对大屠杀与种族灭绝话题讳莫如深，尤其是1950年代到1960年代初期，涉猎大屠杀题材的本土以色列作家屈指可数。即使有些作家在作品中描写了大屠杀幸存者的形象，也多将其视为与时代格格不入的怪人，难以理解其承受的多重折磨与痛苦。

## 二 "艾赫曼审判"与重塑以色列集体记忆

1961年的"艾赫曼审判"对以色列人认知犹太民族在"二战"时期的遭遇、重新确立集体记忆产生了巨大影响。这是犹太人在历史上第一次实现身份转变：从受害者变为审判者来惩罚前纳粹战犯。尽管审判本身没有"克服在欧洲大屠杀问题上总体上产生的民族困惑感"，并导致了无休止的争论，④

---

① Gulie Ne'eman Arad, "The Shoah as Israeli's Political Trope," In *Divergent Jewish Cultures*, eds. Deborah Dash Moore & S. Ilan Troen, New Haven: Yale University Press, 2001, p. 194.
② Shabtai Teveth, *Ben-Gurion and the Holocaust*, New York: Hacourt Brace & Company, 1996, xli.
③ Alan Mintz, *Hurban: Response to Catastrophe in Hebrew Literature*, New York: Columbia University Press, 1984, p. 157.
④ Ilan Avisar, "Personal Fears and National Nightmares: The Holocaust Complex in Israeli Cinema," In *Breaking Crystal: Writing and Memory after Auschwitz*, ed., Efraim Sicher, University of Illinois Press, 1998. 关于"艾赫曼审判"所导致的争论，可参见 Hanna Arendt, *Eichmann in Jerusalem*, revised and enlarged edition, Viking Compass Press, 1965；《耶路撒冷的艾希曼：伦理的现代困境》，孙传钊译，吉林人民出版社，2003。

但确实改变了以色列人对大屠杀业已成形的集体记忆形式。

从意识形态角度来说,"艾赫曼审判"对本-古里安及其政府具有重要的历史意义。一方面,本-古里安试图通过这一审判使整个世界感到有责任支持地球上唯一犹太国的建立,确立以色列作为主权国家的合法性;另一方面,他也希望本土以色列人能够了解大屠杀真相,尤其是要教育年轻一代。[①] 造成本-古里安这种动机的部分原因在于,以色列人分散在世界各地,以色列国缺乏统治力和安全性,其未来无法得到保障。尤其是,由于建国之后的国家政治话语总在宣传大屠杀中的英雄主义,年轻人认为犹太人在大屠杀期间并非是遭屠戮的羔羊,而是像 1948 年"独立战争"[②] 中那样有能力捍卫自身。然而,在审判中,100 多位证人中的大多数并不是隔都战士或游击队员,而是在日复一日的恐惧和屈辱中幸存下来的普通犹太人。作家卡-蔡特尼克便是证人之一,在被问及为何他的书不署真名而用卡-蔡特尼克时,他虚弱地昏倒在地。这一引人注目的事件标志着以色列民族史上一个引人注目的转折点,也标志着集体记忆的重新发现。审判向以色列人揭示了集体屠杀的全部恐怖。作为其结果,以色列年轻一代意识到,犹太人在大屠杀中并没有像在以色列"独立战争"中那样取得以少胜多的胜利,而是像"遭屠宰的羔羊"那样一步步被送进焚尸炉。在强调民族统一与民族自豪感的同时,此次审判还激励幸存者们克服羞耻感,公开自己"在另一个世界"[③] 所经历的苦难过去。在某种意义上,此次审判标志着约 50 万名以色列幸存者融入以色列社会,反映以色列社会对幸存者们表达"你们的经历是我们文化的内在组成部分"的方式。[④]

"艾赫曼审判"不仅使以色列人更为深刻地意识到了历史创伤,同时也使他们改变了建国以来根据国家利益创造的英雄主义幻象,对大屠杀期间"所有形式的反抗"均是英雄行为的说法表示认同。[⑤] 描写大屠杀及其后果的叙事文学也表现这一民族意识形态的转变,对待幸存者和流亡经历的态

---

① 参见 *Israel Government YearBook*, 5722 (1961/62)。
② 以色列人所说的"独立战争"是指 1948 年以色列建国第二天便爆发的第一次中东战争。
③ "另一个世界"是 Ka Tzetnik 135633 对奥斯维辛集中营的一种描述。
④ 感谢本-古里安大学历史系 Hana Yablonka 教授在 2002 年为我们讲授"艾赫曼审判与以色列人记忆"这门课时,将尚未出版的《艾赫曼审判》一书的书稿馈赠与我,此话即引自该书稿。
⑤ 参见 *Israel Studies*, Fall 2003, p. 4。

度亦开始更新。根据希伯来大学谢克德的说法，文学社团和个体作家一样被此次审判吸引，并对种族灭绝的经历反响强烈。从此，出自本土以色列作家之手的作品主人公不光是在犹太复国主义叙事模式中反复重现的英勇战士，受迫害者也相应得到了战士一样的合法地位和同情。[1]

## 三 本土以色列作家的大屠杀书写

在希伯来文学语境中，"本土作家"（the Native Generation Writers）实际上是一个具有文化学意义的概念，是指出生在巴勒斯坦，或出生在流散地但自幼来到巴勒斯坦，在犹太复国主义体制下成长起来的希伯来语作家。第一代本土作家在1930年代崛起，在1950年代称霸以色列文坛。他们多参加过1948年的以色列"独立战争"，主要借助现实主义创作方法反映以色列人为创立新型社会与适应身份转变所做的一系列努力与体验，其作品的主人公主要是新型的战斗着的希伯来英雄，与以往犹太作家塑造的软弱无力的欧洲犹太人形成强烈反差。[2] 这些本土作家虽然没有亲历大屠杀，但相当一部人曾经在战争结束后到欧洲营救那里的犹太难民，大屠杀在某种程度上也是其人生经历中的一个标志。正如前文所说，尽管早在1950年代初期，就有作家曾将笔触伸向"二战"后来到以色列的欧洲难民这个特殊群体，如哈奴赫·巴托夫（Hanoch Bartov）的《人人有六只翅膀》（1954），但这些作家基本上都是按照当时本土以色列人的生存体验与价值判断来要求他们。从这个意义上说，正是"艾赫曼审判"唤起作家对历史浩劫与民族创伤的重新反思。

## 四 欧洲背景下的创伤小说

海姆·古里（Haim Gouri）曾在1947年被派往欧洲，帮助"二战"后欧洲的犹太幸存者偷渡前往巴勒斯坦。同欧洲纳粹集中营幸存者的接触改

---

[1] Gershon Shaked, "Appelfeld and His Time: Transformation of the Eternal Wandering Jew," See *Hebrew Studies*, 36 (1995): 88.
[2] 对希伯来语本土作家及其特质的论述，参见钟志清《变革中的20世纪希伯来文学》，中国社会科学出版社，2013，第205~212页。

变了他对于幸存者的态度。① 他早年的一些诗歌表达了初遇幸存者时的体验,在以记者身份旁听了"艾赫曼审判"后,他发表了著名的报告文学《面对玻璃亭》(Facing the Glass Booth)。在书中他表达了本土以色列人的负疚感:为什么对"二战"中遭屠杀的同胞无动于衷?为什么对回到以色列的生还者幸存下来的经历表示怀疑?这种对遇难者和幸存者所做的道德反省和清醒认识挑战着以色列人的集体记忆方式,并改变了由以色列本土作家开创的文学叙事传统。他的第一部小说《巧克力交易》(1965)② 致力于一种艰难的尝试:通过深入剖析受害人的内心去揭示大屠杀的贻害。③

《巧克力交易》的主人公是两个大屠杀幸存者:卢比和摩迪。他们是老朋友,分别在不同的集中营中幸存下来,"二战"后数月在一个德国大城市的火车站上偶然相遇。表面上看,月台上刚刚抵达这个城市的流浪者把犹太人的形象从大流散时代的"无处藏身"转变为在新的生存挑战下所面临的"无处立足"。进一步说,它反映幸存者试图在新的社会环境中生存下来时不得不面对的困境。在"那里"(战争时期的欧洲)"活着"是如此宝贵,而今"活着"却需要在新的文化语境中赋予新的含义。古里通过表现两位主人公的不同经历和命运,进行着一种虚构的尝试,为原先"悲惨的灵魂"找到适应新世界的方式。

卢比是个有雄心、有信心的实干家,非常渴望新的生活:"我想做点什么。我不想总是让别人照顾。我不想总是在失踪者的名单中寻找自己。我想从这里跳跃到另一个所在。不断地移动改变。给他们看。我将活下去。"为了证明个人的生存价值和新生,卢比积极地找寻亲属,设置重建自身的日程表。叔叔曾经是那座城市中的一位德高望重而富有的律师,卢比希望后者能为他提供帮助。不幸的是,叔叔全家都被遣往死亡集中营。因此,第一道"拯救之门"实际上已经关闭。但他并未放弃,而是继续冲击。尤其是,他从烈火中救出了一个女孩的英勇举动表明曾经历炼狱生活的幸存者的"英雄主义""自我牺牲"精神和对生命的热爱。他性格中的这种非同

---

① 来源于笔者 2004 年 4 月 23 日对作家所作的电话采访。
② Haim Gouri, *Iskat Hashokolad*, Hakibbutz Hameuhad, 1965; Seymour Simckes 的英译本将其翻译作 *The Chocolate Deal*, New York: Holt, Rinehart and Winson, 1968。
③ Reuven Shoham, "Haim Gouri and The Jewish People Who Have Been Seriously Injured," In *AJS Review*, Volume 24, No. 1, 1999; Gilead Morahg, "Israel's New Literature of the Holocaust," *Modern Fiction Studies*, Vol. 45, 1999.

寻常的大胆极大地改变了第一代以色列"本土作家"笔下的幸存者形象。当时普遍接受的观点是：本土以色列人与幸存者是不同的整体，他们是后者的恩人。因此后者被认为是"异类"，过着单调乏味、空虚、寄生和封闭的生活。

充满悖论的是，卢比无法继续自己的道路并获得财富。他救人的英勇举动导致了他的痛苦并使人物间的关系复杂化。他想要钱，因此设计了勒索一位德国医生的计划——后者是他所救的那个小女孩的父亲，通过发布虚假药物公告来影响美国占领军倾销到当地市场上的剩余巧克力的价格。在某种程度上，"巧克力交易"凸显了卢比生存的欲望。随着情节的进展，读者们逐步注意到那个女孩的父亲正是霸占了卢比叔叔房子的人。同时，跟他过从甚密的他叔叔的女仆，现在做着流莺，同时又是德国医生的仆人，是盖世太保集中营的支持者。这里，幸存者在战后欧洲的道德困境以极其尖锐的方式凸显了出来。而"二战"后欧洲不仅成为大屠杀幸存者人生瓦解所需要的一个适当场所，而且也为他们的精神状态提供了外在表现形式。①

因传统犹太价值的沦落而产生负罪感，导致了幸存者的精神冲突，小说中摩实克的死具体体现了这一点。摩实克乃摩迪之友，一个能"美化世界"并给生命带来"力量与欢笑"的"伟大的人"。摩实克的才干和能力迷住了摩迪。他"多愁善感"但具有"人格分裂"倾向，一直保持着对死难犹太同胞的忠诚，而这种忠诚则被证明同死亡必然地联系在一起。内向的摩迪在"一个混乱的世界"中感到无能为力，在这个世界上，"甚至连鸟的歌唱都似乎是罪恶的帮凶"，"春雨帮忙抹去了犯罪的脚印"，"青草同坏人立有契约，而彩虹在太阳和雨空中是个恶毒玩笑"。因此，对摩迪来说，生存意味着必然要与谋杀者及其帮凶同流合污。此外，作者还描述了来自这个世界的敌意。令人震惊的例子是，人们甚至怀疑卢比冒险从火中救出那个小女孩是为了"钱"或"出名"。甚至连自认有进取心和有想象力的卢比本人也说，"我来到这里是个错误"。

摩迪死于他精神探险的中途，或许这是他卸下过去包袱和现在压力的唯一方式。只有通过死亡，他才能保持在集中营那些惊恐和惧怕的极端日子里未曾消失的正直与诚实，捍卫传统的犹太价值。相形之下，活着的卢比只能不停地寻找物质上的成功，而这一点直到小说结尾都悬而未决。结

---

① 参见 Eslie Cohen 评论 *Chocolate Deal* 的文章，*Jerusalem Post*, January 20, 2000。

果，两位主人公都不能在后大屠杀时代的欧洲文化环境中承受过去所经历的痛苦。作者或许在暗示，个人的创伤可能只有在以色列的土地上才能被医治，至少是被缓解或转化。

与古里同时期的另外一位通过把自己的小说背景置于欧洲而建立了本土以色列人与欧洲犹太人联系的作家是哈努赫·巴托夫。巴托夫于1926年生于一个虔诚的宗教之家，在"二战"中曾在犹太旅，即特种部队中服役。根据在欧洲的经历，巴托夫创作了《特种部队》（1965）。①

《特种部队》是一部半自传体的第一人称叙事作品。叙述人同时也是主人公的艾力沙·克鲁克是一个18岁的本土以色列人。克鲁克被编入了英国军队中的巴勒斯坦团。像其他以色列年轻人一样，他希望积极地投身到反抗民族敌人的斗争中去。但当他们的连队刚刚抵达意大利，还没有跟德国军队交火时，纳粹就宣布投降了。因而小说是从战争结束写起。小说的情节沿着两条线索展开：一条是克鲁克对和他青梅竹马的女友诺佳的苦苦思念并产生焦虑，而后者对他并不忠贞，还差点儿在他在欧洲期间另嫁他人；另一条是随着他同幸存者和迫害者在历经战乱的欧洲废墟上相遇，对大屠杀这一历史事件逐渐认知。后者导致了他真诚的灵魂探索：一方面是作为本土以色列人的个体意识和少年英雄主义；另一方面是作为犹太人的沉重集体回忆和民族耻辱。一种对于民族创伤及其后果的新的理解在这种自我探究的过程中，在以色列希伯来人和被迫害的欧洲犹太人之间的联系中展现出来。

以色列希伯来人与欧洲犹太人之间的联系在同各式各样难民们的相遇中获得了意义。例如，他们遇到一群来自劳动营的虔诚的匈牙利裁缝。后者在安息日餐桌上唱着传统的关于弥赛亚降临和重返"应许之地"的赞美诗。"他们亲吻我们，拿起我们的帽子，检查我们制服的衣料，看我们的徽章，高兴地把弄我们的冲锋枪，并要求我们立刻带着他们走。"巴勒斯坦对那些饱经风霜的犹太人来说仍然是再生的精神象征。然而，这些巴勒斯坦来的犹太人尚未得到官方许可，让那些匈牙利人大失所望，进而产生了负罪感。很可能这些匈牙利人将像海姆·古里作品中的英雄们一样仍然生活在一个危险的世界中。小说结尾之际，克鲁克在难民中发现了一个真正的

---

① Hanoch Bartov, *Pitzei Bagrut*（Tel Aviv: Am Oved, 1965）, Trans., David Simha Segal, *The Brigade*, New York: HRW, 1968.

亲戚。当听亲戚不停地讲述他那"令人骄傲的"、因在焚尸房干活而幸存下来的故事时，克鲁克的热情、他试图分担他痛苦的愿望化为乌有。据作者自述，近20年间他一直努力摆脱那段记忆。这种试图去了解幸存者但又不敢直面其现状,[①] 暗示着作者在面对民族历史创伤时的心灵冲突，从这个意义上说，作家同幸存者建立联系的努力充满了矛盾。

## 五 回归过去的记忆之旅

耶胡达·阿米亥（Yehuda Amihai）、丹·本-阿莫茨（Dan Ben-Amotz）生于欧洲，在德国度过了童年时光，"二战"前便随家人来到当时的巴勒斯坦地区，在犹太复国主义教育的背景下成长起来，因而可被称作拥有本土以色列人意识和行动的人，他们参加过1948年的"独立战争"，其早期创作表明他们亦属于以色列本土文化的创建者，尽管论起文学辈分与创作气质，阿米亥更接近1960年代崛起文坛的第二代以色列作家。随着在"艾赫曼审判"后对历史创伤的进一步认知，以及对以色列与德国关系的不断关注，他们也像许多以色列人一样，为以色列国经济的振兴要依靠德国赔偿这个事实所困扰。从历史上看，以色列和联邦德国在1952年签署了索赔协议，远远超前于以色列社会和以色列人的心理承受能力。阿米亥的《并非此时，并非此地》（1963）[②] 和本-阿摩茨的《记住，忘却》（1968）[③] 两部长篇小说便是在这样的社会语境下开创了大屠杀文学中回归过去的小说模式。

《并非此时，并非此地》的叙事背景在以色列的耶路撒冷和德国的温恩贝格小镇之间交替转换。过去与现在，记忆与现实交织在一起。耶路撒冷是一个现实的世界，主人公约珥是希伯来大学一位年轻的考古学家，其职业与挖掘过去有着某种暗合。他和许多同龄以色列人一样，为和家人一起逃离了大屠杀而感到负疚，这种负疚感导致了他的精神危机。他童年时代的心仪伙伴露丝及全家均在德国被杀死，而他目前的妻子也叫露丝，同过去建立了一种象征性的联系。约珥母亲也得到了德国的赔偿。整个世界对

---

[①] Robert Alter, "Confronting the Holocaust," in *After the Tradition*, New York: E. P. Dutton & Co., INC, 1969, p.172.
[②] Yehuda Amihai, *Lo Me-Achshav lo Mi-kan*. Schochen, 1963.
[③] Dan Ben-Amotz, *Lizkove-Lishkoah*. Amikam, 1968.

约珥来说一片虚空。

约珥试图通过返回德国的方式，同过去建构联系，弄清露丝是怎么死的，了解杀害露丝的刽子手的现状，以便寻求复仇方式。但是，旧日露丝居住的房子而今已经是一片废墟。敬老院里的幸存者已经习惯接受痛苦。更富有反讽意味的是，主人公是为了仇恨才抵达德国，但是不知如何去恨。他只有在选择了爱并且放弃仇恨之后方能设法找到自己。阿米亥并非土生土长的以色列人，但是作为以色列"独立战争"中的一个战士，他试图通过呼唤民族带有英雄主义色彩的辉煌过去，恢复犹太人固有的生存"圆周"。痛苦的过去又一次与当下的民族生存与建构等社会话语联系在了一起。

丹·本–阿莫茨的《记住，忘却》通过描绘主人公从向德国索赔到"艾赫曼审判"前夕这一特定的历史时期内所进行的灵魂身份探索，将以色列的大屠杀问题予以升华。主人公尤里·拉姆在以色列躲过了犹太人在欧洲所罹患的灾难，但家里的大部分人均死于纳粹之手。从小说开篇，第一人称叙述人便澄清了他本人对索赔的抵触态度、索赔事件引起他强烈的道德冲突，以及他要赴德国旅行的决定。

与耶胡达·阿米亥笔下的约珥相似，本–阿莫茨小说的主人公拉姆的德国之行也是一次记忆之旅。拉姆的身份至少包括三个层面：既是20世纪50年代的年轻以色列人，又是在战争中失去家庭的犹太受难者，同时还是有权利提出索赔的人。后两者之间有着密切关联。一个年轻国家里成长起来的年轻以色列人所应具备的自尊，以及失去家人的痛苦，导致他有意识地回避过去。他焚烧家人的照片和书信，试图忘却过去。甚至想通过更名换姓，把自己塑造成一个以色列新人。若是有人问他的出生地在哪里，他便毫不犹豫地回答说特拉维夫，闭口不谈欧洲出生地。

以色列向德国索赔的这一决定，无疑在道义上成为拉姆个人索赔的一个支点，他相信正义就在自己一方。然而他没有勇气承认索赔。这是一个悖论。作为受难者的后代，他有权利得到赔偿。但问题是金钱是否可以抵偿罪孽。一个幸存者在收到用亲人鲜血换来的金钱时，怎能摆脱负疚感？类似的个人痛苦贯穿整部作品，与以色列的集体创伤交织在了一起。那些在年幼之际便被带到巴勒斯坦的犹太人早已经被按照犹太复国主义的理念塑造成以色列希伯来人：在土地上劳作，在军队里服务，在"独立战争"中作战。现在又是同一批年轻一代人返回德国，接受战争赔偿。有些人颇具疑虑：不知其是否有权利为了那无法估量的暴行索要赔偿。

本-阿莫茨在索赔问题上表现民族权利和个人道德信仰之间的冲突。结果，主人公拉姆与欧洲和德国的具体接触加剧了其内在冲突。拉姆一踏上欧洲土地，就不得不一次次地记起他曾设法忘却的痛苦过去。比如，他在意大利遭到抢劫后，曾到警察局申诉，交代出生地、出生时间、父亲姓名、母亲出生地等一系列举动唤起了他对希特勒和战争灾难的回忆。在火车上与德国士兵的相遇触及了这样一个话题：那就是，受难者与使人沦为受难者的第二代之间是否可以进行沟通。主人公在想象：德国年轻人一定感到这种沟通是无法进行的。"一个刽子手的儿子怎能对受难者的儿子说'我很抱歉我父亲杀死了你父亲'？"

作为受难者的后代，主人公拉姆同昔日刽子手后裔的真正交锋通过他同美丽的德国姑娘芭芭拉的交往展开。在拉姆的想象世界里，芭芭拉的父亲曾经和纳粹合作过。两个版本的德国就这样在他眼前交织：一方面，是对犹太民族犯有罪行的德国纳粹；另一方面是"另一种类型的德国人"，真正的德国人，值得爱戴的德国人。在拉姆的内心深处，芭芭拉是这两种德国人的具体化体现。芭芭拉既是个迷人的姑娘，又是总体上杀害拉姆家人与同胞的刽子手们的女儿。拉姆的犹太人身份，促使他在自己和芭芭拉的婚礼上悄声称一个年迈的客人为纳粹，甚至趁酒醉之机命令岳父坦白在战争期间做了什么。芭芭拉本人承受着同样的痛苦，因为父母反对她和一个犹太人交往。这对年轻人的爱情生活就这样蒙上了一层阴影。这既是他们个人婚姻生活中无法回避的矛盾，也是他们那代人所面临的共同挑战。拉姆梦中经常出现"集中营"和"烟囱"等意象。只有爱情和芭芭拉始终不渝的支持才促使他渐渐不对自己犹太人的身份进行否认，重新审视给个人和整个民族带来不幸遭遇的无法忘却的过去。与此同时，其他以色列人选择留在德国这一举动也让他感到困惑。历经如此众多的恐惧和死亡，他难以理解德国的这些犹太人怎能愿意与刽子手共同生活，把德国当成自己的祖国。

小说结尾的处理显得颇为意味深长，主人公拉姆和岳父达成了新的谅解，后者为在战时对犹太人的苦境袖手旁观感到内疚。最后，主人公和他德国妻子的新生儿出生在耶路撒冷。那天恰逢艾赫曼遭到逮捕的消息向国人公布。这样的结局对刽子手和受难者来说标志着一个新的开端，正如作家所说，或许是"新篇章的开始"。新生儿在某种程度上象征着受难者与迫害者的重新组合，这样的重构似乎预示着作家对未来的某种期待，也给读者留下了如何面对历史创伤的思考。

## 六 结语

"艾赫曼审判"是以色列社会重新建构大屠杀集体记忆的一个转折点。文学社团与个体作家均对审判极其关注,并对种族灭绝的体验反响强烈。古里与巴托夫两位本土以色列作家没有直接的大屠杀体验,只是在第二次世界大战后同幸存者有过接触,因审判进一步见证了民族苦难,试图在他们以欧洲为背景的小说中重建同大屠杀幸存者内心世界的联系。《巧克力交易》反映了幸存者在欧洲生存状况的困境,《特种部队》则创造了新旧犹太人之间并不成功的联系。阿米亥与本-阿莫茨虽然没有亲历大屠杀,但均根系欧洲,均有亲人在战时浩劫中丧生,则分别在《并非此时,并非此地》与《记住,忘却》中致力于描写童年记忆与家庭的失落,披露幸存者及其后裔试图重新塑造身份的艰难,甚至比前辈走得更远:反映受难者与迫害者如何共同面对历史创伤与未来的期待。总体上看,这些不同类别的作家都在不同程度上经历了以色列国家对大屠杀历史与大屠杀记忆的重新塑造过程,逐渐克服个人心理障碍与社会话语禁忌,拉开距离审视大屠杀给整个民族心理带来的创伤。无论是象征小说还是史实记录,无论是家庭传记还是历史故事,无论是欧洲背景小说还是背景在以色列与德国之间转换、回归过去的记忆之旅,均展现出大屠杀历史事件及余波给犹太人造成的一种无法摆脱的痛苦体验。犹太人的历史创伤就这样成为本土以色列人文化的组成部分。需要指出的是,上述几位作家的创作只是展示了1960年代大屠杀文学书写的某些面向,同时代的本土作家如康尼尤克(Yoram Kaniuk)与奥兹(Amos Oz)分别在1960年代末期和1970年代初期涉猎这一题材,甚至在打破主题与表现手法禁忌方面有重要突破。与此同时,大屠杀幸存者作家也逐渐打破沉默,诉说个人苦难与民族创伤。限于篇幅,那将是另一篇文章中有待探讨的话题。

# "由侧面切入"：历史创伤与叙事模式

## 裴尼柯（Nicoletta Pesaro）*

**摘要**：本文以意大利作家卡尔维诺提出的"由侧面切入"历史的观念为例，探讨文学表现人的心理活动的一些方式，特别是文学如何通过特定的叙事模式表达一些创伤性事件。卡尔维诺以儿童为主要叙事视角的策略，也是中国新时期以来的一些小说的突出特点。通过对这些作品和卡尔维诺作品的比较分析，本文试图阐述叙事模式、历史暴力及创伤书写之间的关系。本文试图回答的是，在面对历史的暴力和社会与个人的痛苦的时候，不同文化、不同作家是否会采用不同的表现策略和方法？王朔、莫言和苏童的作品也经常采用"以一个孩子的眼睛来观察"这种叙述策略，那么，我们可不可以将卡尔维诺的客观化叙述风格与这些中国当代作家进行比较？

**关键词**：历史　创伤　叙事模式

**Abstract**: In this paper I explore the role of literature in re-formulate human psychological world, re-shaping historical factual events—especially traumatic ones – into their fictional transposition in narrative, particularly focusing on Italian writer Italo Calvino's concept of "oblique" description of history. This narrative strategy based on the child-perspective is also one of the major features of some Chinese novels during the post-Mao era. Through a structural comparison we can draw some hypotheses on the relationship between narrative patterns and the representation of historical violence and

---

\* 裴尼柯（Nicoletta Pesaro），威尼斯大学亚洲与北非学院副教授。

trauma. Do different cultures and different literatures adopt different strategies in reproducing human mind's reactions when subjected to violence and sufferance? Is it possible to compare Italo Calvino's objectified, indirect narrative style with some narrative patterns adopted by Mo Yan, Su Tong and Wang Shuo?

**Keywords**: history  trauma  narrative patterns

在思考历史创伤与文学叙述的关系时，我认为王德威教授写的一篇文章很值得引用，特别是他文中的一句话："现代历史中的种种运动只是有迹可循的症候，却无从解释一代中国人疗之不愈的创痕。"[1] 虽然他指的是余华小说的一些方面，但是我认为这句话也能体现当代中国文学的一个重要特点。在古代西方文化中，早就认为文艺中的悲剧是人类宣泄、净化的工具。那么，中国当代文学如何承担这种净化功能？

本文尝试探索小说表现人的心理活动的一些方式，特别是小说如何通过特定的叙事模式来表达一些创伤性事件和对这些事件的反应。新叙事学（new narratology）理论[2]特别强调所谓"虚构头脑"（fictional minds）[3] 在叙述中的作用，换句话说，在小说里，人物的心理活动可以生动地再现个人或集体（"社会"）[4] 头脑的运作。

在阅读小说时，读者的头脑不断地建造一个虚拟世界，各个人物的思想、话语和动作都可以给读者提供新的材料来完成她或他头脑中的建造过程。作家提供的各种各样的细节帮助读者塑造历史和社会上发生的大大小小的事件，包括创伤性事件，如战争、暴力、折磨等。我的研究以新叙事学为分析方法，试图解码叙述创伤性事件的一些策略。

像"二战"后的欧洲小说一样，中国当代也有很多作品通过一些特殊

---

[1] 王德威：《伤痕即景，暴力奇观》，《读书》2001年第9期。
[2] 参见〔美〕戴卫·赫尔曼主编《新叙事学》，马海良译，北京大学出版社，2002。
[3] Alan Palmer, *Fictional Minds*, Lincoln and London, University of Nebraska Press, 2004.
[4] Social mind "社会头脑"，这种概念指的是叙述过程中所表现的集体思想，就是不同的人物在相互活动时所共同组成的心理活动。"〔in〕fictional narrative 〔...〕, just as in real life, 〔...〕 much of our thinking is done in groups, much of the mental functioning that occurs in novels is done by large organizations, small groups, work colleagues, friends, families, couples, and other intermental units", Alan Palmer, *Social Minds in the Novel*, Columbus, The Ohio State UP, 2010, p. 3. 我认为这个概念可能比较适合分析中国小说的一些特点。

的叙事模式来表现悲剧与创伤。无论在哪个国家、哪个时代,文学与创伤都会或多或少地发生关系。因此,在这篇论文中,除了依靠一些新叙事学理论外,我还会用比较文学的方法来解读中国当代小说的一些叙事模式,目的在于探索中国当代小说采用何种技巧去创造创伤文学或文学里面的创伤成分。

意大利著名作家伊塔罗·卡尔维诺(Italo Calvino, 1923~1985)自20世纪80年代以来一直对中国文学有很大影响。早在他的处女作《通向蜘蛛巢的小径》(1947)中,他对历史和文学之间关系的思考就已经很成熟了。1964年,卡尔维诺又出版了小说的修整版,并写了一篇很有名的自序,这个自序为本文提供了不少启发。他在自序中声称:

> 历史对文学的影响是间接的、缓慢的,而且经常是矛盾的。我很清楚,许多伟大的历史事件并没有产生伟大的小说就过去了,这种情况甚至出现在杰出的"小说世纪"。我也知道从来没有人写过意大利民族复兴运动的伟大小说。……但是我认为,凡是作为一个历史时代的证人和当事人的人,都会感到一种特殊的责任……对我来说,这种责任最后让我觉得这个命题太严肃太沉重了。正是为了避免它的约束,我决定面对它,但不是正面,而是由侧面切入。[1]

在中国新时期小说中,历史的叙述保持着中立地位。而且,我们可以找到很多对历史大事件造成的身体与心理痛苦的描写,不但在较早出现的伤痕文学中,而且在寻根、先锋和新历史小说中,都有各种对痛苦、暴力和创伤的描述。我们不妨自问:在不同文化、不同文学传统里,作家在面对历史的暴力和社会、个人的痛苦时,是否采用不同的表现策略和方法?反过来说,西方与中国的叙述中是否存在共同的表现方法?

根据经典叙事学,包括人物感情、感受和创伤经验在内的内心生活,基本上表现为叙事者的心理描写或人物的对话、内部语言等。以传统西方叙事学的观点,中国小说大部分采用的是直接引语,而且在"五四"之前基本上没有采用明显的内部语言的技巧,虽然20世纪上半叶一些作家进行

---

[1] 〔意〕伊塔罗·卡尔维诺:《通向蜘蛛巢的小径》,前言,王焕宝、王恺冰译,译林出版社,2012,第9~10页。

了大量试验,① 但是西方的意识流（stream of consciousness）到了 70 年代末才出现在王蒙的作品中。②

赵毅衡（Henry Zhao）在他的 The Uneasy Narrator 里指出，晚清以来，中国小说人物的心理状态越来越多地被直接描写在文本里，③ 到了"五四"时期，很多作家已经善于通过间接引语描述人物的心理活动了。他认为，间接引语这种叙事技巧是中国古典小说和现代小说之间的主要区别。④ 总的来说，赵毅衡还是根据传统叙事学以语言和口头表现作为小说里表达心理活动的主要手段。

其实，目前一些学者认为，"小说里面所进行的思维活动大部分是有意图的、有倾向的社会相互活动"。⑤ 为了更加深入地研究小说中的心理描写和创伤的叙述，新的叙事学和所谓认知叙事学（neuronarratology）已经给了我们不少启发，并且提供了分析手段。比较文学学者凯西·卡露丝（Cathy Caruth）提醒我们："像精神分析一样，文学感兴趣的是有知觉和无知觉之间的复杂关系。"⑥ 著名的神经科学家安东尼奥·达马西奥（Antonio Damasio）有如此的说法："意识是作为感情开始的。"⑦ 这些认知科学家认为，除了词语以外，人的心理活动更多地表现于非口头的语言，或者引用美国学者艾伦·帕默尔（Alan Palmer）的话：

> 许多发生在人物的头脑中的现行意识的插曲并不是内部语言（inner speech）。请你考虑这句话："他突然感到很郁闷。"这种心理现

---

① 鲁迅、郭沫若、郁达夫、老舍以及新感觉派等作家在不同的程度上和以不同的手段都进行了试验，为了革新表达人物心里活动的叙事技巧。

② Leo Tak-Hung Chan, "First Imitate, then Translate: Histories of the Introduction of Stream-of-Consciousness Fiction to China," *Meta: journal des traducteurs / Meta: Translators' Journal*, vol. 49, 2004, pp. 681–691.

③ Henry Zhao, *The Uneasy Narrator: Chinese Fiction from the Traditional to the Modern*, Oxford UP, 1995, p. 108.

④ Henry Zhao, *The Uneasy Narrator: Chinese Fiction from the Traditional to the Modern*, p. 111.

⑤ "Much of the thought that takes place in novels is [...] purposeful, engaged, social interaction." Alan Palmer *Fictional Minds*, p. 59.

⑥ "Literature, like psychoanalysis, is interested in the complex relation between knowing and not knowing." Cathy Caruth, *Unclaimed Experience: Trauma, Narrative, and History*, London and Baltimora, Johns Hopkins University Press, p. 3.

⑦ Alan Palmer, *Fictional Minds*, p. 98.

象包括心情、欲望、感情、感觉、视觉形象、注意力和记忆。①

根据帕默尔的"虚构头脑"理论,人物的心理活动(感情、思想)在小说里大部分是以非口头信息表现的。他强调的是人的意识中的非口头方面。更具体地说,在小说里面,我们可以通过人物对外部世界的一些体验,比如"视觉,声音,气味,滑溜的、拙劣的感觉,冷热感觉,四肢的姿势",② 来解读人物的头脑。

卡尔维诺采用的叙述方式往往是非口头式的,他靠人物对外部世界的反应(感觉、表情、行动)③ 来表现他们的内心世界。

在卡尔维诺的很多小说里,叙事角度都主要安排在知识有限的小孩子身上,然而所描写的人际世界格外生动、复杂,读者通过小孩子简单、幼稚的目光也能介入不同性格、不同命运的人物世界里。这个世界按照新叙事学可以称作 storyworld,即"故事世界"。所谓"故事世界"就是"通过语言创建的、被文化常规保证的可能性世界"。④ 它就是现实和虚构之间的一种桥梁。阅读一部小说的时候,我们的脑子里都会形成一种"故事世界"。换句话说,为了理解小说里的故事,我们必须把它跟外部世界、跟现实连接起来。无论小说里有多么荒唐、多么传奇的成分,读者也都会不同程度上把故事里的人物和事件跟自己的实际

---

① "Many of the episodes of current consciousness that occur in characters' minds are not inner speech. Consider, 'He suddenly felt depressed.' Examples of such mental phenomena include mood, desires, emotions, sensations, visual images, attention, and memory." Alan Palmer, *Fictional Minds*, p. 58.

② "[E]xperiences of the 'external' world such as sights, sounds, smells, slippery and scratchy feelings, feelings of heat and cold, and of the positions of our limbs." Daniel Dennett, in Alan Palmer, *Fictional Minds*, pp. 98-99.

③ "[E]xperiences of the purely 'internal' world, such as fantasy images, the inner sights and sounds of daydreaming and talking to yourself, recollections, bright ideas, and sudden hunches"; and "experiences of emotion or 'affect'... ranging from bodily pains, tickles and 'sensations' of hunger and thirst, through intermediate emotional storms of anger, joy, hatred, embarrassment, lust, astonishment, to the least corporeal visitations of pride, anxiety, regret, ironic detachment, rue, awe, icy calm." Daniel Dennett, in Alan Palmer, *Fictional Minds*, p. 99.

④ Storyworlds are possible worlds that are constructed by language through a performative force that is granted by cultural convention. When a third-person narrator makes a statement about a character it is, according to speech act theory, a performative utterance: it creates what it says in the act of saying it." Palmer, *Fictional Minds*, p. 33.

经验连接起来。①

创伤是人们生活中的一种很普通的经验:在所有时代,特别是大事件发生的时代,人们都会遭受身体或心理上的创伤。在卡尔维诺的小说里,主人公皮恩(Pin)是"二战"中意大利的一个没有父母的小孩,他唯一的姐姐靠卖淫为生。他独自长大,很少跟同龄人玩耍,基本上生活在一个由成人组成的世界。在大胆地把跟姐姐睡觉的德国军人的手枪偷走以后,他很快就加入了游击队,并拥有了最具冒险性和英雄性的战斗经验。

我的研究针对以下几部小说:卡尔维诺的《通往蜘蛛巢的小径》(1946年出版)、莫言的《红高粱家族》(1987)、苏童的《1934年的逃亡》(1987)和王朔的《动物凶猛》(1991)。通过对上述三篇中国小说和卡尔维诺小说之间的比较分析,我会触及以下三个问题:第一,叙述者、视角和历史的讲述;第二,"社会上一群人的头脑"和"个人头脑";第三,叙事小说的主要功能之一就是讲述创伤,以及讲述创伤的意义和策略。

## 一 叙述者、视角和历史的讲述

卡尔维诺以伟大的意大利抗战历史作为背景,讲述了一批普通人的小故事,皮恩和他的游击队里的伙伴算是那场伟大历史的缩影。他在小说的自序中强调,历史,尤其是伟大的、创伤性的历史事件,不适合以直接的叙述方式去面对,而应该"由侧面切入"。对于叙事技巧,卡尔维诺选择了一种新颖的策略:

> 一切都应发生在一个顽童和流浪汉的环境中,以一个孩子的眼睛来观察。我虚构了一个发生在游击战争边缘的故事,与英雄主义和牺牲精神无关,却传递了它的色彩、节奏、辛酸的味道……②

他利用儿童视角,是为了和那段历史保持必要的距离,作家称,"第二次世界大战结束后,我试着用第一人称或用一个与我相似的主人公来记述游

---

① "Readers gain access to this storyworld primarily by trying to follow the workings of the minds of the characters described in it, and, in particular, by following how these characters try to follow the workings of each other's minds." Alan Palmer, *Social Minds in the Novel*, pp. 53-54.
② 〔意〕伊塔罗·卡尔维诺:《通向蜘蛛巢的小径》,前言,第10页。

击队的经历",但是:

> 我一直不能完全控制我的情绪和思想上的波澜,总出现某些走调的东西,我的个人经历似乎平庸而渺小;当我面对所有我想说的,我的内心充满了矛盾情结和压抑感。当我写到没有我的故事时,一切都运转正常,语言、节奏、裁剪都很得当有效。……我开始明白,小说越写得客观匿名,就越是我的。①

他还解释作者的自我和角色之间的象征性关系:

> 我后来才明白——小说主人公和我之间的认同关系变得复杂了。少年皮恩这个角色和游击战争之间的关系,象征性地对应了我自己和游击战争之间的关系。作为少年的皮恩面对难以理解的大人世界所处的劣势,对应着作为小资产阶级的我在相同处境中所感到的劣势。……从我个人而来的故事,它才重新成为我自己的故事。②

卡尔维诺在这篇短文中很清楚地解释了第一人称和第三人称之间的区别。他认为在叙述跟自己有密切关系的经历时,作家对第一人称的控制不如对第三人称的控制那么稳定。在小说中,虽然叙述者是全知的第三人称,但是视角基本上采用小孩的角度。

卡尔维诺认为,儿童视角能够更好、更自然地表达人们对历史创伤的一种态度:小说中比较能够代表卡尔维诺本人思想的是一个叫吉姆(Kim)的游击队员,他用这样的话来描写人们的创伤和恐惧:"人总是把自己在儿童时代的恐惧一辈子都埋在心中。"③ 叙述(记忆)对一个作家所起的作用,便像游击战争对游击队员所起的作用一样:"我们每人都有别人不知道的创伤。我们战斗就是为了摆脱这个创伤。"④ 在这里,卡尔维诺似乎暗示作家有时也是为了摆脱创伤而写作。

---

① 〔意〕伊塔罗·卡尔维诺:《通向蜘蛛巢的小径》,前言,第 18~19 页。
② 〔意〕伊塔罗·卡尔维诺:《通向蜘蛛巢的小径》,前言,第 19 页。
③ 〔意〕伊塔罗·卡尔维诺:《通向蜘蛛巢的小径》,第 121 页。
④ 〔意〕伊塔罗·卡尔维诺:《通向蜘蛛巢的小径》,第 123 页。

像卡尔维诺一样，莫言、苏童和王朔也都采用了儿童视角或儿童叙述来讲述创伤，但是采用的是第一人称叙述。我把这些作品的叙述和视角通过表1概括起来。

表1　采用了儿童视角或儿童叙述方式的作品

| 作　品 | 人　称 | 叙述者 | 视　角 | 主要视角人物 | |
|---|---|---|---|---|---|
| 《通向蜘蛛巢的小径》 | 第三 | 异故事叙述者 | 儿童视角 | 皮恩 | 叙述≠视角 |
| 《红高粱家族》 | 第一 | 异/同故事叙述者（孙子） | 儿童视角+多元的叙事视角 | 父亲等人物 | 叙述≠视角 |
| 《1934年的逃亡》 | 第一 | 同故事叙述者（我） | 儿童视角+多元的叙事视角 | 蒋氏等人物 | 叙述≠视角 |
| 《动物凶猛》 | 第一 | 同故事叙述者（我） | 儿童视角 | 我 | 叙述＝视角 |

通过分析上面的表格，我们可以发现一个突出的特点，即叙述和视角经常是不统一的，比如说，《红高粱家族》的叙述者"我"是家族的孙子，而视角经常转换到别的人物身上。这种选择的效果是故事里的内心世界"都是通过大量的感觉描写由人物的自我意识展露的，显得真实而厚重"。①

卡尔维诺是为了和创伤保持距离而采用第三人称。莫言是把家族的历史和记忆作为面对创伤的一种手段：《红高粱家族》中的"我"生活在另一个时代。创伤性事件和回忆之间隔着比较长的时间。属于"奶奶"和"父亲"前辈的人物都被莫言描写成超人或史诗性的英雄，而"我"这一代则代表着普通人对于历史创伤的恐惧。在叙述这些事情时，"我"感到自己不如祖父那一代，是个软弱而充满恐惧的人。因此，莫言采用儿童叙述来表现对暴力、战争的无奈。只有依靠对家族的回忆和历史感才能帮小孩（普通人）克服脆弱和恐惧感。

如果说莫言是以"寻根"来讲述创伤，相反，苏童和王朔共同采用的是用"失根"来描写创伤。在《1934年的逃亡》和《动物凶猛》里，第一人称叙述者最后还是使阅读者感到他是不可靠的，历史根本无法讲清。比方

---

① 高选勤：《莫言小说的叙述语言与视角》，《写作》2001年第11期。

说，在苏童的小说里，叙述者说他自己"沉默寡言"，他的父亲也是个"哑巴台"。① 父子之间很长一段时间里无法沟通。除了逃亡外，"失根"的另一种象征是城市和枫杨树之间难以缩短的距离。家族的成员都是在"回归的路途永远迷失"。

> 我的枫杨树老家沉没多年，
> 我们逃亡到此。
> 便是流浪的墨鱼，
> 回归的路途永远迷失。②

王朔小说的主人公，一方面感到很强烈的"失根"感，另一方面，在叙述自己的往事、讲述自己的青春期时，完全承认自己是个"不可靠的叙述者"：

> 我发现我又在虚伪了。开篇时我曾发誓要老实地述说这个故事，还其以真相。我一直以为我是遵循记忆点滴如实地描述，甚至舍弃了一些不可靠的印象，不管它们对情节的连贯和事件的转折有多么大的作用。
>
> 当我想依赖小说这种形式说真话时，我便犯了一个根本性的错误：我想说真话的愿望有多强烈，我所受到的文字干扰便有多大。我悲哀地发现，从技术上我就无法还原真实。③

## 二 个人的头脑和一群人的头脑

在分析这些小说时，我们发现对创伤的讲述不断地在社会和个人之间移动，个人的痛苦和失望经常代表着集体的痛苦和失望。而且卡尔维诺所采用的写作方法是通过非口头手段来表达人物的心理。

不同创伤的缘故、个人或社会所遭受的创伤，可以通过以下表2来

---

① 苏童：《1934年的逃亡》，《苏童文集——世界两侧》，江苏文艺出版社，1993，第94页。
② 苏童：《1934年的逃亡》，第95页。
③ 王朔：《动物凶猛》，《顽主》，天津人民出版社，2011，第366页。

显示。

表 2  记载创伤的作品

| 作　品 | 创伤缘故 | 社会的创伤 | 个人的创伤 | 社会/个人 |
|---|---|---|---|---|
| 《通往蜘蛛巢的小径》 | 战争，民族历史，青春期 | 战争，民族历史 | 青春期，欲望，孤独 | 寻根 |
| 《红高粱家族》 | 战争，民族历史，欲望 | 战争，民族历史 | 暴力，欲望 | 寻根 |
| 《1934 年的逃亡》 | 家族病态，对命运无奈的伤感，失根 | 民族历史，阶级冲突 | 暴力，欲望，失根 | 对命运无奈的伤感，失根 |
| 《动物凶猛》 | 青春期，欲望，孤独，失根，暴力，"文革" | "文革"，暴力 | 青春期，欲望，孤独，失根 | 失根，暴力 |

在《通向蜘蛛巢的小径》里，作家描写的不只是一个小孩个人所遭受的创伤，而是游击队里的所有伙伴、小镇里的所有居民甚至整个意大利人所遭受的创伤。这是因为，卡尔维诺感兴趣的不是单独的、个人的命运，而是每个人加在一起的命运和疼痛。换种说法，他关心的是历史对人也包括对个人造成的创伤。而且他在这部小说之后发表的三部曲《我们的祖先》[①] 中，更强烈地证明，对历史的思索、对伤痕的叙述不能不从个人的问题开始。而且他还强调采用的叙事方法应该"由侧面"、以含蓄方式切入历史。卡尔维诺在《通向蜘蛛巢的小径》自序里强调说："这是'我的'经验，比别人多几倍的经验。"[②] 小说可以通过历史上关键时期的个人经验，来叙述集体的经验。而且，像卡尔维诺所说的那样，叙述经常是通过非口头手段来表达人物最深的思想和感情：《通向蜘蛛巢的小径》里读者主要是通过人物的动作和会话去了解他们的心理，作者并没有采用内部语言或意识流的模式。比如，皮恩的孤独感是如此描写的：

现在，皮恩只能进到烟雾腾腾的酒店，对那些男人说些下流事情和

---

[①] 〔意〕伊塔罗·卡尔维诺：《我们的祖先》，蔡国忠、吴正仪译，工人出版社，1989。
[②] 〔意〕伊塔罗·卡尔维诺：《通向蜘蛛巢的小径》，前言，第 19 页。

从未听过的骂人话，直到弄得他们变得疯狂，打起架来。唱些动人的歌曲，折磨自己，甚至哭起来，使他们也哭起来。编些笑话，做些鬼脸，使他们开怀大笑，所有这些都是为了减轻晚上积郁在自己心中的孤独感，像那天晚上一样。①

这种描写手法，就是由侧面切入个人的心理、切入往事的记忆，不用语言而是用动作描写人物的疼痛和创伤。

在王朔的小说中，我们也可以找到相似的描写，虽然采用的是第一人称，但是叙述者也是通过对动作和感觉的描写来表达自己的情绪：

我就那么可怜巴巴地坐着，不敢说话也不敢正眼瞧她，期待着她以温馨的一笑解脱我的窘境。有时她会这样，更多的时候她的目光会转为沉思，沉溺在个人的遐想中久久出神。这时我就会感到受了遗弃，感到自己的多余。如果我当时多少成熟一些，我会知趣地走开，可是我是如此珍视和她相处的每分每秒，根本就没想过主动离去。②

在小说中，像下面这样的直接表达心理状态的段落是比较少见的："为什么我还会有难以排遣的寂寞心情和压抑不住的强烈怀念？为什么我还会如此敏感、如此脆弱？"③

## 三 讲述创伤的意义和策略

在《通向蜘蛛巢的小径》的前言中，卡尔维诺给文学下了一个定义：

记忆——最好叫经验，给你伤害最大的记忆，给你带来最大的变化，使你变得不同——也是文学作品的第一营养（不只是文学作品），是作家的真正财富（不只是他的）。④

---

① 〔意〕伊塔罗·卡尔维诺：《通向蜘蛛巢的小径》，第8页。
② 王朔：《动物凶猛》，第332页。
③ 王朔：《动物凶猛》，第350页。
④ 〔意〕伊塔罗·卡尔维诺：《通向蜘蛛巢的小径》，前言，第24页。

## "由侧面切入"：历史创伤与叙事模式

记忆和藏于记忆的创伤，对历史的讲述起着重大作用，这篇文章分析的小说或者依靠记忆，或者抱怨记忆的失去。根据卡尔维诺对于文学、历史和记忆的反思，文学的对象是经验，记忆加上记忆所留下的伤痛就是文学的主要元素。这里所提到的中国作家，也都用各自的方式对文学与经验的关系进行了试验。王朔在《动物凶猛》的开头称："没有遗迹，一切都被剥夺得干干净净。"①

他和卡尔维诺的作品都将社会的混乱期和个人生活的混乱期（青春期）同时讲述出来。两种创伤是彼此重叠、互相映照的。在《通向蜘蛛巢的小径》里，皮恩对成人的一些难以理解的事情（像色情和战争的暴力）感到恐怖和不自在，这种不自在也代表着作家对他自己所经历过的历史的质疑和莫名其妙："我自己的故事就是青春特别长的故事。故事里的少年将战争视为'不在现场证明'（无论是这个词的本意还是寓意）。"②

王朔提供的也是相似的双重创伤的讲述，两部小说的主人公皮恩和方言都生活在充满欲望和挫折的青春期。"我有一种撕心裂肺的痛楚，那时我就试图在革命和爱情之间寻找两全之策。"③ 同样，苏童在《1934年的逃亡》中也表达了少年特有的朦胧、暧昧的心态："我内心充满甜蜜的忧伤。"④ 儿童视角具有一种充满忧郁、充满怀疑的生活观，处于富有刺激的现在而面对模糊不清的未来的少年，能很贴切地表达人类对于自己存在状况的矛盾和无奈。

其实，这些作家对于记忆的作用和讲述历史与创伤的可能性观点不一。卡尔维诺、王朔和苏童认为历史只能"由侧面切入"，因此他们很少将历史事件和细节直接讲述出来，而且叙事角度都是不可靠的或幼稚的。而且，王朔在他以回忆为主的小说里，强调记忆和文字都不可靠，无法真实地回忆创伤。跟他们不一样，莫言在《红高粱家族》中为历史赋予了新的意义。他的历史观念的确不同寻常：他是通过传说、史诗切入往事来换回现在的。莫言把历史英雄化、史诗化，他的作品包含的历史感很强烈，但是这种历史感明显地带有革新的意义，因为他是第一位给历史一种反官方的、民间

---

① 王朔：《动物凶猛》，《顽主》，第290页。
② 〔意〕伊塔罗·卡尔维诺：《通向蜘蛛巢的小径》，前言，第20页。
③ 王朔：《动物凶猛》，《顽主》，第303～304页。
④ 苏童：《1934年的逃亡》，第96页。

的、乡土味道的中国当代作家。因此，他书写历史的角度也算跟卡尔维诺所说的一样是间接的、侧面的。

  20世纪80年代开始写作的这些中国作家，虽然在风格、语言、文化背景等方面跟意大利作家卡尔维诺存在区别，然而，他们却分享了一种共同的文学技巧，即将个人和社会的经验融合起来。"由侧面切入"，意即历史的和个人的创伤经验要以含蓄的方法展示。再次引用卡尔维诺的话："历史感、伦理道德、感情元素等样样都有，只是我让它们保持含蓄和隐蔽。"[1]

---

[1] 〔意〕伊塔罗·卡尔维诺：《通向蜘蛛巢的小径》，前言，第19页。

# 文化创伤与记忆伦理

陈全黎[*]

**摘要**：文化创伤理论探讨的不是历史事实本身，而是历史事实如何被叙述、再现和建构。文化创伤理论不仅遮蔽了独特的个人记忆和创伤的自然属性，而且忽视了创伤建构的合法性和集体记忆的伦理学问题。什么样的创伤建构是合乎道德的？我们需要聆听谁的声音？我们应该记住怎样的过去？要对这些问题做出相对满意的回答，就有必要引入记忆伦理学的研究视角。

**关键词**：文化创伤　记忆伦理

**Abstract**: Theory of cultural trauma is not exploring the historical facts themselves, but the way of its narrative, reproduction and construction. Cultural trauma theory not only obscures the unique personal memories and the natural attributes of trauma, but also ignores the legitimacy of trauma construction and ethical issues of collective memory. What kind of trauma construction is moral? We need to listen to who's voice? We should remember what kind of past? It is necessary to introduce the research perspective of memory ethics to make relatively satisfactory answers of these questions.

**Keywords**: Cultural Trauma　Memory Ethics

杰弗里·C. 亚历山大在《走向文化创伤理论》一文中这样描述"文化

---

[*] 陈全黎，三峡大学文学与传媒学院副教授；本文为国家社科基金项目"文学记忆史：理论与实践"（项目编号：11CZW002）的阶段性成果。

创伤"的发生过程:"当集体成员感到他们遭遇了可怕事件,这个事件在他们的集体意识和记忆中留下了难以磨灭的印记,而且不可挽回地改变了他们的未来,就会产生文化创伤。"[1] 由于这个表述采用了复数形式:他们(集体成员)的集体意识和记忆,读者很容易联想到哈布瓦赫的集体记忆理论。正如哈布瓦赫的集体记忆区别于个人记忆,亚历山大的"文化创伤"(cultural trauma)也不同于自然主义的创伤理论。自然主义的创伤理论认为,创伤是某个事件本身具有的性质,当这个事件破坏了人们的安全感和幸福感,人们就会感到"受伤"。亚历山大认为,这种基于日常生活的理解忽视了一些基本问题:其一,事件本身并不一定具有创伤性质。一些让很多人蒙受深刻创伤的事件,实际上是虚构和想象出来的。例如希特勒在《我的奋斗》中指责煽动和组织罢工的犹太人应该为德国在第一次世界大战中的惨败负责。其二,即使事件本身具有明显的创伤性质,也不一定对受害者和公众造成创伤。如果受害者和公众都认为某个灾难是"咎由自取""罪有应得",它就不会构成创伤。例如关于"文革"的创伤记忆,实际上是"文革"结束之后"伤痕文学"和"反思文学"的主题,但是在"文革"进程之中,很少有人将其视为"创伤",包括那些在"文革"中遭受迫害的当事人。在当事人已经出版的即时记录"文革"的日记中,他们很少将自己的遭遇描述为"灾难""浩劫"之类的巨大创伤。

根据亚历山大的观点,文化创伤的形成是一种语言建构和事实再现的过程。"事件是一回事,对事件的再现又是一回事。"[2] 文化创伤理论探讨的不是历史事实本身,而是历史事实如何被叙述、再现和建构。从逻辑上说,创伤记忆的文化建构主要表现为两种情况:空间维度上的群体差异和时间维度上的代际差异。在时间维度上,同样的历史事件,此时被建构为创伤记忆,彼时又被改编为美好记忆;在空间维度上,同一历史事件,对于一些人来说是创伤记忆,对另一些人却是美好记忆。如此一来,历史就变成了一个任人打扮的小姑娘。如果我们这样解读历史,文化创伤的概念将会变得毫无意义,我们也不能从过去的历史悲剧中吸取任何教益。文化创伤

---

[1] Jeffery C. Alexander, "Toward a Theory of Cultural Trauma," Jeffery C. Alexander et al., *Cultural Trauma and Collective Identity*, Berkeley: University of California Press, 2004, p. 1.

[2] Jeffery C. Alexander, "Toward a Theory of Cultural Trauma," Jeffery C. Alexander et al., *Cultural Trauma and Collective Identity*, p. 10.

理论不仅遮蔽了个人记忆的独特性和创伤的自然属性,而且忽视了创伤建构的合法性和集体记忆的伦理学问题。亚历山大明确指出:"尽管每一个关于创伤的观点都声称自己有着本体论上的真实性,作为文化社会学家,我们并不首先考虑社会行为者陈述的真实性,也很少关心其道德正当性。我们仅仅关注这些陈述是如何做出的,在什么情况下做出的,以及可能产生的后果。我们关注的不是本体论,也不是道德观,而是认识论。"① 由于文化创伤理论既不考虑创伤事件本身的真实存在,也不关心创伤建构的道德内涵,这种观点不仅容易导致历史虚无主义和相对主义,而且可能产生负面的伦理后果。受害者可以用文化创伤理论来批驳希特勒对犹太人的污蔑,迫害者也可以反过来说,犹太人对大屠杀的创伤记忆也是虚构和想象出来的。如果说创伤事件都是虚构出来的,这对于那些巨大灾难(纳粹大屠杀、南京大屠杀)的受害者来说,是完全不能接受的。作为对文化创伤理论的补充和反思,记忆伦理学需要回答的问题是:什么样的文化建构是合乎道德的?我们需要聆听谁的声音?我们需要记住怎样的过去?

## 一 个人记忆与自然创伤

杰弗里·C.亚历山大在《走向文化创伤理论》一文中写道:"我们相信,学界关于创伤的研究遭到了来自日常生活的强大常识性理解的扭曲。可以说,这些常识性理解构成了一种'外行创伤理论'。"② 在解释创伤记忆的群体差异和文化再现的复杂性方面,文化创伤理论提出了许多具有说服力的洞见。但是任何一种理论模式都具有自身的盲点和误区,其阐释力量都是有限的。如果一种以超越"外行理论"为旨归的理论创新反而不符合日常生活的基本常识,这种理论的真理性和生命力是值得怀疑的。以安妮·弗兰克形象的记忆史为例,在"二战"刚结束时,安妮·弗兰克的形象是悲观的、灰色的,然而不久之后,人们开始强调安妮日记振奋的一面,弱化它悲惨的一面。这种倾向在1955年的舞台剧《安妮·弗兰克日记》中

---

① Jeffery C. Alexander, "Toward a Theory of Cultural Trauma," Jeffery C. Alexander et al., *Cultural Trauma and Collective Identity*, p. 9.
② Jeffery C. Alexander, "Toward a Theory of Cultural Trauma," Jeffery C. Alexander et al., *Cultural Trauma and Collective Identity*, p. 2.

达到了顶峰，该剧的编剧甚至设计了这样的台词："安妮在荷兰的集中营里很愉快。"① 这种文化建构显然是不真实的，因为它违背了普通人的基本常识，没有任何一个纳粹集中营的幸存者愿意承认自己在集中营里很愉快，除非他是一个受虐狂，或者别有用心。贝尼尼的电影《美丽人生》同样讲述了一个犹太男孩在集中营很快乐的故事，但这是因为父亲为了避免儿子在集中营里受到心理伤害，故意编造了一个游戏的谎言。如果没有父亲这个谎言，"美丽人生"就会成为真正的骗人的谎言。

文化创伤理论与哈布瓦赫的集体记忆理论一样，都忽视了个人记忆的独特性和重要性。文化创伤与集体记忆必须建立在个人记忆的基础之上。没有个人记忆，就没有集体记忆的散播和传承，更谈不上创伤记忆的文化建构。苏珊娜·费尔曼在《见证的危机》一书中指出，在兰兹曼的"shoah"中，三种不同类型的见证人：受害者（幸存的犹太人）、迫害者（前纳粹军官）、旁观者（波兰人），对于大屠杀这个悲剧事件表现同样的反应："我什么也没看见。"② 在回答兰兹曼的提问时，三种不同类型的见证人虽然有着截然不同的见证立场，却都表现同样的逃避、遗忘、沉默、答非所问。犹太人的"遗忘"是因为害怕重新面对纳粹集中营的恐怖情景和创伤记忆，他们不愿意沉浸在过去的痛苦中，从而破坏他们稳定的家庭生活和平静的内心世界。波兰人的"沉默"是因为在"二战"期间扮演了冷漠的旁观者和"沉默的帮凶"等不光彩角色。而迫害者出于现实利害考虑，担心面临强大的道德舆论压力，更会讳莫如深、三缄其口。

苏珊娜·费尔曼这本以"见证"为关键词的著作探讨的却是见证人的"不见"，这种观点无疑具有深刻的洞见和重要的创新价值，但是它仍然忽视了日常生活的基本常识，无法解释个人记忆的独特性和复杂性。事实上，不是每一位大屠杀的幸存者和见证人都会选择沉默或说谎。如果真是这样，兰兹曼的"shoah"将会变得毫无史料价值与文化意义。在"shoah"中，前纳粹军官的回忆就出现了两种完全相反的情况。在兰兹曼与死亡列车的负责人斯蒂尔（Stier）之间的对话中，斯蒂尔居然说自己从未看见过前往特布林卡或奥斯维辛的火车，他的理由是如此荒谬可笑：因为夜以继日地工作，从未离开过自己的办公桌。更令人惊叹的是，为了证明自己对大屠杀

---

① 陈恒、耿相新主编《纳粹屠犹：历史与记忆》，大象出版社，2007，第92页。
② Shoshana Felman and Dori Laub, *Testimony: Crises of Witnessing in Literature, Psychoanalysis, and History*, New York: Routledge, 1992, pp. 207-209.

一无所知，他在第一时间居然想不起来臭名昭著的奥斯维辛集中营的名字："比方说那个营地——它叫什么名字？在奥波伦（Oppeln）地区……我想起来了：奥斯维辛。"对于 600 万犹太人被屠杀的历史事实，他认为是新闻。"但是说到大屠杀，对我们来说，倒是一个新闻。我的意思是说，直到今天，人们仍然否认这件事。他们说不可能有这么多的犹太人。这是真的吗？我不知道。这是他们说的。"① 斯蒂尔的"健忘"显然是故意的、恶意的，这样的"健忘"对那些已经逝去的犹太冤魂和仍然健在的犹太幸存者来说，都是无法原谅的二次伤害。

与斯蒂尔的"健忘症"相反，纳粹集中营的党卫军少尉苏卓美（Suchomel）却表现完美的记忆力。在访谈过程中，苏卓美演唱了一首特布林卡集中营的犹太人被迫演唱的歌曲："勇敢欢欣，正视世界/列队行进，前往工作/特布林卡，关系重大/那是我们最后的归宿/我们要尽快与特布林卡融为一体/我们只听长官的话/我们只知道服从与义务/我们要服务，继续服务/直到好运不再。欢呼！"② 在苏卓美唱完之后，兰兹曼发出这样的请求：再唱一次，这非常重要，大声点！苏卓美说："请别对我这么恼怒。你要历史——我给你历史。"在第二次唱完这首歌曲之后，苏卓美很为他的记忆力自豪："满意了吧？这是绝无仅有的。今天没有犹太人知道这首曲子。"兰兹曼以口述历史学家的眼光发现苏卓美所唱歌曲的史料价值，所以他要求苏卓美再唱一次。具有反讽意味的是，苏卓美提供的"绝无仅有的"的史料却是访谈者兰兹曼用钱"购买"的。"你要历史——我给你历史"，历史成为买卖双方的一场公平交易，这无疑是对历史的亵渎。作为迫害者，苏卓美的"坦白"一方面是为了体现自己的回报"物有所值"，另一方面则是为了炫耀自己惊人的记忆力。

文化创伤理论主要关注集体意识和记忆中留下的精神创伤（Trauma）。为了区别于"外行创伤理论"的"自然主义谬误"，文化创伤理论矫枉过正地指出，事件本身并不一定具有创伤性质，一些让很多人蒙受深刻创伤的事件，实际上是虚构和想象出来的，这种观点显然忽视了创伤的自然性质。对受害者来说，他们遭受的创伤是如此真切，任何形式的"文化建构"都

---

① Claude Lanzmann, *Shoah*: *The Complete Text of the Acclaimed Holocaust Flim*, DA Capo Press, 1995, pp. 123-128.

② Claude Lanzmann. *Shoah*: *The Complete Text of the Acclaimed Holocaust Flim*, p. 95.

是对他们的二次伤害。纳粹大屠杀的幸存者埃利·威塞尔认为，虚构和编造大屠杀的故事，就是作伪证（commit perjury），他谴责 NBC 制作的电视剧《犹太大屠杀》"都是编出来的"，"它把一个本体论的事件变成了肥皂剧"。针对电影《辛德勒的名单》，克劳德·兰兹曼声称"虚构是一种歪曲"，"有些东西是不能且不应模仿的"。[①] 在威塞尔、兰兹曼看来，犹太大屠杀这样独一无二的创伤事件，是不能模仿、建构甚至虚构的。

创伤的自然性质主要表现在两个方面：一是对精神创伤的物质载体——身体的创伤记忆，二是精神分析意义上的创伤记忆。文化创伤理论之所以将精神创伤作为研究的主要对象，是因为精神创伤作为无形的记忆，可以代际传承，形成一个群体的文化积淀，身体创伤则随着当事人的去世而永远消失。尽管如此，身体创伤不是一个可以忽略的概念。身体是精神的物质载体，某些灾难事件在给受害者带来精神创伤的同时，也给当事人留下难以愈合的身体创伤，这些身体创伤同样可以进入集体记忆领域，成为无法磨灭的身体记忆。实际上，集体记忆理论的创立者哈布瓦赫已经开始关注身体记忆。在论述宗教仪式时，哈布瓦赫写道："仪式是由一套姿势、言辞和以一种物质形式确立起来的崇拜对象构成的。""这些物质性的操作不断地再现，并且在时空上，由仪式和牧师的身体来确保一致。"[②] 哈布瓦赫指出了仪式的物质形式——身体，但他并未对身体记忆进行深入研究。在西方的集体记忆研究中，最早明确提出"身体记忆"这个概念的是保罗·康纳顿（Paul Connerton）。保罗·康纳顿指出："社会记忆有一个方面被大大忽视了，而它又是百分之百地重要：身体社会记忆。"正是保罗·康纳顿将社会记忆研究从文献、口述转移到纪念仪式和身体实践。

仪式是身体记忆的集中体现。仪式本身只是身体的某种姿势、习惯的操演，但并非可有可无。保罗·康纳顿用一个重要的历史事件来分析仪式的重要性，这就是法国大革命中审判和处死路易十六的历史事件。1793 年，路易十六被国民公会以 26 票的绝对多数投票结果宣判为死刑。在国民公会公开审判路易十六之前，罗伯斯庇尔曾经呼吁不要进行公开审判，要求国

---

[①] Jeffery C. Alexander, "On the Social Construction of Moral Universals," Jeffery C. Alexander et al., *Cultural Trauma and Collective Identity*, pp. 229–230.

[②] 〔法〕哈布瓦赫：《论集体记忆》，毕然、郭金华译，上海人民出版社，2002，第 195~196 页。

民公会以革命的名义立即处死，国民公会没有采纳罗伯斯庇尔的建议，并为路易十六指定了辩护人。对此，康纳顿从社会记忆的角度做出了独特的解释。康纳顿认为，革命的成功必须体现在公开的仪式上，"革命者需要找到某种仪式过程，借以明确驳斥国王神圣不可侵犯的光环"，这种仪式就是公开审判并处死路易十六。"审判和处死路易的要旨体现在公开的仪式上：通过否定其国王地位，让他的公共身份死亡。"从更加深远的历史意义看，这实际上是用"一场仪式取代另一场仪式"。"对他的审判和处死，意在消除前一个仪式的记忆。那具涂过圣油的头颅被砍掉，加冕仪式被正式废除。"①

判处死刑的仪式代表了身体创伤记忆的极端形式。路易十六通过公开审判被判处了死刑，法国革命的三巨头，除了马拉被刺死之外，丹东、罗伯斯庇尔重复了与路易十六相同的命运。毕希纳在《丹东之死》中写道，圣·鞠斯特要召集立法委员会、公安委员会合开一个隆重大会，通过革命法庭的合法手段判处丹东、嘉米叶等人死刑。罗伯斯庇尔抱怨说，手续不是太繁复了吗？圣·鞠斯特则说："我们埋葬这些伟大人物的尸体，一定要有相当的仪式。我们要像祭师，不能让人看作谋杀犯。"对这种折磨人的繁复仪式，嘉米叶讽刺说："当死神猛扑到一个人身上，经过一场激烈厮杀，把它的战利品一下子从这个人热血奔腾的肢体中夺走的话，倒也无话可说。可是如今却有这么多繁文缛节，好像跟一个老太婆举行婚礼，又要定婚约，又要请证婚人，又要让人祝福，这以后才能掀起被窝，让她那冰冷的身体慢腾腾地钻进来。"②

身体记忆是关于身体每个部位（眼耳鼻舌身）的社会记忆，从头发、眼睛到身体的每一个部位，都可能留下深刻的社会记忆和文化记忆的烙印。在各种类型的身体记忆中，人的表情是最敏感、最复杂、最微妙的"有意味的形式"。喜怒哀乐的表情不仅是日常生活中情绪的自然反应，也是一种特殊的政治符号。在冯骥才的口述历史著作《100个人的10年》中有这样一个《笑的故事》。1968年"文革"大揭发时，各个单位都在搞"忆、摆、查"。所谓"忆"叫"忆怪事"，就是发动所有人回忆平时遇到过什么值得怀疑的人和事，"深挖隐藏最深的反革命分子"。忽然一天，"我姐夫"被人

---

① 〔美〕保罗·康纳顿：《社会如何记忆》，纳日碧力戈译，上海人民出版社，2007，第4页。
② 〔德〕毕希纳：《毕希纳全集》，李士勋、傅惟慈译，人民文学出版社，2008，第111页。

贴了一张大字报，题目是《他为什么从来不笑?》。姐夫单位的几百人从记忆里搜寻他给人的印象，确实没人见他笑过。专案组以他1957年留在档案里的"右派"言论为根据，断言他不笑的根由是对新社会怀有刻骨仇恨，他就因为不会笑被打成现行反革命。对这个黑色幽默的故事，作者在文尾有这样一句题词："连一个表情也不放过——它显示了'文革'的绝对权威。"

王蒙在《周扬的目光》一文中讲述了另一个"笑的故事"：1983年，周扬已经产生语言障碍。王蒙去看他，周扬说话词不达意，前言不搭后语。他自己也有自知之明，惭愧地笑。"这是我见到的唯一一次，他笑得这样谦虚质朴随和……眼见一个严肃精明，富有威望的领导同志，由于年岁已高，由于病痛，变成这样，我心中着实叹息……只是在告辞的时候，屠珍同志问起我即将在京西宾馆召开一次文艺方面的座谈会。还没有容我回答，我发现周扬的眼睛一亮。'什么会?'他问，他的口齿不再含糊，他的语言再无障碍，他的笑容也不再随意平和，他的目光如电。他恢复了严肃精明乃至有点厉害的审视与警惕的表情。"这如电的目光让王蒙终生难忘，感慨万分："如果当文艺界的领导当到这一步，太可怕了。"①

从精神分析学的角度来看，某个创伤事件发生后，当事人都会倾向于采用某种心理防御策略，来应对突发的创伤性事件，以避免精神系统的彻底崩溃。这些心理防御策略主要有：（1）遗忘与逃避。在兰兹曼的"shoah"中，犹太理发师邦吧是一个重要的见证人，因为他在集中营里负责给进入瓦斯房之前的犹太妇女剃光头发。在兰兹曼的反复追问之下，邦吧总是说：我说不下去……太恐怖……请别……我没办法说下去……（2）合理化。一旦创伤性事件被视为历史的必然，当事人就可以逃避自己的道德责任。根据陈明的口述，"文革"结束之后，周扬对丁玲过去的事一字不提，只是说，"责任也不能全推在一个人身上"。丁玲一直到死，都没有听到周扬说一句道歉的话。②（3）升华。创伤性事件成为艺术表现的对象，可以冲淡事件本身的恐怖气氛，宣泄回忆者被压抑的情感。例如贝尼尼的电

---

① 王蒙：《周扬的目光》，载于李辉编著《摇荡的秋千——是是非非说周扬》，海天出版社，1998，第283页。
② 陈徒手：《人有病，天知否——1949年后中国文坛纪实》，人民文学出版社，2000，第154页。

影《美丽人生》和励伯格的音乐《华沙幸存者》等对纳粹集中营的回忆。

根据精神分析学的基本观点，尽管创伤事件的当事人采用各种心理防御策略来维持心理平衡，但创伤事件不会真正被遗忘。创伤记忆会进入无意识领域，并形成弗洛伊德所说的"创伤性神经症"。"创伤性神经症"的症状具有滞后性、隐秘性和顽固性。所谓滞后性是指在创伤性事件发生时，当事人可能不会出现任何症状。创伤记忆进入隐秘的"潜伏"状态，成为无意识记忆，导致精神紊乱和一些没有器质性病变的身体疾病，这使得患者本人和心理医生很难找到真正的病因。所谓顽固性是指创伤记忆像驱之不散的鬼魂一样反复纠缠、无法摆脱，给患者造成无法忍受的内心痛苦。在莎士比亚的戏剧《麦克白》中，麦克白夫人怂恿自己的丈夫刺杀了国王，麦克白夫人自此以后总是被"心魔"纠缠，被噩梦惊醒，她患上了强迫性神经症，反复洗手，喃喃自语地说："为什么总是洗不干净，这讨厌的血腥味！"显然，不管麦克白夫人采用何种心理防御机制来"建构"弑君这个创伤事件，比如欺骗自己和他人——刺杀国王这个事件是虚构和想象出来的——她都无法逃脱良心的谴责和恐惧心理的纠缠。

## 二 创伤建构与记忆伦理

从学理上说，文化创伤理论并不是一种原创性理论。早在1932年，剑桥大学试验心理学教授巴特莱特（Frederic C. Barlett）就出版了《记忆：一个试验的与社会的心理学研究》一书。巴特莱特在非洲的田野调查中发现，分别与一位祖鲁人和斯瓦兹人讨论打仗问题，会出现非常有趣的差异。祖鲁人对战斗的回忆方式是滔滔不绝、情绪激昂、充满信心和带有戏剧性；而斯瓦兹人对待同样的话题却显得沉默寡言、无动于衷。那么是不是斯瓦兹人的气质性格天生如此呢？也不是。因为斯瓦兹人在讲述狡诈的外交斗争时会变得十分活跃。斯瓦兹人最感兴趣的话题不是战争，而是牛群、女人和婚姻。这表明，"个体的回忆方式可能受持久的社会倾向的强烈影响"。[①] 因为斯瓦兹人在与祖鲁人的长期对抗中一直处于弱小的从属地位，这使他们在讲述战斗故事时有意回避或者轻描淡写。

---

① 〔英〕巴特莱特：《记忆：一个试验的与社会的心理学研究》，黎炜译，浙江教育出版社，1998，第343页。

巴特莱特的田野调查研究揭示了集体记忆面临的一个残酷的伦理学问题：同样的历史事件，对于一些人（受害者、弱势者、失败者）来说是创伤记忆，对另一些人（迫害者、强势者、胜利者、旁观者）却是美好记忆。王友琴以"文革"时期广泛流传的"牛鬼蛇神歌"（因这首歌不能"唱"，只能"嚎"，又称"嚎歌"）为例，论述了"红卫兵"和被迫"嚎"这首歌的"牛鬼蛇神"对"同一首歌"不同的记忆建构。① 这首歌在"文革"时期红遍大江南北，无人不晓。多年以后，作者想找到这首歌的全部歌词，于是求助于当年被迫唱这首歌的那些"牛鬼蛇神"，但是令作者失望的是，那些当年被迫害、被羞辱的人都只能回忆起歌词的前两句：我是牛鬼蛇神，我是牛鬼蛇神……至于后面的内容是什么，他们都说想不起来了。就在作者认为没有希望的时候，一位当年的中学生红卫兵通过网络给作者发来了"牛鬼蛇神歌"的全部歌词和曲谱。为了弄清事情的真相，作者又访问了多位当年的红卫兵，他们都能唱整首歌曲。作者通过这个案例论证了心理学上关于"选择性记忆"的说法：人容易记住感到愉悦的事情，而倾向于遗忘引起痛苦的东西。同一首"牛鬼蛇神歌"，给那些脱离老师管束的中学生红卫兵带来了难以言说的快感，而对被迫唱这首歌的老师们来说，这种自我丑化、自我贬低的"演唱"会带来巨大的心理创伤。即使多年以后他们回忆当年被羞辱的情形，也会感到愤怒、沮丧，为了避免受到二次伤害，他们会不自觉地选择遗忘过去。

在1925年出版的《记忆的社会框架》一书中，哈布瓦赫指出，集体记忆在本质上是立足现在对过去的一种重构。集体记忆的重构过程在时间维度上表现为代际回忆。在《纳粹大屠杀、回忆、认同——代际回忆实践的三种形式》一文中，耶尔恩·吕森把纳粹大屠杀的代际回忆分为三种形式：第一代（战争和重建家园的一代）普遍采用集体心照不宣的策略，或者采用"转移"的心理防御机制为自己开脱罪责，认为"这一代人自己是没有罪的，罪过全在他人身上"。事实证明，"对纳粹罪行保持集体心照不宣是一种成功的政治策略"。这种策略可以避免战争失败造成的民族意识的破产，克服德国人的集体认同危机。第二代德国人（战后第一代）虽然把纳粹主义置入德国人的集体记忆之中，但仍然有意识地同纳粹主义划清界限。

---

① 王友琴：《对"文革"的"选择性记忆"——以"嚎歌"为例》，陶东风、周宪主编《文化研究》第11辑，社会科学文献出版社，2011，第150~156页。

只有第三代德国人真正具有历史反思意识,并勇敢承担历史责任——"这些罪行也是我们个人的耻辱,而不是'德国'这个抽象国家的耻辱;也不是别的德国人的耻辱——不是的,这是我们自己的耻辱,是我们自己犯下这些罪行的。"①

根据耶尔恩·吕森的分析,我们可以将"二战"后德国对纳粹大屠杀的代际回忆概括为三个阶段:心照不宣——划清界限——反思历史。令人深思的是,"文革记忆"的文化建构却呈现完全相反的路径:反思——遗忘——美化。在"文革"结束之后,以"伤痕文学""反思文学"为代表,1980 年代初期中国文学的主导叙事是将"文革"作为人类历史上的一场灾难,并从受害者的视角对"文革"进行反思和批判。而在"文革"结束十年之后,也就是冯骥才开始采访那些"文革"亲历者的 1986 年,作者悲哀地发现,"我们的民族过于健忘。'文革'不过十年,已经很少再见提及。那些曾经笼罩在人人脸上的阴影如今在哪里?也许由于上千年封建政治的高压,小百姓习惯用抹掉记忆的方式对付苦难"。② 余华的小说《一九八六》同样以"文革"结束十周年作为时间坐标。在小说中,余华以人类学家的眼光描述了一座小镇的社会生态:"十多年前那场浩劫如今已成了过眼烟云,那些留在墙上的标语被一次次粉刷给彻底掩盖了。"③ 每一次粉刷就是一次有意或无意的遗忘。当人们沉浸在喝咖啡、听流行歌曲的轻松愉悦之中时,一位女孩子说:"春天来了,疯子也来了。"余华将疯子的身份设定为一位历史教师,就是提醒人们不要遗忘过去的创伤。

20 世纪 90 年代之后,出现了美化"文革"记忆的趋势。其中最有代表性的文本是姜文的电影《阳光灿烂的日子》,姜文的电影采用"文革"旁观者(中学生)的视角,颠覆了传统"伤痕文学"的叙事模式。在这群终于摆脱了老师、家长束缚的中学生眼中,"文革"成了自由的、解放的、阳光灿烂的日子。而在冯骥才的《100 个人的 10 年》中,一位老红卫兵坦率地表达了他对"文革"的怀旧之情。"大概现在我也不后悔,这一生串联是最美好的时候。"串联结束之后,他又参加了武斗,亲眼目睹了一位女同学被打死。他还记得这位女同学对他说的一句话:"我就像保卫巴黎公社的战

---

① 〔德〕哈拉尔德·韦尔策编《社会记忆》,季斌等译,北京大学出版社,2007,第 188 页。
② 冯骥才:《100 个人的 10 年》,江苏文艺出版社,1991,前记,第 2 页。
③ 余华:《一九八六》,参见《现实一种》,作家出版社,2008,第 120 页。

士。"面对这种惨烈牺牲,这位老红卫兵由衷地说:"想起'文革',说老实话吧我不后悔,我可以忏悔,但我不后悔。……我觉得不该否定的就是红卫兵。"①

保罗·利科说,过去是一个谜。海登·怀特说,过去是一片神奇之地。对于同样的过去,不同的人、不同的时代有不同的记忆,我们究竟应该聆听谁的声音?我们应该记住怎样的过去?要对这些问题做出回答,就必须引入记忆伦理学的研究视角。与创伤建构理论不同,记忆伦理学主要关注的不是集体记忆的选择性和创伤记忆的再现过程,而是记忆主体的道德立场、评判标准以及记忆实践的伦理内涵。马格里特在《记忆伦理学》中区别了记忆伦理学与记忆心理学、记忆政治学,有意将记忆、遗忘行为与道德褒贬联系起来,并提出了记忆伦理学需要回答的一系列问题。其中一些是我们比较熟悉、相对容易回答的问题。例如,我们是否有义务记住过去?记忆与遗忘关乎道德褒贬吗?也有些比较复杂、不太那么容易回答的问题。例如,这里的"我们"是指谁?是集体的"我们",还是特定意义上的"我们"?为了回答这个问题,马格里特特意对记忆伦理(ethics)与记忆道德(morality)进行了区分。这种区分来自于两种人际关系之间的区别:深厚(thick)关系与浅淡(thin)关系,前者是指有共同的过去与记忆的家庭、朋友、爱人、国人之间的亲近关系,它与记忆伦理有关;后者是指同为人类或者某一类人(女人、病人)之间陌生而遥远的关系,它与记忆道德相关。② 这样的区分看似无关紧要,实则关乎"你的创伤跟我有什么关系"这个至关重要的问题。对于犹太大屠杀这样的创伤事件,不仅大屠杀的受害者、幸存者有记住过去、见证历史的伦理责任,我们每一个人都有记住过去并合理建构过去的道德责任。

在马格里特所提问题的基础上,针对文化创伤理论的基本观点,我们尝试提出记忆伦理学需要回答的三个问题。第一个问题:在创伤记忆的文化建构和多重视角的创伤叙事中,什么样的文化建构是合乎道德的?我们不能说,记住过去就是道德的,遗忘一定是不道德的,因为这涉及动机和效果、视角与立场之间的区别。就动机和效果而言,遗忘并不可怕,关键

---

① 冯骥才:《100 个人的 10 年》,江苏文艺出版社,1991,第 228~241 页。
② Avishai Margalit, *The Ethics of Memory*, Cambridge, MA: Harvard University Press, 2002, p. 7.

在于我们为什么遗忘。自然的、生理学意义上的遗忘是可以原谅的,只有故意的、恶意的、强迫的遗忘才是不道德的,例如"shoah"中前纳粹军官奇怪的"健忘症"。记住并不一定可爱,关键在于我们记住的是什么,我们为什么如此记忆。说"安妮在集中营里很快乐",如果是出于鼓舞士气、激励斗志的良好动机,则可以理解;如果是出于歪曲历史、抹杀记忆的恶劣动机,则是无法原谅的。就视角与立场而论,文化创伤理论与海登·怀特的后现代史学一样,都非常关注历史叙事的多重视角。在海登·怀特看来,历史与文学一样皆是虚构。同一个历史事件,我们可以将其建构为悲剧、喜剧、浪漫剧、讽刺剧。关键在于,我们如何对多重视角的历史叙事进行道德评判。海登·怀特认为,"视角"是一个非常复杂的问题,但是我们没有必要故意把它搞得很复杂。由于犹太大屠杀事件的特殊性,海登·怀特也认为这样的历史叙事是无法让人接受的:"我做过纳粹。从我的视角来说,第三帝国是个好东西。"①

为什么"第三帝国是个好东西"这样的记忆建构是无法接受的,因为它不是站在大屠杀受害者的立场上。这样的回答虽然有些"屁股决定脑袋"的简单化色彩,但它对于文化社会学家建构的令人敬畏的复杂理论模型来说,是非常管用的。文化创伤理论的立论前提是将"恶"视为一个认识论概念。用亚历山大的话说,"恶"这个范畴并不是自然存在的,而是人为建构的。一个创伤事件要获得"恶"的命名,实际上取决于"变成恶"(becoming evil)的编码、再现过程。同样,犹太大屠杀本身只是一些抽象的统计数据,创伤并不是这个事件的自然性质。犹太大屠杀要"变成"一场悲剧,取决于讲故事的是谁,以及如何讲述这个故事,这就涉及一个文化权力的问题:谁控制着符号生产的工具?亚历山大甚至假设,如果盟军没有最终取得胜利,犹太大屠杀将永远不会被发现。即使盟军"在物理意义上"发现了纳粹集中营,他们看到的东西仍然需要进行编码、叙事,才能获得自身的性质。②

由此可见,文化创伤理论并不是忽略了记忆建构的伦理学问题,而是

---

① 〔波兰〕爱娃·多曼斯卡:《邂逅:后现代主义之后的历史哲学》,彭刚译,北京大学出版社,2007,第27页。

② Jeffery C. Alexander, "On the Social Construction of Moral Universals," Jeffery C. Alexander et al., *Cultural Trauma and Collective Identity*, pp. 202-203.

有意用符号生产、文化权力这些文化社会学的概念来解构我们关于恶、创伤、悲剧的传统观念。这种具有颠覆性的研究思路一方面让人耳目一新，同时也令人忧心忡忡。尽管文化创伤理论没有从根本上否认犹太大屠杀这样的历史事件的真实存在，但它也没有对创伤叙事的多重视角进行任何价值评判。在多重视角、零度情感的社会学描述和分析中，历史事件本身的性质变得复杂暧昧、模糊不清。英国历史学家卡尔说过，"历史意味着解释"，而解释离不开道德褒贬和价值判断。没有任何倾向性的历史解释，本身就是一种价值判断。尽管文化创伤理论有意区分了本体论的"恶"、道德论的"恶"和认识论的"恶"，但它仍然必须对"××究竟是好还是坏"这个最简单的问题做出回答。如果对这个问题不置可否，并解释说"好坏善恶不是事件本身的自然性质，而是人为建构的"，这样的观点本身就是一种特殊的文化建构。

　　面对重大灾难事件及其造成的创伤记忆，只有站在受害者的立场上，才能做出合乎道德的文化建构。问题在于，究竟"谁"是受害者？迫害者是否可能同时也是受害者？德国作家君特·格拉斯在2002年发表的小说《蟹行》中用文学虚构的方式触及了一个长期以来被排挤、被遮蔽的敏感话题，这就是"二战"中德国人的苦难记忆。在600万犹太人冤魂的巨大压力之下，即使用文学的方式去探讨战争期间德国人所遭受的苦难，也需要极大的勇气。《蟹行》讲述的是"二战"临近尾声时一艘满载德国逃亡者的客轮——古斯特洛夫号客轮在波罗的海沉没的故事。古斯特洛夫号客轮在1945年1月30日夜晚被苏军鱼雷击中，葬身冰冷的波罗的海。小说通过叙述三位虚拟的回忆者母亲、儿子、孙子在战后如何记忆这段历史，给读者勾画了一部完整的德国受难者的记忆史。母亲、儿子、孙子分别出生于1928年、1945年、1984年，他们肩负着传承德国受难者记忆的重要任务。母亲是古斯特洛夫号沉船的幸存者，她十几年如一日地唠叨着这段故事，想把它作为"见证"留给后代，她"永远都讲不完的故事"不断重复。儿子却对母亲的唠叨无动于衷，因为他的成长经历与这段历史毫无瓜葛。儿子的冷漠代表了"二战"结束之后人们对德国受难者历史的普遍遗忘。这段历史不仅被告别过去、面向未来的口号所淹没，而且受到得到广泛传播和深入研究的大屠杀创伤记忆的排挤。但具有讽刺意味的是，儿子就是在1945年1月30日沉船的那个夜晚出生的，他想摆脱过去的记忆开始新生活的愿望成了泡影。那段儿子不愿提起的历史却引起了孙子的极大兴趣。孙子成了家里的业余历史学家，成了祖母的证人。这表明"德国被驱逐难民的苦难记忆无论如何是不会被大屠杀受害者的苦难记忆排挤的"。① 君特·格拉斯对"二战"期间德国人苦难记忆的文学再现无疑是成功的，但是他关于"记忆排挤"的申诉是否能得到读者的支持，能否得到犹太人的理解，则是令人怀疑的。

如果迫害者同时也是受害者，是否可以因此减轻自己的罪责？在中国当代文学史上，1955年5月发生的胡风集团冤案无疑是一个惊天动地的重大历史事件。李辉在《胡风集团冤案始末》中描述了中国当代史上的"两个怪圈"：1957年——一个怪圈，十年"文革"——又一个怪圈。在第一个怪圈中，舒芜曾是胡风案件中的"起义勇士"，却在1957年的夏天被视为"胡风余孽"，打成"右派"，发配劳改。在第二个怪圈中，周扬作为胡风的"宿敌"、胡风集团冤案的策划者和执行者，却被视为包庇胡风集团的"黑帮头子"，关进胡风刚刚离开的秦城监狱八年。针对周扬的历史悲剧，笔者在2011年10月24日采访《摇荡的秋千——是是非非说周扬》的作者李辉时，有这样一段对话：

问：您在《摇荡的秋千——是是非非说周扬》这本书中有这样一句话："不同的人的回忆，展现出不同的周扬，或者被看作'天使'，或者被视为'魔鬼'，反差甚远。"在您看来，这个摇荡的秋千应该向哪边倾斜？是魔鬼的因素多一些，还是天使的因素多一些？

答：我在1982年当记者之后，亲历了1982年到1987年这几年文化界的思想解放运动。周扬本身也是思想解放的先锋之一，所以我在写的过程中，并没有把周扬完全写成胡风的对立面，写成魔鬼。……毕竟周扬自己也是被整的对象，我对他还是有历史的同情的。1984年"作代会"期间，青年作家给他写致敬信，胡风分子们也签名，包括贾植芳也签名，慰问他。……从他对历史造成的影响来看，魔鬼的因素更多一些。虽然大的走向无法扭转，但是在文艺界能整那么多人，个人的因素还是挺大的。在某些问题上，他更像一个决定者，一个推动者，整个文艺界的推动者。比如胡风事件、冯雪峰的问题、丁玲的问题，他就不仅仅是个执行者，而是一

---

① 〔德〕阿莱达·阿斯曼：《德国受害者叙事》，载于冯亚琳、阿斯特莉特编《文化记忆读本》，北京大学出版社，2012，第186页。

个促成者,一个加重砝码和分量的因素。①

第二个问题:在记忆伦理学中,道德评判的标准是什么?换句话说,我们凭什么对一些人的遭遇充满同情,又对另一些人的言行表达义愤?以"文革"记忆的文化建构为例。陶东风批评北岛、李陀主编的口述历史著作《七十年代》刻意把"文革"复杂化、多元化、怀旧化、审美化,对"文革"态度暧昧,缺乏反思与批判的精神,反映了当今中国知识界普遍的犬儒式生存状态。针对陶东风的批评,贺玉高在《文化记忆的建构——以"文革"为例》一文中指出:"这种批评预设了'文革'是需要反思、清算和告别的。换句话说,他预先设定了那是一场我们民族需要汲取教训的大灾难。但正是在这一点上,理性似乎不能为这种立场辩护。"② 让人费解的是,贺玉高所说的"理性"究竟是什么?按照通常的理解,"理性"似乎是指"存在即合理""恶是历史前进的动力"之类的启蒙主义观念。"理性似乎不能为这种立场辩护",这种含糊其词、似是而非的说法究竟意指为何?为了证明自己的观点,贺玉高在文中引用了罗素的一段话:"伦理学的问题不可能用科学或理智的方法来证明或证伪。对于什么是终极的善的问题,任何一方都没有证据;每个争论者只能诉诸他自己的感情。"显然,贺玉高在这里巧妙地偷换了概念。既然伦理学的问题只能诉诸人的感情,为什么对"文革"持反思和批评立场的人反而要用所谓的"理性"来为自己辩护,而不是诉诸人的基本情感,例如孟子所说的恻隐之心、羞恶之心,来对"文革"中的荒唐行为进行反思和批判?

根据罗素的观点,伦理评价总是倾向于诉诸人的感情。政治、法律评判基于现实利益的权衡,容易随着情势的改变而改变,而伦理评价基于永久不变的人性,它是很难进行"文化建构"的。2013年8月,《新京报》报道了一则"红卫兵忏悔"的新闻。一位"文革"时的"红卫兵"检举母亲的"反动言论",导致母亲被枪决。这是一个儿子"弑母"的故事。冯骥才《100个人的10年》中的一篇口述历史《我到底有没有罪?》则讲述了"文革"中女儿杀死父亲的故事。在1966年"红八月"红卫兵大抄家高潮中,一位女医生和她的父母因为受不了红卫兵的毒打和批斗,决定一起自杀。她是学医的,知道哪种方法死得最快。于是她用水果刀割断父亲的颈

---

① 李辉2011年10月24日对笔者的口述。
② 贺玉高:《文化记忆的建构——以"文革"为例》,陶东风、周宪主编《文化研究》第11辑,社会科学文献出版社,2011,第157~168页。

动脉，父亲很快死了。她和母亲选择了跳楼，母亲死了，她没死成。她被定为"抗拒运动杀人罪"，判处无期徒刑。"文革"结束之后，她被无罪释放。但是她至今仍然不明白：我到底有没有罪？"他们说我杀我爹，是为了救我爹……我救我爹是为了不叫他再受折磨，他们说我救我爹有罪，是为了再折磨他。是不是这意思？我绕糊涂了，到今儿也绕不清。"这个故事最引人深思的不是集体自杀的惨烈，而是其中的法律、道德、政治等逻辑问题纠结在一起，给当事人造成精神分裂一般的创伤记忆。从"文革"的政治逻辑说，抗拒改造，杀死自己的父亲，自绝于人民，都是有罪的；从"文革"之后的政治逻辑说，因为遭受迫害杀死自己的父亲是无罪的，集体自杀是一种反抗；从法律上说，在文明世界的任何法律体系中，无论出于何种动机，杀死自己的父亲都是有罪的；从道义、情感上说，杀死自己的父亲是极端残忍的，可是为了不让父亲遭受人格的侮辱和身体的痛苦，又是可以理解的。文化创伤理论显然无法解释这样的极端案例，因为不管社会是将"弑亲"这个行为建构为"大义灭亲"，还是大逆不道，都无法改变历史事件本身的创伤性质，也无法抹去"弑亲"给当事人造成的创伤记忆。

第三个问题：如何确定创伤事件本身的性质？或者说，我们应该记住怎样的过去？根据文化创伤理论，历史事件本身并不具有"创伤""悲剧"的自然性质，而是有待于记忆主体的编码、解码。历史事件是指人在某个特定的时间和空间中进行的活动。一个历史事件至少包含三个要素：人、时间、空间。我们只能说，时间和空间不具有"创伤"的自然性质，而不能说人的活动没有好坏善恶之别。创伤事件的发生总是和某个具体的时间、地点联系在一起的，例如"八二三"、太平湖等。自然地理意义上的某个地点并不具有埃利·威塞尔所说的本体论的"恶"，只有灾难和创伤事件的发生地点才能成为"记忆地点"（皮埃尔·诺拉），成为记忆伦理学的研究对象。太平湖如果不被填平，也许我们仍然可以在此欣赏荷塘月色之美，可是如果我们想到老舍曾经自沉于此，太平湖就成为一个具有文化象征意义的"记忆地点"。夹边沟，如果没有高尔泰等三千多名"右派"在此受难，它原始的荒凉之美，很难和悲剧、创伤、古拉格这些词语联系在一起。向阳湖，如果没有冰心、沈从文等六千多名知识分子在此"无罪流放"，它的江南风光和田园牧歌，很难成为中国当代文化史的书写对象。

在探讨创伤事件本身的性质时，记忆伦理学比较难以回答的一个问题是，如果某个历史事件在给受害者留下深刻创伤记忆的同时，又确实给他们留下了难以磨灭的美好记忆,我们应该如何建构?以"文革"期间历时八年、涉及数百万人的五七干校为例。究竟什么是干校?韦君宜说:"所谓'干校',实系永无毕业期限的学校,只有'干活儿'一门课的学校……等于流放。"① 针对五七干校的历史,在贺黎、杨健采写的口述史著作《无罪流放——66位知识分子五七干校告白》的封面上印有这样一句话:"肉体摧残——生命中不可承受之重,精神摧残——生命中不可承受之轻",这句话可以说准确地概括了五七干校给知识分子留下的创伤记忆。与此同时,五七干校确实给知识分子留下了一些真诚的美好记忆。在息县干校,杨绛有"凿隧入井,抱瓮出灌"的艰辛,也有"干校什么也不干"的闲适。在向阳湖干校,王世襄有观鱼、捕鱼、吃鱼之乐,可谓"乐不思京","子非我,安知我之乐"。牛汉在《关于向阳湖的札记》一文中写道:"那几年,大自然给予我的力量,比人类并不少,我对它的赞颂远远不够。"诗人回忆了向阳湖的山茶花、枫树、野玫瑰、螳螂、长颈鹤、草莓带给他的喜悦:"一边哼唱语录歌,一边望着在秋风秋雨中摇曳的俏丽的山茶花。""我们都带着草莓的香气,再继续拉车,连呼吸都带出了草莓的芳香。"② 在牛汉的记忆中,唱语录歌、拉大车与优美的自然画面并置,组合成奇特的诗歌意象。向阳湖,究竟是伤心的流放地,还是美丽的避难所?一位学者认为,向阳湖只应作为民族的耻辱而存在,对向阳湖的商业开发"一定不会直面当时那种惨酷的现实,一定会去掉一些血腥而添加一些香料,一定会尽可能地弄出一点诗意来,一定会有意无意地'瞒和骗'"。③ 无论如何,在五七干校集体记忆的文化建构中,创伤记忆应该成为一种主导记忆。"向阳湖,多么富有诗意的一个名字啊。五七干校,多么光荣的一个称呼啊。"④ 这样的文化建构也许是真诚的,但不能说是真实的。

## 三 结语

忘记过去,就意味着背叛。这是许子东在《为了忘却的集体记忆》中

---

① 韦君宜:《思痛录》,文化艺术出版社,2003,第93页。
② 牛汉:《关于向阳湖的札记》,载于李成外编《向阳情结》(上),人民文学出版社,1997,第48~53页。
③ 王彬彬:《还有什么不能卖?》,载于李成外编《向阳情结》(上),第262页。
④ 臧克家:《忆向阳》,人民出版社,1977,第2页。

写下的最后一句话。可是，如果每一个人都沉浸在过去的伤痛之中，我们如何达成谅解、实现和解？为了回答这个问题，马格里特在《记忆伦理学》中专门探讨了遗忘与宽恕的关系。马格里特认为，宽恕（forgiving）不等于遗忘（forgetting）。人没有义务宽恕那些无可饶恕的罪孽，真正的宽恕不是忘却与抹去（blotting out）罪孽，而是战胜内心的怨恨和报复欲望。[1] 用徐贲的话说，达成谅解的前提是"不计"前嫌，而不是"不记"前嫌；是不"计较"过去，而不是不"记住"过去。[2] 记住过去，不是为了报复，而是为了避免重蹈覆辙。本雅明说，正是因为绝望，希望才给予我们。我们可以说，正是因为记住过去，我们才能心手相牵，走向未来。

---

[1] Avishai Margalit, *The Ethics of Memory*, Cambridge, MA: Harvard University Press, 2002, p. 208.
[2] 徐贲：《人以什么理由来记忆》，吉林出版集团有限责任公司，2008，序言，第1页。

## 专题三
## 保罗·维利里奥研究

# 译者按

保罗·维利里奥（Paul Virilio, 1932~  ），法国当代最具原创性的军事战略家、城市规划理论家、速度政治思想家和技术艺术批评家，被称为关于西方未来的考古学大师，因其思考方式的天马行空和研究领域的斑驳复杂，至今学界尚未能对其全部思想和理论做出准确的界定，但毋庸置疑的是自20世纪90年代以来，越来越多的西方学者开始沉迷于对他的研究，其中英国学者阿米蒂奇教授（Prof. John Armitage）更是其中的翘楚，他目前已经出版了多部专著和编著，在国际上被奉为维利里奥的研究专家，尤其是其对维利里奥的访谈更是从理论上澄清了很多维利里奥研究的谜团。这里选择介绍他较早时期的三篇文章：第一篇是对维利里奥的总体性介绍，涉及他的思想发展、理论渊源及主要观点；第二篇主要介绍作为军事战略家的维利里奥，通过对其"作为电影维度之一的战争"和"感知的后勤学"等概念的介绍，帮助我们进一步理解维利里奥所发现的当代军事主义的文化逻辑；第三篇是对维利里奥最广为人知的技术文化批评之作《消失的美学》的介绍，不但对作者晦涩抽象的术语和逻辑加以阐释，还指出了作者整体思考上的人文主义倾向。

# 保罗·维利里奥简介

〔英〕约翰·阿米蒂奇 著  李会芳  常海英 译[*]

> 这是一个充满战争的宇宙，战争无时不在，战争就是它的本性。有可能存在基于其他原则的宇宙，但我们所处的宇宙似乎基于战争……
>
> （Burroughs, 1991: 95）
>
> 人们经常告诉我：你像古人一样以一种政治的思维去推论。这是真的，我不相信社会学，它只是一个面具，社会学的发明是用来忘掉政治学的。我对所有社会的或社会学的东西都没兴趣，我只喜欢政治和战争。
>
> （Virilio and Lotringer, 1997: 17）

自称为"城市理论家""政治思想家""技术艺术批评家"的保罗·维利里奥（Paul Virilio）是当今法国最重要和最富激励性的文化理论家之一。他发明了军事、空间、政治和技术文化领域中的一些概念，如建筑学中的"倾斜功能"（the oblique function）、"速度学"（dromology, 即速度的"科

---

[*] 约翰·阿米蒂奇（John Armitage），英国南安普顿大学温切斯特艺术学院传媒艺术学教授，《文化政治》（*Cultural Politics*）期刊创办人和主编，国际知名的维利里奥研究专家，近年来主要著作包括《维利里奥与传媒》（*Virilio and Media*, 2012, Polity）,《维利里奥与视觉文化》（*Virilio and Visual Culture*, 合编, 2013, Edinburgh UP）,《维利里奥词典》（*Virilio Dictionary*, 主编, 2013, Edinburgh UP）, 本文是其编著的《保罗·维利里奥：从现代主义到超现代主义以及超越》（*Paul Virilio, From Modernism to Hypermodernism and Beyond*）的前言部分，发表于1999年10月的 *Theory, Culture & Society* 期刊上。李会芳，河北师范大学外国语学院副教授；常海英，河北师范大学外国语学院研究生。本译文受到"河北省高等学校创新团队领军人才培育计划"的资助。

学")、"消失的美学"(aesthetics of disappearance)、"内部殖民"(endo-colonization)等,维利里奥最为知名的观点是:当今世界组织和变革的核心是加速度逻辑。

维利里奥挑战已被人们认同的现代主义和后现代主义关于战争、建筑、政治和技术文化的一些概念,他关于速度的现象学批判吸收了欧洲大陆学派哲学家胡塞尔和梅洛·庞蒂的思想以及德国格式塔心理学理论。[①] 维利里奥的著作深受战争、战略和空间规划的影响,并且在某些观点上,他与后结构主义理论家福柯(Foucault)、德勒兹(Deleuze)和加塔利(Guattari)不谋而合。维利里奥与当代"超现代"文化理论家华克(Wark)、基特勒(Kittler)、克洛克夫妇(Kroker and Kroker)观点一致,反对后现代主义的"灾变性"(catastrophe),认为自己的著作《速度与政治:一篇关于速度学的论文》(1986)(*Speed&Politics: An Essay on Dromology*)、《战争与电影:直觉的后勤学》(1989)(*War and Cinema: The Logistics of Perception*)以及近作《最糟糕的政治》(1999)(*Politics of the Very Worst*)是对"未来考古学(archeology of the future)"的一点微薄贡献。[②]

但是,保罗·维利里奥是谁?"军事空间"(military space)、"组织领土"(organization territory)、"速度学"(dromology)、"消失"(disappearance)、

---

[①] 格式塔心理学起源于20世纪初期的德国,由韦特墨(Wertheimer)、苛勒(Kohler)和考夫卡(Koffka)三位德国心理学家在研究似动现象的基础上创立。格式塔心理学认为,心理现象是扩展的"事件"或者"格式塔"。如果仅从它们的个体组成部分来研究的话,认知过程是不可能被理解的。当一个人在获取一些新知识时,他的全部知觉场就都发生了改变。然而,维利里奥在本书中的采访中明确指出,他特别受惠于吉约姆(Guillaume)。

[②] 首先,正如维利里奥在本书中的采访中所说,虽然他并不用超现代主义这一概念来描述他的著作,但是他对这一概念的有关阐释完全赞同。与克洛克夫妇(see e. g. Kroker, 1992; Kroker)的先锋著作一样,作者把超现代主义定义为一个不确定的术语、一种当代社会科学和人文科学的萌芽趋势,它试图远离现代主义和后现代主义这两个极端,加强对现代社会文化政治思想中固有的"'过度'强度和移置"(the "excessive" intensities and displacements)的理论理解。在批判性社会科学和人文科学中,超现代主义这一术语在不久的将来可能会被用来描述不同哲学家的不同风格,如建筑学家维利里奥和努维尔(Nouvel)、政治理论家克罗克夫妇、社会学家巴塔耶(Bataille)、"反现代的"哲学家与政治活动家德勒兹和加塔利、艺术家和文化理论家史帝拉(Stelarc)、批判艺术组合和戈尔丁(Golding)。但是值得说明的是,作为编者,作者并没试图在本书12篇文章的作者之间就超现代主义这一概念达成一致意见。其次,因为作者已经编纂与写作了一部关于维利里奥主要作品的详细参考文献,所以在本书简介部分作者参考了维利里奥比较重要的文章,尤其是这些作品的英文版本。读者如需详细参考资料,请参见本卷《保罗·维利里奥:文献精选》(*Paul Virilio: A Selected Bibliography*)

"知觉的后勤学"(logistics of perception)、"极惯性"(polar inertia)、"移植革命"(transplant revolution)和"技术原教旨主义"(technological fundamentalism)这些概念有何重要意义?在维利里奥关于未来考古学的速度学著作和超现代的著作中,建筑学、政治学以及审美学的首要宗旨是什么?他的贡献是什么?《保罗·维利里奥:从现代主义到超现代主义及其超越》(Paul Virilio: From Modernism to Hypermodernism and Beyond)这本书的前两部分通过对维利里奥的生平、理论发展过程和他对文化研究的贡献的简要介绍,为这些问题提供了答案;在接下来的三部分中,我首先对维利里奥的"超现代主义"(hpermodernism)、"战争机器"(war machine)、"肉体机器"(flesh machine)等概念做简要介绍;之后介绍人们对维利里奥提出的概念的评价以及存在的争议;最后是结语部分。①

## 一 军事空间和领土组织

保罗·维利里奥1932年出生于巴黎,母亲是法国人,父亲是意大利人。1936年,他因战乱来到法国布列塔尼南特港口,在这里,"二战"中闪电战的威力给了他很大的心理震撼。"二战"结束后,维利里奥进入巴黎美术学院学习,之后他曾做过彩花玻璃工人,也曾同马蒂斯(Matisse)等艺术家在教堂工作。1950年,维利里奥皈依基督教,成为"工人—牧师"(部分激进派牧师脱掉宗教服装,与工人住在一起),从事劳苦的工作。阿尔及利亚独立战争时(1954~1962年),他应征入伍。之后,维利里奥与皮耶神父共同为无家可归者四处奔走。② 20世纪50年代后期,维利里奥与梅洛·庞蒂(Merleau-Ponty)在索邦神学院学习现象学,之后他从一个具有激进思想的

---

① 在本书简介部分,作者的主要目的是向不了解维利里奥的读者介绍他的文化理论,对维利里奥的不足之处只是稍有涉及。这是因为本书所选的12篇文章已经对维利里奥的文化理论做了全面介绍,并且对他的理论影响进行了批判性评价和分析。同时作者借用了批判艺术组合 CAE(1998)文章中"肉体机器(flesh machine)"这一概念。
② 皮耶神父于1954年冬天开始为法国无家可归者呼吁,并迅速成为全民偶像。他名气大到罗兰·巴特(1993: 47-9)在他的《神话学》里有一篇文章叫作"皮耶神父的图像研究"。然而,1996年5月,皮耶神父支持前共产主义哲学家加劳迪(Roger Garaudy)的《The Founding Myths of Israeli Politics》,该书是加劳迪自己出版的,它是一本修正主义的关于大屠杀的书,加劳迪在此书中质疑纳粹大屠杀的存在。由于这个原因,皮耶神父的地位迅速下降,此后他到意大利的一个修道院工作。

无政府主义的基督徒变为研究存在主义、政治学、美学的哲学家，同时他也研究战争的建筑。1963 年，维利里奥与建筑师巴朗（Claude Parent）成立"建筑原则"小组（Architecture Principle），并发行同名刊物。但是，维利里奥在作者的"超现代采访（the Hypermodern Interview）"中透露，在 1968 年法国五月风暴中，维利里奥受无政府主义和境遇主义影响而进行的一些政治活动导致他与巴朗决裂。1969 年，维利里奥成为巴黎建筑设计专科学校的教授，1975 年成为该校院长，1990 年升任校长。作为一名在战争、建筑、传媒和民主等主题展览方面具有丰富经验的组织者，维利里奥是某些颇具影响力的期刊的编委员会成员和撰稿人，如《批评》（Critique）、《旅行》（Traverses）、《电影手册》（Cahiers du Cinéma）、《世界外交论衡》（Le Monde Diplomatique）等。1987 年，他被授予人人梦寐以求的"国家批评奖"。目前，维利里奥的主要政治活动之一是积极参与巴黎各种组织，争取为无家可归者提供住房。

维利里奥认为，在一种战争笼罩的文化中，军事对城市建设、政治空间、社会存在的技术组织具有重要意义。在《速度与政治》（1986）中，维利里奥为我们展示了一个颇具说服力的"战争模型"，这种"战争模型"是在现代城市进化、文化社会生活进步的过程中出现的。例如，封建时期的具有防御工事的城市是一个有驻军的、无法攻取的战争机器，这在维利里奥看来是为了控制城市人口的流动及流动速度。所以，具有防御工事的城市是定居式的政治空间、政治形式、封建主义的物质基础。然而，维利里奥认为，封建式的具有防御作用的城市消失，是因为机动武器和高速武器系统的出现。这些机动武器和高速武器的发展不仅对城市有影响，还把包围战变成运动战，因为不再企图控制人口，从而导致了城市人口的自由流动。所以，维利里奥不是从经济概念出发，而是从军事、空间、政治、技术的概念出发来理解封建主义到资本主义的过渡。简言之，这是一个对历史的军事化概念。

从 1958 年开始，维利里奥对军事空间和领土组织进行了批判分析，尤其对大西洋壁垒（Atlantic Wall）进行了研究，大西洋壁垒是"二战"期间德国在法国沿海建立的 15000 个沙坑，作为西线的军事掩体，用来防止盟军登陆欧洲大陆。以现象学和格式塔心理学的倾斜功能理论为起点，他在《建筑原则》杂志上拓展了自己的理论。基于倾斜功能理论，1966 年地堡教堂（bunker church）在纳韦尔完成，1969 年汤姆森-休斯顿航空航天研究中心（Thomson-Houston aerospace research center）在空军基地完成。20世纪70年代，维利里奥认为，城市空间的军事化导致了处于时间政治学和速度统治下的现代城市的去领土化（deterritorialization）。他概括了交通与信息传输的技术革命所带来的惊人的"速度学"后果，并着手考察对"纯粹权力"进行"革命性抵抗"的可能性，同时研究军事技术、空间组织、文化及社会之间的关系。20世纪80年代，通过对"消失""碎片化""纯粹战争"、城市空间、电影、后勤学、自动化及我称之为"纯粹感知"的研究，维利里奥把他的研究拓展到下一重要阶段。从20世纪90年代初期开始，维利里奥对遥控和控制论技术在城市中的分布和应用进行了反思，同时他还思考了波斯湾战争，并且对超现代社会中新信息和传媒技术以及它们所产生的革命性社会文化后果也进行了深刻反思。维利里奥以极惯性、移植革命、技术科学与控制论表演艺术为主要研究对象，他的后爱因斯坦理论关注人体被超现代技术入侵或曰"内部殖民"、赛博女性主义以及他自己命名的"技术原教旨主义"等问题。

## 二 速度学状况：一场关于速度的报告

里奇（Leach）关于维利里奥建筑的文章与甘恩（Gane）在本书（指《保罗·维利里奥·从现代主义到超现代主义及其超越》，下同）中关于"地堡理论"（bunker theory）的文章都表明：维利里奥于20世纪60年代中期在《建筑原则》上发表的早期的倾斜功能理论论文，都与一种新的城市秩序有关，这种新秩序是建立在"指示垂直的竖坐标轴和指示水平的横坐标轴都会终结，将让位于一个倾斜轴和倾斜面"这一原则之上的（Johnson, 1996; Virilio and Parent, 1996: v）。维利里奥的这些论文预示了他对"去领土化"的军事与政治批评的形成，"去领土化"这一概念曾出现在《地堡考古学》（Bunker Archeology）（1994a）和《领土的不安全》（L'Innsecurite du territoire）（1976）中。如同梅洛·庞蒂一样，维利里奥的现象学尽管很少受到结构主义、后结构主义和后现代主义哲学的影响，但是在很多方面与它们的观点不谋而合。梅洛·庞蒂通过"境况化的身体-主体"（situated body-subject）和"表意性的主体间性"（expressive intersubjectivity）这些哲学术语，来强调人类存在的物质维度（肉身化），他的这一哲学观点，激发了维利里奥"对建筑学词汇的全部再造"和建立"建筑学的第三种空间的可能性"（Virilio and Parent，1996：v）。

维利里奥对于财富政治经济学的怀疑态度，体现在他"速度社会"中政治、革命及历史进步的"速度学"概念中。但是，维利里奥关于时间政治学的著作不仅受到孙子战争理论的影响，而且他对马里奈缔（Marinetti）未来主义艺术理论中"积极"（法西斯主义 Fascist）的政治技术因素和"消极"（反法西斯主义 anti-Fascist）的政治技术因素进行了长期思考，这也对其时间政治学著作有所影响（参见 Tisdall and Bozzolla，1977；Virilio and Lotringer，1997：45）。孙子和马里奈缔都认为，虽然管理国家经济是政治经济的一个总体目标，但不能总是把政治经济等同于财富政治经济。相反，社会政治机构（如军队）和文化运动（如未来主义）的历史都表明：一种文化、一个城市或社会的基石是战争和速度需求，而不是经济或财富的积累。现在，维利里奥强调，政治与速度的关系和它与财富的关系同等重要。在维利里奥速度政治经济学中，典型的研究主题是超现代城市中的机场。维利里奥认为陆地城市仅仅是"旅客"聚集地，机场的特色充分显示了未来社会考古学的重要意义，这个未来社会是一个高度集中于交通运输系统上的社会。因此，"未来社会的首都不再像纽约一样只是空间意义上的首都……而是一个在时间可行性交叉点上的城市，换言之，即高速运转的城市"（Virilio and Lotringer，1997：67）。

须要指出的是，维利里奥并不认为速度政治经济最终会代替财富政治经济，而是认为"除了财富政治经济，必须有速度政治经济的存在"：

> 对政治经济学提供了基础研究的重农主义者（physiocrat）遵循的是休谟（Hume）的传统，他们是具有感知力的人（man of perceptions），是有原则意识的人（man of precepts）。当我在讨论速度经济时，我也与他们做着同样的工作，不同的是，我探讨的是速度的相对权力及它对道德、政治及战略等的影响。
>
> 我所处的时代是闪电战的时代，我是速度重农主义者，而非财富重农主义者，所以，我是在非常古老的传统和完全开放的环境下工作的。现在，我们仍然不知道速度政治经济的真正含义，它是一个有待发现的新领域（Virilio，1998a：10-11）。

尽管如此，在《光速的速度透视法》（*La Dromoscopies ou la lumiere de la*

*vitesse*）(1978)、《速度与政治》(1986) 与《大众防御与生态斗争》(*Popular Defense & Ecological Struggles*)（1990）中，维利里奥分析了这些概念及与此相关的问题，同时拓展了他的速度学研究，包括"纯粹权力"，即不战而屈人之兵；"革命性抵抗"即反对城市空间军事化。本书收录了凯尔纳（Kellner）的文章，他指出：在维利里奥后期的著作中，他异常关注军事化技术对人类不宣而战的"纯粹战争"（Virilio and Lotringer, 1997: 167-85）的无情逻辑。纯粹战争的"理性"被包装成网络战和信息战时代的技术科学逻辑，在网络战或信息战中，政府通过激怒"恐怖分子"或不明身份的"敌人"，使在"军事武器的第三代"中逐渐增高的军费合理化。而且，朱庇特（Cubbit）在本书中也指出，维利里奥所说的"纯粹战争"概念包含了新信息与通信技术"武器"、交互性和网络等概念。他之所以要把这些概念囊括到"纯粹战争"概念里，是因为军工复合体的武器导致了"整合型事故"（integral accidents），如 1987 年世界股票市场崩溃是由于自动化程序交易出现故障。[①] 因此，维利里奥（Virilio and Lotringer, 1997: 184）指出，"科学本身就是纯粹战争，它不再需要其他敌人，它发明了自己的目标"。

在《消失的美学》(1991a)、《消失的向度》(1991b) 中，维利里奥支持曼德布络特（Mandelbrot）(1997) 的观点和分形几何，旨在表明文化研究理论必须考虑到人类意识节奏的断裂和物理维度的"形态学入侵 (morphological irruptions)"。维利里奥吸收了"picnolepsy"（频繁地被打断 frequent interruption）这一概念，并且从爱因斯坦相对论中得到启发，认为超现代景观和超现代城市均是军事力量和时间流动下的影像消失技术的结果。而且，尽管我们关于城市景观的视觉意识存在政治和摄影两方面，但更重要的是这表明宏大的美学与空间叙事在技术上的消失及微观叙事的到来。用维利里奥的术语来说，当"空间和它的形式-图像、时间与它的技术失真感"之间的形态学入侵并分裂成无数的视觉阐释、"与无线电通信技术产生冲突"以及发生"全维度危机"时，曼德布络特的分形几何反映了摄影中的或"过度曝光"的城市面貌（1991b: 9-28, 59-68）。较为重要的

---

[①] 如需了解维利里奥对 1987 年世界股票市场崩溃所做的详细精确的评价，请参见华克（Wark）的《Site # 4, Wall Street, New York City, Planet of Noise》，本篇文章收录在他的《虚拟地理学》（*Virtual Geography*）(1994: 165-288) 中。

一点是：维利里奥关于消失的美学和物理维度危机的思考并不体现在文本整体化建构或随时间而发展的学术"阐释"和"系统"上，反而表现在他对生产性的断裂（productive interruptions）、暗示（suggestions）、跳跃（leaps）以及"趋势"（tendency）或"水平改变"（沿用丘吉尔的说法）的动力学的战略定位上。(1989：80；Virilio and Lotringer, 1997：44)。麦克奎尔（McQuire）和克罗根（Crogan）分别在本书中谈到的维利里奥的高速社会中的规则是：在这样一个社会中，美学和全维度都将消失变为一个视网膜持久性的军事化摄影领域、一个充满断裂（interruptions）的军事化摄影领域、一个"技术时空"中的军事化摄影领域。换言之，屏幕（screen）成为新的"城市广场"，成为"所有大众传媒的十字路口"，以及所有被光速刺瞎了眼睛事物的"幻影景观"（phantom landscape）（Virilio, 1991b：25-7）。

因此，维利里奥的主要抱负是对永远加速的速度（或称速度学）进行批判性质疑。对他来说，速度的无情逻辑在城市空间军事化过程中以及领土组织、社会生活和政治与文化生活的变革中起着重要作用。速度学是城市空间、交通与信息传输政治学及技术影响下产生的感知美学的重要组成部分。维利里奥追求的是速度政治经济学中的加速性和组织性逻辑。在吸收了孙子古老的军事理论、马里奈缔的艺术著作以及曼德布洛特和爱因斯坦的科学观点的基础上，维利里奥对那种认为财富政治经济学是文化和社会生活唯一驱动力的见解表示反对，他认为是一种永恒的加速度暴政使得社会按照一种"武器系统的速度（at the speed of its weapons systems）"进步（Virilio, 1986：68）。

## 三 从现代主义到超现代主义及其超越

军事空间、领土组织、速度学、消失的美学是维利里奥的速度阐释学中的术语，他的速度学对批判性的文化、社会理论做出了卓越贡献，因为它不同于现在日渐衰微的关于现代主义与后现代主义差异的争论。批判性文化社会理论家如哈维（Harvey）（1989：351）、韦特（Waite）(1996：116)、吉宾斯与赖默尔（Gibbins and Reimer）(1999：143) 以及实证物理学家索卡尔与布里科蒙（Sokal and Bricmont）(1998：159-66) 等人都认为，维利里奥的文化理论要么属于后现代主义要么属于后结构主义，实际上他们这种看法并不正确。因为这些评价都与维利里奥相距甚远,下面我将会做出解释。

第一,虽然在 20 世纪五六十年代,后现代主义这一概念在建筑批评界盛行,但维利里奥的文化理论既不是对后现代主义的批判,也不是对现代主义中某些概念和文化的批判。他在超现代采访中指出,后现代主义这一概念是建筑学的灾难,并且与他的速度的现象学批判毫无关系。实际上,与德勒兹一样,维利里奥的文化理论大量吸收和利用了现代主义者的艺术与科学传统。① 在维利里奥的文化理论中,他经常引用的有现代主义作家卡夫卡、赫胥黎和现代主义艺术家马里奈缔和杜尚;在他一贯的哲学思想中,他经常引用的是胡塞尔与梅洛·庞蒂(二人均是现象学家和现代主义者),而且,维利里奥后期的著作经常引用爱因斯坦的相对论和量子力学。这都清楚地说明了维利里奥广泛受惠于 20 世纪早期建立的关于科学技术的现代主义哲学。

第二,正如维利里奥在超现代采访中指出的一样,他认为他的文化理论与解构主义者(如德里达)的文化理论没有联系,并且他的著作与后结构主义也联系甚少。例如,维利里奥对索绪尔的结构语言学从不感兴趣,现在他仍然信奉现象学与存在主义;作为一位反马克思主义者和一位反萨特主义者、坚定的无政府主义者与一位对"心理分析毫无信心"的文化理论家,他与同代人中的结构主义者(如符号学家罗兰·巴特、马克思主义哲学家阿尔都塞、心理学分析家拉康、人类学家列维-斯特劳斯)没有共同点(Virilio and Lotringer,1997:39)。正如本书作者所说,应该审慎地对待维利里奥与福柯(1977)的《规训与惩罚》(*Discipline and Punish*)之间的理论联系,以及他与《千高原》(*A Thousand Plateaus*,德勒兹和加塔利二人合著,1987)之间的理论联系。这是因为,不同于大多数后现代或后结构主义文化理论家,维利里奥是人文主义者和虔诚的基督徒。他在超现代采访中明确表示,他坚决反对反人道主义的观点、福柯的哲学、德勒兹的救世主哲学以及尼采的哲学观点。有趣的是,加塔利也一直否认他是一位尼采追随者,但是似乎很少人注意到这一点(e. g. 1996:23)。所以,维利

---

① 德勒兹与维利里奥的著作在现代主义这一概念和现代主义文化方面具有很大的相似性,尽管这一点很重要但是很少有人评论。德勒兹美学的主要标志是:"很明显的一点是,德勒兹感兴趣的对象是高雅现代主义的经典(the canon of high modernism),他比较欣赏的人包括作家卡夫卡(Kafka)、制作人戈达尔(Godard)和安东尼奥(Antonioni)以及画家弗朗西斯·培根(Francis Bacon)"(1998:27)。在这一点上,维利里奥与德勒兹相同。

里奥的文化理论与福柯和德勒兹后结构主义理论仅有模糊的趋同关系,关于这点维利里奥也曾在多个场合指出过(e. g. Virilio and Lotringer, 1997: 44-5)。维利里奥认为,"二战"、军事战略与空间规划是关于他的速度学及与此相关课题的关键指示器。

第三,与多数后现代主义文化理论家不同,维利里奥并不一味指责现代性,相反,他在超现代采访中指出,他把自己的文化理论看作"对现代性的批判分析,而这种分析是通过技术感知(它在很大程度上是灾难性的,但并不是灾难论的)来实现的"。维利里奥认为"我们现在还处于现代性中",他的文化理论的核心是"整体战争的戏剧性(drama)"。维利里奥对现代性的浮动韵律及其变换的速度进行了思考,因此他作品的主要特色是科学、理性、监督、城市主义和民主,最重要的一点是异化(alienation)。此外,虽然维利里奥是一位技术界的卡珊德拉(Cassandra,希腊神话中的凶事预言家),但他坚信他对现代性这一概念的理解与后现代的哲学家们不同,在本质上他是积极乐观的,如他最近对泽布格(Zurbrugg)所说:

> 许多人只注意到我作品中悲观的一面。他们没有意识到使我感兴趣的是20世纪的全球维度(global dimensions),包括20世纪无线电通信技术的绝对速度与功率、核能源等,以及这些能源所导致的绝对灾难! 我们与这二者同在!(Virilio, 1998a: 2)。

而且,尽管维利里奥对启蒙运动持批判态度,但他并不完全反对理性。与德勒兹相同,维利里奥也反对黑格尔及马克思主义的思想哲学与意识形态,例如他反对"救世主的"(messianic)马克思主义者及批判理论家本雅明(see e. g. Virilio, 1991b: 72)。因此,如凯尔纳在本书中所指出的,在一定程度上维利里奥可被看成"左翼海德格尔信徒"。简言之,维利里奥与现代性的批判关系是很复杂的,许多现代和后现代文化理论家对他与现代性的关系所给出的夸张性描述其实与事实并不相符。[1]

---

[1] 当然,维利里奥并不是唯一一位启示录式的理论家或者灾难理论家、也不是唯一的现代性(出自战后法国大陆学派哲学)信徒。例如,德勒兹就曾就劳伦斯的著作写过启示录,而且在引文中,他也引用了维利里奥的作品(Deleuze, 1998: 36-52),同时在同一卷中,皮尔森(Ansell Pearson)认为,应该把德勒兹的哲学"置于现代性的一般问题中来解读"(1997: 180-1),作者认为这个观点是正确的。如需阅读下一卷,请参见 Mclure (1998)。

第四，像维利里奥在超现代采访及其他场合所表示的，他的著作与提倡后现代主义的思想家如利奥塔（1984）及鲍德里亚（1983，1994）的著作也没有联系（1983，1994）。例如，与利奥塔的著作不同，维利里奥的著作在使历史有意义方面也遵循希望原则（the principle of hope）。实际上，几乎他的所有文化理论都是试图从他自身的经历及他所处的时代来解读历史与文化，从而使他自己的历史变得有意义，同时通过他对历史与文化的解读，也从一个侧面更好地证明了我们自己的观点。维利里奥不接受所有"元叙事"的死亡，例如在超现代采访中他坚持认为"正义的叙事是不会被解构的"。而且，维利里奥对马克思主义、符号学及尼采的"虚无主义"（nihilism）的敌意也在很大程度上表明了他对鲍德里亚"仿真"（simulation）这一概念的反对。维利里奥与多数后现代文化理论家不同，例如他并不像鲍德里亚一样对麦克卢汉在新媒体上的"信口开河"（Virilio, 1995：10）充满敬仰之情，因此，维利里奥的著作很少关注鲍德里亚的"超真实"（hyperreality）和"反讽"（irony），而是关注社会现实和对普通民众尤其是对穷人的颂扬。[①]

因为这些原因，无论是把维利里奥的文化理论界定为后现代或后结构主义，都是很困难的。在我看来，这也是为什么更为合适的说法是这些作品出自这样一位文化理论家，他的主要关注点是超现代主义问题，或者说是"晚期军事主义的文化逻辑"。因此，在维利里奥的超现代世界中，是时候"面对这样一个事实了：今天，速度就是战争，就是终极战争"（1986：139）。

## 四 从战争机器到肉体机器

自20世纪80年代中期《战争与电影：知觉的后勤学》（1989）和《否定的视野》（L' Horizon negatif）（1985）在法国出版后，当维利里奥谈到当今最引人注目的真实的不同层次（the different classes of reality）这个话题时，他经常提到"替代"（substitution）这样一个概念。必须指出的是，维

---

[①] 然而值得指出的是，尽管维利里奥在采访中经常对鲍德里亚进行尖刻的批评，但鲍德里亚很少对此做出回应。鲍德里亚对维利里奥的文化理论是很赞同的（see e. g. Baudrillard, 1987：109）。

利里奥的这一概念与鲍德里亚的（1983，1994）"仿真"和"拟像"（simulacra）概念具有很大的相似性。即便如此，维利里奥并没有过多解释"替代"这一概念，尤其是在《战争与电影》中，而是着重介绍和论证了"替代"这一概念在文化研究领域越来越增加的重要性。例如，他在关于20世纪30年代的电影著作中指出，"电影正在僭越为地缘战略，在过去一百多年里无情地走向直接替代，其最终结果将是事件与空间之间界限的瓦解所导致的事件与空间之间界限的消失"（1989：47）。然而，维利里奥关心的焦点是电影替代与地缘战略替代、事件与空间之间界限的瓦解以及他所说的知觉的后勤学之间的联系。知觉后勤学或许并没有人们想象得那么复杂，它只是表示为前线提供摄影图像和电影信息。知觉后勤学这一概念是在超现代战争（如1991年波斯湾战争、1999年反抗塞尔维亚的北约战争）这样的大背景下形成的，因为在这类战争中，不仅地貌特征消失了，战争的建筑也消失了。在电影《现代启示录》（Apocalypse Now）里被称为"天降死神"（Death from Above）的任务中，最高军事指挥部藏在地下沙坑中以躲开科波拉（Coppola）的直升机。[①] 因此，就像鲍德里亚（1983：2-3）使"仿真""超真实"（hyperreality）和"拟像的处理"（procession of simulacra）成为固定的概念一样，维利里奥（1989：66）也把知觉后勤学作为一个特定的概念，在这里"世界在战争中消失，而战争作为一种现象在人类的视野中消失"。

因此，在类似《沙漠屏幕：战争编年史》（L'Ecran du desert: chroniques de guerre）（1991c）这样的文章中，维利里奥主要的兴趣点在于研究战争、替代、人类及综合感知之间的关系。维利里奥之所以有这样的兴趣是因为这一事实：战争中的军事感知和平民感知是很相像的，尤其是与电影制作艺术相像，简言之，双方都越来越关心影像的拍摄。因此，对维利里奥来说，替代这一概念最终导致"影像战争"（war of images）。影像战争是一种"电子游戏"，是网络战，更通俗的说法是信息战。维利里奥的"影像战争"不是传统意义上的战争，因为传统意义上的战争所形成的影像都是真实战争的图像。他认为，战争影像（images of battles）与真实战争的

---

[①] 作者在此处提及它，除了它与前南斯拉夫冲突有明显关系之外，还因为维利里奥目前正打算写一本书，该书是关于他所说的"20世纪最终冲突"的。该书将于1999年末在法国出版（私人谈话，1999年5月30日）。

影像（images of actual battles）二者之间的区别越来越给人一种"失真感"。正如维利里奥所说："人们过去经常会为了锦旗或旗帜上的盾徽而死；现在人们会为了提高电影的清晰度而死。战争最终成为电影的第三维度"（1989：85）。像鲍德里亚（1995）臭名昭著的"波斯湾战争未曾发生"的论断一样，维利里奥也曾断言战争与电影实际上是密不可分的，当然他的这一论断也是有待商榷的。例如，康拉德在评论《战争与电影》时曾说，"维利里奥对战争近乎疯狂的探索，使他自己成为'过度阐释'的受害者"（1989：939）。但是，维利里奥并不为这些批评所动，这是因为他对信息战的呈现形式持以下看法，即对于战争、军事武器、视觉、摄影与电影这类平行体而言，在战争机器中它们要跟上文化与社会发展步伐的唯一方法就是采取一种极端的、批判性的理论立场。在《镜头推移八十年》（*A Traveling Shot over Eighty Years*），即《战争与电影》的最后一章中，维利里奥惟妙惟肖地把这样的平行体描述为"现代战争机器与飞机及具有新技术性能的观察机的结合体"（1989：71）。维利里奥在 20 世纪 80 年代晚期发表的作品是关于遥控技术、战争机器的无情自动化以及与此相关的电影课题的，这些都预示了将会在他的《视觉机器》（*The Vision Machine*）（1994b）与《极惯性》（*Polar Inertia*）（1999a）中所出现的极端评论。[①]

在维利里奥的超现代时空里，当人们"不再相信自己的眼睛，不再相信自己的感知，而是信奉技术视线（technical sightline）时"，现代文化和社会替代已经把"视觉领域"压缩成"瞄准器的一条线（line of a sighting device）"（1994b：13），这条线是一条想象的轴线，在法国曾经被人们称作"信念线"，人们通过技术让肉眼的感知根据这条想象的轴线来进行瞄准行为。所以，从这个角度来看，《视觉机器》（1994b）是我称之为纯粹感知的一个概述。因为，尽管替代反映了整个人类历史的不同范畴的文化和社会现实，但是军工复合体依然发展了这些灾难性的技术替换以及能够带来这种可能的技术，如虚拟现实、因特网、网络空间等。现在回到刚才讨论过的话题，用维利里奥的术语来说，"纯粹感知"的"主要目的"是"记录现实的消逝"。的确，对维利里奥来说，"消失的美学"源自感知模式与表征模式的工具性分裂所赋予主体视觉的前所未有的局限性（1994b：49）。因此，在巴尔干的城市中，北约巡游舰导弹"消失"在水平线，去拍摄他们

---

[①] 维利里奥 20 世纪 80 年代以后的很多作品，请参见他的 *Un paysage d'événements*（1996）。

自己以及民众的毁灭，维利里奥把视觉机器理解为"无视觉的视觉"（sightless vision）的加速度产品；无视觉的视觉本身就是一种强烈失明感的再生产，这种强烈的失明感（blindness）将成为最新的也是最后的一种工业化形式——"无注视"的工业化（the industrialization of the non-gaze）（1994b：73）。维利里奥在《极惯性》（1999a）中以其最复杂的形式阐释了视觉、远程遥控技术、纯粹感知、后工业生产及人类机能停滞之间广泛深远的文化社会关系。

在此书中，维利里奥思考了纯粹感知、速度与惯性的各种形式，例如，在《间接光》（Indirect Light）中，他研究了巴黎地铁系统所采用的全新综合电子屏显与传统的或"真实的"感知对象（如镜子）之间的不同，从科学的角度来看，这与福柯（1977）所说的"监控社会"、德勒兹（1995）所说的"控制社会"大体相同。相反，在《最后的交通工具》（The Last Vehicle）中，在讨论日本游泳池中引进"造波机"的背景下，维利里奥指出因技术而使人产生的惯性与人的生物性而诱发的人类行动之间的差异。"运动光学"把全球范围内"当地时间"的消失和其被单一的"世界时间"所替代联系在一起，然而，"环境控制"研究"古典光学通信"与"电子光学通信"之间的不同。尽管维利里奥处于替代与纯粹感知的时代，但他认为，在这个时代里不是相对速度、加速度或者减速度的形成而是"极惯性"的形成变得更为重要。

极惯性是什么？此处，维利里奥认为，在流动性的初级现代阶段，用他的术语即解放的时代，惯性根本不存在。因此，极惯性这一概念排除了在工业时期速度方程中的可变因素，如简单的加速度或减速度。但是现在，正如维利里奥在超现代采访中提议的一样，在绝对光速的后工业时代，人们出去"旅行"是"没有必要的"，因为"他已经到了"。他在《纯粹战争》中对劳崔格（Lotringer）说：

> 我们正在向着这样一种境况前进：从时间意义上来讲，每座城市都将处在相同的空间位置。在空间上处于不同位置，但在时间上压缩成一点的城市之间会出现一种共存，或许这种共存并不是那么和谐。当我们在一分钟或一秒钟内就可以达到地球对面，那时城市还有什么留存意义呢？我们还剩下什么呢？尽管地理空间定居的差异仍会继续，但是现实生活将被引向两级惯性（Virilio and Lotringer, 1997：64）。

那么在这种情况下，地理上的"此处"与"彼处"的差异将被光速抹去，而且，在他的终极模型中，正如隐居的亿万富豪们（如美国著名的已故亿万富豪霍华德·休斯）所证明的一样，极惯性成为某种意义上的福柯式的重生。休斯在拉斯维加斯一家名叫"沙漠客栈"的小房间中待了15年，不断地观看史特吉斯（Sturges）的《大北极》（Ice Station Zebra）。休斯是维利里奥眼中的"技术僧侣"，他不仅是极惯性的化身，而且更重要的是，他是日渐增长的"大众境况"（mass situation）的第一个居民，这种大众境况就是在现代社会中只追求速度的不断提高，而不关心这个高速的社会如何刹车熄火（Virilio and Lotringer, 1997: 77）。因此，从最广义来说，维利里奥关于视觉机器与极惯性的著作试图指出：艺术实践和物理空间不再有重要的人类内容。所以，在现代社会及《电机艺术》（The Art of the Motor）（1995）这样的作品中，维利里奥把他的注意力转向移植革命、科学技术、控制论表演艺术、内部殖民、技术原教旨主义，我们倘若发现这一点也不必太吃惊。

因此，在21世纪前夕，维利里奥的文化理论主要关注的是，各种形式的技术替代是如何渗透到速度学社会的总体中去的。对他来说，在这个领域中，最重要的文化发展之一就是他所说的"移植革命"——技术与人体之间的区别几乎全面瓦解。第三次革命通过在富人中推广批判艺术组合（Critical Art Ensemble, CAE）（1998: 118-37）的"第二波优生学"（eugenics），这是一场科学技术领导的反对人体的革命，与通过技术对象的小型化、动态插入及心脏模拟器而实现的对身体的部分器官进行替代的技术进步有关。泽布格指出：这种令人忧心的发展使维利里奥（1995: 109-12, 1998a: 3）对史帝拉（Stelarc）的"精神分析"和控制论以及"终端"信念进行了严厉批判，同时他也批判了"崇尚技术的安托南·阿尔托"（Antonin Artaud of technology）和澳大利亚行为艺术家（参见Stelarc, 1997）。然而，需要特别强调的是，维利里奥对移植革命或"第三次革命"的批判以及他对史帝拉的批判，和他内部殖民这一概念的形成密切相关——当一个政治力量（如国家）反对它的人民或当科学技术反抗人体时，内部殖民就形成了。维利里奥在超现代采访中说，"没有对身体的控制"就没有领土殖民，例如，人们只有"通过观察书呆子式的'因特网用户'才能了解他们的行为已经被技术改变到什么程度了"。

维利里奥对移植革命的批判，对"新优生学"、史帝拉及人体的技术文化内部殖民的批判都表明，在当代社会，速度学政权是如何成为一个"泛资本主义"系统的。这个系统包括"走向成熟的肉体机器""赛博格"（cyborg）与"设计师婴儿"（designer babies）及一个"全新的优生学意识"的形成与发展（CAE，1998）。因为这些原因，在《开放天空》（*Open Sky*）（1997a：116 - 17）及其他近作如《信息炸弹》（*La Bombe informatique*）（1998b）、《最糟糕的政治》（*Politics of the Worst*）（Virilio and Petit，1999）中，维利里奥阐释了他对赛博女性主义的一种批判。巴朗（1997）追随哈拉维（Haraway）（1985）的"赛博格宣言"及澳大利亚艺术家（如自主神经系统模型，VNS Matrix）的声明，认为赛博女性主义是一种关于控制论技术与女性主义者反对父权社会规则的革命。因此，赛博女性主义者试图消除技术与女性之间的"延异"，或者就如巴朗所说："如果机器，甚至理论上的机器，都可以唤醒自己，为什么女性就不行呢？"（1997：59）。

巴朗的这一问题与技术、网络文化理论、网络性爱及网络空间的政治学问题有关。但是，康利（Conley）在本书中阐明：维利里奥没有时间来关注"赛博女性主义"和"网络性爱"等概念，这些概念都是他在超现代采访中所批判的，他把网络性爱看作对情感的技术替代。维利里奥认为，反对控制论性爱（cybernetic sexuality）重新把人类自身作为研究的理论重点并抵制技术对两性的控制，这些都是很迫切的问题。维利里奥在《信息炸弹》的结尾部分总结了他最新的政治立场，"Homo est clausura mirabilium dei"，即"人类是宇宙所有奇迹的终点"（1998b：152）。对维利里奥来说，赛博女性主义仅仅是"技术原教旨主义"的另一种形式，"技术原教旨主义"指人们相信技术的绝对力量（Virilio and Kittler，1999）。简言之，在维利里奥所称的"技术文化极权"领域中，网络空间的诱惑是终极的，这是因为通过网络空间人们愿意被控制论对象与技术对象所统治（1998b：48）。因此，在维利里奥看来，赛博女性主义者及其他很多的团体都缺乏"网络抵抗"意识，他们是媒体"大亨"（如微软公司 CEO 比尔·盖茨）们的"同谋者"（1999b：1 - 3）。赛博女性主义者脱离宗教敏感性来理解新信息与通信技术的普遍性、瞬时性、即时性，他们就像最近在美国为了飞往天国而实行大规模自杀事件的"天堂之门"教派一样，已经被网络空间所带来狂喜征服（Virilio，1998b：51）。用维利里奥的术语来说，从新信息与通信技术如因特网，赛博女性主义者正无情地迈向技术原教旨主义的政治立场，维利里奥以下面这段启示录式的语言表明了他的立场：

不再是《古兰经》、《圣经》、《新约》这些经书中所信奉的一神论，而是信息一神论。信息一神论应运而生，它是独立产生的而不受争议，它不能够进行反思，也没有过去，它是人工智能的结果。随着信息一神论的到来，也带来了我所认为的最大的危险：在未来的世界里人类的消失。（Virilio and Kittler, 1999）

## 五 简单突围到战争地带

如上所述，戴德里安（DerDerian）也明确指出：自20世纪60年代以来，维利里奥的许多活动和他的"概念宇宙学"都备受争议，例如，维利里奥与巴朗在《建筑原则》期刊上发表的文章声称，世界应该放弃水平面，而应在倾斜面上组建自己。但是，巴朗回忆："如果我们仅仅是把这些东西称作'斜坡'（slopes）"，或许我们会得到原谅。我们遇到完全不同的意见，并遭到抨击，杂志就是我们的反击阵地（Johnson, 1996：54）。同样，维利里奥后期的概念，如"自杀状态"（suicidal state）（1998c：29-45）、"紧急状态"（state of emergency）（1986：133-51）、技术与速度等也饱受批评。例如，在20世纪80年代，德勒兹与加塔利（1987：351-423，559）这两位后结构主义学者试图把维利里奥的研究方法归为后结构主义的方法，但克罗根（Crogan）（1999）认为这一做法是有问题的。尽管这样，也正如克罗根所说，如果不能理解德勒兹与加塔利关于技术和国家的"静态的与历史无关的模型""在过程上的连贯性"，那么要想把它与维利里奥的观点结合在一起是很困难的。同时，维利里奥的《消失的美学》（1991a）触怒了新马克思主义地理学家哈维（1989：293，299，351）。哈维认为，维利里奥对他的"时空压缩"所做出的"回应"试图通过语言和意象的构建来控制"时空压缩"，哈维把维利里奥（以及鲍德里亚）"狂热的著作"归为此类是因为"这些著作都涉及了时空压缩这一主题，并且在这些作品里他们都用华丽的修辞来重复这一主题"。当然，哈维在这之前"就曾见过别人对他所说的'时空压缩'做出过这种回应，尤其是在尼采著名的《意志权力》（The Will to Power）中"。然而，在《消失的美学》（1991a）中，维利里奥对速度学现况的态度实际上与"断裂、事件的重要性以及因生产性而被阻止发生的事物的重要性"有关（Virilio and Lontringer, 1997：44）。他曾对劳崔格说道:"我与德勒兹在《千高原》(Mille Plateaux)中表达的思想完全不同。他缓慢移动,而我处理间断和缺席,停下来说'我们去别处吧'这一事实对我非常重要"(Virilio and Lontringer, 1997:45)。20世纪80年代,维利里奥的"狂热著作"证实了速度学变化所带来的美学、军事力量、空间、摄影、政治及技术方面的物质后果,更重要的是证实了速度学变化在这些方面所带来的非物质后果。现在的技术导致了社会文化生活、战争和物质的消失以及人类感知的消失,在这个因为这些消失而黯然失色的时代里,维利里奥的著作是一个很大的成就。然而,哈维在20世纪90年代曾说,维利里奥文化理论的不足很可能不是因为他与尼采的相似,而是他与尼采的不同。韦特及其他人也引用美国表演艺术家劳里·安德森(Laurie Anderson)的话说道:

> 维利里奥始终顽固地坚持要对后现代军事战术、战略和技术进行一些现代主义的批判,而尼采基本上对单纯的批判没有耐心,他快速把它们招安过来供自己使用,至少在概念和修辞上把它们当作隐喻或说服技巧来精英而非死人来争取权力——因为"反正现在活着的人比死人多"(Waite, 1996:381-2)。[1]

## 六 结语

尽管维利里奥的文化理论存在诸多争议及问题,但是现在越来越多的文化理论家(如克洛克夫妇)和他对军事战术、战略及技术的超现代批评产生了共鸣。很自然,产生这种共鸣的主要原因是,维利里奥的近作如《最糟糕的政治》(Virilio and Petit, 1999)着重强调我们这个时期一些最惊人的、最重要的当代文化和社会的发展状况,这些发展通常是为了维持日益虚拟的全球性精英对制造地方性死尸(corpses)的权力。例如,1999年6月正当笔者写作此结语时,在科索沃、安哥拉、南墨西哥、东帝汶及地球

---

[1] 韦特认为维利里奥是尼采式的思想家,尽管作者对此并不是很赞同,但是作者对他在此处对维利里奥的批判是非常赞同的。实际上,作者在别处也对维利里奥做出过类似的评价(see Armitage, 1997:206)。

上的任意一处，人们只要看一眼就会发现：活着的人正在使死人的数量迅速增加。就像巴洛（Burroughs）所说，这是一个充满战争的宇宙，战争无时不在。作为希特勒闪电战时的一个孩子，维利里奥建立了有关领土组织和后期军国主义的文化逻辑，它们是维利里奥著作的主题，也是其文化理论的重要方面，他用历史的军事概念及技术对人体的"内部殖民"概念去解读现代性，反映了21世纪速度学和政治学的可能性境况。正如本书标题所示，超现代主义这一概念对理解维利里奥关于文化理论的贡献是至关重要的。

因此，维利里奥是当代最重要、最发人深省的文化理论家之一，如布鲁格（Brugger）所说，他是一位"考古学家"，研究我们这个时代的技术发明，目的是找到些许迹象，以表明"在未来社会里，加速度将会在何处出现"；而且维利里奥还试图指出速度和消失的辩证关系所可能带来的消极影响（1997：17）。然而，与利奥塔或鲍德里亚的后现代主义不同，维利里奥的超现代主义不认为自己背离了现代主义和现代性，而是通过技术的灾变性感知来对现代主义及现代性进行批判分析。实际上，在讨论技术时，维利里奥最近用简洁的话语概括了他自己的观点：

> 当有人告诉我说不明白我的观点时，我的回答是：我告诉你，我是一名技术艺术批评家，够清楚了吗？仅此而已。如果他们仍然不明白，那我就会说：看看艺术评论家是怎样评论传统艺术的，把传统艺术换成技术，你就会明白我是做什么的了，并且也会明白我的观点，就这么简单（Virilio and Lotringer，1997：172）。

因此，维利里奥关于技术的理论立场、当前轨迹及文化敏感性已经超越了批判社会学的范围，他不依赖智性"解释""构建明确的系统"或描述"运行良好的机器"（Virilio and Lotringer，1997：44），而更愿意依赖"暗示"和"含蓄之物的外显性质"。一方面，把一位像维利里奥这样的技术艺术批评家描述为一位关心目前各种趋势的文化、政治理论家是可能的；另一方面，如果一个人明确反对社会学"为了与政治学区分"所戴的诸多"面具"，那么把他描述为典型的社会理论家就显得极为牵强。

因此，如本书中的几篇文章所示，目前试图确立维利里奥文化政治理论"真理性"的社会理论家在不断增多，从他身上我们还能获得什么仍有争论，又或许他从一开始就受到质疑，这是因为，在很大程度上，维利里奥对军事、速度政治学、摄影、艺术与技术的批判性态度,基本上就代表了他对技术文化所持有的道德上的、艺术上的以及情感上的态度。用他的话说:

> 我是如此沉湎于绘画与艺术的世界,我不经常在我的书中谈论它,是因为我就住在它里面。你知道的,我是一位写作的画家!你肯定会觉得我的书都很栩栩如生——它们是非常、非常视觉化的书,它们不是语言,它们是视觉图片(1998a:9)。

而且,维利里奥充分意识到他的著作经常因为受到恶意指控而得不到认同。他最近指出,在法国"人们对讽刺、文字游戏,对一些极致和极端的论点没有容忍度"(1998a:12)。因此,提出维利里奥的文化理论优缺点这一问题也就是提出这一批判性问题:在法国之外,他的著作是不被认同还是受到赞扬,抑或是毁誉参半?换言之,也就是提出这样一个问题,即英语世界对讽刺、文字游戏以及极端和极致的论点有多少容忍度?因为这些及其他原因,维利里奥的超现代文化理论必然会把理论观点、文化和社会辩论带到下一个世纪。

**参考文献**

Armitage, John (1997), "Accelerated Aesthetics: Paul Virilio's *The Vision Machine*,"

Baudrillard, Jean (1983), *Simulations*, trans. Paul Foss, Paul Patton and Philip Beitchman, New York: Semiotext (e).

Baudrillard, Jean (1994), *Simulacra and Simulation*, trans. Sheila Faria Glaser, Ann Arbor: University of Michigan Press.

Baudrillard, Jean (1995), *The Gulf War Did Not Take Place*, trans. Paul Patton, Bloomington and Indianapolis: Indiana University Press.

Critical Art Ensemble (1998), *Flesh Machine: Cyborgs, Designer Babies, and New Eugenic Consciousness*, New York: Semiotext (e).

Deleuze, Gilles and Félix Guattari (1987), *A Thousand Plateaus: Capitalism and Schizophrenia*, trans. Brian Massumi, Minneapolis: University of Minnesota Press.

Foucault, Michel (1977), *Discipline and Punish: The Birth of the Prison*, trans. Alan Sheridan, Harmondsworth: Penguin.

Tzu, Sun (1993), *The Art of War*, trans. Yuan Shibing, Hertfordshire: Wordsworth Editions.

Virillio, Paul (1976), *L' Insécurité du territoire*, Paris: Stock.

Virillio, Paul (1978), *La Dromosconpies ou la lumière de la vritesse*, Paris: Minuit.

Virillio, Paul (1985), *L' Horizon negatif*, Paris: Galiée.

Virillio, Paul (1986), *Speed & Politics: An Essay on Dromology*, trans. Mark Polizzotti, New York: Semiotext (e).

Virillio, Paul (1989), *War and Cinema: The Logistics of Perception*, trans. Patrick Camiller, London and New York: Verso.

Virillio, Paul (1990), *Popular Defense & Ecological Struggles*, trans. Mark Polizzotti, New York: Semiotext (e).

Virillio, Paul (1991a), *The Aesthetics of Disappearance*, trans. Philip Beitchman, New York: Semiotext (e).

Virillio, Paul (1991b), *The Lost Dimension*, trans. Daniel Moshenberg, New York: Semiotext (e).

Virillio, Paul (1991c), *L' Écran du désert: chroniques de guerre*, Paris: Galilée.

Virillio, Paul (1994a), *Bunker Archeology*, trans. George Collins, Princeton, NJ: Princeton Architectural Press.

Virillio, Paul (1994b), *The Vision Machine*, trans. Julie Rose, Bloomington and London: Indiana University Press and British Film Institute.

Virillio, Paul (1995), *The Art of the Motor*, trans. Julie Rose, Minneapolis: University of Minnesota Press.

Virillio, Paul (1996), *Un paysage d' événements*, Paris: Galilée.

Virillio, Paul (1997a), *Open Sky*, trans. Julie Rose, London; Verso.

Virillio, Paul (1998a), "Not Words but Visions!", (unpublished interview with Nicholas Zurbrugg), trans. Nicholas Zurbrugg, Paris.

Virillio, Paul (1998b), La Bombe informatique, Paris: Galiée.

Virillio, Paul (1998c), "The Suicidal State," pp. 29–45 in J. Der Derian (ed.), *The Virilio Reader*, trans. Michael Degener, Lauren Osepchuk and James Der Derian, Oxford: Blackwell.

Virillio, Paul (1999a), *Polar Inertian*, trans. Patrick Camiller, London: Sage.

Virillio, Paul and Sylvère Lotringer (1997), *Pure War, rev. edn*, trans. Mark Polizzotti, Postscript translated by Brian O' Keeffe, New York: Semiotext (e).

Virilio, Paul and Philippe Petit (1999), *Politics of the Very Worst*, trans. Michael Cavaliere, ed. Sylvère Lotringer, New York: Semiotext (e).

# 20世纪军事战略家保罗·维利里奥：
# 战争、电影与知觉的后勤学*

〔英〕约翰·阿米蒂奇 著 李会芳 常海英 译

保罗·维利里奥（Paul Virilio）是否可以被视为20世纪军事战略发展的一位关键人物呢？1932年出生于巴黎的法国哲学家保罗·维利里奥，一生致力于军事战略和军事空间组织的研究，在20世纪五六十年代，他对大西洋壁垒（Atlantic Wall）问题进行了一系列建筑学和摄影学的研究。大西洋壁垒位于法国西海岸，是"二战"期间纳粹德国在西线建造的一系列军事掩体，用来防止盟军登陆欧洲大陆。1963年，维利里奥与建筑学家巴朗（Claude Parent）一起成立"建筑原则"（Architecture Principe）小组，并发行同名刊物，一直到1968年，维利里奥都是此刊军事建筑方面的主要作者。1969年，他被任命为巴黎建筑设计专科学校教授，并于1975年出版了《地堡考古学》（Bunker Archeology）①。1975～1989年间，他担任该校院长一职，1989年被任命为巴黎多米尼加神哲学院院长，1997年退休后居于法国西部海港拉罗谢尔。维利里奥不仅是著名的哲学家和文化研究理论家，还对战争和电影进行了详尽的研究。除了对"知觉的后勤学"这一概念别有兴趣之外，他的哲学研究也对批评、军事、电影等方面的理论和实践做出了重要贡献。

这里所说的20世纪军事战略是指从第一次世界大战（1914～1918）到科索沃战争（1998～1999）之间多种形式的军事战略，包括进攻思维

---

\* 本译文受到"河北省高等学校创新团队领军人才培育计划"的资助。
① Paul Virilio, *Bunker Archeology*, trans. G. Collins（Princeton：Princeton Architectural Press, 1994）.

(offensive thinking)、防御能力（defensive capabilities）、战略军事演习（strategic military exercises）和武装视野（armed vision）等。维利里奥认为从"一战"后，欧洲和美国的战争以一系列先进的战争武器（如机关枪、大炮、毒气、坦克、电话、无线电通信等军事领域的先进技术成果）为显著特点，并塑造了其文化和表征。机关枪和摄影相结合，在"一战"期间用于配合飞机作战，这是军事界和摄影界一项重要的先进技术，甚至对"一战"以后的军事和影视理论都产生了重要影响。这些技术进步如空中勘测等已经树立了极高的军事权威，目前军方已把这些技术进一步发展为一项杀伤性（lethal）视觉技术，即军事间谍卫星和空间武器。因此，20世纪军事战略家和电影摄制者不得不承认，这些先进的战争技术与摄影之间已经建立了一种致命的相互依赖关系。维利里奥对20世纪军事战略的分析针对的正是战争中直接视觉（direct vision）的消失，以及以致命的声音和灯光秀来取代之前的肉搏战等现象。他试图在每个军事-电影话语领域都提倡直接视觉，并以此来对抗军工国家所全力研发的各种技术进步，这类技术把闭塞（obliteration）和知觉（perception）结合在一起。因此，维利里奥的20世纪军事战略是一种对直接视觉的辩护。

维利里奥关于战争与电影相结合的概念是他追求直接视觉的一种集中体现。战争与电影的结合是当代文化危机的一种症候：因为现代文化表露出一种人们对军事历史和武器、摄影及电影拍摄等问题的独特的技术性理解。当然，对维利里奥来说，对战争与电影结合的研究阐明了关于以前某项军事行动或某个电影的现存记载，并且让我们对当代军事战略家和电影导演的文化思想以及他们关于战争和武器的技术信仰进行批判分析，还让我们对从爱德华·斯泰肯（Edward Steichen）、塞缪尔·福勒（Samuel Fuller）到阿贝尔·冈斯（Abel Gance）和斯坦利·库布里克（Stanley Kubrick）等摄影师与电影制作人的电影历史进行批判分析。维利里奥著作的主要目的是让我们对战争与电影的结合史、建筑以及流行文化进行更深刻的思考，并对我们所说的"19世纪的军事战略和观看方式"加以批判，即维利里奥的著作是对克劳塞维茨式（Clausewitz-styled）的军事战略的一种批判性分析，认为后者已不能解释20世纪的军事观看方式，原因是其太过"物质性"[1]。同时，对维利里奥

---

[1] Karl von Clausewitz, *Clausewitz On War*, trans. M. Howard and P. Paret (Princeton: Princeton University Press, 1976).

来说,这些因当代军事技术进步而受到指控的战略家们,身上很重要的一个缺点就是很难应用灵活的攻击路线,即中国古代军事理论家孙武的《孙子兵法》中所记载的军事战略和进攻方法。① 实际上,许多现代军事理论家依然认为他们不仅能够取得决定性的军事和政治胜利,还可以追随劳塞维茨的假设,相信"战争是政治通过另一种手段的延续"(Clausewitz, *Clausewitz On War*, p. 69)。在该假设中,克劳塞维茨认为人类战争必然会呈现道德因素和物理因素的辩证关系。因此,对维利里奥来说,20世纪关于战争和电影结合的研究不仅强调 19 世纪军事战略和观看方式的不足,而且也强调了直接视觉的重要性。

维利里奥对知觉的后勤学这一概念表现近于痴迷的兴趣,尤其是在他的《战争与电影》中,这个话题对于现代主义者的视觉文化(如赫胥黎在 1943 年《观看的艺术》中所定义的)是一个重要发展。② 维利里奥不仅拓展了赫胥黎的研究,而且对 20 世纪其他研究冲突、电影及感知组织的理论家如本雅明(Walter Benjamin)等人的研究也有所拓展,维利里奥把知觉的后勤学看作"景象机"(sight machine)或者"20 世纪冲突中对电影技术的系统性运用"的一种表达(Virilio, *War and Cinema*, p. 1)。因此,他把战争与电影看作景象机的交叉点,也就是说,军队通过发展远距离瞄准的机械形式来发展感知技术,同时,电影则通过远距离移动摄影机发展它自己的感知技术。维利里奥的研究方法植根于"绘图学(cartography)中战略和战术的必要性",这点可以"从美国内战中军事摄影的出现直到目前战场上的视频监控"中得以证实;但对维利里奥来说,这一点有违于"从'一战'时期就开始出现的""空战侦察中电影胶片的高度使用"这种说法(p. 1)。他认为,对赫胥黎来说,知觉的后勤学包括能够使"身体消失变为瞬间聚集的知觉数据"的东西以及"发光体的产生与纯粹迷醉(pure fascination)状态"之间的交变磁场,"而后者是指能够摧毁清醒的感知意识,把人引入催眠状态或者类似的病理状态"(p. 10)。因此,19 世纪的视觉机器(vision machines)如艾蒂安-朱尔·马莱(Étienne-Jules Marey)的"验磁器"(magnetoscope)或者 20 世纪过度曝光(overexposure)这一设想,对维利里

---

① Sun Tzu, *The Art of War* (Ware: Wordsworth Editions, 1993).
② Aldous Huxley, *The Art of Seeing* (London: Chatto and Windus, 1943); Paul Virilio, *War and Cinema: The Logistics of Perception*, trans. P. Camiller (London: Verso, 1989).

奥来说，都标志着新兴景象机的出现：它们是"影像"在技术层面的创造者，"充满思想及怀疑"，直到今天它们依然是"对抗黑暗的最好方法之一"（p.10）。但是，赫胥黎认为的那种经由电影技术人体可以消失为一种短暂、混乱的"感知数据"的说法同样可以作为一种可能的信息源，尤其是在军官们总是希望不断更新他们的"现实图片"的情况下，由此对周边地区的理解不但经常受到炮弹的更新，也经常会受到"对组织战役异常重要的地形资料"的影响（P.1）。

本雅明对当代批评、军事、电影、文化理论产生了实质性的影响，激励了20世纪整个欧洲和美国的"后现代"理论家。后现代理论家如鲍德里亚吸收了本雅明的理论，鲍德里亚对知觉的后勤学做出的阐释（例如在《象征交换与死亡》中对"触觉与数字"的解释）吸收了本雅明1936年《机械复制时代的艺术作品》中的思想，该论文的内容是关于电影"技术机器"的"测试功能"的。鲍德里亚写道："思考是不可能的，因为意象被分割成一系列连续的感知片段和刺激（物），人们对这些刺激的反应只能是一个瞬时的'是'或者'不是'，亦即人们的反应时间极度地缩短了。电影不再允许你思考它，它直接质问你。"[1] 本雅明曾认为，当观众面对电影演员的创造性再现时，他们只能感觉到电影摄影机的冲击；当他们处于科波拉执导的反映"越战"的《现代启示录》的境况中时（就像鲍德里亚在《拟像与仿真》中所描述的），观众所感受到的仅仅是电影摄影机对他们的冲击。[2] "过度""资料过剩"及"可怕的坦率"都使鲍德里亚的观众意识到他们自己的"胜利"及美国的"胜利"，意识到他们的战争在"应接不暇的特效"中，实际上已经成为一种"防卫工事，一种技术与迷幻所制造的幻觉"。鲍德里亚认为，在"战争还未被拍摄之前"它们已成为电影，这是因为"战争在它自己的技术测试中逐渐消失，对美国人来说，战争主要是一个测试场，一个巨大的能够测试他们武器、方法和威力的领域"（Baudrillard, *Simulacra and Simulation*, p.59）。

对赫胥黎和本雅明来说，知觉的后勤学和现代感知技术（如电影摄影

---

[1] Jean Baudrillard, *Symbolic Exchange and Death*, trans. I. H. Grant (London: Sage, 1993), pp. 63-4; and Walter Benjamin, "The Work of Art in the Age of Mechanical Reproduction," in his *Illuminations*, trans. H. Zohn (New York: Schocken Books), pp. 217-51.

[2] Jean Baudrillard, "Apocalypse Now," in his *Simulacra and Simulation*, trans. S. F. Glaser (Ann Arbor: The University of Michigan Press, 1984), pp. 59-60.

机和其他形式的眼镜）构成了间接的视觉设备，谈到这一点，赫胥黎比本雅明更活跃，他在1943年《观看的艺术》中写道，在讨论贝茨博士的"改善视力的技术时，他讲到自己在16岁时患上了严重的点状角膜炎，这影响了他的眼角膜，致使他在18个月里几乎完全看不清东西，此事对他的视力造成了永久性伤害"。依靠强大的眼镜，赫胥黎的视力才有所改善，不过读书时依然感觉吃力。然而，赫胥黎怀疑医学界关于视力障碍的哲学使命，即利用眼镜帮助人类看清东西。赫胥黎认为当时最新的关于视力缺陷的治疗方案的理念有问题。他认为"目前的某些治疗方法是非常错误的"，在这些方案中人们认为"视觉器官的缺陷是不可治愈的，只能通过机械手段来缓和症状"（Huxley, *The Art of Seeing*, pp. 1–2）。

同样，维利里奥也认为，知觉后勤学与现代感知技术能够控制可能引发问题的间接视觉设备，这些视觉设备是第一批被军事化的、具有强烈杀伤力的机器，这些机器预示了军队"在捕捉目标方面的巨变及军事行动的日益失真感（de-realization）"（Virilio, *War and Cinema*, p. 1）。维利里奥关于20世纪军事战略的描述强调武装的、具有破坏性的、技术化的间接视觉设备的角色："一战"后在战事的工业化中，对事件的表征超过了对事实的呈现；换言之，影像开始取代实体，以同样的方式，速度开始取代空间。事实上，维利里奥认为，这种形势最终将引发"战略性解读与政治性解读之间的冲突"，同时，"无线电和雷达成为画面中不可或缺的元素"（p. 1）。在定义军事化的间接视觉设备时，维利里奥对20世纪军事战略的理解揭示了"一个真正的知觉的后勤学"，在其中，"影像供应"相当于"弹药供应"，"一战"中的战斗机器与摄像机形成了"一种新的武器系统"（p. 1）。

维利里奥关于战争与电影的著作影响深远，而且志在挑战克劳塞维茨的著作。《沙漠屏幕：光速战争》（*Desert Screen: War at the Speed of Light*）是维利里奥关于海湾战争文章的总汇，海湾战争是最后一场工业战争，同时也是第一场后现代信息战，对维利里奥来说，这场战争证明了克劳塞维茨关于战争的著作已经过时。[①] 维利里奥写道："因为核威慑的发展，克劳塞维茨的战争形式已经过时：大规模战争不再是政治通过其他方式的继续，它只是一个重要的历史事件"（Virilio, *Desert Screen*, p. 52）。在一次采访

---

[①] Paul Virilio, *Desert Screen: War at the Speed of Light*, trans. M. Degener (London: Continuum, 2002).

中，维利里奥说，"克劳塞维茨认为，战争是另一种方式的政治"，但此后"（全面）事件将是（总体）战争通过其他方式的延续"（p. 137），在当代大规模战争中，核威慑是"可能采用的极端形式"，因为"主要大国参与其中"。维利里奥认为海湾战争是重要的历史事件，因为它代表"大规模杀伤手段和大众传播方式"（p. 52）。简言之，海湾战争的军事后果可以被看作景象机运作的结果。维利里奥批判克劳塞维茨关于战争的著作，他认为，这些著作服务于这样的世界——在其中，**物质**（SUBSTANCE）是绝对和必要的，**事件**（ACCIDENT）是相对和偶然的"（p. 137）。但是，人类要想在技术先进的"未来的无形战争"中发挥作用，维利里奥建议，我们必须采取一种"战略逆转"，这是因为"事件是绝对的（生态上的），物质（所有物质）是相对与偶然的"（pp. 137-138）。维利里奥继续写道："我们有可能会见证灾难性的、地方性的内战超越军事战争，逐渐扩散到全球范围，正如20世纪大国之间的军事战争'二战'一样。"（p. 138）

即使如此，维利里奥仍然认为克劳塞维茨的战争著作可以为思考未来的无形战争（the immaterial wars）提供灵感，他认为对"极端逻辑"的批判性分析已经触及了它"最糟糕的一面"。[①] 如同他在《欺骗战略》（*Strategy of Deception*）中斥责美国及其同盟国在科索沃战争中的口是心非，维利里奥对战争（即电影）的严厉遣责远远高于他对轰炸与军事战略图谋的批判。[②] 就如《战争与电影》一样，维利里奥把科索沃战争置于历史和文化语境中，关注人们由于军事和媒体技术的高度发展而形成的失真感，例如，"在北约对塞尔维亚的超现实战争中，阻止公众的观点倾向于北约"（科索沃战争是一系列"非理性"的表征和事件的混合体，是媒体与网络的错误报道，或者只是"政治宣传"）（Virilio, *Strategy of Deception*, p. 49）。对维利里奥来说，克劳塞维茨理论的"物质性"阻碍了我们对后现代信息战的理解，阻止了我们对于"使用电子技术的导弹导航"以及"对战事的远程控制"之类现象的理解，因为这些都远远超出了19世纪的军事战略和观看方式。面对劳塞维茨的无能为力——因为很明显他不能理解"观点的混乱"及伴随的科索沃"地面上大规模的混乱与破坏"，维利里奥不禁提

---

[①] Nicholas Zurbrugg, "Not Words But Visions!", in John Armitage (ed.), *Virilio Live: Selected Interviews* (London: Sage, 2001), pp. 154-63.

[②] Paul Virilio, *Strategy of Deception*, trans. C. Turner (London: Verso, 2000).

问，我们该如何理解这些事件的文化状态呢？他认为，鉴于民众的怀疑及他们在战争/电影主宰的世界里对真相的毫无意识，当代批评家们必须发出声音，反对先进军事技术的扩散，努力去理解或展示当今战争知识如何"极大地削弱了古典的战争心理学学说，甚至是克劳塞维茨式的旧战争理论"。维利里奥在对美国及其在科索沃战争中的同盟国的批判中，指出新式军事化间接瞄准设备的重要性，同时也指出新的轨道地缘政治以及图像与信息的新时序强度的重要性："这是一场'空间轨道战（aero-orbital war）'，现在不仅要对事件的表征表示政治性关注，也要对地球是圆形这一点表示关注，还要对指导战事的影像数据的时间压缩表示关注。"(p.49)。

但是，维利里奥对中国古代著名的军事理论家孙武充满敬仰之情，因为孙武不仅批判性地分析了军事战略及观看方式，还批判性地分析了战争与电影的结合。孙武的古典军事著作《孙子兵法》在没有现代先进军事技术的情况下，真正描述了军事战略和观看方式。20 世纪的战争在表面看来无休无止，并且越来越趋于无形，在这样的"紧急状态"下，《孙子兵法》中著名的军事格言"兵贵神速""夫兵者不祥之器"，支持了维利里奥的批判思想，而克劳塞维茨 19 世纪的军事战略及观看方式不能对 20 世纪战争作出完美阐释。[①] 对维利里奥来说，孙武是一位军事战略家，他把孙武的名言"兵者，诡道也"作为《战争与电影》第一章的标题（Virilio, *War and Cinema*, p.5）。最后，在《科索沃战争确实发生过》一文中，维利里奥呈现给我们一个现代战争景观，在这样的景观中，各种先进的军事技术盛行且普遍，维利里奥指出，这表明的恰是"克劳塞维茨已经过时，而非孙武"。现在，事件（accident）而非战争（wars）是政治通过其他方式的继续![②] 因此，维利里奥认为，控制后现代先进军事技术的战略家们最严重的一个缺点是：他们不会应用孙武的军事战略和观看方式，无法采取灵活的战术。维利里奥评论道：

> （他的概念）是一个后克劳塞维茨概念，因为孙武对战争问题采取一种灵活的态度，这是一个很有趣的方法，在很大程度上反映了中国

---

[①] Paul Virilio, *Speed and Politics*, trans. M. Polizzotti (New York: Semiotexte, 1986), pp. 133–151.
[②] "The Kosovo War Did Take Place," in John Armitage (ed.), *Virilio Live: Selected Interviews* (London: Sage, 2001), pp. 167–98.

人博大的深度思维方式。例如,中国人常常把权力比作水,因为水是不能被阻断的。因此中国人也不会把战争比作火,因为火是可以熄灭的。但是今天的战争如何呢?在古代,战争中会有对阵的双方。一方若败,一方则胜。古代的战争是有规则可言的。胜利或失败都是战争的一个必然的结果,只要你参加战争,就要么是胜利的一方,要么是失败的一方。但是,现在的战争中没有胜利者,每个人都是输家,没有一个最终的结果。这就是孙武的著作至今仍然适用的原因(Armitage, *Virilio Live*, p. 188)。

对维利里奥来说,孙武的军事战略和观看方式所体现的后克劳维尼茨思想突破了2000多年的军事技术进步的局限性。因此,孙武的古典军事战略不带有技术决定论、终极军事征服或政治征服的色彩,而是向我们传递出未来战争的流动性及灵活性。人类战争的未来与克劳塞维茨的关于道德与物理元素之间冲突发展的辩证理论无关,也与他认为的战争是政治的另一种延续的演绎无关,相反,它与一种古老的方法论息息相关,这种方法论说明战争与电影的结合是一种一贯的军事化信息流。对维利里奥来说,未来战争与电影的结合已经很少关乎19世纪军事战略及观看方式的不足,而更多地关注战争中直接视觉的意义以及军事溃败或胜利的意义,后者并不是作为受到法律制约或确定无疑的东西,而是作为一种对每个人来说都是无休止和灾难性的事件。

维利里奥作为20世纪军事战略发展领域中一位重量级人物是显而易见的,同样重要的结论还有对他来说,批评、军事和电影价值的关键标志就是他对景象机的发现。维利里奥并不认为对机关枪与摄影机结合的研究(主要研究"一战"以后的飞行机)优于对20世纪军事战略本身的研究,相反,他在《战争与电影》中对机关枪与摄影机结合的研究最终表明:"二战"后,军队拓展了"全球视野战略"和各种"间谍卫星、无人机以及视航导弹",同时也构建了"一种新型的总司令部"(Virilio, *War and Cinema*, p.1)。当然,在19世纪的战争中,在摄影技术或电影发明以前,这种景象机是不存在的,然而,在20世纪的战争中,我们开始明白:间谍卫星、无人机、视航导弹以及一种新型的司令部都是在对"电子化战争的中央直接管理处"幻想的基础上建立的。而"电子化战争的中央直接管理处",例如所谓的"3Ci"——控制,指挥,通信,情报(control, command, communication, intelligence）——将被每一个大国拥有。通过"3Ci"，视觉机器可以将实况时间下的战区情况反映给我们，我们将离不开视觉机器（pp.1-2）。"二战"后全球视野的军事战略的存在有助于我们区分19世纪与20世纪军事战略及观看方式的不同。然而，对维利里奥来说，同样重要的是：

> 除了军队的"摄影部"负责对平民进行宣传，还有"影像军事部"负责把对一场战争中战术的再现和战略的再现整体地提供给战士，提供给坦克驾驶员以及战斗机飞行员，特别是提供给负责兵力部署的高级指挥官（Virilio, *War and Cinema*, p.2）。

因此，如果不考虑在现代战争中越来越多的图像应用于后勤学及拟像的再现，机关枪与摄影机的结合以及20世纪军事战略均不可完全被人们理解。然而，对机关枪与摄影机的结合及20世纪军事战略的研究，最终把我们导向的不是武装任务，而是1945年以后核威慑这一激进的转变。尽管20世纪末有裁军计划，但核威慑这一激进的转变即使现在对我们所有人也意味着一个不确定的未来。尽管如此，维利里奥在他的《战争与电影》《沙漠屏幕》及《欺骗战略》中，批判性地指出我们正处于这样一个时代，在这个时代中，至少在他看来，所有先进军事技术的理念都是存在问题的。到科索沃战争爆发时，随着配备高像素摄像机的巡航导弹在伊拉克战争中投入使用，维利里奥的军事知觉后勤学在哲学上、军事上以及电影方面都比以前更具意义了。

# 《消失的美学》介绍[*]

〔英〕约翰·阿米蒂奇 著 李会芳 译

    传媒理论家一般都会把维利里奥和他的"消失的美学"概念联系起来。本文通过分析其力作《消失的美学》(2009a)来考察他对当代美学做出的贡献。通过对这本书重要论点的解释,本文意在为不了解此书的读者提供一个入门介绍。

    此书旨在探讨处于世界先进文化中的人类知觉的发展过程和现代状况。维利里奥的著作是关于在一个摄影与技术、科学与影视的时代,人们是如何感知和适应这个世界的,而这殊异的诸种方式又是如何被整合入一个后现代文化的。

    《消失的美学》正逐渐成为维利里奥最广为阅读、最具文化意义、最有影响同时也是内容最为丰富的著作之一。自1980年在法国出版后,本书就得到了各学科理论家的热议。事实上,《消失的美学》不仅为当代很多对消失美学的解释提供了支持,也激发了各种批判性的讨论和辩论,并引出很多问题,而这又对文化政治和哲学等学科的研究方式产生了影响(Cubitt 2011)。

    可以说,本书最主要的观点就是把消失的美学定义为"一个对技术超越的不可抗拒的设计和规划"(Virilio 2009a:103)。在对维利里奥的"美学"和"技术超越"给出定义之前,非常关键的是要把握这些概念是如何出现在《消失的美学》中的。因此,本文的目的是通过对"消失的美学"概念加以定义,为理解维利里奥的思想提供一个基础。

---

[*] 本译文受到"河北省高等学校创新团队领军人才培育计划"资助。

# 一 我们看到的世界是正在消逝的世界：
## 对一个 Picnolespy① 世界的审美方式

揭秘《消失的美学》一书最好的钥匙应该是书中所引用的圣保罗（Paul of Tarsus）的一句话："我们看到的世界是正在消逝的世界"（Virilio 2009a：17），这句话为我们理解本书的形式和主题提供了关键信息。

我们基本上可以把这本书描述为一种对世界的审美方式。如其前言所说，通常"审美的（aesthetic）"和"美学（aesthetics）"两个词在其使用上都有狭义和广义之分，从其字面意思来看，它们可以指艺术品的形式或结构方面的内容；但从作者坚持要把它呈现为一种一贯的艺术哲学、一种对当代文化艺术维度的整体批评来看，《消失的美学》作为审美创新的立场还是很明显的，他的美学也因此亟待迎接所有这些主体和客体的检验。换种说法，《消失的美学》试图对"看（seeing）"的特征、"看"的意识和信仰及其流逝直至消失做出一种解释，其目标在于揭示概念和感知之间的基本发展趋势和内在联系，从而尽量清晰地勾画出后现代哲学和文化中一种消失美学的发展过程。

本书的一个重要概念是"picnolepsy"，作者对它的描述和界定如下：

> 走神（lapse）经常发生在早餐时间，一个熟知的情况是杯子掉下去打翻在桌子上。这种缺席（absence）仅持续数秒，其开端和结果都是突发式的。感官在运作，却仍然会对外部印象关闭，它的恢复和失去一样突然，曾被阻止的语言和行为在曾被打断的地方重新接合；意识时间也自动再次接合，形成一个看似没有断裂的连续体。这类（感知）缺席时时发生，每天可能发生上千次，但都被我们完全忽视了，因此这里我们使

---

① 译者注：picnolepsy 是维利里奥自创的一个词语，意指"频发的感知功能的短暂缺失"，本文作者约翰·阿米蒂奇教授将其解释为："A recurrent yet brief deficiency in visual sense performance, in which consciousness of the outside world is impeded but reappears abruptly; the state involves a momentary interruption of vision, speech, and action and its being triggered back to awareness." 中文意思类似于"走神""失神""恍惚"或"频发性感知缺席"，这是一种基于速度而产生的人类感受，暗示了人类与自己所处世界之间的缝隙，但作者对这个概念的使用稍显含混，有时也用来描述世界的断裂（类似于"消失"之意），这里试译为"走神"或"走神症"。

用"走神症（picnolepsy）"（来自希腊词 Picnos〔sic〕：经常的）一词。但是，对于走神者而言，似乎什么都没有发生，失去的时间从未存在。在每次危机中，因为没有意识到，他或她的部分生命就此逃逸了。（p. 19）

维利里奥认为他所考察的是全部人类文化历史发展中的"走神症"状态。他指的是什么呢？而（美学）概念无论是作为一种对美的特征予以尊崇的审美方法，或者是作为一种可以区分开那些依附性的非"艺术"之物的方法，都是相对简单的。以上两种方法都有可以观察得到的线索，这些线索可以帮助我们证实自己的演绎：如米开朗基罗在大卫雕像中所表现来的美学"天赋"，抑或在流行艺术、娱乐、时尚以及日常生活中所体现的个人"趣味"。但是，要对整个世界或走神症状态进行审美是什么意思呢？很明显，这种状态并不是指一种明确的视觉感知或机能的长期缺失。因此《消失的美学》并不只是一个针对人类感知、显现和视觉断裂领域新发展的范畴，它的意义要重大得多。

维利里奥关注的焦点是走神症的特征和状况。何谓走神症？在上千年的人类文化中，它是如何被生产、安排和使用的？《消失的美学》就是这样一本关于古代、现代和后现代人类文化是如何面对感知存续和断裂、摄影和技术以及意识和时间的著作。维利里奥考察了哪些走神是自行运行的以及哪些走神是被我们同化吸收的？他追问走神症是如何被表现为连续的时间和没有断裂的感知，以及谁可以触及这无穷的日常（感知）缺席？这些缺席时时发生，但被我们统统忽视掉，它们被用来做什么？谁在决定和管理着这些走神的方向？它是如何塑造"走神者"的？她或他的存在是如何面对这些缺失的时间的？

因此，这本关于"我们看到的世界"及其"消逝"的著作《消失的美学》的核心问题是：人类的存在和个体性是如何通过对特定历史条件下的走神的排列组合而创造出来的？对维利里奥来说这是一个重要的问题，因为走神——如果我们没有察觉的话——只不过是那些逃离我们生命的片段，尤其在此前不久世界先进文化已经跨入了后工业和后现代的消失美学时期，因此维利里奥此书的主要前提和主要目标就是准确地考察走神症状况，并对其美学影响加以解释。

## 二 走神症美学（The Aesthetics of Picnolepsy）

从一开始，维利里奥就指出19世纪以来的摄影和电影技术的增长不但影响了走神的传达方式，也影响了走神症自身的状况。这不仅是我们可以在相机中发现更多光线，并创造出技术设施如暗房、镜头以及当下的数字图像；也意味着这些截留、摄影和电影的变化正在改变我们使用、同化走神的方式，我们的身体和照相机的结合已经改变了视觉的获得、归类、路径和使用。由此，在维利里奥所谓的消失美学内部，走神症自身也发生了改变。

维利里奥认为走神已经演变成一系列的技术义肢（technical prostheses），这些义肢既是我们不断成熟但终会衰退的视力的非自然弥补或替代，也日益成为当代文化中的艺术基础。走神以技术义肢所投射的光线为存在形式，这种形式在后现代艺术感知或审美表征中发挥关键作用。当然，走神事件中两个端点即可见与不可见之间的缝隙类似于每个人对未见和不识的癫痫式获取，而按照维利里奥的说法，这已经成为一种重要的大众体验。因为对维利里奥来说，全球范围的当代艺术和美学中，走神已经变成一种醒梦（waking dream）或半意识存在，他把这种状态称为"悖论式清醒状态（快速清醒）"（2009a：24-5）。电影化程度最高的技术就是那些拥有最多走神方式的技术：那些拥有最好的消失技术、最先进的摄影技术和最高级的特技的人，以及可以把最强光投向处于醒梦状态的人身上所需要的基于影视而积累起来的资金。如同古代文化受到持续感和显现美学的支配一样，当今世界范围内的悖论式清醒状态正受到走神症和消失美学的支配。维利里奥预测在这个时代里，视觉技术的影像会掠夺以人类为中心的走神症，如同摄影和"大型影视设备"现在已经取代了森林、帆布和大理石，而之前与之相联系的艺术形式是绘画和雕塑（p.25；see also Virilio and Armitage 2001：33）。

对维利里奥来说，电影技术已经在艺术和美学领域巩固了自己的地位。可以确定的是，它们是我们这种以走神为基础的文化的核心技术。诸如"瞬间消失技术"之类的特效因为可以把维利里奥所称的"超自然"或不可见变得可见，已经取代了绘画和雕塑成为重要的艺术和美学作品，因为走神症本身已经变成一系列的技术义肢。这些特效制造出大量的超自然影像并运用人类想象去制造出不可能的事物，从而创造出走神症，并被用来组合成"廉价特技（cheapest tricks）"。而这种现象，按照法国早期电影制作者乔治·梅里埃（Georges Melies）的说法，"具有巨大的影响"，比如"瞬间消失技巧"可以把一个影像转化为另一个（Virilio 2009a：25-6）。考虑到一些理论家都认可的最近几十年所发生的世界变化，维利里奥的观点尤其富有远见，特别是这些技术特效所产生的影响正在从根本上改变现实的面貌。毫无疑问，人眼逐渐诉诸电影技术，尤其是大型影视设备所拥有的"那种可以摧毁系列有序的拍摄瞬间……重新黏合排列顺序，从而掩盖持续过程中一切明显断裂的能力"，带来了当下的大众化同步失效（desynchronization）和集体走神症（mass picnoleptic）灾难的威胁——或曰一种全球性的"断电"（p26）。（对这种发展的历史记录，见 Cubitt 2001 或 Friedberg 2006）。

对此，维利里奥的一个典型例子就是 20 世纪 70 年代拥有亿万身家的美国影视大鳄霍华德·休斯（1905~1976）。从 47 岁开始，休斯就开始隐居，直到最后去世，从以前的可见变为隐身，按照维利里奥援引记者费蓝（James Phelan）的说法，休斯变成了一个"不能忍受别人看到自己的人"（2009a：34）。但是，休斯并不希求任何财富或电影上的成功，相反，他利用自己的财富来"购买一个与世隔绝的暗室"，里面只有一个电影屏幕、一个放映机和遥控器（pp.34-36）。购买此类特效设备的价钱几乎可以忽略，因为这些东西在美国并不昂贵，但是休斯把自己以前的可见变为隐身，是为了维护自己的超自然形象的承诺，为了广告效应，也是为了把自己搞成一种影视特效。因此，在这种状况下，是著名的走神症偶像休斯自己成为一种技术义肢或者影视特效，事实上他正是通过不断玩笑大众来维持他们对他的崇拜。休斯挑战时钟，把自己描述为"时间之师"，因此他可以被视为一个追求全能走神症（an omnipotent picnolepsy）的人，一个试图"赢得""生命游戏"的人，这是通过创造一个"他自己的私人时间和宇宙时间的二分法，来掌控发生的任何事件，同时马上填充即将发生之事"（pp.34-35）。但企图制造出这种不可能的休斯并未成功，这个"技术僧侣"（P.37）孤独地死在了他的特效、非自然补给以及廉价特技里。但是，电影技术可以让死前的休斯消失不见的事实——把以前的可见变为不可见——能对人类的想象造成巨大的破坏，也显示出这种对不可能和走神症的魔法式显现是如何受到文化支配的。

这个例子所揭示的更深刻的含义在于摄影、电影技术以及走神症并不独立于消失文化（cultures of disappearance）。因此，当代发生的走神症方面的变化标志着人类文化特征、认知以及感知的一个转变，这也正是《消失的美学》中维利里奥关于"我们看到的世界"及其"消逝"所探讨的文化变化。他考察这种改变了后现代消失美学状态的走神症和文化组织的转变，而他的方法论用到了他的技术概念"阈下舒适义肢（prostheses of subliminal comfort）"。

## 三 阈下舒适的技术义肢、影像和大众个人主义

维利里奥认为走神症的发展过程有两个主要特点：一是摄影和电影的进步会对文化产生深远的影响，这一点可以从霍华德·休斯身上明显看出来，超自然影像和使不可见者可见不仅仅与摄影和电影技术的创新有关，也与"廉价特技"、审美以及人类想象有关，一般来说，这就意味着超自然影像的进步会对文化的深层产生影响；二是走神症的发展状况受限于条件，在文化内部会有多种不同的走神症运作，它们都有着不同的划分标准（如益处或清晰度），而分析它们也需要采用不同的方法。

在《消失的美学》中，维利里奥认为摄影和电影并不体现走神的全部内容，这二者总是作为更广义的"既成技术（fait accompli of technology）"的一种特殊形式而存在的（2009a：51）。对维利里奥来说，与摄像、电影和走神症相关的话语实际上是关于既成技术的话语，这个话语"脱离于文化前见（preconceptions）"并"渴望变成世界的隐喻"。想一下现在"技术"与美学研究越来越密切的联系以及技术如何有效地实现了对众多理论话语的辖制。比如，传媒史对之前的电影技术越来越关注，新媒体研究也越来越多地思考人类视觉的技术化，最后，文化地理学也越来越多地思考不同的城市结构以及技术对城市文化的影响。同样，摄影和电影影像也是通过描述人类世界的技术得以传输和实现的。为了展示自己并使自己的作品合法化，摄影师和电影制作者也不得不把他们之前可能是想象形式的影像转变为技术形式，这样才能表明自己的劳动。对维利里奥来说，技术带来了人类意识和文化的一场"革命"：它渴望以一种"人造状态"来取代我们个体人类的表达、态度和抱负。

自然，由不同话语引发的不同类型的技术遵循着不同的逻辑。构成文

化走神症（摄影、电影、美学、科学等）的不同话语都显示出一系列不同的逻辑，而这都与"辅助（assisted）"影像或"阈下（subliminal）"影像有关。在《消失的美学》中，维利里奥指出这殊异的话语都与技术性"阈下舒适义肢"（2009a：71）有关，以下这个概念会被缩写为"技术义肢（technical prostheses）"。

维利里奥指出技术义肢的逻辑与电子"进步"有关，也与一种可操作性或"智能性"的神经平静有关，它是通过对观众植入一种追求阈下舒适的需求而发生作用的（p. 57）。这就意味着特定的技术义肢如电脑或银幕的逻辑都是人工的，并且为我们的文化前见（cultural preconceptions）所决定。因此，所有人眼、电脑屏幕以及"大型影视设备"的合作都必须被视为是一种努力，这种努力的目标就是通过技术义肢的使用来消灭人类的天生情感（p. 67）。因此，电脑屏幕的逻辑就是一种投射的逻辑，一种技术义肢的"我们甚至已经意识不到的加速旅行"的逻辑（p. 71）。对维利里奥来说，任何屏幕技术逻辑的变化都会改变技术义肢投射的特征。相应地，所有的技术义肢都在致力于消除人类的天然感官功能——从而使其服从前者的逻辑。但是，这也意味着技术义肢自身很容易受到其他技术义肢的影响，这也是消除人类本能情感后的一个必然结果。

此处，维利里奥认为文化纽带受到了技术义肢和旅行愿望的协调，这种旅行是指在"虚假的时日"里，坐在影院之类的视听"车辆"里以加速度方式穿行。人类文化的结构恰恰是由其生产的影像和它所生发出的逻辑构成的，这种逻辑可以决定某些特定的人类遗传官能是会被剔除还是会被强化。不同的技术义肢有着不同的逻辑，不同的文化也会有不同的艺术形式、科学和阈下影像。我们作为所谓"个体"生活在这个文化之中，会发现自己处于永不停息的技术义肢更迭之中，其不同的逻辑决定了我们是谁以及我们会变成什么样的人。但是，维利里奥认为当代的"个体们"数目不会太多，因为他们是"感官大众的一个效果（an effect of sensorial mass）"（p. 53），他们是感官所接受到的大众传媒文化的产物。换句话说，从一开始，后现代"个体们"就注定会成为既成技术——那些围绕在他们身边的无数技术义肢——的靶子，他们也会不可避免地按照这些来安排"他们的"日常生活（p. 51）。

由此，文化中的走神症系统建立起维利里奥著作中所称的"大众个人主义（mass individualism）"的轨迹——即具有明显模仿性人格、思想和事业心的个体。可我们该如何理解这个大众个人主义？如何理解它的文化、它的走神症组织、它的技术义肢以及它们之间的关系？这些不同的文化如何决定制约他们的不同技术义肢的重要性和独特性？维利里奥对这个问题的回答是：对既成技术和技术义肢的组织是通过技术超越（technical beyond）完成的。

## 四　技术超越

技术超越指的是比既成技术和技术义肢更深层次的逻辑。这意味着技术超越会对技术义肢进行系统化，并决定每个影像是"成功"还是"遗憾"，因为它必然倾向于弃绝人类的天然感知。在《消失的美学》中，维利里奥介绍了三种技术超越并解释了它们是如何组织起走神症的。对维利里奥来说，古代文化、前现代性以及现代性的基础是以三种不同的组织性技术超越为特征的。为了理解他为何把消失的美学描述为一种"朝向技术超越的不可抗拒的设计和规划（2009a：103），了解一下这些技术超越都是什么以及它们是如何运行的是很有帮助的。

维利里奥认为，从人类最初的文化到今天，技术一直都是传统走神的典型模式（pp. 85-107）。为了说明技术体系化的传统类型，他推出人类历史上第一个女性——夏娃，她的"后勤性角色（logistic role）"后来因"技术媒体（technical media）"的帮助而得到完善（p.86），这个"技术"决定着女性的"诱惑"行为以及她的配偶亚当的行为。女人和撒旦一起出现，后者在《圣经》中被物化为她的诱惑者，但女性随后又诱惑了男性，因此她既开启了人类的技术循环也开启了人类的生殖循环，技术就此从古代传递下来并通过我们的文化前见流传至今。如同当代技术一样，古代技术创造规定的形象，而这种技术的终结、女性的终结以及女人对男人诱惑的终结需要的是我们的"消失"或者对我们之前的"世界永远的疏离"，在亚当和夏娃的故事中，这个世界自然就是伊甸园。通过这些形象以及历史意识，技术把其自身与世上第一个女人联系起来。技术和女性因此以联合的面目出现，同时也把历史与今天联系起来。

这种技术化把古代的两性文化习俗及其体系组织起来。男人和女人通过一种女性技术参与到一种长期的走神症中，他们利用女性的后勤角色组织起他们的文化，并作为一个社区构建起他们的大众个人主义，这里的女性被允许诱惑男性，而男性也甘于接受这种技术的诱惑。对维利里奥来说，这种技术诱惑所传达的走神症决定着女性如何成功地诱惑男性、男性如何成功地被这种技术所诱惑，以及双方如何扮演自己与技术之间的关系（ibid.）。每个观众以及他们的文化前见都在这个体系中被确立位置，这个系统以女性对男性的诱惑或者男性被女性诱惑作为技术，同时观众的大众个人主义需求也被这个系统所激发。

维利里奥暗示这就是古代文化传统中的技术超越和系统化，这一类型根植于历史即既成技术与当下之间的联系，与此相应，维利里奥又解释了另外两种技术超越：前现代性的技术超越以及现代性的技术超越。对维利里奥来说，前现代性和现代性的主要特点就是它们对于技术超越的依赖，而技术超越已经占据人类活动的中心。它们与古代的以女性为主的技术超越的分歧主要体现为：它们正在"奔赴"这样一个未来，在这个未来中，人类文化所面临的一切困难都要通过运动（mobilization）来解决。在《消失的美学》中，维利里奥挑选出两种重要的技术超越形式：前现代的"嗜兽癖（zoophilism）"（热爱动物）和由法国试飞员让-萨日（Jean-Marie Saget）所宣布的"飞向未知"的现代技术超越（p. 102）。

嗜兽癖的概念起源于维利里奥20世纪80年代的哲学著作并在其《消失的美学》（pp. 95-6）和《否定的视域》（*negative horizon*）（2005a：39-78）中得到了全面的发展。在他具有重大影响的历史著作和哲学思想中，消失美学的前现代和现代形式得到了最为清晰有力的规划。对维利里奥来说，可以通过对嗜兽癖的哲学反思来理解人类社会，他把嗜兽癖描述为"与交通工具相结合的诱惑（vehicular attraction of the coupling）"（2009a：96），而这要早于技术对象的发明。嗜兽癖因此产生出"另一种异性恋"。维利里奥对嗜兽癖的思考揭示出"为何马会在官员（军阀）那里受到神般的特殊待遇，即使他们已经缔结神圣的婚姻"（p. 95），这里马和骑手之间展示出来的就是嗜兽癖，这是一个充满"权力、对抗速度的所在，此外嗜兽崇拜喜欢呈现杂交动物的形象"："长着翅膀的牛或狮身人面兽，后来又被呈现为长着翅膀的雌性"（p. 95）。这不但暗示着走神症是持续变动的，也说明其目标是维利里奥所称的技术超越。借助技术超越，人类与动物之间所有的冲突和对立都在一种哲学性走神症体系中得到解决。

谈到嗜兽癖，维利里奥的根本观点就是，如同动物一样，人类存在的特征也是一种"隐藏的智慧"（ibid.），此智慧是通过加速动力学或一种不断强化的走神症"隐喻（metaphors）"和"情节（scenarios）"来体现的（Kahn：2010）。每个来自不同技术义肢的人都与其他人团结起来，从哲学意义上来说，他们绘制了一个生活中的"横在路上的讨厌谜语（annoying riddles to those on the road）"的全球性轨迹。在维利里奥的系统中，所有的走神症因此都是联系在一起的。事实上，对他而言，"真正的"走神是由一些与大众个人主义的技术超越结合在一起的运动影像构成的，这一事实保证了他们对阈下影像的忠诚以及阈下影像对他们彻底的摧毁（pp. 95-101）。在嗜兽癖中，所有的形象都结合为一个技术超越，而判断它们是"真理（truth）"抑或同化（assimilation）则取决于它们是否与其逻辑保持一致。对嗜兽癖的这种解释来自于维利里奥的一个观点，这个观点认为"真正的"走神症是一个"彻底的谜团（total enigma）"。这指明任何形象或技术义肢的合法性或似是而非都取决于它们与这个谜团的联系，而这个彻底的谜团就是走神症的全部。

第三种技术超越就是现代的"飞向未知"类型。与嗜兽癖中的走神症作为与交通工具相结合的诱惑形成对照的是，这个类型的走神症被内化吸收，因为按照维利里奥的说法，这是"到另一侧去（going to the other side）"的基础（p.102）。事实上，维利里奥声称（p.102）："真的存在一个唐璜主义（donjuanism），只不过是以对机器的劫持（hijacking）代替了对后勤性配偶的劫持。前一个时期的三角形关系得到了彻底修正，一种融洽的关系建立于中性（unisex）（对生理身份的明确掩饰）和技术矢量之间，随着通道动力学（the dynamics of the passage）的强化，任何与爱人身体或领土性身体（the territorial body）之间的联系正在消失。"现在人类征服了flight，此处"flight"既指"旅途（voyage）"也指"逃离（escape）"，每个人都有权利飞升进入视觉技术中。对维利里奥来说，这一技术超越随着很多其他方面的发展而开始，如19、20世纪的女性革命。

女人、嗜兽癖以及"飞向未知"是《消失的美学》一书讨论的三个关键的技术超越。虽然彼此之间有着清晰的区别，但它们之间同样存在重要的结构性类似。例如，在每一种技术超越中，所有走神症的不同领域都联合起来追求一个动态的目标，并被推向未来，或者说被视为一种文化困境的解决方案。在每一种技术超越中，所有的文化组织如科学、电影或技术结合起来为形成一个共享而动态的人性目标而斗争。由此，在人类发展的深层结构中，走神症承担了一项任务或者扮演了一个角色。

但是，对于维利里奥来说，走神症在过去200多年所发生的变化已经把技术超越升级到"飞向未知"阶段。现在走神是被密集地组织起来的。在后现代或后工业文化中，阈下影像问题、走神症问题是以一种加速的语言表达的。技术超越已经获得了权威，尤其是那种"飞向未来"的技术超越。维利里奥认为，今天的走神症越来越朝向满足世界范围内的技术目标而非人类目标的方向发展。在我们的走神者支撑的全球文化中，消失美学所注重的是速度。正是这种走神症的发展变化——其标志是"一种对技术超越的不可抗拒的设计和规划"——对维利里奥的消失美学观点做出了界定。

## 五 消失的美学

如果这样的话，究竟什么是消失的美学呢？对维利里奥来说，答案在于全球范围内的技术义肢的增生、19世纪以来的摄影和电影技术的快速增长以及"飞向未知"的现代技术超越的扩大。他在《消失的美学》最后一章谈道（2009a：109-21），对现代技术超越的不可抗拒的设计和规划不但没有被放弃和忽视，反而得到了强化和累积。笔者将在第二章中讨论这种技术超越的强化和累积，主要关注点是维利里奥对电影、战争以及感知后勤学的考察。但是，在《消失的美学》中比较明显的是，技术义肢已经成为当代文化的走神症、超自然形象以及人类想象的动力。在被维利里奥称为"技术唐璜主义"以及"通过劫持机器来更新后勤配偶（hijacking of machines that renews that of the logistical spouses）"等问题中，后现代美学的摄影、电影以及阈下影像机器都依附于对**速度**的系统逻辑和功能的最大化使用（pp.109-10）。这种对加速度的渴望位于技术义肢的核心位置。由此，超自然影像以及当代人类想象的目标就是为了更有力地、更快地促进影视视觉印象和电影使用的创作和消费，从而最大可能地优化镜头的特效。

对维利里奥来说，不可阻挡的技术义肢的深入和蔓延已经强化和加快了传统的文化纽带，而其实现方式就是通过一个注重运动（速度）的现代技术超越把几乎所有的人类都连接起来。在女性、嗜兽癖和与交通工具结合之外，"到另一侧去"——这也是"飞向未知"的技术超越的目标——已经日趋具有一种普遍的吸引力，而在现代性之前并非如此。这也根本改变了走神症在当代文化中的性质和地位。

这种变化不只是影响到超自然影像和人类的想象，也影响了大众个人主义本身。身处一个越来越遵循技术超越的技术义肢队列之中，我们的"个体性"或"灵性（parapsychology）"也变得越来越"电子化"了：我们似乎也随着技术义肢的扩散而被通了电（p.53）。文化纽带因此逐渐人工化，我们被一些看起来纷繁、发散实际上却类似、稀少的方式连接起来，并被无数遵循着相似逻辑的技术义肢所塑造。随着现代技术超越的强化和加速，在很大程度上，后现代文化中出现了一个整合的大众个人主义。大众个人主义是这样一个节点，其上附着着无数相关联的机器和审美符号，而这都是文化纽带强化和加速度的产物。这个变化过程被维利里奥在其《消失的美学》中予以总结，他认为当代文化的"主要理念"就是"用一个普遍方式对感官范畴提出质疑，尤其是从一个个体到另一个个体，来获取一种感官大众的效果（to obtain an effect of sensorial mass）。"

如果我们思考维利里奥关于加速度文化与"到另一侧去"社会的现代类型所导致的变化、社会以及大众个人主义的诸多宣言，有几种反应是可以想见的如法国的后现代哲学家斯蒂格勒（Bernard Stiegler）的观点（2010：171-80）。斯蒂格勒把现代技术超越理解为一种"电子狂（telecracy）"工程或者"真实的现场沟通和基于公众意见的及时性政治调整（p.172）。"但是，他旨在剥夺现代技术超越的特权，通过使用极为相似的加速沟通技术来实现自己的民主目标，因为这些技术是"发明新的社会纽带和公民和平的唯一可能方式"（p.177）。他认为，只有通过新的技术-社会联盟、组织以及将会对抗他所谓的"亘古未有的政治和社会崩溃"（这种崩溃来自现代技术超越的积累）的运动来致力于获取民主，才能实现上述目标。

与斯蒂格勒相反，维利里奥的目标是从美学的立场来质疑现代的技术超越。例如，维利里奥认为目前越来越广为人知的妇女革命概念，从19、20世纪的"美貌""束身衣"到"飞向未知"为通过摆脱"技术诱惑"而实现的"女性解放"这一社会文化和政治现象提供了一个加速实现军事化的基础（2009a：101）。20世纪以后，女性可以"参加竞技运动"或"乘坐快速机器"，她们的"新型甲胄胸衣"参照飞机或汽车的驾驶舱形状。同样，维利里奥认为通过对技术义肢的强化和速度的研究来揭示技术义肢的全球化势在必行。因为技术义肢是与大众个人主义相联系的，他认为随着当代文化中基于阈下影像相似性的技术义肢的运用范围越来越窄，这种文化也变得越来越封闭和局限。消失美学时代所面临的主要危险是走神症逐渐降格为一种只遵循加速度原则的孤单技术。维利里奥认为作为复杂装置的技术义肢，随着走神症越来越多地服从技术特效和速度评价机制，后者开始把我们拉向它们，使我们自动化。在维利里奥看来，技术义肢的巨大危险在于它们可以把我们卷入它们的加速及创新、军事化及移动化系统之中，而我们所能做的就是把我们的身体融入视觉技术——换句话说，就是使自己消失。而一个以人为中心的走神症——也就是一个没有技术特效的走神症——所面临的风险只能是消失，因为大众个人主义不但鼓吹机器和特效，还会珍视它们。

但是，一个消失美学的时代同样也是一个所有问题都没有最终答案的时代（virilio 2009b：54）。可以清楚地看出，维利里奥并不是在倡导一个新的或许是后现代的技术超越来取代现代性的逃向未知，因为对他而言，技术义肢是蕴含着自己升级方式的复杂机器。他认为如斯蒂格勒等人所思考的民主和技术的观念并不是一个"到另一侧去"的可行方式，今天越来越加快的人类身体与视觉技术的整合被认为是既时尚又值得称道。试图通过新的技术-社会联盟的方式来重新振兴民主，**批评者**应该获取一种"到另一侧去"的概念和批评实践，这种方法应该避开如斯蒂格勒之类的哲学家。相反，这类批评实践一定要集中在我们对技术"虚无性（nothingness）"的批判能力上，这种"虚无"即是所谓虚拟现实的"真实性"，原因在于此种技术虚空把一切都贬为速度原则（virilio 2009a：119）。此外，一旦现代的技术超越开始变成"技术的无上目标"，与我们相依存的只能是大量相似的技术义肢。相应的是，审美批评实践的目标也一定是对追求"到另一侧去"的批判，因为这种追求特别关注诸如打破"陆地速度"之类的事件，这类事件把"人类与运动物体的互动视为天经地义"。

作为这类实践的一个原型，维利里奥解释了现代空气动力学和陆地速度记录是如何最大可能地改变了时间性和走神症的特征的，这是通过二者所释放出的一些新的加速技术义肢来实现的。一个这类变化的例子就是1965年世界陆地速度的纪录保持者布列德夫（Craig Breedlove）真正发掘了"一个不再是整体的时间"。此处如同布列德夫所暗示的，"一个人只是存在于""一个世界上的却无处可寻的时间"，因为这个人是生活在各种"高速路"之中，而这些高速路所关心的只是"快感和跨越极限"。布列德夫的汽车动力所产生的狂喜在摄影和电影话语中激发出一种新的技术义肢（征服并有效地摧毁世界），这种义肢改变了它们描绘世界的方式。

维利里奥暗示这类空气动力的、加速度的、摄影和电影的爆炸式发展召唤出一种阈下影像的范式,这类影像所关注的只是速度的全部逻辑和运作,但在一开始就消灭了被称为"地方志(chorography)"的时间和空间。通过地方志——他描述为"帝国出于建路渴望的图示",区别于"地理"或者"对地域的单纯描绘"——维利里奥重在说明技术义肢是如何在考虑时间和空间的时候试图排除人类的自然情感的。因为现存的技术义肢具有强化累积自身逻辑或者更新自身版本的能力——比如发生在19、20世纪的火车和汽车革命。在这种方式下,新的技术义肢被不停地研发出来。比如,随着火车的出现或者布列德夫的超级汽车,外形与超速、摄影和影视研究不得不随着这些改变做出调整,并由此打破了当时的"关于时空的一般概念"(p. 120)。由此,维利里奥认为走神技术总是处于被刷新状态(pp. 119-20)。当然,通过那些新型时空化的生活方式,地方志可以帮助我们想象出一个审美现实,从而积累我们对"文化创新"的适应力(p. 120)。这种美学不但体现在不断扩大的对"时间"概念的最新阐释中,也体现在试图为"网络计划(network schedule)"找到一种新逻辑,这些扩展了我们的"复杂互联(complex interconnections)",从而开辟了关于技术义肢、摄影和电影研究以及文化发展的新领域。这种加速了我们文化创新官能的美学对维利里奥的传媒理论极为重要,在他的传媒著作中,这种美学呈现不同的形式,这种加速美学(escalated aesthetics)在本书的后续章节中将会与感知后勤学、视觉机器、恐怖城市以及事件博物馆等多种概念联系在一起。但是对维利里奥来说,这种加速美学不只是一套走神症技巧比如"飞向未知"的现代技术超越或者技术义肢的全球化,同时也是一种朝向美学质疑,或曰朝向一个升级的批评实践的加速美学。

## 六 结语

在《消失的美学》关于"我们看到的世界"及其"消逝"的论述中,维利里奥考虑的是走神症的特征和状况是如何改变当代文化的。他认为在女性和嗜兽癖之后,当下"飞向未知"的现代技术超越组织消失、对我们的视觉理解进行分类,并把我们导向一个动态目标。在消失美学的时代里,这种运动的权威性已经得到强化和累积。今天,把美学作为一个组织性衡量标准的主导因素是速度原则和特效,后者因为在后现代全球文化中盛行的技术义肢而不断增殖壮大。为了证明这个观点,维利里奥详细介绍了一种通过技术义肢和技术超越来对走神进行考察的方法,这种方法为决定哪些影像属于阈下影像以及哪些影像在消失或在技术经验中不占特殊地位提供了技巧和逻辑。他并非把一切事物都拉低至加速和特效的水平,他重点关注因技术义肢而导致的我们自己的"独特历史时间"和空间是如何湮灭的;同样关注的还有这些愈加强化的全球体系和机构所产生的"启示(revelation)"在当下所承担的关键角色(2009a:120)。为了尽可能地获知这种"启示",他认为非常重要的是要聚焦于地方志之类的概念和实践,聚焦于组织和旅行、速度实践、运动、交通等相关问题,或者现代技术超越之类的问题,这些技术超越如同火车车厢一样,对其乘客而言,就是一个消灭时空的技术义肢。

**参考文献**

Almond, Ian (2009), "Baudrillard's Gulf War: Saddam the Carpet-Seller," *International Journal of Baudrillard Studies* 6 (2): 1–9.

Aristotle (1998), *The Metaphysics*, London: Penguin.

Armitage, John (ed.) (2000), *Paul Virilio: From Modernism to Hypermodernism and Beyond*, London: Sage.

Armitage, John (ed.) (2001), *Virilio Live: Selected Interviews*, London: Sage.

Armitage, John (2010), "Temporary Authoritarian Zone," in Monica Narula, Shuddhabrata Sengupta, and Jeebesh Bagchi (eds.), *Sarai Reader 08: Fear*, New Delhi: Center for the Study of Developing Societies, pp. 18–19.

Armitage, John (ed.) (2011), *Virilio Now: Current Perspectives in Virilio Studies*, Cambridge: Polity.

Armitage, John and Garnett, Joy (2011), "Apocalypse Now: An Interview with Joy Garnett," *Cultural Politics* 7 (2): 59–78.

Cubitt, Sean (2011), "Vector Politics and the Aesthetics of Disappearance," in John Armitage (ed.), *Virilio Now: Current Perspectives in Virilio Studies*, Cambridge: Polity, pp. 68–9

Stiegler, Bernard (2010), "Telecracy against Democracy," *Cultural Politics* 6 (2): 171–80.

Virilio, Paul (1976), *L'Insécurité du territoire*, Paris: Stock.

Virilio, Paul (2006), *Speed and Politics: An Essay on Dromology* [1986], trans. Mark Polizzotti, New York: Semiotext(e).

Virilio, Paul (1989), *War and Cinema: The Logistics of Perception*, trans. Patrick Camiller, London: Verso.

Virilio, Paul (1990), *Popular Defense and Ecological Struggles*, trans. Mark Polizzotti, New York: Semiotext(e).

Virilio, Paul (1991), *The Lost Dimension*, trans. Daniel Moshenberg, New York: Semiotext(e).

Virilio, Paul (1994a), *Bunker Archeology*, trans. George Collins, Princeton: Princeton Architectural Press.

Virilio, Paul (1994b), *The Vision Machine*, trans. Julie Rose, London: British Film Institute.

Virilio, Paul (1995), *The Art of the Motor*, trans. Julie Rose, Minneapolis: University of Minnesota Press.

Virilio, Paul (1997), *Open Sky*, trans. Julie Rose, London: Verso.

Virilio, Paul (2000a), *Polar Inertia*, trans. Patrick Camiller, London: Sage.

Virilio, Paul (2000b), *Strategy of Deception*, trans. Chris Turner, London: Verso.

Virilio, Paul (2000c), *A Landscape of Events*, trans. Julie Rose, Princeton: Princeton Architectural Press.

Virilio, Paul (2000d), *The Information Bomb*, trans. Chris Turner, London: Verso.

Virilio, Paul (2002a), *Desert Screen: War at the Speed of Light*, trans. Michael Degener, London: Continuum.

Virilio, Paul (2002b), *Ground Zero*, trans. Chris Turner, London: Verso.

Virilio, Paul (2003a), *Art and Fear*, trans. Julie Rose, London: Continuum.

Virilio, Paul (2003b), *Unknown Quantity*, trans. Chris Turner and Jian-Xing Too, London: Thames and Hudson.

Virilio, Paul (2005a), *Negative Horizon*, trans. Michel Degener, London: Continuum.

Virilio, Paul (2005b), *City of Panic*, trans. Julie Rose, Oxford: Berg.

Virilio, Paul (2007a), *The Original Accident*, trans. Julie Rose, Cambridge: Polity.

Virilio, Paul (2007b), *Art As Far As the Eye Can See*, trans. Julie Rose, Oxford: Berg.

Virilio, Paul (2009a), *The Aesthetics of Disappearance*, trans. Philip Beitchman, New York: Semiotext(e).

Virilio, Paul (2009b), *Grey Ecology*, trans. Drew Burk, New York: Atropos.

Virilio, Paul (2010a), *The University of Disaster*, trans. Julie Rose, Cambridge: Polity.

Virilio, Paul (2010b), *The Futurism of the Instant: Stop - Eject*, trans. Julie Rose,

Cambridge: Polity.

Virilio, Paul (2012), *The Great Accelerator*, trans. Julie Rose, Cambridge: Polity.

Virilio, Paul and Armitage, John (2001), "From Modernism to Hypermodernism and Beyond," in John Armitage (ed.), *Virilio Live: Selected Interviews*, London: Sage, pp. 15-47.

Virilio, Paul and Armitage, John (2009), "In the Cities of the Beyond: An Interview with Paul Virilio," in Brigitte van der Sande (ed.), *OPEN 18: 2030: War Zone Amsterdam: Imagining the Unimaginable*, Amsterdam: NAi Publishers-SKOR, pp. 100-11.

Virilio, Paul and Armitage, John (2011), "The Third War: Cities, Conflict and Contemporary Art: Interview with Paul Virilio," in John Armitage (ed.), *Virilio Now: Current Perspectives in Virilio Studies*, Cambridge: Polity, pp. 29-45.

Virilio, Paul and Lotringer, Sylvère (2008), *Pure War*, trans. Philip Beitchman, Brian O'Keefe, and Mark Polizzotti, New York: Semiotext(e).

Virilio, Paul and Parent, Claude (1996a), *Architecture Principe 1966 and 1996*, trans. George Collins, Besançon: Les Éditions de L'Imprimeur.

Virilio, Paul and Parent, Claude (1996b), *The Function of the Oblique*, trans. Pamela Johnson, London: Architectural Association.

其他论文

# 当代中国文化场域中的主体与绝爽

杨小滨[*]

**摘要**：本文探讨的是当代中国文化场域内不同话语模式中所蕴含的不同主体功能，以及它所相应面临的不同快感维度。本文借用拉康有关四种话语的理论，论述四种不同的政治文化角色——主人能指、知识、小它物（objet petit a）、分裂主体——如何由于处在不同地位上而形成不同的互动关系，特别是（分裂）主体的不同面貌，以及小它物作为创伤性快感——即"绝爽"（jouissance）——的各种意味。这四种话语形态在当代中国文化语境下表现如下的面向：（1）革命时代所建立的主人话语在主流意识形态上的主导功能；（2）后革命时代占重要地位的学院话语在现代社会、法律和商业体制中的首要作用；（3）分析师话语作为知识分子启蒙话语的具体表现，以及与其同构的倒错话语在娱乐文化中的意义；（4）癔症话语在先锋文学和艺术领域表达分裂主体的声音。

**关键词**：四种话语　拉康　主体　绝爽

**Abstract**: This essay examines the different subjective functions in different modes of discourses, as well their different dimensions of jouissance. In light of the Lacanian concepts of the four discourses, I discuss how the four culturo-political roles—master signifier, knowledge, *objet petit a*, and split subject—form different relations and different subjective appearances, and especially the various significances of *objet petit a* as traumatic enjoyment, i.e.,

---

[*]　杨小滨，台湾中研院中国文哲研究所。

jouissance. These four discourses express the following aspects in the context of contemporary Chinese culture: 1) the dominant function of the master's discourse established in the revolutionary era, in the mainstream ideology; 2) the principal role of the university discourse in the postrevolutionary era in modern society, law and commercial institution; 3) the analyst's discourse as the specific expression of the enlightenment discourse, as well as the meaning of the pervert's discourse in entertainment culture; and 4) the voice of the split subject in the hysteric's discourse expressed in avant-garde literature and art.

**Keywords**: Four discourses　Lacan　subject　jouissance

在当代中国，革命时代的话语和后革命时代的话语蕴含了怎样不同的文化主体？知识分子和先锋作家在不同的话语体系里，面对占据主导地位的社会角色，扮演了怎样的历史角色？而政治社会权威对于主体而言是绝对主导的符号化他者吗？具有创伤意涵的心理快感在不同的话语形态下起着怎样的作用？本文将借助拉康晚期对"四种话语"（four discourses）的阐述，系统化地观察当代中国文化场域里不同的历史主体与其他政治文化角色的关系，并着重探讨主体与心理绝爽（创伤性快感）的隐秘联系。四种话语的理论是拉康在1969~1970年间的研讨班（总标题为《精神分析的反转面》，收于拉康的《研讨班文集》第17辑）上最初提出的，主要的意图可以概括为阐述如何理解"主宰（社会）的是语言实践"[1]。无疑，拉康是在1968年学生运动的时代背景下，将精神分析理论从哲学和精神科学领域推进到社会文化领域——"精神分析的反转面"研讨班上的内容是拉康学说中具最直接政治性的——正如晚期弗洛伊德所做的那样。透过拉康的"四种话语"理论，我们可以观察到当代中国文化场域的深层结构。而这个在理论模式中占据重要地位的概念——主体和绝爽——正是探讨当今中国文化政治不可或缺的核心概念。齐泽克对拉康的解读也始终关怀精神分析学说中关联到社会文化主体的问题，认为"拉康的四种话语图式意味着在话语的'社会链结'（social bond）之中的四种主体位置"[2]。

---

[1] Jacques Lacan, *Le seminaire, livre XVII: L'envers de la psychanalyse* (Paris: Seuil, 1991), 239.
[2] Slavoj Žižek, "Four Discourses, Four Subjects," In Slavoj Žižek ed., *Cogito and the Unconscious* (Durham and London: Duke University Press, 1998), 75.

"四种话语"理论展示了四种不同的政治文化角色——S1（signifiant-maître，主人能指）、S2（savoir，知识）、*a*（objet petit a，小它物）、Ƨ（le sujet clive，分裂主体）——之间由于处在不同地位上而形成的四种互动关系。在这里，"主人能指"代表了某种具有统领性、纲领性意义的符号，它武断地占据了首要的位置。"知识"指的是某种体制化的结构，包括各种工具化、系统化的社会或文化机制，它们是建立在某种以理性法则组构的框架内的。"小它物"的概念在拉康理论体系中占有重要地位，它指的是拉康的"符号域"（the Symbolic）所无法整合的那一部分"真实域"（the Real）的残余，是常常以亟须填补的空缺样态出现的欲望的原因-目标。四种话语理论的核心，恐怕也在于如何处理或解读在符号域中闪现的这个幽灵般的、魅惑的残存——"小它物"，它代表了拉康理论中"绝爽"（jouissance，亦有译作"痛快""快感"）——或称"剩余快感"（plus-de-jouir）——的基本形式。而"分裂主体"概念则是拉康对笛卡尔式主体的修正，将弗洛伊德关于精神病患主体性分裂的论述扩大到一般主体，揭示了主体自身的非同一性。那么，具体而言，四种话语指的是这四种角色在下列图式中的不同位置：

$$\uparrow \frac{agent}{truth} \xrightarrow{\quad} // \frac{other}{effect} \downarrow$$

$$\frac{动因}{真相} \qquad \frac{他者}{效应}$$

在这里，"动因"当然是话语的发生者，占据动因位置的角色决定了话语的性质。"他者"则是动因的讯息诉诸的对象，或者说是由动因所作用的，但同时他者的存在是话语发送的必要条件。如果说横杠之上标明的是显在的元素，横杠之下标明的便是隐在的元素："真相"是话语动因深处的原因和支撑，而"效应"则是话语作用的结果。也可以说，每种话语的构成都是由内在"真相"所支持的"动因"通过对"他者"的作用而产生的"效应"。这样，四种角色回圈式地占据了动因的位置，并产生了四种不同的话语模式，即：

以"主人能指"为动因的"主人话语"：

$$\uparrow \frac{S1}{\$} \quad // \quad \xrightarrow{\phantom{aa}} \quad \frac{S2}{a} \downarrow$$

以"知识"为动因的"学院话语":

$$\uparrow \frac{S2}{S1} \quad // \quad \xrightarrow{\phantom{aa}} \quad \frac{a}{\$} \downarrow$$

以"小它物"为动因的"分析师话语"(但齐泽克常常强调它的结构与"倒错话语"相同):

$$\uparrow \frac{a}{S2} \quad // \quad \xrightarrow{\phantom{aa}} \quad \frac{\$}{S1} \downarrow$$

以"分裂主体"为动因的"癔症话语":

$$\uparrow \frac{\$}{a} \quad // \quad \xrightarrow{\phantom{aa}} \quad \frac{S1}{S2} \downarrow$$

事实上,拉康的四种话语并无固定的先后,但四种角色之间各自相对的次序是固定的,因此可以通过逆时针的运转呈现以上的四种模式。齐泽克认为,四种话语理论的"整体构建基于符号复制,将一个实体复制到它自身和它在结构中占据的位置。因此,主人话语必定是出发点,因为其中实体与位置是重合的"[①](主人作为动因即是话语模式的原初结构)。

## 一 作为权力中心的主人话语:从分裂主体的基座到意识形态快感

在两种总体化话语中,主人话语无疑是更为强势的,因为它是以绝对

---

[①] Slavoj Žižek, "Four Discourses, Four Subjects," In Slavoj Žižek ed., *Cogito and the Unconscious* (Durham and London: Duke University Press, 1998), 75.

武断的主人能指为动因的；而学院话语中的动因是知识，它仍然需要主人能指的支援。齐泽克则认为学院话语的两种基本形式是资本主义与官僚极权主义（包括斯大林主义）[1]。从这个意义上说，似乎只有东亚的威权主义可以被视为主人话语的典型体现（因为它主要依赖的不是社会体制的可操作性，而是宏大符号能指的有效性）：政治威权主义在于这种主人话语的形式是通过领袖的形象或与之相关的主导性、纲领性符号，通过主人能指本身的绝对价值和可认同性来构成的。因此它的形态可以由这样的图式来标示：

$$\frac{权力中心符号（S1）}{非同一性主体（\mathcal{S}）} \rightarrow \frac{教育、理论（S2）}{意识形态快感（a）}$$

在主人能指之下，存在某种在言说和被言说之间分裂的主体，这种主体是对主人能指的隐秘支持。比如说，以电影《霸王别姬》（陈凯歌）、《活着》（张艺谋）和《阳光灿烂的日子》（姜文）为例，我们便可以从对革命时代截然不同甚至相反的影像或叙事表达中找到这种分裂主体。《阳光灿烂的日子》可以说是揭示了那个时代主流话语符号底下，也就是在片头呈现的伟岸雕像（终极的主人能指）[2] 之下的主体真实：电影中的马小军就在某种对主流政治符号的英雄式表达和面对现实压制的懦夫式行动之间无法获得完整的自我身份。一方面是对镜自演的不可一世，另一方面是员警面前的唯唯诺诺；一方面是独自模仿军人正步走的凛然，另一方面是被父亲训斥时的顺服。但在这样双重煎熬下成为主人能指坚强后盾的马小军的主体性是被撕裂的，用拉康的话来说，他作为能指的主体和作为所指的主体是异心（ex-centric）的：一方面是对英雄主义宏大符号难以遏制的表达，另一方面则是对内心怯懦无法抗拒的认可。这两者之间具有紧密相关的逻辑，但无法整合到同一个意指关系的网络中。由此，《阳光灿烂的日子》还绘制出革命时代的主人能指是如何通过知识对象来创造终极快感的。作为主人

---

[1] Slavoj Žižek, "*Objet a in Social Links*," in Justin Clemens and Russell Grigg eds., *Jacques Lacan and the Other Side of Psychoanalysis* (Durham: Duke University Press, 2006), 108.
[2] 这个明显的阳具（phallus）象征也令人想起蔡明亮电影《天边一朵云》里的一个歌舞片段，一群浓妆艳抹、搔首弄姿的女郎在台北故宫外的蒋介石雕像前大跳艳舞，在那个场景里，政治领袖的雕像被更刻意地塑造成了男性性器的样貌。

能指（S1）的政治权威教给马小军的（S2）是有关第三次世界大战的知识，是电影所呈现的十月革命时代的英雄"历史"，也是种种与身体相关的技术、技巧、体能行为（包括撬门锁、爬烟囱、跃下跳水台等）；但是，可以说这些超离现实符号秩序的、异乎寻常的、无以名状的绝爽才是主人话语的最终产物，也是这部影片所抵达的深刻结论。《阳光灿烂的日子》对主人话语的全面展示不在于孤立地凸显主人能指本身，而在于切入了主人能指背后的隐在主体和主人话语结构所产生的终极绝爽，而这个终极绝爽，又恰恰是主人能指本身所产生的效应。在这个意义上，片头的伟岸雕像不得不转化成作为崇高客体的"小它物"才能被依恋（而绝不仅仅是一个压迫性的符号大他者），但只有从一个怪异的超过45度的仰视角度（齐泽克称为"乜斜观看"）才能转化为一种具有魔力的形象。[①]

　　拉康理论中的绝爽概念并不意味着纯粹的快感，它往往包含了创伤性的痛感。即使在影片接近结尾处马小军高台跳水这样的绝爽体验中，也不无生活所植入的尖锐刺痛。在《精神分析的反转面》中，拉康曾经以受虐狂（masochism）的概念来说明绝爽的意味，因为受虐狂是经由痛苦来体验快乐的："它是关于受虐狂的话语——通向死亡的路径不是别的，正是称作绝爽。"[②]《阳光灿烂的日子》正是致力于表达一种痛感与快感的奇妙混合。马小军跳水后从水池里伸手求助的场面可以看到无数只手貌似要将他拉上岸，却又重新将他推入水中。而这个场景中，一方面所有人的表情都呈现某种莫名的欢愉，另一方面摄影机在水中的旋转镜头也呈现某种欢快醉意的晕眩——恰好类似于施虐与受虐的关系。不幸的是，这正是主人话语所抵达的尾声。如果把"为人民服务""毫不利己专门利人"等当时的政治箴言纳入考量，就更可以体会到主人能指是如何生产出这个结尾的创伤性快感了。假如说《阳光灿烂的日子》表达的绝爽主要是以快感的面貌呈现的，那些具有悲剧意味的绝爽同样体现主人话语所带来的创伤后果。比如，甚至《霸王别姬》中的段小楼和程蝶衣也可以看作在一定程度上被主人能指所压抑的分裂主体，因为作为主体，两人都撕裂在以下二者之间：一方面

---

[①] 这个怪异的角度也就是拉康在第11期研讨班《精神分析的四个基本概念》里谈到的荷尔拜因画作《使节》中的那个变异了骷髅的逼仄角度。

[②] Jacques Lacan, *The Other Side of Psychoanalysis* (*The Seminar of Jacques Lacan, Book 17*), trans. Russell Grigg (New York: Norton, 2007), p. 18.

是传统或正统的伦理规范或兄弟情谊（作为外在陈述的主体性），契合了符号体制的内在要求；另一方面是创伤性的、由于过度迷恋而互相伤害的爱恨情仇（作为内在言说的主体性），应和了阶级斗争的时代呼求。而秩序与斗争，恰恰是威权主义主人能指中暗含的对立但不可或缺的因素。依据《霸王别姬》对当代历史的描绘，作为主人能指（S1）的政治权力中心是通过有关"文化革新"（包括京剧等传统戏曲的现代化、对传统生活方式及文化习俗的弃绝）的种种理论（S2）来最终抵达"文化大革命"的创伤性绝爽（a）的：从火焰熊熊的批斗（互斗）场面到最后程蝶衣假戏真做的自刎，都体现了主人话语的最终成效和目的。

电影《活着》里的福贵和家珍则更明确地代表了统治权力压迫下的分裂主体：他们既是守法苟活的普通城镇老百姓，又是家破人亡的伤痛承载者。他们对于权力的支持无法掩盖内在的创伤裂隙，只有通过幻想来维持不可能的欲望。由权力所代表的主人能指必须诉诸理论化的知识体系来产生绝爽的历史时刻。《活着》所描绘的 1950 年代大炼钢铁的场景不仅揭示了权力支配的社会运动，而且是透过执行某种历史叙事法则（S2）的功能（比如炼成的钢铁将可以制成炮弹来轰炸蒋匪）来达到万众欢腾的效应——但这种快感，又与福贵儿子有庆被区长座车轧死的痛楚无法分割。作为主人话语效应的意识形态（那个齐泽克称为崇高客体的）快感，与左侧的分裂主体遥相呼应却无法交集，形成拉康的幻想公式：$\$ \langle \rangle a$，标示了主体在面临作为"小它物"的意识形态时的（无法满足的）欲望。也可以说，绝爽（a）成为主体（$\$$）无法获取的对象，成为一个永恒的空洞。但意识形态始终以魅惑的样式反过来成为主体的欲望对象，而主体则只能处于分裂的状态。

当然，革命时代的文艺本身，不管是样板戏还是宣传画还是革命文学和电影，也许都更能体现这种主人话语的面貌——它的重要特征不但是创造了意识形态崇高客体的效应，而更包括了这种效应是引向某种客观"知识"或"理论"的，也包括了主人能指所压抑的真相是一种无法准确言说的主体建构。首先，很显然，意识形态客体的形成并非直接是由主人能指（S1）来规范的，因为这种规范必须通过对某种主义或论断的认知（S2）才能实现。比如在电影《地道战》里有一段集体学习《论持久战》的片段，也就是说，对敌斗争的纲领必须经由对领袖战略体系的掌握才能抵达某种古怪战术的狂欢。样板戏《龙江颂》里也有一段支部书记江水英带领社员

群众学习"老三篇"之一《纪念白求恩》的情节，把大公无私的理念作为大他者的话语框架，从而获得在实践中牺牲自我和小集体而造福大集体的意识形态快感（$a$）。在这里，这种快感的样式是由他者建立的，是符号他者规范的结果。当然，作为"小它物"，意识形态快感是符号化进程中的一种残余，也是一种盈余，它对于主人话语体系不是必需的，不具备实践意义上的价值，仅仅为了快感本身而存在。但是，这种快感是主人话语的终极成果，是（分裂）主体的欲望对象：意识形态快感与主体之间由此构成了幻想的基本形态。

## 二 代表体制化、商业化社会的学院话语：经由崇高客体的欲望对象抵达错位的主体

在现代中国的历史文化语境下，如果说主人话语是革命时代的基本话语模式的话，那么在后革命时代，可以说，学院话语占据了社会文化场域的主导地位。拉康把学院话语关联于现代资本主义[①]，齐泽克则把学院话语称作"现代性的霸权话语"。在这里，学院指的是一种包括了知识体制、科学体制在内的总体化社会体制。在当代中国，在动因位置上的 S2 是以商业经济体系与政治法律体系为主导的现代社会体制，它在极大程度上支配了当今社会话语的整体运作。在拉康的理论中，前两种话语模式，也就是主人话语和学院话语，代表了宰制形态的话语。尽管（按照齐泽克的说法）学院话语具有在某种程度上颠覆主人话语的功能——正如一个体制化的社会形态或多或少颠覆了专制化的社会形态——在当代中国的文化语境下，学院话语作为商业经济体系与政治法律体系的形态基本上应和了主人话语的总体性功能，甚至必须借助主人话语的强权，或者说，符号逻辑依赖于强权的非逻辑。这个学院话语的图式可如下标示：

现代社会体制（S2）　→　欲望对象（商品、消费、娱乐……）（$a$）
权力文化秩序（S1）　//　错位的主体（$\bar{S}$）

---

[①] 拉康认为"资本主义者是站在知识的位置上改造了古典的主人话语"（Jacques Lacan, *The Other Side of Psychoanalysis*(*The Seminar of Jacques Lacan*, Book 17), trans. Russell Grigg (New York: Norton, 2007), p. 31）。

我以为，在拉康的学院话语图式中，有意思的是 S2 仍然是由 S1 所暗中支持的，这同当今中国社会主流话语模式的基本面貌完全吻合。也可以说，中国的资本和商业运作体系比起其他地域的市场制度来，更加不具备内在合理的、纯粹的自身逻辑性。这个体系的可建构性和可操作性从根本上说来自它赖以依托的"看得见的手"——而我指的是政治文化的主人能指，包括关于历史终极的宏大规划也是和政治权力中心不可分割的。这个规划的具体蓝图可以由不同的"主义"来命名，而商业主义恰好是当今全球文明似乎能够最为有效完成这个蓝图的可能的秩序。商业经济体系所创造的著名"小它物"当然是那个叫作商品的东西。齐泽克曾经以资本主义成功的商品范例可口可乐来说明"小它物"的特征："你喝得越多，你就越渴"，或者"你越是拥有它，缺乏得就越多"① ——这显然也是商品的一般和根本特性。资本/商业体系还通过商品反讽式地抵达了学院话语的最终产物：主体，但不是被规训的主体，而是商品原则之下暗藏的犬儒主体，它意味着作为质的主体的异化。由于商品以等价原则和量化标准取消了价值判断，犬儒主体也同样泯灭了一切包括正误、善恶、优劣在内的差异。当代中国的犬儒主义社会思潮典型地代表了历史终极的主人能指经由资本和商品体制的话语体系的作用，如何以一种被戏仿的样态呈现。

在中国当代文学里，寓言式地反映了这个话语结构的是阎连科的长篇小说《受活》。柳县长想用重金购买列宁的遗体来发展旅游经济这件事，表面上是主流符号被利用为商品，但在更深层的意义上，也表明了商业文明体制（S2）仍然不得不建立在对某种主流符号（S1）的仰赖上。列宁遗体这个物件占据了欲望对象"小它物"（a）的位置，最终把受活庄分裂成作为能指的主体（为表达而存在的绝术团）和作为所指的主体（掌握了内在意义的圆全人）。列宁成为代表了商品的物件，这本身就是对一位反资本主义者的讽刺性处理。列宁遗体，作为"小它物"的空洞，被描绘为一个诱惑的陷阱，一个对受活庄所有人来说都充满了神秘色彩的快感源泉。这样的快感当然是一种快感的盈余，一种超出了正常范围的快感，也是一种不可能的快感。（在小说中，购买列宁遗体的计划破产了，列宁的遗体也就最终没能运到中国，受活庄的列宁纪念堂成了一堆废品。）

---

① Slavoj Žižek, *The Fragile Absolute*, or, *Why Is the Christian Legacy Worth Fighting for*? (London: Verso, 2000), 23-24.

相比之下，莫言的长篇小说《酒国》探讨的主要不是商业社会的逻辑，而是当代社会的黑暗之心，其中侦察员丁钩儿所代表的司法体制（S2）永远有一个作为真相的深层权力结构（S1），它不但是无法摧毁的，而且是必须依赖的。颇具讽刺意味的是，甚至司法体制也和当代的政治社会体制一样，通过它的代表（丁钩儿）指向了世俗生活的种种享乐（$a$），而结果便是丁钩儿被他的侦察员身份（能指主体）和腐败行为（所指主体）所分裂，无法完成社会历史交给他的高尚使命。丁钩儿（及小说中的其他人物）的享乐体现了剩余快感的基本意涵：小说中的通奸（丁钩儿和女司机、余一尺和女司机等，甚至乱伦未果的岳母和李一斗……）、酗酒和暴食（包括婴儿宴），可以说都是快感溢出的某种方式，是过度、放纵的性交和饮食。宴席上的婴儿可以说是典型的"小它物"，作为一种过剩的美食活动，渗漏于貌似规整的文化符号秩序。而它的真假始终没有被确认，从而以某种空缺构建了欲望。

同样，电影《秋菊打官司》清楚地展示了司法体制（S2）底下涌动的权力决断（S1）：这种权力基础的特征可能是以乡村社群为基础的，也可能建立在更大范围的社会结构中。掌握了权力的村长和公安局长便代表了体制背后的伟岸身影（S1），不管我们如何对其进行善恶价值判断。秋菊所遗留下来的——在影片结尾以秋菊困惑的特写为表征——当然是典型的分裂主体（$S$），这个主体在她对现代法律的外在陈述与她对传统价值的内在认同之间发生了错位：她诉诸的是法律，但索取的目标是某种"说法"，而这种"说法"是一个让现代法律茫然失措的模糊念头[①]。体制所指向的，也是整部影片中的司法制度所（无法）处理的异己他者，便是秋菊向村长索要却永远无法获取的"说法"——一个无可救药的欲望对象（$a$）——秋菊的分裂主体通过它得以形成。这个"说法"无疑是秋菊所追索的终极绝爽，它所代表的快感是不可言喻的，因为秋菊本人也无法清楚地确知这个"说法"的具体内涵：它既带有向往复仇的恶，又具有追求公正的善。整部电影的主轴具有的是某种欲望形态，建立在主人公秋菊对这样一个对"说法"的不懈追寻上，而"说法"的匮乏或空缺也正是推动整部电影的基本动力。甚至，等到"说法"最终来临的时候，这个"说法"已经不再是秋菊所索

---

[①] 在美国发行的电影《秋菊打官司》DVD 的英文字幕把"说法"译成 apology，显然简化了这个词的暧昧含义。

要的那个了：由于省中级人民法院认定村长打伤秋菊丈夫的肋骨而构成了故意伤害罪，这个在秋菊难产时已经变成救命恩人的村长在秋菊大摆满月酒的日子里被呼啸的警车拘捕带走。因此，"说法"真正体现了绝爽的意味：影片结尾秋菊的困惑特写也同时标志着这种痛感与快感的奇妙混合。作为捉摸不定的"小它物"，"说法"拒绝了确定的面貌，而仅仅保持着其魅惑的特性。

## 三  思想与娱乐中的分析师话语与倒错话语：异化主体作为超我指令的对象

在主人话语与学院话语占据主导地位的社会话语结构下，另外两类话语形态——分析师话语和癔症话语——具有某种构成对应或歧异力量的可能；也正是在这个意义上，我们可以来探讨，中国当代的文化诗学作为社会领域中的特殊话语，如何可能被拖曳或参与到文化政治的话语运作过程中。其中，"分析师话语"似乎理应是一套代表了精神分析学基本价值的话语，而拉康也的确曾将分析师话语视为具有与心理和社会压迫相对立的功能。在分析师话语中，占据动因地位的是"小它物"，这是基于在晚期拉康的精神分析理论中，分析师所占据的地位不再是绝对权威的"大他者"，而是激发欲望的"小它物"，他和被分析者（癔症病人/分裂主体）形成了 $a \langle \rangle S$ 的关系（这正是分析师话语图式的上半部分所显示的）。分析师作为分裂主体的"小它物"，意味着他诉诸癔症病人的是一种能够不具有压迫感和控制力的因素。在这里，作为"小它物"的分析师角色并不绝对意味着被符号秩序疏漏的真实域残余，而是占据了剩余快感位置的、为分裂主体而存在的欲望原因-目标。不过，$a \langle \rangle S$ 的公式在拉康的理论中还有另外的含义，它同时也指示了与幻想公式相反的倒错（perversion）公式；换句话说，分析师话语的结构与倒错话语的结构是一样的。那么，按照齐泽克的说法：

> 倒错的社会链结和精神分析的社会链结之间的区别是基于拉康的小它物概念的强烈暧昧性，这个概念同时意味着想象的、幻想的诱惑和荧幕以及这种诱惑所遮蔽的那个诱惑背后的虚空。因此，当我们从倒错过渡到分析的社会链结时，动因（分析师）将自己减为空虚，以

激发主体直面他欲望的真相。①

那么,在当代中国文化的话语场内,我以为分析师话语/倒错话语的动因也可以被看作具有双重向度的。首先,分析师话语几乎可以对应于现代启蒙话语,假如精神分析师的角色与启蒙者的角色可以类比——二者都试图通过言说的途径,治疗处在某种精神困扰状态下的个人——前者的对象是精神病患,后者的对象是处在历史变迁中的迷惘主体。正如精神分析师把自己置于一个通过激发病患欲望以祛除压抑的位置,启蒙者同样是以唤起受到精神压抑的,或仍然处在蒙昧状态中的主体。在拉康早期的理论中,精神分析师所占据的是"大他者"的地位,精神分析的移情等同于符号化的同一;而晚期拉康则将精神分析师看作"小它物",他不再以父法的形象显现,而是本身就蕴含了空缺、错位、破碎,并以此催生填补的欲望。在当代中国的文化和文学场域,启蒙者的形象,乃至启蒙话语本身,也经历了类似的变化。这种启蒙话语,可以用拉康的图式来这样表述:

$$\frac{(后)启蒙者\,(a)}{人文思想/理论\,(S2)} \quad \rightarrow \quad \frac{异化主体\,(\$)}{解放的征兆\,(S1)}$$

这个图式的原初表达可以是启蒙现代性作为动因的积极构成。不过,当代中国文学中对于启蒙主义的表达跳脱了20世纪文学主流的模式——比如《家》《青春之歌》以至于《艳阳天》——从而通过呈现符号域的缺漏与创伤的幽灵,以否定的方式来言说未完成的现代性的话语,因为这种未完成不是目的论的前奏,而恰恰就是现代性本身的必要形态。比如在王安忆的《叔叔的故事》中,不但叔叔作为教师或知识分子启蒙者的形象无法与自己的角色同一(叔叔在"文革"的批斗中犹如小丑,叔叔妄想儿子不是亲生,叔叔与大姐的纯洁爱情以失败的性爱而告终,叔叔强吻德国女孩被耳光伺候等),小说叙事者——作为启蒙话语叙说的他者——也无法保持主体($)的完整。在小说的一开始,叙事者便声称:"这是一个拼凑的故事,有许多空白的地方需要想象和推理,否则就难以通顺。我所掌握的讲

---

① Slavoj Žižek, "*Objet a* in Social Links," in Justin Clemens and Russell Grigg eds., *Jacques Lacan and the Other Side of Psychoanalysis* (Durham: Duke University Press, 2006), 115.

故事的材料不多且还真伪难辨。"① 但空白和碎片化,反而意味着并非只是受到符号化阉割的分裂主体的解放面向。这也正体现了作为启蒙者的叔叔与他所面对的作为启蒙对象的"我"之间的关系。分析师话语上层的"$a \langle \rangle \mathcal{S}$"原初所标示的"分析师 vs. 病患"关系,不再是简单的治疗者和被治疗者之间的关系,而是分析师(或自我消解的启蒙者)透过自身的裂缝、匮乏和空缺来"启蒙"或启发主体"我"的过程。也就是说,尽管启蒙者能够以全部人文理论和知识($S2$)为坚实基础,"我"的被启蒙不是由于启蒙者的满溢灌输,反而是由于启蒙者的某种欠缺状态所达成的。由此,"我"的心理开启——在精神分析的意义上,也是与征兆的终极认同——成为一种新型的主人能指($S1$)②。王安忆的《启蒙时代》在标题上就涉及了启蒙的主题,用作者自己的话来说,它"是一个写思想的故事"。③ 不过吊诡的是,王安忆又同时认为,小说所书写的是"文革"时代,而她"个人不以为这场'文化大革命'有多少思想含量……它并没有留给我们什么思想果实"④。换句话说,她通过展示"没有思想"来"写思想"。这也是为什么有论者认为这部小说"气韵衰微"⑤。但也许不妨说,这种"气韵衰微"就是叙事风格上的低调,摒除了经典启蒙叙事激情的是另一种激情,一种作为匮乏、厌倦和丧失的激情。

同样,对于韩少功来说,《马桥词典》的启蒙性不具教化意义,因为以词典形式为外衣的叙事者在这部小说里占据了教化者的地位,却并未实施教化的功能,而是与分析师一样,向作为言说他者的主体($\mathcal{S}$)——读者——展示出空洞和裂隙。即使以分类的、释义的科学体系($S2$)为基础,这部小说仅仅徒具词典的外表,却并不传授确定的文本知识,而是展示了历史创伤所留下的空白和罅隙——正如《马桥词典》中的"打车子"除了说明某人用来特指与某人之间"床上的事",留下了更多"为什么"或者"怎么样"没有交代。这个章节结尾处强调:"'打车子'这个用词所代表的

---

① 王安忆:《叔叔的故事》,人民文学出版社,2006,第1页。
② Bruce Fink:"征兆自身可以将自身呈现为一种主人能指",见 Bruce Fink, *Lacanian Subject: Between Language and Jouissance* (Princeton: Princeton University Press, 1995), 135。
③ 张旭东、王安忆:《对话启蒙时代》,三联书店,2008,第12页。
④ 张旭东、王安忆:《对话启蒙时代》,第4页。
⑤ 刘晓南:《王安忆:〈启蒙时代〉》,《收获》2007年第2期;《北大评刊》2007年3~4月长篇小说汇评。

巨大语言空白"[1]——因为韩少功像拉康一样认识到"一块语言空白,就是人类认识自身的一次放弃,一个败绩,也标示出某种巨大的危险所在"[2]。这个危险,就是(原先处在动因位置上的)主人能指(S1)变成虚空的能指"小它物"($a$),显示出真实域对符号域的渗透。正如论者所指出的,《马桥词典》对现代中国文学的启蒙母题创作的发展,反而在于启蒙话语的自我错位,在于"将祛魅与含魅这两种逆反的叙事意向结合在一起"[3]。正是这种后启蒙主义具有自身沟壑的矛盾形态,而不是作为符号秩序的启蒙法则,才成为压抑主体的欲望原因-目标。也就是说,未完成的现代性只有从否定的意义上才能够迫近启蒙话语的终极理想,但这个作为主人能指(S1)的理想产物已经不是通常意义上的解放,而是建立在认同征兆基础上的主体的充分开启。如果说 $S \langle \rangle a$ 代表了拉康的幻想公式,$a \langle \rangle S$(分析师话语的上层)则演示了反向的图式,即穿越幻想的过程,也可以说是一种弗洛伊德意义上的透析(durcharbeitung)[4],透过与分裂主体的互动,释放主体的内在紧张,在演示征兆的过程中消除了原初的压抑。

不过,如果我们把拉康对于倒错话语的论述纳入考量,与分析师话语相同的话语图式则展示出了潜在的危机——所谓"想象的、幻想的诱惑和荧幕"——齐泽克认为这是拉康对于分析师话语的一种"激烈的自我批判"[5]。在倒错话语中,作为动因的"小它物"占据了倒错者的角色,是"绝爽意愿"的执行者。倒错者从定义上便是将大他者的绝爽当作自身的绝爽来追逐的,或者说,他明知是大他者的绝爽,但仍然为了满足大他者的期望而努力执行那个意愿,从而成为"大他者绝爽的工具"[6]。如果说大众娱乐是这个时代无法阻挡的话语主潮,在当代中国,这个倒错话语的图式至少可以下列形态展示:

---

[1] 韩少功:《马桥词典》,作家出版社,1996,第240页。
[2] 韩少功:《马桥词典》,第237页。
[3] 谭桂林:《启蒙母题叙事的双声对话》,《海南师范学院学报(社会科学版)》2001年第3期,第32页。
[4] 正如齐泽克所指出,"'穿越幻想'是弗洛伊德'透析'概念的拉康版——对于主体虚假一致性的打破",见 Slavoj Žižek, "Is It Possible to Traverse the Fantasy in Cyberspace?", in *The Žižek Reader* (Oxford: Blackwell, 1999), 104.
[5] Slavoj Žižek, "Objet a in Social Links," in Justin Clemens and Russell Grigg eds., *Jacques Lacan and the Other Side of Psychoanalysis* (Durham: Duke University Press, 2006), 116.
[6] Jacques Lacan, *Écrits. A Selection*. Trans. Alan Sheridan (London: Tavistock Publications, 1977), 320.

| 娱乐（$a$） | → | 异化主体（$\bar{S}$） |
|---|---|---|
| 文化工业（S2） | // | 乌托邦（S1） |

从这个图式里，我们可以看到，必有体制性的存在作为娱乐的根本基础与支点，也就是说，娱乐快感（$a$）的隐秘支点无非是那个庞大的文化工业体制（S2），它具有某种学院化的、科学化的构成。当今的娱乐话语典型地体现了齐泽克一再强调的拉康理论中的超我指令："去爽！"[①] 按齐泽克的说法："'小它物'究竟在什么时候作用为快感的超我指令？当它占据了主人能指位置的时候。"[②] 正是娱乐文化的话语性，成为对异化主体的构建。比如，"超女"[③] 观众所认同的并不是"超女"们，而是"超女"的评委，甚至是娱乐体制本身；他们的享乐（$a$）是对娱乐符号的隐秘基础的虚幻认同而获得了被阉割的、分裂的主体性（$\bar{S}$）。而作为娱乐符号的"超女"形象由于其（非专业的）缺憾的特性成为唤起欲望的幽灵（$a$）：它替代主人能指，占据了话语动因的位置，迫使观众进入娱乐的话语场域，从而成为无法与自身概念相符的异化主体（$\bar{S}$）。因此，娱乐话语所制造的是一种虚幻的乌托邦（S1）：它是娱乐工业所允诺的大同、自由或幸福幻景。

在某种程度上，张艺谋导演的各类国家级文艺展演，包括2008北京奥运会开幕式和2009年新中国成立60周年庆典焰火晚会，也可以看作倒错话语的具体体现。很显然，张艺谋导演的盛大典礼都拥有体制的倾力支持（S2）。不过，张艺谋的命运在某方面却和"超女"类似：他所建立的宏大符号他者由于无法自控地充满了各种漏洞、错误、不当（比如奥运会开幕式用古代的丧礼乐器"缶"；比如各类队阵一而再再而三地展示了"和"字之后出现了四个舞刀弄枪的戏曲傀儡来展示不见血的暴力；比如《歌唱祖国》的歌声出自虚情假唱的美少女之外的音源，更不用说排练时摔成重伤而高位截瘫的领舞者刘岩），以致大他者不得不变异为"小它物"（$a$）的形

---

① Jacques Lacan, *On Feminine Sexuality, the Limits of Love and Knowledge, 1972-1973* (New York: W. W. Norton, 1999), 3.
② Slavoj Žižek, "Objet a in Social Links," in Justin Clemens and Russell Grigg eds., *Jacques Lacan and the Other Side of Psychoanalysis* (Durham: Duke University Press, 2006), 114.
③ "超级女声"，简称"超女"，是中国湖南卫视在2004年至2006年间举办的女性歌手选秀赛，每年一届，曾获得极高的收视率。"超女"平均收视率为8.54%，平均收视份额达到26.22%，决赛期间平均都有11%的收视率，不仅居于同时段收视首位，其平均收视率还超过中央电视台。

态才能出现在世人面前,也就是说,张艺谋所建构的符号秩序不可避免地以充满裂隙的、幽灵般的绝爽来面对和诱惑遭到异化的观众主体($\mathcal{S}$)。尽管如此,张艺谋依然努力生产出种种主人能指(S1),不管是"和谐",还是"祖国"。这些主人能指原本应当出现在动因的位置,但如今动因的位置让位给了以"绝爽"为特性的倒错者表演,而倒错者之所以倒错,是因为他的绝爽和大他者的意愿不可分割。

## 四　前卫文化的癔症话语：自反主体及其创伤内核的历史性

直接呈现分裂主体的,便是拉康称为癔症话语的话语形态。在当代中国,没有什么比先锋文学和前卫艺术更能体现癔症话语的基本面貌了:先锋话语就是一种支离破碎、语无伦次,甚至不知所云的言说方式。如果说启蒙话语能够以否定的方式展示出现代性的危机的话,先锋话语则直接诉诸了后现代诗学,比如残雪的胡言乱语、孙甘露的痴言呓语,等等。以Dora病案为例,拉康对癔症话语的描述是:"癔症患者是一个分裂的主体,将主人逼到角落里,迫使他产生出知识。"[①] 当代中国文化场域中的癔症话语可以图示为下列状态:

$$\frac{错位或自反主体(\mathcal{S})}{创伤-绝爽内核(a)} \quad \begin{matrix}\rightarrow\\ //\end{matrix} \quad \frac{主流政治社会文化符号(S1)}{批判性认知(S2)}$$

在这里,前卫主体的言说对象是作为主人能指的政治、社会、文化领域的主流和宰制性符号,包括文化范式和文学典律,它剧烈地撼动了主流符号的原有构成,同时也创造出新的批判性认识论。正如齐泽克所言:

在主人话语中,主体的身份是由S1,即主人能指(他的符号性头衔-委任权)来担保的,它是界定主体伦理尊严的忠诚。对主人能指的认同导致了存在的悲剧状态:主体尽力将对主人能指的忠诚——

---

[①] Jacques Lacan, "Radiophonie," *Autres écrits*, p. 436.

比如，忠诚于赋予他生命意义和整一性的使命——保持到最后，但他的努力由于抵制主人能指的残余而最终失败。相反，有一种滑动游移的主体，它缺乏主人能指中的稳定支持，它的整一性是由同纯粹的残余/垃圾/盈余之间的关系，同"不体面"的、内在喜剧性的、真实域的星星点点之间的关系而维持的；这样一种对残渣的认同当然就引入了存在的类比喜剧状态，一种戏仿过程，不断地颠覆所有坚实的符号认同。①

在这里所说的维持动因的那种关系中，"纯粹的残余/垃圾/盈余"或"'不体面'的、内在喜剧性的、真实域的星星点点"无疑就是作为"小它物"的创伤记忆，它是先锋话语的历史起源，注定了先锋话语的动因是由遭到创伤化的真实内核所支撑的癔症主体。齐泽克所强调的"戏仿"式的"颠覆"揭示了先锋话语激进的社会意义，表明了"滑动游移的主体"绝不是一种纯粹的游戏主体，对符号秩序的重组恰恰体现了一种强烈的现实感——只要我们承认当代中国的"现实"在相当程度上是依附在符号秩序上的。那么，"所谓的模拟喜剧"就不是传统文化政治中的"颂歌派"或"谴责派"，也不是保守派或激进派——也就是说，现实既不可能加以维护，也不可能遭到铲除，而是一种征引与瓦解同时作用的对象。换句话说，符号域是无法逃脱或弃绝的，当然也更难以认同；先锋主体的分裂性在于它处于被这两者撕扯的中间，只能置身其中，揭示符号与其意指或内涵的错乱，并把这种错乱承担为自身的错乱。余华的血腥、残雪的荒诞、徐晓鹤的诡谲，无不体现了这种置身于错乱的癔症主体性（尽管可能是通过揭示各类其他话语面貌的方式）。可以看出，这样的癔症话语形态并非是纯粹消极的，它最终给予了我们一种新的知识，一种建立在批判向度上的认识论。

齐泽克把癔症主体视为"一种包含了强烈怀疑和质疑的存在，她所有的存在都基于一种有关她对于大他者而言究竟是什么的不确定性"②。癔症

---

① Slavoj Žižek, *The Fragile Absolute, or, Why Is the Christian Legacy Worth Fighting for?* (London: Verso, 2000), 42–43.
② Slavoj Žižek, "Four Discourses, Four Subjects," in Slavoj Žižek ed., *Cogito and the Unconscious: Sic 2* (Durham: Duke University Press, 1998), 77.

主体对（在这里执行着大他者功能的）主人能指的问题包括："我为什么是你所说的那样的我"或者"你究竟从我这里要什么（Che vuoi）"①。癔症主体试图寻找具有担保力的大他者，但始终无法如愿，因此便显示出"癔症主体质疑和瓦解权威的倾向"②。癔症主体对大他者的怀疑表明了她在象征域中的某种不安定态势，她对整体社会文化秩序的根本性不解。在这个意义上，"无意识的分裂主体质问了主人能指，并揭示出主人的去势"③。比如，在残雪的小说《黄泥街》中，作为癔症主体（$) 的各类声音都对大他者建立的符号秩序（在这里当然是主人能指S1）深怀疑虑："王四麻是不是一个真人"④或者"十三个大问题落实得如何了"⑤ 以及"今年的太阳，怎么成了这个样子啦"⑥，等等。这里，齐泽克的论断尤其相关："我们只要回忆一下一个社群是怎样作用的：那个保证了社群一致性的主人能指是这样一个能指，它对于这个社群的成员自身而言所指是个谜。"⑦ 不管是作为阶级敌人的"王四麻"，还是作为政策核心的"十三个大问题"，或者作为宏大国族象征的"太阳"，都代表了大他者的主人姿态。但正如拉康所指出的："癔症话语是对主人的质疑：'要真是男人的话就让我瞧瞧！'"⑧ 癔症主体的疑问一方面是对大他者的直接诘问，另一方面也是对这些话语元素的作用于主体效应的质问，是对自身应对可能性的怀疑。在残雪的长篇小说《五香街》里，速记员作为癔症的叙事主体（$）在事件的真确（虚假）和叙述的确定（假设）之间无法自持，整部小说有如叙事过程不断的自我瓦解。或者也可以说，这个分裂叙事主体的言说对象是社会的主人能指（S1），叙事主体面对五香街作为一个巨大、强大的符号秩序的反应就是茫

---

① 对这个问题的详细论述可参见 Slavoj Žižek, *The Sublime Object of Ideology* (London: Verso, 1989), 113。
② Paul Verhaeghe, "The Collapse of the Function of the Father and Its Effect on Gender Roles," in Renata Salecl ed., *Sexuation: Sic 3* (Durham: Duke University Press, 2000), 21.
③ Véronique Voruz, "A Lacaninan Reading of *Dora*," in Véronique Voruz and Bogdan Wolf eds., *The Later Lacan* (Albany: State University of New York Press, 2007), 175.
④ 残雪:《天堂里的对话》，作家出版社，1988，第28页。
⑤ 残雪:《天堂里的对话》，第165页。
⑥ 残雪:《天堂里的对话》，第171页。
⑦ Slavoj Žižek, "The Real of Sexual Difference," in Suzanne Barnard and Bruce Fink, eds., *Reading Seminar XX: Lacan's Major Work on Love, Knowledge, and Feminine Sexuality* (Albany: State University of New York Press, 2002), 58.
⑧ Jacques Lacan, "Radiophonie," *Autres écrits*, p. 90.

然失措，语无伦次，疑窦丛生。那么，在残雪小说里，我们可以发现，癔症主体的分裂表现在癔症话语的能指（比如关于黄泥街上的王四麻案件或五香街上的Q女士奸情的种种说辞）与所指（比如王四麻案件或Q女士奸情的实际发生或内容）产生了彻底的错裂。而主体分裂的隐秘真相，则来自历史经验所包含的创伤性内核（a），它将痛感和快感糅合在一起，注定了主体完整性的破碎。以残雪为代表的中国先锋小说由此建立了一套新的文学范式，也可以说是新的、批判的认知形态（S2）。

甚至在孙甘露写于1980年代的那些表面上远离了社会现实的作品里，我们也能读到具有政治历史意味的癔症话语。孙甘露小说中的巴洛克风格和虚无缥缈的风景往往被读作纯文学精致美学的体现，而实际上，他的语言游戏绝不仅仅是超越世俗世界的精神解放操练，而是一次主体（$)自我嘲讽的努力，同时也质疑了神话符号（S1）的有效性。比如他的《访问梦境》描绘了一次游历童话迷宫的晕眩旅程，在这个过程中，叙事者主体迷失在无数莫名其妙的神话仪式和神话符号中间，并且遭遇了以神话仪式和神话符号为核心的主人能指的种种诘问。故事起始于某种高度超现实的氛围和意象——特别是一架象征着神祇家族的白色梯子，"以寓言的方式竖立在近乎透明的蔚蓝的天空下"[①]，梯子引向丰收神（叙事者的未婚妻）在橙子林的居所。但主体"我"在这个超越的能指符号面前只能感受到异化、异在、异乡（unheimlich），他一到达这个仙境就有"迷宫的感觉"，因为"处处都是希望，而每一步都是陷阱"[②]。陷阱遍布于这个神话的符号秩序里，因为所有地方、文件、活动和事件名称都异常雅致，却只是为了反衬它们的空洞无物。在一个叫作"剪纸院落"的地方，"我"阅读并走进了一本题为《审慎入门》的书，书中记载了有关"十三位伟人"的刻意扭曲的历史：比如所谓"冷兵器纪念馆"的钟声只是澡堂的钟声，为了提醒阵亡将士的灵魂洗澡的时间已到。另外，在这个仙境里，革命每半个月发生一次，都是由于鸡毛蒜皮的原因。有一次是关于算卦的革命，大家都对重新粉刷全城的想法极为热忱，但行动停滞在一场有关行动前是否要先找到一位革命领袖的争辩中。换句话说，主体所面对的任何宏大的符号秩序都无法掩盖他深处隐在的混乱的真实域残余。只要我们对"革命""伟人""纪

---

[①] 孙甘露：《访问梦境》，长江文艺出版社，1993，第69页。
[②] 孙甘露：《访问梦境》，第38页。

念馆"等中国政治历史符号有足够的敏感，就可以清楚地把握到，在癔症主体（$)的真相位置上，某种创伤性绝爽（a）的无意识残留是如何起作用的。在这篇小说里，关于革命的精妙论述和奇幻景象，寓言式地暗示了晚近中国历史的群众运动，却无疾而终，没有留下什么实质性的价值和意义。正如丰收神所言，她的家族史是"虚构的""语言的世界"①，是一个有待揭除面具的世界。在一封叙事者写给丰收神的信里，这种对面具的揭除表现得尤为深刻——在这个段落里，括号内的旁白（或内心独白）不断拆解外在的陈述。作为陈述行为（enunciation）的叙事主体和作为陈述言语（the enunciated）的叙事主体之间的内在分裂被推向了前台②，陈述行为透过括号内的坦承或翻转来袒露其真正意义，使得原有的陈述言语不再是唯一可靠的③：

你还记得我们从前要好的那些日子吗（我不能写相爱的那些日子），我现在就像爱你那样热烈地爱上了另一位姑娘（我虚构了她的种种美德）。……每当上午，阳光流泻到我的窗棂上（我开始抒情），经常会有一对白鸽子在暖洋洋的光线中飞过，久而久之，这几乎凝成了什么人告别时的一幅图画（我们当初告别，可以用这来描写），不远处是一支悠扬而低回的笛曲，这支才华横溢的笛子（这支该死的笛子）。④

这个段落对于分裂（叙事）主体的示范性展示，体现了癔症话语的最基本面貌。在小说《访问梦境》中，丰收神的形象也带有相当的神圣意味，很显然是作为主体"我"的能指他者出现的。这个名字来自对"吃是神圣的事业"的信仰，也暗示了吃的目的在于"超越吃这一行为本身"⑤，因为有关吃的理论"比吃这一行为本身更具光彩"⑥。他们有一个"多少年来前

---

① 孙甘露：《访问梦境》，第63页。
② 在陈述行为（enunciation）中的主体和在陈述言语（the enunciated）中的主体二者之间的分裂，也是拉康阐述分裂主体的一个重要面向。可参见 Bruce Fink, *The Lacanian Subject: Between Language and Jouissance* (Princeton: Princeton University Press, 1995), p.40。
③ 在中国先锋主义叙事的发展史上，以暴露主体的陈述行为来形成与其陈述言语的失调，起始于马原的小说。
④ 孙甘露：《访问梦境》，第65页。
⑤ 孙甘露：《访问梦境》，第69页。
⑥ 孙甘露：《访问梦境》，第37页。

赴后继追求的理想",就是"只吃一种东西",也就是橙子,因为"**一种东西同时就是一切东西**"①。丰收神所标示的橙子被神化为一个纯粹、超验、唯一的主人能指,它废除了一切具体世俗的吃的行为。然而,在结尾处,当"我"爬上梯子去够橙子的时候,已经变成老妪的丰收神要他下来吃替代了所有鱼肉粮食的橙子。这个貌似形而下的结尾所暗示的一方面是革命时代到后革命时代的文化变迁,另一方面也是主人能指作用的另一种方式,它依然占据着他者律令的位置,尽管遭到了深刻的疑虑。橙子的表面功能改变了,但它作为主人能指的角色并未改变。小说最后的结语是"食无言"②,可以看作癔症话语所抵达的终极的知性论断(S2),但这个结论具有强烈的禅宗式的反讽色彩:透过对语言的否定而保留的"吃"的赤裸行为,揭示了神圣符号秩序的空缺状态。

在中国当代诗的领域,癔症话语同样占据了重要位置。抒情者的主体($) 分裂于语言符号的传统构成(形式)与特殊意义(内容)之间,如臧棣的《纪念胡适丛书》一诗借用了胡适的格言"大胆假设,小心求证"的句式,但填入了各类貌似思辨化的重新解释,最后形成了一套似是而非的解构式理论(S2)。这首诗的言说对象无疑是以胡适的实用主义理念为代表的新文化运动及其现代性符码,作为主人能指(S1)迫使主体连续产生出充满裂隙、充满问题的陈述:

> ……
> 大胆自我表现,小心时代精神。
> 大胆现实,小心历史。
> 小心历史里有一个白话的真相。
> 大胆生命,小心进化玩不过神话。
> 大胆鸡蛋还在哥伦布的手里,
> 小心哥伦布反对哥伦布。
> 大胆个人的经验,小心何况做诗?
> 大胆梦有一个底子,小心淋漓尽致。
> 大胆假设。比如,假设人性是逼出来的。

---

① 孙甘露:《访问梦境》,第 68~69 页。黑体为笔者所加。
② 孙甘露:《访问梦境》,第 69 页。

小心求证人可以面对一切。
大胆文明于复杂的情感,小心新精神,
小心白茫茫一片真干净。[1]

在这一系列的"大胆……小心……"中间,我们读到的不再是以五四启蒙精神为代表的现代性逻辑,而是无法即刻理解的甚至似是而非的"论述",这些论述可以说首先是消解了现代性逻辑的单一和绝对,或者也可以说是挖掘了胡适式逻辑本身的不确定性,并彰显出多重的、模棱的、可变的陈述,体现癔症话语的典型面貌。比如"大胆现实,小心历史"一句就不可能被简单地格言化,是因为它的意义绝非只有一种解释。最表面的解释或许是:我们可以豁出去在现实中实验和革命,但是必须战战兢兢地对历史负责任。但如果这个解释可以做微妙的调整,我们也可以把这句读作:任何在现实中的大胆作为,都要小心历史的审判。紧接着的下一句"小心历史里有一个白话的真相",给"大胆现实,小心历史"提供了某些指向,因为"白话的真相"以胡适当年所倡导的"白话文"来暗示,历史真相最终是最朴素的文字所承载的。但,假如这个真相是需要"小心"的,我们不得不猜想它是否正是癔症话语中的创伤—绝爽性真相($a$),而这样的创伤—绝爽又恰恰是历史所给予的,由白话文所代表的启蒙现代性所带来的社会心理基础。如果说现代性的逻辑在这里似乎占据表面主导的话,那么再往下的"大胆生命,小心进化玩不过神话"提出了对现代性的警示,因为按照阿多诺和霍克海默的说法,"神话"本身就与"启蒙"有着千丝万缕的瓜葛。这样,接下来的"大胆鸡蛋还在哥伦布的手里,/小心哥伦布反对哥伦布"就顺理成章地突出了现代性的两难和表达现代性的多义与自反。一方面,臧棣赞赏了哥伦布式的大胆探索和发现,不循常规的实验——这些都是现代主义的基本要义——另一方面,这种现代性往往会产生自我逆反,这同样是必须警惕的。(革命时代的现代性实验,不是引发了巨大的灾难吗?哈贝马斯所维护的现代性,不是蕴含了一定程度的保守意味吗?)甚至,从正常语法的角度看,"大胆"并不是用来连接动词的副词,而更像是用来修饰名词的形容词,"大胆鸡蛋"才应当看作一个偏正词组——"大胆的鸡蛋"。如果是这样,后一行的"小心哥伦布"的另一种读法是可以读作

---

[1] 臧棣:《纪念胡适丛书》,见孙文波编《首象山》,2010,第44页。

偏正词组——"小心的哥伦布",因为"反对哥伦布"的很可能是一个曾经大胆的哥伦布式探索者,但如今变得小心翼翼,故步自封。在之后的诗行里,臧棣甚至直接引用了"大胆假设,小心求证"的词句,然而却把它嫁接到一些似是而非的陈述上:"大胆假设。比如,假设人性是逼出来的。／小心求证人可以面对一切。""人性是被逼出来的"当然无法成为一个科学定理,它可能更关乎诗人臧棣自身坎坷的生活经验——而从这个意义上说,那些对所谓"学院派"的误解(比如认为这样的诗脱离了现实生活)只是源于对诗歌语言的隔膜与生疏[①]。无论如何,这种似是而非的陈述是对主人能指的质疑:臧棣通过戏仿式的重写现代性的标准陈述,回应了中国现代性的话语逻辑,既保留了这种逻辑的创新意味,又瓦解了这种逻辑的绝对规则。所有这些臧棣诗中的"大胆……小心……"都暗含了对原初符号他者的反诘:"为什么我一定要成为大他者制定的话语的接收者?"这样的癔症话语对宰制的社会政治符号秩序的回应是通过内爆的方式,将现代性的逻辑和体系揭示为某种紊乱,某种自我冲突,某种语焉不详,某种暧昧不明,某种怪力乱神……

如果我们观察当代前卫视觉艺术的语汇,也同样可以发现癔症主体的面貌。比如在苏新平的版画《欲望之海3号》和《欲望之海4号》里,撒腿奔跑的人们显示出主体的严重异化:一方面是以夸张四肢义无反顾奋勇向前的强悍姿态,另一方面是眼睛里所流露的痴愚、偏执,显示出迷狂的创伤性快感。这个分裂的状态如果放在与主人能指的关系中来看,可能会更加清晰:分裂主体所言说的对象,正是作为主流影像符号的主人能指。这个主人能指所包含的历史目的论曾经并仍然在主流影像体系里占据了重要的地位。在苏新平那里,以阔步前进为基本母题的影像模式仍然保留了,只是不再是革命或改革的宏大理念,而是换上了欲望的外衣,朝向永无终极的方向狂奔。按苏新平自己的说法,"《欲望之海》是对转型时期中国社会的一个隐喻。在呈洪水之势的物质欲望前面,人们千篇一律高举着的手,就像一场时代的大合唱,从欲望之海掀起火山岩浆一般的巨浪。以纵深投入或慌张奔跑的人像,喻示着当代人在历史的变革中又

---

[①] 比如林贤治在谈到臧棣的时候就断言:"学院派写作,片面追求知识和技艺,徒具形式感。实际上,这是另一种奴性写作,一种阉割状态的诗歌。"见林贤治《新诗:喧闹而空寂的九十年代》,《西湖》2006年第5期。

一次失去自我"①。这所谓的"转型时期"的"又一次",一方面暗示了癔症主体面向的他者是又一个主人能指,并且是与先前同构的主人能指;另一方面也暗示了癔症主体的内在真相来自历史创伤的愚蠢绝爽(idiotic jouissance)②,它继续作用于主体性的分裂和缺失。

图1 《欲望之海3号》

透过拉康的"四种话语"理论,我们可以观察到历史主体性在当代中国文化政治的各类场域内是如何运作的,而作为主体欲望原因的"小它物"又是如何体现以其创伤性快感的功能起着不同作用的。应该说,分析师话语(文学中的后启蒙话语)与癔症话语(文学中的先锋话语)都能够看作对主人话语与学院话语的回应,也就是对中国现代性的反思,在当代文化领域发出独特的声音。在这里,一种激进的文化政治不再是直接的政治理

---

① 刘宇:《创作永远贴近现实——与苏新平对话》,《艺术中国》2009 年 6 月 11 日(http://art.china.cn/mjda/2009-06/11/content_ 2954552.htm)。
② 拉康的"绝爽"概念与"阳具绝爽"始终是紧密相连的。而在他晚期著名的第二十期研讨班上,拉康认为:"阳具绝爽如果不是我们实践中足以由自慰的重要性所标志的愚蠢绝爽,又是什么呢?"Jacques Lacan, The Seminar of Jacques Lacan, Book XX: On Feminine Sexuality: The Limits of Love and Knowledge, 1972-1973, ed. Jacques-Alain Miller, trans. Bruce Fink (New York: Norton, 1998), p. 81.

图 2 《欲望之海 4 号》

念或政治意念的具体表达，而是在话语元素的种种关联与呈现中体现更具挑战性的文化政治向度。文学中的文化政治的参与是建立在如何加入话语体系的动态网络中这样一个问题（而往往不是一个确定无疑的结论）的基础上的，而不是自以为能够置身其外，以为能够建立一套元话语来替代传统的或现实的话语体系。元话语只是主人话语的另一个代名词。那么，只有返回自身话语性的，揭示了其非同一性与解构性的批判话语，才是文学政治向度的积极体现，标志着文学内在的社会功能，而不是传递着外在的政治讯息。

# 莫言的《蛙》与社会主义优生学

毕新伟[*]

**摘要**：优生学的发生和发展是 19 世纪末期至整个 20 世纪中国的重大历史事件，它参与到民族国家的现代化进程之中，影响了 20 世纪中国的曲折发展。从优生学的角度审视中国的变革，无疑是一个独特的视角，莫言的《蛙》匠心独运，把 20 世纪后半期中国的优生优育问题通过姑姑万心的人生历程串联起来，正视历史、拷问灵魂、反思历史、呼唤人性。文章追溯优生学发生的国家背景，解释优生学的复杂内涵，并阐述社会主义优生学的政治性特质，在优生话语中剖析姑姑人性的异化与复归，以期挖掘潜藏在《蛙》中的复杂意蕴。

**关键词**：《蛙》　优生学　医疗体制　人性

**Abstract**: The occurrence and growth of the eugenics are crucial to China's development from the late 19th to the whole 20th centry during which China was at its tortuous transmission and progress. Undoubtedly, the perspective of studying China's revolution in terms of eugenics' conception is distinctive and creative. MoYan's FROG, the novel tells a story happened in the late 20th century of China where the central government highly adopted Family Planning with a purpose to giving excellent birth to next generation. It depicts an Aunt named WanXin lives and experiences. The book together

---

[*] 毕新伟，阜阳师范学院文学院教授。本文为安徽省高校优秀青年人才基金重点项目"当代'底层写作'中的民意诉求研究"（项目编号：2012SQRW086ZD）的阶段成果；本文受国家社科基金"自然灾害与当代文学书写研究"（项目编号：12BZW117）资助。

with the minor folk roles faces history, questions soul, reevaluates past and finally calls for humanity. The essay following is likely to trace the background of the eugenic's occurrence in the country, trying to give explanations to its political traits and meanings, and analyse Aunt Wan's dissmilation and regression of her humanity. The essay as well aims to explore the deep-seated complex hidden in the book of FROG.

**Keywords**：FROG　Eugenics　Health care system　Humanity

荣膺 2011 年第八届茅盾文学奖、2012 年诺贝尔文学奖的莫言，其小说从成名作《红高粱》，中经《丰乳肥臀》，到历时四载、改易数次的《蛙》，贯穿着一条优生学叙事的长线索。优生学是 19 世纪末期在中国出现的一种以改善民族、人种质量为旨归的观念性社会学说，它参与到民族国家的现代化进程之中，影响了 20 世纪中国的曲折发展。《蛙》的大规模叙事，对于莫言来说，既是一次全方位的优生学叙述铺陈，又是对其优生学叙事的一个阶段性总结。也就是说，莫言在《蛙》中给他二十多年来的优生学思索打上了一个比较满意的结。因此，只有抓住这个结，在长时段中按照历史的步骤一点点地解开、抖开，才能比较恰当地解读《蛙》这部意蕴繁复的作品。

## 一　优生学与社会主义优生学

优生学顾名思义讲的是个体与民族在生育事项上的优生与优育，它作为一种现代性的社会观念首先在晚清"强国保种"的社会思潮中被改良主义者阐发。"强国保种"思想的衍生来自 19 世纪以来中国不断衰弱的社会现实，从鸦片战争尤其是甲午战争以后，西方列强与东瀛日本就普遍视中国人为"东亚病夫"了。在这种严峻的局势下，强国保种、强国强种的呼声愈来愈高，奠定了清末改良主义者要求维新变法的舆情基础，"'保种'浓缩了时代的焦虑并把变革的需要合法化"[①]。

以优生学来吁求民族和国家的强盛还受益于进化主义在中国的传播。进化观念主要通过严复的译介散布开来，王中江认为："严复更关心进化主

---

[①] 〔英〕冯客：《近代中国之种族观念》，杨立华译，江苏人民出版社，1999，第 88 页。

义在人类和社会中的普遍适用性。这样,'社会达尔文主义'一开始就在严复的进化主义中打上了烙印。"① 严复译介的天演精义是"曰物竞,曰天择。此万物莫不然,而与有生之类为尤著"。② 对此学说,严复阐发道:"自达尔文出,知人为天演中一境,且演且进,来者方将。"③ 这正给因国运衰微而提出保种、强种的社会规划提供了理论上的有力支持。

　　优生学也是晚清女权运动中的应有之义。女权运动之兴起,亦是社会现实的刺激使然。"在历史上,无论什么时候,当深刻的社会变化发生时,当整个社会似乎受到威胁时,女人就会被'邀请'去积极参加公共生活;这几乎是一条规律了。"④ 发挥女性的力量,把女性组织到公共行为中,是晚清以来中国性别关系领域里的新发现和新组合。上承人种衰弱的男性集体焦虑,男性女权主义者推论出人种之弱在于另一半的女性集体的病弱,因此,欲改善人种,必先改善孕育者使其强健,这一演绎亦得到女性女权主义者的应和。于是就有了对女性缠足的谴责和对女性实施教育的敦促,而优生学顺理成章地被编进了女权话语之中。"是缠足一端固专害中国贤达聪明之妇女也。且数千万贤明之妇女,皆成废疾,不能教子佐夫,而为之夫为之子者亦只可毕生厮守,宛转牵连,无复有四方之志,故自上达下,自内达外,因循颓堕,得过且过,无意自强。"⑤ 按照那时新传播到中国不久的西医理念,缠足使女性伤筋动骨,致身体畸变,必影响母体内的胎儿不能正常发育,自然人种就病弱。林纾、康有为、梁启超等皆痛斥女性缠足,提倡天足,并发动不缠足会以扩大影响范围。这种对胎儿先天性孕育环境的改良又促使女权主义者思考孕育主体的第二项改善,即针对女性／母亲所进行的科学知识和人文素质的培养,塑造能够担当"相夫教子"重任的贤妻良母。康有为说:"为人种改良计,女尤不可不学。"⑥ 梁启超进一

---

① 王中江:《进化主义在中国》,首都师范大学出版社,2002,第64页。
② 严复译《天演论》,中州古籍出版社,1998,第42页。
③ 严复译《天演论》,第43页。
④ 〔克罗地亚〕克内则威克:《情感的民族主义》,陈顺馨、戴锦华选编《妇女、民族与女性主义》,中央编译出版社,2004,第145页。
⑤ 黄鹄生:《中国缠足一病实阻自强之机并肇将来不测祸说》,转引自王绯《空前之迹1851—1930:中国妇女思想与文学发展史论》,商务印书馆,2004,第145~146页。
⑥ 康有为:《大同书·去形界保独立》,转引自王绯《空前之迹1851—1930:中国妇女思想与文学发展史论》,第156页。

步说:"欲强国必由女学",① 女学盛,则国运盛,故应提倡以培养"上可相夫,下可教子,近可宜家,远可善种"② 为职事的女学,并大力创办女学堂,掀起了晚清的女权运动。

综上所述,优生学因内含了进化主义的进步论、人体医学的科学观、现实危机的时效性和女性解放的迫切性而成为一种混合型的民族国家话语,产生出巨大的社会性组织力量,改变了女性的生存状况、生存质量,重组了社会和家庭生活中的两性关系,为民族新生做出了贡献。

当国家易帜,共和达成,阶段性目标实现后,优生话语的集体性民族冲击力就逐渐衰减了。其表现为二:一是受新文化运动影响,优生学话语在知识普及上主要集中于个体性学知识的启蒙,周作人、周建人、潘光旦等皆宣扬生物学意义上的性知识,使现代个体脱离性学的愚昧。美国节制生育运动的创始人桑格夫人(Mrs. Margaret Sanger)在民国时期曾两度来华宣扬"生育节制",以《妇女杂志》为主的报刊发表了大量与节制生育有关的文章,倡导科学的生育观和节育观。③ 优生学经新文化运动的洗礼已从民族之魅中脱离出来。二是民国期间优生学的医疗行政化实践存在城市与乡村的脱钩,因各种原因,乡村一直未能纳入现代医学的预防与优生体系之中。1920年代后期"废止中医"的医学思潮给传统中医带来重创,传统接生技术被评价为不符合现代医学标准。在城市中,如北京卫生局从1928年开始开办了十班接生婆训练班,④ 对产婆进行科学训练,然后允许其开业。而在乡村实施的医疗行为中,效果并不明显,其中兰安生和陈志潜的模式化探索最有代表性。他们的医疗实验区分别设在京郊和河北定县,并进行了一系列的卫生推广,包括疾病的预防和诊断,但这种社区型的医疗措施一直未能在民国时期向乡村全面辐射。⑤ 在优生问题上,乡村实际上还是传统接生婆担当着重任。

---

① 梁启超:《论女学》,《梁启超全集》,北京出版社,1999,第33页。
② 梁启超:《倡设女学堂启》,《梁启超全集》,第104页。
③ 关于桑格夫人来华传播节制生育的事项,可参见王雪峰《教育转型之镜——20世纪上半叶中国的性教育思想与实践》,"第六章 桑格夫人来华与20世纪上半叶中国的节制生育思潮",社会科学文献出版社,2006,第275~318页。
④ 杨念群:《再造"病人"——中西医冲突下的空间政治(1832—1985)》,中国人民大学出版社,2006,第145页。
⑤ 参见杨念群《再造"病人"——中西医冲突下的空间政治(1832—1985)》,"第五章 乡村医疗革命:社区试验"。

作为乡村人口占大多数的民族国家，20世纪前期现代医疗在乡村的"在地化"一直是国家和医疗工作者的梦想，由于自然条件和生活条件的限制，乡村医疗依然是传统中医、巫医的天下，生育事项也仍然是在中医妇科医生和接生婆的指导和介入下进行，尽管民国时期传统生育方式已被现代医学驳斥。新中国医疗卫生事业的开展却与之不同，不是局部、试验性，而是在政治权力的渗透下向乡村全面铺展。1950年代，国家"开始以'防治'训练的形式把医疗面向工农的原则给意识形态化了"。[1] 其要求不是医疗从业人员的精英化提升，而是针对乡村医疗缺乏的现实训练、改造传统的从业者，或选拔新人成为乡村卫生员，以速成班的方式推行西医的"在地化"，优生优育也如疾病的预防、诊治一样成为神圣的革命工作。考虑到乡村医疗服务事项中妇幼卫生工作占据很大比例，卫生员的选拔便偏向于政治觉悟高的女性，给她们培训科学的医学知识和从医技能。据马瑞龙的规划设计，乡村卫生员的专业训练约六个月，分为两个月的教学和四个月的实习。其中"助产学概要"课时最多，达100学时。但仅仅是卫生员培训还不够，还要向大众积极普及卫生知识，如河北定县利用群众喜闻乐见的民间戏剧形式宣传优生优育，编写了《王二嫂养娃娃》在乡村多次演出，观看人数达到五万人。[2]

1949年之后，中国的优生学呈现迥异于清末和民国的新面孔，把其定位为社会主义优生学看来是比较恰当的。1952年召开的第二届全国卫生会议确定以"工农兵"为服务对象，优生话语与政治话语紧密结合，优生工作即为革命工作。优生工作的政治化赋予了乡村卫生员绝对的医疗权力，传统的妇科医生、巫医、收生婆被视为敌对力量被改造、被打击，借助以预防为主的全民卫生运动，西式妇科医生在乡村站住了脚。

法国"年鉴派"史学家布罗代尔提出对历史要进行"长时段"的考察，这的确方便描述历史行为的来龙去脉，但是"长时段"的构建无疑会遮蔽一些丰富的历史细节，比如，新妇科医生借助社会主义权威与传统收生婆较量时，双方处在一种什么样的境地，当事人有什么样的情感反应，当这些细节被呈现，我们又该如何去看待与评价。

---

[1] 杨念群：《再造"病人"——中西医冲突下的空间政治（1832—1985）》，第362页。
[2] 关于卫生员培训和普及卫生知识的演出，参见杨念群《再造"病人"——中西医冲突下的空间政治（1832—1985）》，"第九章 在政治表象的背后"。

## 二 新法生育与社会主义乡村医疗体制的建构

以国家动员和政治革命的强势力量布置乡村医疗体系，社会主义妇科医生与传统收生婆之间的阵地争夺就成了革命与反革命的搏斗，妇科医生因掌握了政治正确的意识形态话语和新式生育技术而胜券在握，相反，收生婆在面对妇科医生的挑战时则显得极其狼狈、脆弱而不堪一击。这是莫言的长篇小说《蛙》介入新医学话语时的第一个场景，从此以后，小说的主人公姑姑万心在这个胜利的起点上开始了她的乡村行医生涯。

1953年姑姑十六岁时，被挑选去县城学习新法接生，成为乡里的专职接生员。当时乡里的局势，小说中这样说："村民们对新法接生还很抗拒，原因是那些'老娘婆'背后造谣。她们说新法接生出来的孩子会得风症。'老娘婆'为什么造谣？因为一旦新法接生推广，就断了她们的财路。"[①] 接生在乡村一直都是"老娘婆"的事情，如今她们的"生意"被夺，便反戈一击，依靠接生经验带来的威望把新法接生妖魔化。这与19世纪西医传教士初到中国挂牌行医时的遭遇大体上是一样的，被看成是剖腹剜心的恶魔。相应的，在姑姑的叙述中，"老娘婆"也成了杀人不眨眼的巫婆。她们"会把手伸进产道死拉硬拽，她们甚至把胎儿和子宫一起从产道里拖出来"。[②] 这种互相妖魔化的斗争，暗含了两种异质权威对乡村公共空间的观念争夺。

"生产是母亲与其怀孕十月的胎儿分离的过程，在生物现象而言，古今中外大同小异。但环绕此一过程的医疗行为、仪节禁忌和思想观念，却可能因时空文化而有差别。"[③] 其实，双方都是矫枉过正的，"老娘婆"的诋毁毫无道理，而姑姑显然也存在逻辑上以偏概全的失误，即便不了解现代妇科知识，作为有生育经验的"老娘婆"，对产妇的身体状况和胎儿在子宫里的大致情况还是会熟悉的。事实上，姑姑的叔母就是一位相当有经验的"老娘婆"，对孕妇的身体了如指掌，且主张孕妇在正常情况下依靠自己的力量生产，这并不违背现代妇科学，或者说其中也蕴含了科学精神。

---

① 莫言：《蛙》，上海文艺出版社，2009，第11页。
② 莫言：《蛙》，第11页。
③ 李贞德：《汉唐之间医书中的生产之道》，李建民主编《生命与医疗》，中国大百科全书出版社，2005，第56页。

这样说来并非毫无端绪，实乃有迹可循。传统中国本是以农业生活、生产为主，且战事颇多的国家，这些都客观上需要人力的投入和人员的延续，因此宗法伦理制度特别重视家族的繁衍。《礼记》对婚姻的解释即"上以事宗庙，而下以继后世也"。[①] 孟子说过："不孝有三，无后为大。"[②] 家族承传、重视血脉的观念在传统社会成为人生要义，几乎无人敢违背圣训。这些决定了传统社会对生育的高度重视，妇科相应地发展为中医学的一个大类。仅就妇产科来说，就有众多的医论著述阐发生育知识和生育经验，如马王堆汉墓出土的《胎产书》、隋代德贞常的《产经》、唐代王焘的《外台秘要》、北宋杨子建的《十产论》、南宋朱端章的《卫生家宝产科备要》等，大都强调"日满即产""俟时而生"，主张"顺其生理"、辅助生产，并非不问青红皂白地死拉硬拽。接生本是一个历史悠久的职业，发展到南宋时，"妇科成为医学知识的一门专科"，[③] 并在其后获得比较稳定的发展。不能否认漫长的历史时期存在的对医疗生育行为和助产女性的否认和抵制，但"女医及产婆并没有遇到太大困难，便得以继续她们治疗与助产的传统，且一直到帝国晚期"。[④] 这个传统到民国时期在城市遭到系统性破坏，但在乡村仍然顽强地延续着，一直到1949年之后才遭到结构性瓦解。

生育行为在乡村的重新赋权，是新中国成立伊始着重开展的一项国家意义上的政治革命运动。当国家赋予新法接生员以神圣的权力和使命时，妇科医生具有了挑战传统的勇气和力量。姑姑第一次接生的对象是地主陈额的小老婆艾莲，事前陈家请来的是"老娘婆"田桂花，可见人们还是相信"老娘婆"的接生能力。姑姑的初次接生被莫言叙述成惊心动魄、有决定意义的夺权，当她提着药箱冲进厢房，看到田桂花骑跨在艾莲身上卖力地挤压隆起的腹部，听着屋子里充满混杂的喘息和号叫，便"火冒三丈"，把老婆子一把甩到炕下。田桂花头碰在尿罐上，一时血、尿齐流，形象狼狈且猥琐。这显然是对"老娘婆"的一种去势性描写，而姑姑则相反，接生的光环开始向她头上移动。姑姑镇静、严肃，超常发挥，把难产的胎儿

---

[①] 陈澔：《礼记集说》，中国书店，1994，第499页。
[②] 《孟子·离娄上》。
[③] 梁其姿：《前近代中国的女性医疗从业者》，李贞德、梁其姿主编《妇女与社会》，中国大百科全书出版社，2005，第359页。
[④] 梁其姿：《前近代中国的女性医疗从业者》，李贞德、梁其姿主编《妇女与社会》，第374页。

顺利地接引出来。胎儿逆出、晚出均可视为难产，传统中医妇科有诸多验方临场处理，或药物催生，或物理催生，① 田桂花挤压孕妇腹部的行为实乃"热敷按摩"类引产术，只是要看准火候和注意力度。在不使用药物的情况下，对于逆生的胎儿，恐怕也只有按摩以调正胎位为首选了。其实，姑姑使用的也是此方法。尽管姑姑被看作"天才的妇科医生"，但天才之形成必有其合适的生长环境。她的祖父为名医，叔母为"老娘婆"，其出身乃中医世家，自小耳濡目染养成做医生的良好习惯和一般的医疗经验，如果仅仅靠短暂的"新法接生"培训，就能娴熟地处理难产，恐怕勉为其难了。

中医妇科作为一个历史悠久的医学传统，实际上也为新法接生所吸纳。这样，新法接生在与旧法接生的斗争中，以吸取了对方合理经验为我所用的尴尬方式申明了自己的科学性和革命性，相同的手法在不同人身上竟然具有了相反的意义。这并不是接生方法的科学与否的问题，而是采用者被进行了严格的意识形态区分，在阶级观念指引下，"老娘婆"被派定为没落的腐朽阶级，妇科医生则成为无产阶级新生的优秀医生。在这种强势力量的推动下，"老娘婆"所代表的传统中医妇科很快被清扫进无产阶级历史的遗忘谷。事情过后，村支部书记义正词严地发布了如下信息："从今后，家里有生孩子的，都去找万医生！田桂花，你要再敢给人接生，就把你的狗爪子剁了去！"②

任何一种权威的建立都需要有意义的典型事件为其增魅。姑姑第一次接生是与"老娘婆"斗争，第二次则是与迷信思想及其行为斗争。叙述者"我"出生的时候先伸出了腿，这比第一次接生时先伸出手更难以处理。奶奶拿个铜盆又敲又叫，妄图把胎儿惊吓出母体，这当然于事无补，反可能会引来产妇的焦躁。小说省略了姑姑给"我"接生的过程，轻描淡写地一笔嬉笑而过，这反而凸显姑姑新法接生的技艺之高超。两位接受姑姑接生的母亲，以亲历者的身份现身说法，使得姑姑名声大振，"那些'老娘婆'很快就无人问津，成了历史陈迹"。③ 1950年代是社会主义生产和建设大干快上的历史时期，在新法接生技术的推广下，国家鼓励人口的多育、多产，

---

① 关于孕妇难产的中医救治，参见李贞德《汉唐之间医书中的生产之道》第三部分"分娩"，李建民主编《生命与医疗》。
② 莫言：《蛙》，第20页。
③ 莫言：《蛙》，第22页。

以规划社会主义事业的兴旺发达。1963年,生育高峰期来临,在生育政策的物质鼓励下,多生多奖励,正好迎合了传统多生多育的家庭观念,人口于是急剧增长,至1965年,国家迫于压力更改了生育政策,开展第一次计划生育高潮。姑姑一如既往地坚决执行新的方针政策,但她的"活菩萨""送子娘娘"的妇科医生权威形象也随之改变了。

社会主义优生学在观念上本来就是一种混杂的集合型思想,依靠国家意志和科学行为推而广之。在这种观念指导下,乡村医疗体制更改了传统乡村医疗的自治状态,被建构为一种上传下达的、权力型政治化的医疗制度。因此,农民的生育问题就不能是一己的事情,往往会上升为严肃的政治和革命问题,生育的选择权也会被权力部门所提取,并统一规划。1950年代乡村群体性地一致拥护新法接生,取得科学接生的伟大胜利,是因为生育政策吊诡地契合了传统观念,导向了奖励生育一边。但是当政策翻转,导向计划生育一边时,切断了与传统观念的联系,开始面临了巨大的阻力。

作为公社计划生育的实际领导者和组织、实施者,姑姑的权威瞬间为群众抵制的情绪所瓦解。如王脚醉酒后所说:"你们管天管地,还能管着老百姓生孩子?"① 与之前那种前呼后拥的情况大不同的是,人们开始对姑姑有意回避,由热情而冷漠甚至敌视。落下骂名,姑姑那由群众拥戴起来的风光已经不存在了,失去了精神感召力。如若对这种抵制情绪予以分析的话,至少有两个原因可以提出来:一是传统中国的优生观念是鼓励生、反对堕,中医妇科的治疗也是以保胎免堕为准绳。这种观念源远流长一直没有中断,形成荣格所讲的"集体无意识",构成一种较为稳定的民族心理,询唤着民族成员的感情认同。二是社会主义优生学在贯彻"新法接生"时期也是鼓励多生多育,此方针已使得群众对社会主义医疗体制产生新的认同,认为社会主义优生学就是贯彻科学生产,珍视生命。因此,计划生育作为一种逆转,在实施的时候就会困难重重,最后不得不强制执行。在宣传推广阶段分发的避孕器具和药物均不能有效改善生育状况,原因是无人去使用,而绝育方法的使用又不为群众所接受,以致酿成激烈的冲突。

节制生育观念在1920年代就传播到中国,1950年代马寅初亦提出过计划生育,其含义是要有计划地生育,循序渐进,以避免人口暴涨酿成危机。

---

① 莫言:《蛙》,第55页。

这些建设或建议均因为各种原因未能真正贯彻下去，也就不能营造一个感情和观念的缓冲带，致使1970年代末的全民计划生育仓促上马，只能强制执行了。如男性输精管结扎技术的应用，在群众眼中被看作"绝户计"，以致有人发牢骚："妈的，有劁猪的，有阉牛的，有骟骡子骟马的，哪里见过骟人的？我们也不想进皇宫当太监，骟我们干什么？"① 此时，就连物质激励也失去了效应，群众无人主动响应。计生办于是与公安系统联合，以"无产阶级专政"的形式进行革命性结扎，来完成计划生育指标，优生工作也逐渐升级为一项高压任务。

对女性的节育情况，小说把重点放在计划外怀孕的引流上。流产或引产并非传统妇科学的主攻目标，古代称为小产，中医认为"小产重于大产，盖大产如瓜熟自落，小产如生采，断其根蒂，岂不重哉？而人轻忽，死于是者多矣"。② 所以中医妇科极为慎重，用药方针是保胎免堕。万一不保，则侧重于温补来调养孕妇身体，以免落下妇科病症。因此，中医妇科并没有积累下多少专事堕胎的知识和经验，医生也多不为之。对于姑姑来说，来自中医世家的医学熏陶已不能给她提供这方面的经验，引流于她是一项新的技艺。尽管引流有很强的可操作性，但刮宫在20世纪六七十年代还是相当危险的事情。

农妇耿秀莲违反计划生育政策怀孕已有五个月，接近大月份，丈夫张拳因是三代单传，害怕绝户，极力谋划使其出逃。但被姑姑识破，耿秀莲跳河试图游水逃走，与计生办小组在水中周旋，后因体力不支，被拖到船上。由于活动剧烈，致使阴道流血，已现小产的症状，虽然实施了抢救，仍然未能保住性命。第二个死于引流的女性是叙述人"我"的妻子、姑姑的侄媳妇王仁美。王仁美在"我"不知情的情况下，私自取出避孕环怀了第二胎，姑姑动用了各种手段、软硬兼施，动员并说服"我"妻子去医院流产。流产确如姑姑所言是个小手术，一般采用负压吸引术和钳刮术来实施。如胎儿较大，人工负压术难以完全清理子宫内的胎儿组织，则会选用钳刮术，即刮宫，使用医疗器械把胚胎从子宫里刮出来。但是王仁美在手术中出现子宫大出血，即使县医院的急救后援也无济于事。从姑姑满身是血的身上可以看出，这是一个医疗事故，是生命的灾难。

---

① 莫言：《蛙》，第57页。
② 黄自立编《中医百家医论荟萃》，重庆出版社，1988，第704页。

姑姑作为一个妇科医生，无论新法接生还是流产引产，均因各种原因未能进行过系统性的妇科学习和基本的医学学习，非科班出身，她从接生直接转到引流，虽然很自然，但是两种性质完全相反的工作，且引流的手术危险性更大，对医生的要求相应也要更高些，仅仅依靠新法接生时的大胆并不能保证手术的安全。引流作为保障计划生育顺利推行的有效措施，其利弊自然众说纷纭，落实到小说叙述的故事中，产生了悖论性的效果，对姑姑的人生观也造成了巨大的冲击。在法与情系于两端的时候，对人性的考验也最为严酷。在王胆事件中，姑姑终于被王胆一家人为了生个孩子表现的决绝而震动，接引出了一个早产的女婴，王胆因此也付出了生命。

20世纪六七十年代承袭了50年代确立的政治化生活样式并把其推向极端，当时出于优生目的而制定的计划生育政策本身就是一项国家策略，在抵制情绪普遍存在的情况下，行政、法律为其提供了意志性的权力，以控制人口的快速增长。通过上述几个女性引流事例可以看出，在计划生育工作中，对于控制指标的重视远远大于对医疗问题的重视，人流条件简陋且医疗能力较弱，这些决定了高压不能持久，必定会出现反弹。

"文化大革命"结束以后，国家痛定思痛，开始重新规划并制定现代化方案，以改革开放、发展经济来促成社会的繁荣，计划生育又面临了经济的冲击。在生活相对贫困的20世纪六七十年代，罚没财产无疑有着巨大的震慑力，而在经济搞活的新的历史时期，这一举措反而为超生、偷生提供了途径，只要交够罚金，便可以生下孩子，小说叙述的"代孕公司"就是在这样的情势下出现的。"我"在妻子王仁美去世后，娶了姑姑的助手"小狮子"，"小狮子"暗中联系"代孕公司"进行经济交易，让王胆生下的那个早产儿陈眉为其代孕。"小狮子"一直是姑姑坚定的追随者，却也钻计生政策的空子，说明了传统的力量之强大，人性之复杂。原来"不孝有三，无后为大"的观念，仍然在影响着人们的伦理意识。其实当经济基础发生变化了，那种抑制人性的上层建筑也就相应失去了威慑性。新的历史时期是人性复苏并发扬的时代，虽然计划生育仍然在执行，但人们也逐渐认识到了其中不仅有政治，还要有人性。由新法生育而建构起来的社会主义一体化、政治化的医疗体制，也渐渐出现了松动。孩子生下来后，姑姑说："只要出了'锅门'，就是一条生命，他必将成为这个国家的一个合法的公民，并享受这个国家给予儿童的一切福利和权利，如果有麻烦，那是归我们这些让他出世的人来承担的，我们给予他的，除了爱，没有别的。"① 这是非常珍贵的认识，因为它的代价是巨大的。

## 三 优生话语中神与魔的拷问

2012年12月10日，莫言在斯德哥尔摩领受诺贝尔文学奖后，在瑞典文学院发表了《讲故事的人》的演讲。其中谈到他对文学与政治关系的认识，他说只要站在人的立场上，把所有的人当作人来写，也就是关心了政治，但同时又大于政治。大于政治的成分就是文学对于人性的描写，他认为自己对人性有较为深刻的了解，明白人的悲悯情怀和人的矛盾心灵，而这正是小说家得以施展才华的地方，通过文学对人性进行问询。②《蛙》即一部具有这种写作特色的长篇小说。他在演讲中还提到小说中的姑姑，说是"专横、跋扈，有时候简直像个女匪"。说她晚年"因为心灵的巨大痛苦患上了失眠症，身披黑袍，像个幽灵似的在暗夜里游荡"。③ 这说得不过分，符合姑姑的性格。姑姑无疑是一个复杂的人物形象，在她近于专断的行为背后潜藏着曲折的心灵发展轨迹，若简要描述的话，就是灵魂像个钟摆，在神与魔之间摆动。

姑姑由于先天性的红色出身，在重视政治血统的年代，她的人生命运几乎是给定的。姑姑显然是一个红色年代的宠儿，她的人生与革命、政治挂钩既是她的选择，也是时代的选择。十六岁就在镇卫生所行医，正值一个少女的青春花季，处于心理认同的调整期，埃里克森认为："在这一时刻，发展必须向一方或另一方前进，安排生长、恢复和进一步分化的各种资源。"④ 也就是说，处于青春期的少男少女，其原有的心理权威因为身体和心智的发育而渐渐失势，需要新的心理认同来弥补并以此指导新的人生，从而进入成年期。十六岁这年姑姑被派去学习新法接生，此时正是社会主

---

① 莫言：《蛙》，第277页。
② 莫言：《讲故事的人》，参见网易新闻专题"莫言获得2012诺贝尔文学奖"http://news.163.com/special/moyan/。网易视频"莫言瑞典文学院诺贝尔奖演讲全程"http://v.163.com/zixun/V8H4TEU2J/V8H81J5QQ.html。
③ 同上。
④〔美〕埃里克·H.埃里克森：《同一性：青少年与危机》，浙江教育出版社，1998，第17页。

义医疗体制的全面建制期，作为一项神圣的革命工作在全国推行，姑姑的生活和工作都因此充满了社会主义的激情和豪情，常常表露出雷厉风行的一面，完全称得上是一个英姿飒爽的社会主义女英雄。只是这种话语到了民间却被吊诡地置换成了"活菩萨"，这当然有利于她通过优生工作在乡村培养自己的政治威信，通过亲情网络把革命权威转移到自己身上，仿佛她自己与革命合为一体，她就是革命，与她相对抗就是反革命。姑姑的这一认识从青春期心理认同置换以后开始形成，一直到她退休赋闲才有意识地去自我反省。

虽然姑姑是通过邻里乡亲的自觉拥戴而建立起革命权威形象的，但她从不对邻里乡亲动用私人感情，而是把那些违反优生优育行为的乡亲看作革命、专政的对象，这种"无私"的品格和行为是由阶级斗争年代特有的价值观和人生观决定的。姑姑常常把个体的普通生育行为升级为政治行为，当然，她自己也因此被政治包围，个体自我逐渐被政治化的大我侵吞，越到后来越显示出姑姑人格的政治刻板化，小说曾评价说："姑姑对她从事的事业的忠诚，已经到达疯狂的程度。"[1] 由新法接生赢得的神圣便一路蜕化为令人心惊胆战的"妖魔"。

姑姑的人格发展轨迹如果简要描述的话就是：人—神—魔—人，画出了这样一个圆形运行轨道。第一阶段从人到神，前已有述。她在第一次接生的时候，尽管是出于要打开局面不容选择，但她把婴儿取出来时并没有对地主阶级的狗崽子产生厌恶情绪，相反她体验到的是超阶级的人的纯洁的喜悦。这说明从普遍的人的意义上说，生命是等价的。此时她对生命的珍视使她的工作显示了人性的光辉，"活菩萨""送子娘娘"这些民间对女性最高的敬畏性称呼也只有在这里才显示出巨大的意义与价值。

第二阶段从神到魔的人格发展，无疑与她的个人经历有关。1960年姑姑正憧憬着与飞行员王小倜结成革命伴侣，不料王小倜却驾着飞机"叛逃"到台湾了，这个沉重的打击讽刺性地埋葬了她对爱情和婚姻的革命性想象，在感情方面从此把自己封闭了起来。王小倜事件消耗尽了她对待人事的热情，她因而变得冷漠和严酷。如果审视一下两个人的恋爱情景，从"看电影"以及"叛逃"后姑姑的叙述中可以看出，他们对恋爱的认识和他们恋爱中的行为，彼此之间存在错位，王小倜期望的是具有"小资产阶

---

[1] 莫言：《蛙》，第160页。

级情调"的恋爱情境，姑姑则是把恋爱政治化、革命化，这两种愿景在那个年代其实是互相冲突的，且不说哪种愿景具有当年的政治正确性，只看当事人的交往过程，这是恋爱遽然中断的根本原因。后来查到王小倜的日记，里面称姑姑为"红色木头"，尽管按照古老的观念祸福有时候会向它的反面转化，但其中蕴含的观念上的冲突以及政治性的讽刺是很耐人寻味的。

王小倜事件后的1963年，由于新法接生的婴儿高存活性和政府的激励政策，新中国迎来第一个生育高峰，紧接着在全国范围内开展了声势浩大的计划生育运动。姑姑被组织上要求放下思想包袱，以工作来向党和人民表示忠诚，这等于说给了她第二次政治生命，感情和人性这些资产阶级情调便主动被她完全抛在了脑后，她把自己变成了一个以工作成绩来显示存在价值的政治机器。姑姑人性的异化还和她与县委书记杨林的关系被污蔑有关，杨林在批斗大会上屈服于暴力被迫承认与姑姑有数不清次数的男女私通，令她彻底绝望，以至于到了暮年还保持着孤独阴郁的老处女姿态。小说写姑姑想尽办法威逼王仁美流产时，"我"的岳父称姑姑为"妖魔"，岳母说："她自己不能生，看着别人生就生气，嫉妒。"[1] 岳母此话并不是往姑姑身上泼污水，而是有一定道理。这可以从两个角度解释，一是姑姑经过两次感情上的政治挫伤，以压抑个体欲望为代价获得政治上的清白与忠诚，她越压抑个体的自然欲望，就越狂热地扑在工作上证明自己的正确性和个人的清白。这种心理学上的压抑转换机制形成了姑姑个人欲望的政治性升华，借助优生优育工作平衡心理上的落差并从工作中获得政治性的快感。性的缺失被政治快感所弥补，所以她会不遗余力地把工作政治化，从而异化为一台冷冰冰的政治机器。二是姑姑的行为明显受到"怨羡情结"的制导。对这种心理性行为，王一川曾作过出色的解析，他说："羡慕是对于具体人或物的一种内心艳羡和仰慕态度，它唤起人的想象、幻想及仿效冲动；而怨恨则是一种对于具体人或物的内心抱怨和仇恨态度，它激发嫉妒、报复或复仇冲动。人们总是热切地羡慕着某种比自己优越或高级的人或物，由于客观条件的局限，愈是羡慕却愈增怨恨，而愈是怨恨又愈增羡慕，从而导致一种羡慕和怨恨相互循环和共生、相互冲突又调和的复杂状态。这就是怨羡情结。怨羡情结是人内心深处的一种怨恨与羡慕相

---

[1] 莫言：《蛙》，第126页。

交织的深层体验状态。"① 岳母的判断符合这种心理分析。姑姑有感情和婚姻受阻的事实，虽然她能把自己变成一个政治人，但工作只能转移不能代替人生缺失，缺失仍然存在。并且她从事的计划生育工作，时时会触动她对家庭以及做母亲的敏感心态，羡慕作为人的常态心理应该是存在的。人若常常处于羡慕的状态，受到某种情境的深度刺激，心理便会受到牵引，要么正面努力去实现，要么以反常的方式来平复。怨羡情结的进一步发展会导向由羡慕而来的嫉妒，如果不加以调控，嫉妒很容易滑向怨恨和报复，以消灭引发羡慕的情景，获得毁灭性的心理平复。姑姑在计划生育工作中每次都会不遗余力地强制孕妇引产或流产，不惜动用武力，即使是侄媳妇也不能豁免，这里面除了政治的因素外，心理上的因素也不容忽视，或者说是以政治正确的名义来消除自己内心的紧张和冲突也未可知。

  第三阶段是由魔向人的回归。姑姑领着武装部的人要强行把侄媳妇王仁美带走，岳父家无人响应，姑姑说如果顽抗到底，"我们用拖拉机，先把你娘家四邻的房子拉倒，然后再把你娘家的房子拉倒。邻居家的一切损失，均由你爹负责"。② 于是，耕田运输用的拖拉机被拿来作为威慑四邻的有力工具，把邻居家的老槐树连根拔起。小说对此有连续性描述：先是大树倾斜，发出痛苦的咯咯吱吱的声音；继而大树的根从地下露出来，好多条大蟒蛇一样的根系被拖了出来；最后的情景是地面上留下一个大坑，坑里留着许多被拽断的树根。老槐树的根系被拔出，这棵大树将不能再存活。这一举动拔出的不仅仅是老槐树的根，也把乡里乡亲心中的乡情之根拔了出来。姑姑的众叛亲离把她自己推向了一个人性的绝境，岳母骂她是"没了人味儿的魔鬼"，意思是她什么样的事情都可以做得出来。

  从宗教的角度说，人做错事、恶事并不可怕，可怕的是人一直作恶而不悔悟。人心中的恶只有通过善来改变，而善的心理复归往往依靠特别事件的触发，前述王胆一家拼命保护胎儿的举动，无疑使姑姑冰封的人性开始裂解，她帮助王胆把孩子生了下来。

  时光飞逝，时代巨轮终于找准了航道，风驰电掣地前行。姑姑半生在风口浪尖上被大浪冲击得心灵上伤痕累累，终于从岗位上退下来要安度晚年了。但不幸得很，她无法安度晚年。她被青蛙的鸣叫围困，她幻听、幻

---

① 王一川：《探索人的隐秘心灵——读铁凝的长篇小说〈大浴女〉》，《文学评论》2000 年第 6 期。
② 莫言：《蛙》，第 127 页。

视，眼前积满了曾经被她亲手结束生命的婴儿，她产生了空前的负罪感，灵魂无法安宁。她于是选择和泥塑艺人郝大手结婚，郝是手制泥娃娃的大师，其作品栩栩如生，仿佛具有了灵魂。姑姑把泥娃娃供奉起来，以此来祭奠那些尚未出世的生命，并通过这种方式为自己过去的行为忏悔、赎罪。她找到了去除恶、表达善的心灵途径，心灵得到了净化。

  其实政治并不是要消泯人性，而是要丰富人性的。但是当一个时代对于政治的理解狭隘化的时候，人性就会受到伤害，甚至被践踏。从人性的层面看，姑姑叱咤风云的一生其实很苍白、很可怜。所幸姑姑最终意识到了自己的人性之罪，在高贵的人性面前解剖了自己的灵魂。正是基于这样的忏悔，审视姑姑的一生，叙述者"我"才没有抱怨姑姑，那些悲剧已成历史。而对于历史行为的理解，叙述者"我"在给杉谷义人的信中作了富有深意的阐发："如果人人都能清醒地反省历史、反省自我，人类就可以避免许许多多的愚蠢行为。"[①] 在反思中正视历史，不溢美、不隐恶，正是《蛙》所体现的现实主义精神。

---

①  莫言：《蛙》，第78页。

# 论文化记忆-文化想象的"共生环"
——基于南京民歌、"新民歌"的研究

徐一超[*]

**摘要**：（南京地区）传统民歌与大跃进民歌的关联及其变迁史可以反映文化赓续过程中文化记忆、文化想象这两个维度，以及二者间依凭、交互的"共生"关系。大跃进民歌的乌托邦想象由低到高地构建起从"自然、超自然"到"人造物、人"再到"意识形态话语"的价值序列，然而这一现代性想象却反讽地依靠那些被改造、被克服的故往的记忆资源进行表征和言说。流变中的民歌《茉莉花》负载着不同时代的文化想象，它们在后继时代成为特定的文化记忆，并与此前的记忆经验"层累"在一起。文化记忆能为特定历史情境中的文化想象提供经验性资源与非自觉的表征形式，特定时期的文化想象又可以"层累"性地转化为此后的文化记忆，甚至选择性地凸显或建构故往的记忆经验，二者间的这种动态关系可以被形象化为一个"共生环"。

**关键词**：文化记忆  文化想象  "共生环"  南京民歌  新民歌运动

**Abstract**: The connection between the traditional folk songs and New Folk Song in Nanjing, as well as their evolutionary history, demonstrates the two dimensions of cultural memory and cultural imagination in the process of cultural inheritance, together with the interdependent and interactive

---

[*] 徐一超，复旦大学中文系硕士研究生；本文为南京大学人文社会科学高级研究院"南京城市记忆研究"课题成果之一。

relationship between them. The utopian imagination in the New Folk Song during the Great Leap Forward period constructs a hierarchical value sequence, in which the modern imaginations are involuntarily and ironically represented by the pre-modern memory to be reformed. The evolutionary folk song, *Jasmine Flower*, carries diverse cultural imaginations of different times, which turn to be particular memory in later ages and exemplify the mechanism of Stratum Accumulation. The abstract relationship between cultural memory and cultural imagination can be visualized as a Symbiosis Circle.

**Keywords**: cultural memory　cultural imagination　Symbiosis Circle　folk songs in Nanjing　New Folk Song Movement

与个体性、书面化的文艺形式相比，民歌这一文化样态呈现鲜明的群体性、开放性，是民众文化经验与创作想象的长期积淀与表达，足可成为透视地方文化特征的"棱镜"。《茉莉花》这样的民歌更是在文化承续过程中逐渐由边缘走向中心，由地方走向世界，透露出值得关注的信息。

1958年，全国各地陆续掀起大跃进民歌运动的高潮，这些"和旧民歌迥然不同"，"不再是劳动人民被剥削的痛苦生活的反映，也不再是小生产者的自给自足的生活、心理和习惯的反映"的民歌创作被称作"新民歌"，[①]可谓民歌这一文艺样式的某种"异态"甚至"伪体"。不可否认的是，虽然"新民歌"的"民歌性"值得质疑，但二者之间无疑存在关联研究的空间。"新民歌"不仅如其宣言者所称的那样，在形式上对传统民歌进行了"有意识"的借鉴，而且保留并表征着颇可玩味的"无意识"的民间经验。

本文试图在对南京地区传统民歌与大跃进民歌进行关联研究的基础上，指出人类文化赓续过程的两个维度——文化记忆与文化想象，进而探究二者间依凭、交互的"共生"关系。这里关注的"记忆"与"想象"并非停留于文艺创作者的个体层面，而是指集体、"大众"的文化心理机制。"共生"（symbiosis）是借取自生物学的概念，意在突出二者通过互相作用达到的协和共存的动态平衡状态。为了直观、形象地标示这种双向的依凭、交互关系，本文在语言阐释之外还试图呈现一个视像化的环形图式——"共生环"。仅选取南京地区的民歌、"新民歌"是为了收束研究对象的范围，

---

[①]　周扬：《新民歌开拓了诗歌的新道路》，《红旗》1958 年第 1 期。

便于材料的搜集与分析，而非着意研究地域文化特色，通过南京一地或可管窥全局。此外，由于专业知识的限制，本文的分析主要基于"词"，基本不涉及"曲"。

## 一 "新民歌"：乌托邦想象及其价值序列

想象将文艺创作从现实中拔擢出来，是其生生不息的动力。如果说"民歌因为它的自然文化基础，始终建立在集体性的想象和幻想的基础之上"[①]，那么大跃进民歌更是充满了对美好现实和未来的"狂想"："新民歌充满了这类大胆的幻想……作者们的想象力象脱缰之马一样地自由驰骋。"[②]不过在"新民歌"构筑的想象的乌托邦中，依旧和现实一样存在等级的划分及其价值序列。

在当时，"红太阳"是人们心中"伟大领袖"的象征，但"新民歌"中的太阳被唱成了"懒虫""懒蛋"。比如，"太阳出山脸通红，/笑你是个大懒虫；/我们割麦一大片，/你才慢慢露尊荣。//太阳落山一溜烟，/笑你是个大懒蛋；/我们栽秧正起劲，/你就做梦回西天"（《太阳是个大懒虫》）[③]。在勤奋劳作的劳动人民面前，不只是太阳，一切自然物都显得怠惰、卑小。比如，"太阳西山去睡觉，/对着月亮我发笑；/今晚我们上工早，/你为什么又迟到"（《从早唱到太阳落》）[④]；"姑娘抡起开山锄，/荒山吓得缩一半"（《姑娘抡起开山锄》）[⑤]。

自然与自然物不仅在人的面前"低头"，甚至在人造物前也相形见绌。钢铁是当时人们"膜拜"的人造物："钢铁堆成山，/压坍地来戳破天；/珠穆朗玛扭转了脸，/再也不敢——/不敢称作最高的山。/钢铁比花美，/赤枝红叶闪光辉；/羞得牡丹低下了头，/再也不配——/不配称作花中魁。"（《钢铁堆成山》）[⑥]珠穆朗玛"扭转了脸"，牡丹"低下了头"——自然物

---

[①] 王杰：《民歌与当代大众文化——全球化语境中民族文化认同的危机及其重构》，《广西民族大学学报（哲学社会科学版）》2006 年第 6 期。
[②] 周扬：《新民歌开拓了诗歌的新道路》，《红旗》1958 年第 1 期。
[③] 中共南京市委宣传部编《南京民歌选》，南京人民出版社，1958，第 71 页。
[④] 中共南京市委宣传部编《南京民歌选》，第 11 页。
[⑤] 中共南京市委宣传部编《南京民歌选》，第 70 页。
[⑥] 中共南京市委宣传部编《南京民歌选》，第 38 页。

中的魁首在钢铁这一人造物的代表前都"无颜以对"。不仅如此，这些自然物还能被利用、被转化，经"改造"成为合乎理想、满足需求的人造物："摘下白云纺棉纱，／摘下太阳来发电，／摘下银河灌田地，／摘下明月当刀片。／天上的东西搬下地，／地上的指标送上天！"①（《摘下白云纺棉纱》）在"摘"的动作之后，这些人世本不可及的自然物都成为为了追求"指标"而使役的对象。

这一切正是这场文艺"大跃进"运动的发起者、拥护者所希望看到的："今天《人民日报》上登的，'让高山低头，河水让路'，我看这个话很好：高山嘛，我们要你低头，你还敢不低头；河水嘛，我们要你让路，你还敢不让路。"② 在革命与建设的理想价值序列中，人们"不再在盲目的自然力面前屈居奴隶的地位，而要做自然界的主人，向自然发号施令了"，"新民歌"中也就高扬着"改造世界、征服自然的雄伟决心"。③ 而这种征服一切、冲决一切的决心与勇气绝不仅仅指向自然界与现实世界，还指向精神界甚至不可及的"彼岸"——人们要"摔掉压在他们头脑上的一切旧东西"，"不再迷信鬼和神"。④

因此，那些超自然的"怪力乱神"在"新民歌"的想象世界中也位居人与人造物之下：面对"铁水奔流似海潮，／高炉火焰冲九霄"的炼钢热潮，"玉皇一看事不好，／再不搬家命难逃"（《高炉火焰冲九霄》）⑤；建设中"人多力量胜似天"，足以"气死龙王老滑头"（《句句唱的毛主席》）⑥；在"大炼钢铁"的鼓舞下，"铁"比"金"贵，"铁牛"比"金龙"贵，因而"咱们都是降龙将，／要使金龙变铁牛"（《共产主义在前头》）⑦。在"新民歌"构建的价值序列中，"玉皇""龙王"这些影响深久的民间信仰对象都"跌落"了，但这正是这场运动希望展现的"破旧立新"的效果。

那么，高蹈于自然与超自然之上的人和人造物之间又是否有高下之别？"新民歌"唱道："上校为何跑得那样快？／是长征炼就的一双铁腿。／上校

---

① 中共南京市委宣传部编《南京民歌选》，第58页。
② 李锐：《全面发动"大跃进"的八大二次会议》，收于《"大跃进"亲历记》，上海远东出版社，1996，第292~293页。
③ 周扬：《新民歌开拓了诗歌的新道路》，《红旗》1958年第1期。
④ 周扬：《新民歌开拓了诗歌的新道路》，《红旗》1958年第1期。
⑤ 中共南京市委宣传部编《南京民歌选》，第42页。
⑥ 中共南京市委宣传部编《南京民歌选》，第23页。
⑦ 中共南京市委宣传部编《南京民歌选》，第46页。

为何挑得那样满？／是南泥湾造成的一副铁肩"（《上校》）①；还有人唱道："我的年纪虽然大，／骨如钢铁筋如铜。"（《看我大妈中不中》）②"铁腿""铁肩""骨如钢铁筋如铜"——它们将无机性的矿物（"崇拜物"）与有机性的肉身相组合，意在表达后者具有前者一般的坚硬属性。更有作者写道："钢铁虽硬不算硬，／英雄的手臂赛过钢"（《打铁谣》）③，径直将"肉体凡胎"置于"钢铁"之上，将人的主体性与能动力推向顶点：人造物终究也是人造的，作为主体的人不仅可以获得生产对象的属性，甚至能够超越它。

在"新民歌"的乌托邦想象中，是否还有什么高于发扬蹈厉的"人"呢？不论人具有多强的征服力与改造力，他们也都是为这个乌托邦世界的价值理想服务的，而"总路线"等意识形态话语就是这种理想的象征符号，因而人们唱道："总路线是动员令，／全国人民齐响应；／多快好省搞生产，／掀起技术大革命。"（《东方巨龙上九重》）④ 阿尔都塞曾指出，意识形态表述的"不是主宰着个人生存的实在关系的体系，而是这些个人同自己身处其中的实在关系所建立的想象的关系"⑤，"新民歌"中的意识形态话语正代表着某种"想象性的"最高价值，同时也引导、示范着人们对于自身与现实世界关系的想象。

由此，我们可以根据由低到高的秩序，排定大跃进民歌构建起的一个价值序列：

自然——超自然（神异、传说）——人造物——人（肉身、意志）——意识形态话语

在这一序列中，低等级的自然（自然物）往往是吸纳性的，它们是被冲击、被补济的对象；与之相对，位处较高等级的对象似乎积蓄着丰沛的"能量"，呈现某种释放性、外向性，常常是"流溢"的意象：在劳动中，"块块秧田喝参汤"（《块块禾苗喝参汤》）、"群众干劲冲破天"（《展开钢铁

---

① 中共南京市委宣传部编《南京民歌选》，第68页。
② 中共南京市委宣传部编《南京民歌选》，第73~74页。
③ 中共南京市委宣传部编《南京民歌选》，第12页。
④ 中共南京市委宣传部编《南京民歌选》，第1页。
⑤ 〔法〕阿尔都塞：《哲学与政治：阿尔都塞读本》，陈越编译，吉林人民出版社，2003，第355页。

突击战》)①，田地要被人力所补给，苍天则会被劳动者的能动力所冲破；炼钢时，"滚滚铁水往外流"（《共产主义在前头》）、"军令一声喷出钢"（《突击建炉》），钢铁工人则是"脸上露笑容，/汗珠满身淌"（《钢铁战士》），②人与人造物都向外部世界喷薄、流淌着能量与力量。至于"伟大的总路线"，则更是"日夜里亮堂堂"，作为放射性的光源为世间带来光明与希望，甚至令日月星辰都"发慌"："照到天涯海角，/照亮人们思想；/照得星星脸红，/照得日月发慌。/日月星齐声赞叹，/总路线确比咱强。"（《总路线赛三光》）③ 因此，"新民歌"乌托邦想象的价值序列不是静态的，不同等级的对象间存在着主动—被动、"施事"—"受事"的动作关联，整个序列呈现了高位—低位、补给—被补给的势能差异与内在动势。

## 二 "钢铁花"：现代性想象中的非现代性记忆

新民歌运动的社会想象其实是在构筑一个现代性的乌托邦。这场文艺"大跃进"运动发生的背景是整个社会大步伐的现代化建设，是"要又多、又快、又好、又省地发展自己的事业"④。"多快好省"凸显了这一追求现代工业文明的进程中对于效率的极度推重，人们要高效地改造农业文明的"传统"、改造"民间"、改造"前现代"，为旧世界"除魅"。这一切，恰恰如韦伯所言，体现了作为主体的人的地位与价值（"只要人们想知道，他任何时候都能够知道"），自然和超自然力量的贬值（"从原则上说，再也没有什么神秘莫测、无法计算的力量在起作用"），以及对指标、数据、效率的崇拜（"人们可以通过计算掌握一切"）。⑤ 在此背景下，新民歌运动可以被视作这一社会变革在文艺形式上的表征，但它同时也能对社会变革产生反向的作用力——"新民歌"的乌托邦想象也就是在"传统""民间""前现代"与"现代性"遭逢之际进行的一种"应变"与"动员"。

然而，在这种改造—被改造的关系中，存在某些不容忽视的反讽性元

---

① 中共南京市委宣传部编《南京民歌选》，第122、27页。
② 中共南京市委宣传部编《南京民歌选》，第46、49、25页。
③ 中共南京市委宣传部编《南京民歌选》，第3~4页。
④ 《为全面地提早完成和超额完成五年计划而奋斗（元旦社论）》，《人民日报》1956年1月1日，第1版。
⑤ 〔德〕韦伯：《学术与政治：韦伯的两篇演说》，冯克利译，三联书店，2005，第29页。

素,"新民歌"中频繁出现的意象——"钢铁花"——就是其中的代表,譬如"穿过炉中熊熊火,/巧手绣出钢铁花","学习总路线劲更大,/要使钢铁大开花"(《巧手绣出钢铁花》)[1],又如"东风吹得百花鲜,/钢铁花开独占先"(《钢铁花开独占先》)[2],"滁河两岸铁花开,/风吹雨打永不败"(《滁河两岸铁花开》)[3]。这类"钢铁"与"花"的组合意味深长:一如"铁腿""铁肩",它们将无机性的生产对象与有机的生命体相结合;如果说"铁腿""铁肩"的组合意在赋予生命体以无机物一般的坚固属性,那么"钢铁花"则是要将有机的生命属性"让渡"给"铁板一块"的生产对象。"钢铁火花永不败"(《钢铁火花开不败》)[4]的歌咏正是要表明:生产大潮中的工业产品也能像鲜花一般富于有机的增生性,能够生机勃勃、欣欣向荣、长开不败。异质性语素的组合不仅传达出这种预期的意义,还产生了审美张力,同时负载着积淀已久的文化记忆。

"钢铁花"的修辞之所以具有良好的表意效果,是因为"花"意象的文化意蕴及其对"钢铁"的"濡染"。"桃之夭夭,灼灼其华"(《诗经·桃夭》),在传统的民间文化经验中,"花"大都象征着生机、繁荣、美好、幸福、未来等,不同种类的花更是有着更为具体的象征内涵。作为起兴、比喻等的重要意象,"花"在传统民歌中相当密集地出现,各类鲜花可谓"争奇斗艳":"隔河看见牡丹开,牡丹花开红艾艾"(《隔河看见牡丹开》)[5],"黄瓜开花黄拉拉/秋藤开花一溜边/五月栀子香十里/八月桂花香上天"(《黄瓜开花》)[6];搜集于南京市鼓楼区的《十二月花名节气歌》更是将各色花卉与十二个月份相对应,融入日常生活的场景,从正月咏唱到腊月[7]。正如学者所言,人们根据花的形态、色彩赋予其各种情感、想象,"经过长期的积淀,这种语言被固定下来,成为人们共同理解的识标",民歌中这种"通过花来说话,借以沟通人与人之间的情感和心灵,达到一种默契"的文艺表现机制就是长时性的文化经验与记忆中孕生的

---

[1] 中共南京市委宣传部编《南京民歌选》,第36页。
[2] 中共南京市委宣传部编《南京民歌选》,第51页。
[3] 中共南京市委宣传部编《南京民歌选》,第29页。
[4] 中共南京市委宣传部编《南京民歌选》,第33页。
[5] 南京民间文学三套集成编委会编《南京歌谣谚语》,姚鸣凤、陈秉坤主编,江苏古籍出版社,1990,第34页。
[6] 谢发宝采集、编著《南京西善民歌集》,南京出版社,2009,第72页。
[7] 见南京民间文学三套集成编委会编《南京歌谣谚语》,第144~146页。

"花的语言"。①

然而,这种自然、民间、传统、前现代的记忆意象不正是"新民歌"及其想象的乌托邦所要征服和改造的对象吗?"钢铁"是现代性乌托邦的崇拜物,它在价值序列中处于高位,"花"则是低等级的自然物,但这能量充盈、喷涌流溢的工业产品依旧需要倚赖被补济的自然物去形容、去修饰,如此方能使其"能量"被更好地表征出来。如果说"钢铁"代表变革之际的乌托邦想象,"花"代表积累已久的记忆经验,那么这在时间向度上具有差异性的二者绝非截然分开,而是存在纠结共生的绵密关联,反讽意味也就在这里产生:前指性的现代性想象恰恰需要依靠它所要改造、克服的故往的记忆资源进行表征和言说;作为经验积淀的、相对稳固的文化记忆,为变动之际用于"应变"的文化想象提供着表征形式甚至主体体验上的必要资源。

"花"对"钢铁"的这种修饰作用在很大程度上并非源自"新民歌"创作者对传统民歌"有意识"的学习、借鉴,而更近于某种"无意识"的存留和渗透。弗洛伊德曾经指出,"成为意识的和留下一个记忆痕迹",是"在同一个系统中互不相容的过程","兴奋过程在意识系统中成为意识的,但没有留下持久的痕迹"②。这是说,对于个体而言,有意识的思维活动往往不能留下足够持久的记忆印痕,而那些深刻的记忆常常是无意识的存留。这正是普鲁斯特区分的"非自觉性记忆"(mémoire involuntaire)与"自觉性追忆"(mémoire volontaire)③。在某种意义上,前者的功能是保护印象,本质上是保守性的,后者则会瓦解记忆的痕迹,具有破坏性。④ 在普鲁斯特看来,一些场景、姿势能够避开意识的控制,承载并唤起往昔的记忆,而这恰恰是最真切的记忆经验。如此看来,"钢铁花"正渗透着不曾断裂的"非自觉性"的文化经验,这些需要被改造的民间资源在改造者话语中的留

---

① 徐华龙:《花——吴歌研究之一》,收于高燮初主编《吴文化资源研究与开发》,同济大学出版社,1997,第415~416页。
② [奥]弗洛伊德:《超越快乐原则》,杨韶刚译,收于车文博主编《弗洛伊德文集》(6),长春出版社,2004,第20页。
③ 也有学者将这两个概念分别译作"非意愿性记忆""意愿性记忆","不由自主的记忆""有意的追忆",可参看[德]本雅明《巴黎,19世纪的首都》,刘北成译,上海人民出版社,2006,第186页,脚注①。
④ Walter Benjamin, *Illuminations*, ed. Hannah Arendt, trans. Harry Zohn, New York: Schocken Books, 1968, p. 160.

存和作用，恰恰证明和凸显了"文化记忆"的真正内涵——它们顽固、执拗，在历史的浪潮和夹缝中生存，绵绵不息。

事实上，除却"花"以外，"新民歌"的现代性想象中还呈现许多类似的非现代性记忆。与"花"相似，"芽""苗"也是象征延续性和发展前景的有机记忆意象，因而有了"矿苗"这样的新组合。① 有的作品甚至将"墙头诗"作为一个有机的生命体，描摹其发芽、开花、结果的过程。② 只要有宣扬"生机"、潜能的需要，这类表征形式修饰的现代性意象足以从"钢铁"拓展到价值序列中位处自然、超自然之上的各个层次③，直至最高等级的意识形态话语："共产主义发了芽，/眼看就要鲜花放"（《共产主义发了芽》），"祖国到处鲜花开，/总路线花儿永不败"（《红旗招展幸福来》）。④

除此之外，农业社会的乡土物象也被用来形容工业建设：工厂中的订书机"好象鸡子啄小米（《订书机》）"⑤，交通网、广播网则"密密麻麻象蛛网"（《登上幸福梯》）⑥。同样可以划归为非现代性意象的神异、传说、信仰民俗等超自然对象，也被广泛"征用"，用以表征这个现代化的世界，譬如将炼钢炉比作罗汉⑦，将采石工比作孙悟空⑧，将人民公社比作聚宝盆⑨，称劳动者"个个是神仙""好似金刚屹东方""炼成斩妖降魔剑"⑩。所有这些在价值序列中被贬抑的对象，却大都具有极强的"表征能

---

① "谁说江苏矿物少，/漫山遍野冒矿苗，/众人动手天地摇，/山开花来石头笑。"（《山开花来石头笑》）见中共南京市委宣传部编《南京民歌选》，第52页。
② 原诗为："墙头诗，到处爬，/村前院后满开花，/有心摘下'花'儿担，/插在人们心底下。/采几笋，送社员，/摘几朵，留自家。/今朝插下就发芽，/明晨结果又开花；/田园、村落春常在，/男女老少笑哈哈。/哎，四十条要提前实现啦！"（《歌唱墙头诗》）见中共南京市委宣传部编《南京民歌选》，第79页。
③ 比如"小高炉，是朵花，/全国人民培植它"（《聚宝盆》），"技术花朵开遍地"（《土专家》）等。分别见中共南京市委宣传部编《南京民歌选》，第31、34页。
④ 中共南京市委宣传部编《南京民歌选》，第87、21页。
⑤ 中共南京市委宣传部编《南京民歌选》，第65页。
⑥ 中共南京市委宣传部编《南京民歌选》，第90页。
⑦ "大肚'罗汉'排排立，/军令一声喷出钢。"（《突击建炉》）见中共南京市委宣传部编《南京民歌选》，第49页。
⑧ "采石工，/象个'孙悟空'，/钢钎一挥，/巨石倒栽葱！"（《采石工》）见中共南京市委宣传部编《南京民歌选》，第48页。
⑨ "人民公社是聚宝盆，/社员要比孔明能。"（《人民公社是聚宝盆》）见中共南京市委宣传部编《南京民歌选》，第88页。
⑩ 分别见中共南京市委宣传部编《南京民歌选》，第88、144、50页。

力"——"现代性"似乎要依靠"非现代性"来言说。

如果仿照先前排布价值序列的做法列出一个"表征能力"的序列,那它一定与价值序列相反:在"新民歌"乌托邦想象的价值序列中处于高位、积蓄"势能"的物象,在话语陈述和动员的"表征能力"上恰恰处于弱势;而那些在价值序列中处于低位的对象,恰恰会在新的想象话语中被反复"征用",体现文化记忆与经验资源在"应变"过程中通过文化想象这一中介所可能释放出的"潜能"。

## 三 《茉莉花》:文化想象与"层累"的文化记忆

在上文的分析中,"钢铁花"等意象集中体现了作为经验资源的文化记忆能够对特定时代的文化想象产生的重要影响。然而这场大胆"狂想"的文艺"大跃进"运动并没有持续很久,而是随着生产大跃进的问题暴露与反思很快落潮。时至今日,新民歌运动和那个时代的许多事件一起,都成为遥远的历史记忆;而由于它们的种种"历史局限性",我们总想与它们保持距离、划出界线。但是就像"新民歌"的现代性想象及其表征形式和它们所要改造的前现代对象之间纠结共生的复杂关系一样,今天的人们同样无法摆脱"新民歌"以及那个时代的文化记忆的渗透与影响。

如若细细考究"花"这一文化意象,可以发现它既保存着历史上长久以来积淀的民间性、传统性意涵,又负载了革命、建设年代中的生产所赋予的政治话语意味。这些不同年代的文化记忆积淀在一起,共同提供着后人想象世界的资源,"花"也就是今天的国人,而且是主流、官方话语表达愿景、想象美好未来的重要表征方式。2010年,在南京市六合区政府的支持下,《茉莉飘香:六合民歌集》结集出版。前线歌舞团原团长,曾在六合地区搜集、加工民歌《鲜花调》的何仿为之作序,仍以"花"为喻:"《鲜花调》仅仅是六合民间文化大花园中小小的一朵,相信会有更多的六合民歌经整理加工后会重新焕发青春,在人间传唱!发散出沁人心脾的芬芳!"[①]"花"的修辞通过文化记忆代代赓续,既传达着人们对未来的美好想象,也洋溢着过去的时代气息。

---

① 金安凡主编《茉莉飘香:六合民歌集》,南京出版社,2010,序二。

《鲜花调》是享誉世界的中国民歌《茉莉花》①的"前身",而这首被誉为"中国第二国歌"的《茉莉花》有着一段变迁史,也就是一段关乎不同时代文化想象的"记忆史"。据学者考察,《茉莉花》的歌词记载最早可以追溯到清代乾隆年间出版的戏曲剧本集《缀白裘》,其较早的曲谱记录则见于道光年间所出《小慧集》中的《鲜花调》。②这首《鲜花调》的歌词是:

　　1. 好一朵鲜花,好一朵鲜花,飘来飘去落在我的家。我本待不出门,就把那鲜花儿采。
　　2. 好一朵茉莉花,好一朵茉莉花,满园花开怎及得他。我本待采一朵戴,又恐管花人来骂。③

　　民歌《鲜花调》在各地流传,其间也产生了各种民众"再创作"之后的变体。1942年,年仅14岁的新四军战士何仿跟随部队到六合金牛山地区开展反扫荡宣传,他从民间艺人口中搜集到了这一歌词版本的《茉莉花》:

　　1. 好一朵茉莉花,好一朵茉莉花,满园花草香也香不过它。奴有心采一朵戴,又怕来年不发芽。
　　2. 好一朵金银花,好一朵金银花,金银花开好比勾儿牙。奴有心采一朵戴,看花的人儿将奴骂。
　　3. 好一朵玫瑰花,好一朵玫瑰花,玫瑰花开碗呀碗口大。奴有心采一朵戴,又怕刺儿把手扎。④

　　与最初书面记载的《鲜花调》歌词相比,经过民间"活态"承传的

---

① 对民歌《茉莉花》地域归属的争论颇多,但何仿曾在如今隶属于南京市的六合地区采录民歌、整理改编,使之成为后来闻名国内外的《茉莉花》,这是不争的事实。因而本文将其纳入"南京民歌"的研究范围。此外,民歌《茉莉花》的版本十分复杂,本文又并非旨在梳理、考辨,因而下文仅选取数个与论述相关的"关节点"加以呈现,无意"求全"。
② 钱仁康:《流传到海外的第一首中国民歌——〈茉莉花〉》,收于钱亦平编《钱仁康音乐文选》(上),上海音乐出版社,1997,第181页。
③ 中国民间歌曲集成编辑委员会编《中国民间歌曲集成·江苏卷》下册,中国ISBN中心,1998,第721页。
④ 中国民间歌曲集成编辑委员会编《中国民间歌曲集成·江苏卷》下册,第727页。

《茉莉花》以不同种类的"鲜花"进行了更为充分的艺术演绎，保留甚至强化了民歌清新婉转的词作风格。1957年，已经在前线歌舞团工作的何仿为了在进京的汇报演出中展现"民族风格和地区特色"，在编排节目时选取昔日采录的《茉莉花》作为江苏民歌的代表。不过在他看来，这首六合民歌的歌词内容比较分散，三种花"不能给人以鲜明的形象和统一的格调"，而人称上的"奴"字"如旧戏上'小奴家'，带有封建色彩"。① 因此，何仿对歌词加以改写，以新的想象方式呈现了这首《茉莉花》：

  1. 好一朵茉莉花，好一朵茉莉花，满园花开香也香不过它。我有心采一朵戴，又怕看花的人儿骂。
  2. 好一朵茉莉花，好一朵茉莉花，茉莉花开雪也白不过它。我有心采一朵戴，又怕旁人笑话。
  3. 好一朵茉莉花，好一朵茉莉花，满园花开比也比不过它。我有心采一朵戴，又怕来年不发芽。②

此后，民歌《茉莉花》唱响在各类正式场合，甚至在涉外活动中成为中国文化的展示。1965年，周恩来率中国代表团赴印尼参加万隆会议十周年纪念活动，《茉莉花》在联欢会上奏响，并唤动了总理的乡愁。③

比较《茉莉花》演变历程中的这三个重要版本，可以发现其不变的突出特点：在"花"的起兴与咏叹之后，都有作为观花者的人的反应；然而"我本待……又恐……""我有心……又怕……"这样的句式又表现着行动过程的"曲折"。"不""莫""难""怕"等形式或语意上的否定传达出犹疑、忸怩、欲言又止的感觉，但这恰恰创生出民歌的意趣。传统民歌中常常呈现这种自我否定、自我"设障"、自我怀疑的情状："叫我唱歌口难开，樱桃好吃树难栽，白米好吃田难种，粑粑好吃磨难挨"（《秧歌》）④；"叫我

---

① 何仿：《扎根中华大地　香飘四海五洲——记江苏民歌〈茉莉花〉的搜集、加工整理、演唱和流传》，《江苏音乐》1992年第4期。何仿自述的对民歌《茉莉花》的加工整理工作曾引发疑义，但他对这部分歌词的改写基本不受质疑，可参看朱新华《江苏民歌〈茉莉花〉究竟属于谁》，《人民音乐》2007年第6期。
② 中国民间歌曲集成编辑委员会编《中国民间歌曲集成·江苏卷》下册，第726~727页。
③ 何仿：《"茉莉花"开的故事》，《音乐周报》2000年3月3日，第4版。
④ 金安凡主编《茉莉飘香：六合民歌集》，第57~58页。

（哎）唱歌我唱歌（哪），唱的（哎）不好莫笑我，唱的（哎）不好莫笑我（哦哎）"（《栽秧歌》）①。这种民歌表现形式上的"曲折"性与情感表达主体的婉转情趣相呼应，正可视作关乎民间日常生活情态的文化记忆。

进入新世纪以来，《茉莉花》频频在国家仪典与国际舞台上亮相，逐渐成为中国文化的夺目符号：2003 年，宋祖英在维也纳金色大厅个人独唱音乐会上演唱《茉莉花》；2004 年，雅典奥运会闭幕式的"中国 8 分钟"上，以童声演绎《茉莉花》；2006 年，国家主席胡锦涛在外事访问中与内罗毕孔子学院的师生们共唱《茉莉花》；2013 年的央视春晚上，宋祖英与世界流行歌手席琳·迪翁合作演唱《茉莉花》②……然而很少被人们留意，却又值得指出的是：这些重大场合中演唱的《茉莉花》在词、曲上都与之前何仿改编的《茉莉花》存在不小的差异，这两大知名版本几乎被混同。比起何仿改词版本抑扬、流丽、明快的民歌曲调，这一版本显得更加舒缓、悠扬。在歌词上，该版本以"好一朵美丽的茉莉花"起首：

好一朵美丽的茉莉花，好一朵美丽的茉莉花，芬芳美丽满枝桠，又香又白人人夸，让我来将你摘下，送给别人家，茉莉花，茉莉花。③

据台湾学者考察，这一版本的歌词"趋于文人化"，"摆脱一般典型歌词的俚俗味，充满清新高雅气息"，它在 20 世纪 50 年代就已出现在台北正中书局出版的《国民学校音乐课本》之中。④ 然而同一时期，何仿改编版本的《茉莉花》在北京演出成功，遂被录制成唱片⑤，以新的媒介形式突破时空限制广为流传，此后数十年间影响巨大的也正是这一版本。"好一朵美丽

---

① 金安凡主编《茉莉飘香：六合民歌集》，第 55 页。
② 均可参看相关的网络影像资料。
③ 据薛范主编《世界合唱歌曲》，武汉出版社，1998，第 182～183 页。然而在该书收录的《茉莉花》词谱上方，标注着"江苏民歌""何仿整理改编"。可见即使在相对专业的采编群体中也存在对两大版本的混同，人们对《茉莉花》的文化记忆有其内在的"异质性"。
④ 据张继光《民歌〈茉莉花〉研究》，台北，文史哲出版社，2000，第 261、408 页。台湾学者黄一农在《中国民歌〈茉莉花〉的西传与东归》（载《文与哲》2006 年第 9 期）一文中也提及这一史实，并留下"此不知是在近代由何人所填词"的疑问。笔者亦未曾得该版本的词作者与时间节点，下文仅仅基于两大版本的客观效果差异，推究"好一朵美丽的茉莉花"版本近年来被"选择"、被频繁"搬演"的意图及其负载的独特文化想象。
⑤ 何仿：《扎根中华大地  香飘四海五洲——记江苏民歌〈茉莉花〉的搜集、加工整理、演唱和流传》，《江苏音乐》1992 年第 4 期。

的茉莉花"在1950年代台湾地区的音乐教科书中就已经出现,并非新近创作,可见它近年来作为中国文化的代表在国际舞台上的频频亮相,是一个重新被"发现"与"选择"的过程。与何仿改编的民歌版本相较,这一版本"趋于文人化"的歌词摒除了犹疑、忸怩、欲言又止的"曲折"性,以歌咏—采撷—赠予的连贯行动塑造出"落落大方"的好客形象。从收敛到开敞,由否定到肯定,从"市井细民"情态到落落大方的"主人翁",这种转向是否别有深意?

事实上,民歌《茉莉花》除了在本土的传唱,还有着"外传"—"回传"的另一条发展线索,其"西传史"可以追溯到马戛尔尼使团访华。1804年,随团成员约翰·巴罗(John Barrow)所著《中国旅行》(*Travels in China*)一书问世,其中便收录了《茉莉花》的词、谱,并在西方产生不小的影响。此后,《茉莉花》被越来越多的西方音乐家关注、改写,也进入各类歌曲选本。[1]其中,普契尼在歌剧《图兰朵》中借鉴、改编了《茉莉花》的曲调,更是使之为世界所知晓,也使其"回传"到中国[2]。而"好一朵美丽的茉莉花"的旋律正与《图兰朵》中再创作的、不甚完整的那段《茉莉花》近似!因而正如台湾学者黄一农所言,而今唱响的《茉莉花》涉及了这两大谱系:"大陆最普及之《茉莉花》词曲,乃为1957年由近人何仿根据其先前在江苏所采集者改编而成。另一支《茉莉花》的旋律,则是1793年随着马戛尔尼使团而西传欧洲,并逐渐被视为中国民歌的代表,1926年起更透过普契尼新编歌剧《图兰朵》而风行西方,且又回传海峡两岸,再于1998年由张艺谋将该歌剧搬至具有浓厚象征意义的紫禁城公演。"[3]

---

[1] 学者宫宏宇基于诸多新材料,对《茉莉花》在海外的流传情况及既有的研究文献进行了开拓性的考辨,值得参看。见宫宏宇《民歌〈茉莉花〉在欧美的流传与演变考——1795—1917》,《中央音乐学院学报》2013年第1期;《中西音乐交流研究中的误读、疏漏与夸大——以民歌〈茉莉花〉在海外的研究为例》,《音乐研究》2013年第1期。

[2] 1998年9月,张艺谋将《图兰朵》"搬"到北京紫禁城太庙连演九场,引起世界的关注。2009年10月,他导演的《图兰朵》又在北京鸟巢体育馆首演,此后还展开全球性巡演。在接受媒体采访时,他特别提到剧中《茉莉花》这一中国文化元素。参看《"鸟巢版"〈图兰朵〉今明两天上演》(视频新闻),http://news.cctv.com/china/20091006/100170.shtml,访问时间:2009年10月6日,2013年8月3日。

[3] 黄一农:《中国民歌〈茉莉花〉的西传与东归》,《文与哲》2006年第9期。对两大版本《茉莉花》的区分,亦可参看李邑兰、鞠靖《〈茉莉花〉流传史》,《南方周末》2008年8月14日,http://www.infzm.com/content/15931/0,2013年8月4日访问;以及刀锋《请君不要唱错〈茉莉花〉》,《金陵瞭望》2008年第18期。

了解到这一背景，或许就不难理解"好一朵美丽的茉莉花"在近年来被"发现""选择"，在重大典仪上被频繁演绎的意图及其负载的文化蕴意。流传域外的中国民歌无疑提供了文化"他者"想象中国的资源，而"回传"以后孕生的"好一朵美丽的茉莉花"其实就是对于"他者"想象的再想象。经历了域外"旅行"和演化的《茉莉花》曲调更具影响力，因而也就在一些场合"取代"本土版本被奏响①，这可谓文化主体对"他者"想象方式的接受与自我调整。更重要的是，在全球化的今天，中国致力于塑造开放、友好、纯洁、大方的国家形象，"好一朵美丽的茉莉花"版本的旋律更加悠扬、大气，与此相契，其歌词也以表征形式上的"去曲折化"渲染着大方、好客的形象：这同样是在"他者"目光的凝视下，通过想象"他者"之想象，进行主体的自我重塑。"近些年来，《茉莉花》是我国在国际或涉外场合演出最多、发行量最大的歌曲，它几乎成了中国音乐甚至是中国的象征——过去，人们总爱用长江、长城、东方狮、东方龙这样的阳刚形象来作为中国的标示，而《茉莉花》却以它清新柔美的气质，让全世界都耳闻目睹了中国亲切欢快的一面。"②而这，正是"好一朵美丽的茉莉花"版本能够呈现并且实现的文化想象。

通过以上的分析可以看到，《茉莉花》绝非一个同质、静止的文化符号，流变中的《茉莉花》其实负载、表现着不同时代的文化想象，也"层累"下了多元化的文化记忆：民歌在民间的活态传唱时时吸收着咏唱者的个体经验与创作想象，当年何仿的改词则带上了对"新社会""新人"的想象与憧憬，而随着近年来中国国际地位的提升和国际交往的频繁，"好一朵美丽的茉莉花"的搬演更是想象并构建着中国在世界各国中的国家形象。

在这一动态的变迁史中，不同时代、不同版本、不同词曲和演绎形式的《茉莉花》构成了多样、变迁的文化记忆。每一时代中民歌传达的文化

---

① 也有人认为，本土、域外这两大版本的《茉莉花》在旋律上本是同源，不存在这种"取代"性的"竞争"关系。事实上，即使是本土流传的《茉莉花》也在全国各地衍生出各种不同的词、曲版本，然而与何仿改编版本、"好一朵美丽的茉莉花"版本相比，它们都未能代表性地进入国际视野。关于全国各地的《茉莉花》版本，可参看张继光《民歌〈茉莉花〉研究》第七章，第339~394页。

② 中国广播电视协会编《中国广播影视大奖广播电视节目奖获奖作品集（2005~2006）·广播卷》，中国广播电视出版社，2008，第348页。

想象在后一时代可以成为特定的文化记忆,并与此前的记忆经验"层累"在一起。因而细究起来,今人对于《茉莉花》的记忆与认知是那样含混、驳杂,不同的历史材料与经验被融汇在一起。①

## 四 结语：文化记忆-文化想象的"共生环"

至此,本文完成了对南京民歌、"新民歌"相关资料、文献的呈现与分析。在此基础上,本文最后尝试一定的建构与阐发。在此前的分析中,"记忆""想象"是两个被频繁使用的词语,它们事实上也是文章的核心概念。这里试图对"文化记忆""文化想象"的概念进行相对正面的界说。

可以认为,文化记忆是长时性的,是处于相对稳定、可把握状态中的积淀物。对主体而言,它近于"经验",经过了主体认知机制的长期沉淀、吸收。但正如"钢铁花"这样的意象所揭示的,文化记忆更蕴含着"非自觉"的维度,可以是"无意识"的渗透与绵延。文化记忆指向过去,指向经验性的时空领域。在某一群体中,共同的文化记忆是共同体维系认同的有效保证。

相较之下,文化想象是短时性的,它是对于变动状态的某种应对("应变")。对主体而言,它近于"体验"。在时间维度上,文化想象主要指向未来以及趋向未来的发展趋势,亦可作用于当下与过去;在空间维度,它主要指向"他者",也可作用于自我。文化想象是变动情境下构建认同的有效手段。

可以看到,在文化演进的过程中,文化记忆与文化想象在不同的维度上发挥着相异的功能：文化记忆是相对吸收性、保存性的,文化想象则是发散性、创造性的。然而二者绝不孑然分立,上文的分析已经揭示了它们的诸种关联。在特定时代的文化想象中,既有的文化记忆提供着经验性的资源,不论它们在新的想象中是要被利用还是被改造;即使在"新民歌"乌托邦想象对"传统"的"改造"中,先在的记忆经验仍会反讽性地渗透

---

① 比如在2003年宋祖英维也纳金色大厅个人独唱音乐会的影像资料中,歌曲《茉莉花》开演时的屏幕字幕标注着"江苏民歌"：两大版本被混合在一起,对民间性、地方性的强调与世界性的期望也相融汇。

在对于想象的表征形式中。另外，不同时代有着不同的文化想象，它们在历时性的发展过程中可以转化为后继时代的文化记忆；不同时代的文化记忆又会"层累"起来，像民歌《茉莉花》那样孕生出多元的记忆层次。在这种动态的依凭、交互关系中，文化记忆与文化想象共同牵动了人类文化的赓续过程。

事实上，作为个体的思维活动，"记忆"与"想象"的关系本就无比密切。在集体性的层面上亦是如此。亚里士多德曾经说道："显然，记忆和想象属于心灵的同一部分。一切可以想象的东西本质上都是记忆里的东西。"[①]这是在强调文艺创作中的想象活动要以记忆的经验资源为基础。霍布斯认为想象"不过是渐次衰退的感觉"[②]，狄德罗称"想象是人们追忆形象的机能"[③]，都是在强调这一点。

然而先贤们大都还是在相对静止、抽象的共时层面探讨想象及其与记忆的关系问题。作为文化赓续过程的两个维度，文化记忆与文化想象的关系必须在动态、具体的情境变迁中进行考察，也足可由个体层面向群体性的文化心理层面推演。依旧以南京民歌与"新民歌"为例：

小小车轴是两头子尖（哎），/十二个驳齿在中间，/四位哥哥就齐用劲，/不怕你车子有（喂呀）千斤。（《车水歌》）[④]

小小车床直条条，/一根车档象天桥，/四大金刚来车水，/车起清水灌青苗。（《车水小唱》）[⑤]

《车水歌》是南京地区的传统民歌，《车水小唱》则是新民歌运动中的创作。通过比较可以看到：作为传统社会信仰民俗对象的"金刚"并没有在传统民歌中出现，反而在对"新社会"的"新想象"中被"征用"；这一民间文化记忆在其"原生"情境中并不突出，它在社会文化变迁中方被

---

① 〔古希腊〕亚里士多德：《记忆和回忆》，转引自中国社会科学院外国文学研究所外国文学研究资料丛刊编辑委员会编《外国理论家作家论形象思维》，中国社会科学出版社，1979，第8页。
② 〔英〕霍布斯：《利维坦》，黎思复、黎廷弼译，杨昌裕校，商务印书馆，1985，第7页。
③ 〔法〕狄德罗：《论戏剧诗》，收于《狄德罗美学论文选》，张冠尧等译，人民文学出版社，1984，第161页。
④ 金安凡主编《茉莉飘香：六合民歌集》，第49页。
⑤ 中共南京市委宣传部编《南京民歌选》，第124页。

凸显。后继时代的文化想象"激活"了既有的文化记忆，可见动态、历时的研究视野的重要性。

这种文化想象对既有文化记忆的凸显与"激活"也是二者关系中十分重要的一个方面。民歌《茉莉花》传唱过程中形成的众多版本里，只有一些被保留、传承下来，更只有何仿的改编版以及"好一朵美丽的茉莉花"版本走向"中心"、走向世界。在文化赓续的过程中，文化记忆在"层累"的同时也被遗忘、被选择。因此，在文化记忆的"层累"结构中，不同记忆层次的鲜明度是不同的，这不仅取决于时间先后，更与其他诸多复杂因素相关。比如，为了当下的某种需要，人们可以通过文化想象的方式有意地选择性强化、凸显文化记忆中的某些层次，甚至直接建构起某种文化记忆。这也就是对于"过去"的想象，是对"记忆"过程的某种干预或控制。

在一些学者看来，几乎任何关乎文化记忆的"传统"概念都不同程度地包含着建构的或是"发明的"成分。"那些表面看来或者声称是古老的'传统'，其起源的时间往往是相当晚近的，而且有时是被发明出来的"[1]，霍布斯鲍姆所谓的"被发明的传统"就是指后世通过想象性的方式建构、改造的文化记忆；与其说它关乎历史性的"真实"，不如说它旨在构建当下性的认同。在这个意义上，重大仪典中唱响的"好一朵美丽的茉莉花"多少带上了这种"被发明的传统"的色彩。

文化记忆、文化想象间这种依凭、交互的关系好似生物学意义上的"共生"，也就是对象通过互相作用达到协和与动态平衡的共存状态。本文所论述的文化记忆—文化想象的"共生"关系可以相对完整地概述为：在特定的历史文化情境中，文化记忆为当时当地的文化想象提供经验性的资源，而且能够几乎无意识地渗透在文化想象非自觉的表征形式中；特定时期的文化想象又可以"层累"性地转化为后继时代的文化记忆，甚至可以选择性地凸显出或是建构起前此时期"层累"下来的文化记忆。这一关系可以形象化为一个"共生环"：

通过文化记忆—文化想象的动态"共生"，人类文化的各种样态得以承传、发展。而与其他具有相对稳定的物质铭写体与演绎规范的文艺样式相

---

[1] 〔英〕霍布斯鲍姆、兰格编《传统的发明》，顾杭、庞冠群译，译林出版社，2004，第1页。

```
                    经验性资源;
                    非自觉的表征形式
   文化记忆    文化想象

                    层累性转化;
                    选择性凸显或建构
```

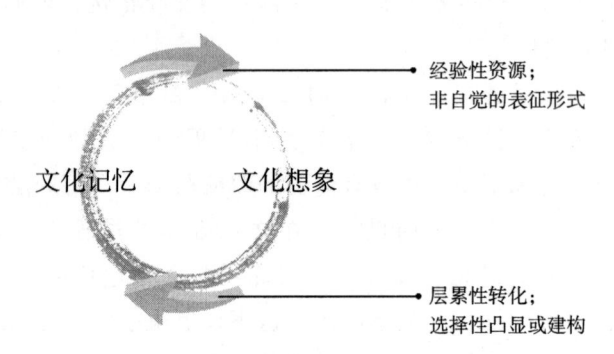

**图1　文化记忆-文化想象的"共生环"**

较,民歌流传过程中的记忆、想象活动更加活跃多样,二者之间的动态"共生"或许也就体现得格外鲜明。

# 视觉文化视域下的时尚秀场文化研究

史亚娟[*]

**摘要**：秀场文化景观是服装表演中所展现的文化景观。这种文化景观主要由两部分组成，一是由服装模特所展示的以服饰为主的服饰文化景观；二是以T台为核心的整个秀场舞台设计文化景观。当代秀场文化景观既具有居伊·德波所提出的社会景观的独裁性、区隔性、复制性、商业性，也具有另一种与之相对立的特征，如对话性、大众性、创新性、艺术性。这些特征之间是一种非平衡的动态交往关系，这种非平衡性主要表现在前者始终处于强势地位，对后者形成一种压迫，后者为了谋求自身地位则始终保持警醒，以一种先锋的姿态、新奇的创意和艺术的光环来争取话语权，以确保在交往中保持与前者的平衡关系，或者不致处于一种更大的失衡状态。

**关键词**：视觉文化　景观社会　时装秀场

**Abstract**：The fashion show culture spectacle can be defined as the culture spectacle displayed in the fashion show which is a combination of clothing culture spectacle shown by the models' performance and the culture spectacle produced by the design of the runway as well as its sound and lighting effects. The fashion show culture spectacle is dictating, demarcating, replicate and commercial, which is in accordance with the spectacle society theory put forward by Guy Debord, while it is also popular, creative, full of dialogue and with artistic quality. These features coexist and interact

---

[*] 史亚娟，北京服装学院外语系副教授。

dynamically on the runway of fashion show. However, this dynamic interaction is not always in balance. The former part of the opposition is often in a strong position and the latter part has to keep asserting and negotiating its position and discourse right constantly with pioneer spirit, creative idea and artistic aura.

**Keywords**: visual culture  spectacle society  fashion show

# 一 引言

20世纪文艺理论研究经历了两个转向,一个是语言的转向,另一个是文化的转向,而文化的转向中最重要的就是当代视觉文化的转向。人们在惊诧于读图时代已经到来的同时,也开始反思海德格尔所说的"世界被把握为图像"。从1980年代开始,视觉文化研究逐渐被学术界普遍接受,到现在已经成为一个重要的文化形态或者说文化发展趋势。这首先是由于我们所居住的世界越来越多地充斥着视觉图像,它们成了我们表征、制造和传播意义的重要手段。其次,当代生活或文化的高度视觉化,从广告到影视节目、从百货公司到室内装饰,都有对视觉性和视觉效果的普遍诉求。此外,高度视觉化的当代文化凸显视觉快感,从根本上摧毁了许多传统文化的法则。由此,文化的视觉化成为当代各种流行文化无法回避的发展趋势及重要特征之一。文化学者们纷纷将研究视野投向这一新的也是充满活力和不确定性的研究领域。其中,从景观社会理论出发研究当代视觉文化成为一个选择。"景观社会"是法国"境遇国际"社会批判理论思想家居伊·德波在《景观社会》一书中提出的重要理论范畴。德波认为,世界转化为形象,就是把人的主动创造性活动转化为被动的消费行为,即是说,景观呈现为漂亮的外观。外在的包装、形象、直观印象比商品功能和质地更为重要。再次,在景观社会中,视觉具有优先性和至上性,它压倒了其他感官。所谓景象就是突出了眼睛在消费中的重要机能。又次,景观避开了人的活动而转向景观的观看,从根本上说,景观就是独裁和暴力,它不允许对话。最后,景观的表征是自律的也是自足的,它不断扩大自身,复制自身。[①]

---

[①] 周宪:《视觉文化的转向》,北京大学出版社,2008,第123页。

当代视觉文化景观中，时尚秀场和电影、动漫等流行的视觉文化景观一样，时尚设计者用直观、立体、炫目的视觉力量表达自身情感，用独特的服饰造型、色彩和面料来传达特定的文化意义，在创造时尚文化之美的同时，也用秀场这种独特的形式表达出人类生存的状况，探寻人类生存的终极意义。在这种探寻的过程中，时尚设计者将商业与娱乐、文化与艺术、自然与科技等各种或相关或相悖的内容巧妙地融为一体，制造出一个又一个或美轮美奂或惊心动魄的时尚秀场文化景观。这是一个复杂多元，充满各种重叠交叉以及矛盾对立的过程，从景观社会理论的视角对这一过程的思考观照将使我们更深切地感受秀场文化的独特性及其所独有的前瞻性。对秀场文化景观的研究也有助于我们进一步研究当代社会景观，促进该理论的发展与完善。本文认为秀场文化景观主要由两部分组成：首先是以模特为载体的服装表演，其次是秀场舞台设计，二者共同作用构成秀场文化景观。当代秀场文化景观既具有视觉文化景观的独裁性、区隔性、复制性、商业性，也具有另一种与之相对立的特征，如对话性、大众性、创新性和艺术性。这些特征之间是一种非平衡的动态交往关系，这种非平衡性主要表现在前者始终处于强势地位，对后者形成一种压迫，后者为了争取前者的地位和话语权，则始终保持警醒，以一种先锋的姿态、新奇的创意和艺术的光环来争取话语权，从而在交往中保持与前者的平衡关系，或者尽量不使自己处于一种更大的失衡状态。

## 二　秀场文化景观的定义和内涵

要理解秀场文化景观，首先要搞清楚什么是服装表演。服装表演的英文是"fashion show"，直译便是"服装展示"。因此服装表演是一种展示艺术，或者说是展示服装的艺术。模特作为 T 台上的演员，通过化妆造型、肢体动作等手段表现设计师在设计服装时所注入服装作品中的情感，给静态的时装作品赋予动态的美。因此，从广义上讲，服装表演是让模特按照设计师的设计理念、穿戴好所设计的服装成品及配饰，并在特定的场所（如服装发布会场）向观众，尤其是向时尚媒体、记者、时尚买手、商家等专业观众展示的一种演出形式。从狭义上讲，服装表演是一种用真人模特向客户展示服饰的促销手段，通过服装的展示表演向消费者传达服装的最新信息、表现服装的流行趋势、体现服装设计师的完美构思和巧妙设计，是一种重要的营销手段。① 根据这一定义，秀场文化景观就应该是在服装表演中所展现的文化景观。这种文化景观主要是由两部分组成的。首先是由服装模特所展示的以服饰为主的服饰文化景观，其次是以 T 台为核心的整个秀场舞台设计文化景观，其中包括科技含量很高的声光电等辅助设计。这些辅助手段对模特的动态表演能够起到烘托、强化、突出等作用，从而更好地完成对服装作品的二次创作。二者共同作用形成独特的秀场文化景观。

这里借用了"景观"一词，景观通常指某地或某种类型的自然或人造景色。主要分为自然景观和人文景观两种。自然景观如森林景观、江河湖泊景观、沙漠景观、湿地景观等；人文景观如长城、故宫、金字塔等古代文化遗迹。景观是一个具有时间属性的动态整体系统，它是由地理圈、生物圈和人类文化圈共同作用形成的。当今的景观概念已经涉及地理、生态、园林、建筑、文化、艺术、哲学、美学等多个方面。艺术家把景观作为表现与再现的对象，等同于风景。在当代社会，电影、动漫和时尚秀场等文化现象已经成为了人们社会生活中一道道不可或缺、亮丽诱人的风景，因此我们完全可以把时尚秀场所展现的，或赏心悦目或惊世骇俗的诸种秀场文化风景称为"景观"。然而，这一"景观"不等同于地理学意义上的景观（Landscape）。我们更多的是从社会学、文化学的视角来研究这一文化现象，法国社会学家居伊·德波的景观社会理论为我们提供了另一个"景观"（spectacle）。所以，本文所提出的秀场文化景观的研究对象是一种社会学、文化学研究视角下的文化现象。

简单地说，秀场文化景观的内涵是丰富多彩的，具有多重性和不唯一性。同一个秀场往往可以从不同角度去阐发，一场有着浓郁民族风情的时装秀对某些观众而言可能是充满异域风情的，一场华丽的复古时装秀从另一个角度看也可能是一次民族服饰展演，清新可爱的田园风格的秀场不小心也会让人联想起后现代主义极简风格。凡此种种，使许多想对秀场文化进行细致研究的人们望而止步，但是，为其难也是这一问题更具研究价值和探索的必要。更重要的是，法国社会理论学家居伊·德波的景观社会理论为我们解决这一困境提供了某种理论上的可能。

---

① 肖彬、张舰主编《服装表演概论》，中国纺织出版社，2010，第 16~17 页。

## 三 秀场文化景观的特征之一：
## 独裁性与对话性

德波认为，在景观社会中，视觉具有优先性和至上性，它压倒了其他感官。所谓景象就是突出了眼睛在消费中的重要机能。同时，景观避开了人的活动而转向景观的观看，从根本上说景观就是一种暴力和独裁。[①]

在时尚秀场中，现代人完全成了观赏者，T台这一狭小的舞台空间完全让位于服装表演，各种风格、款式、色彩的服装在炫目的灯光、动感的音乐、模特轻快的步伐以及摇曳的身姿的衬托下，给人一种强烈的视觉感官刺激，这种刺激压倒了其他感官的重要性，服装以一种极为强势的、几乎是君临一切的姿态出现在观众面前，随着音乐的结束、聚光灯的熄灭，所有景观戛然而止，所有霓裳魅影如梦幻一般地出现，又梦幻一般地消失。在整个过程中，"服装"一言未发，但是在场的每一位观众能深切感受到服装的力量，服装在通过T台这个独特的场所展示自身，用一种非语言的视觉暴力让每一位观众去感知、接受和思考，唤醒他们的记忆或是引起他们的遐想。服装秀场景观的话语独裁与德波所定义的景观特征是完全吻合的，这种景观是非政治性的，不是暴力性的政治意识形态，也不是商业过程中的强买强卖。秀场景观以其强大的视觉冲击力征服观众，达到其隐性的奴役/支配的目的。

德波认为，景观就是独裁和暴力，它不允许对话。景观是一种更深层的无形控制，它消解了主体的反抗和批判否定性，在景观的迷入之中，人只能单向度地服从。如是，方为景观意识形态的本质。[②] 时尚秀场上的服装文化景观也是如此，即这种服装话语的独裁对象是秀场中的观众，这是一种单向度的存在。在这一场域中，以服装服饰为中心的秀场景观拥有得天独厚的视觉霸权，否定任何对话的可能性，观众完全是景观的被动接受者。

但是，秀场景观与观众之间的单向度存在关系并不妨碍T台之上所呈现景观的多样性和交叉性。实际上，T台之上的文化景观完全可以是一个独

---

[①] 周宪：《视觉文化的转向》，第123页。
[②] 〔法〕居伊·德波：《景观社会》，王昭风译，南京大学出版社，2007，第15页。

裁的、单一的景观呈现，也可以是多元景观的共时再现，或者说是对话的场所，充满对话精神。不同的文化元素、文化精神可以在秀场中共存。它们相遇、碰撞、商讨、融合，彼此借鉴，相得益彰。

这两个方面都不难理解，先来看第一方面，通常情况下，设计师发布一场服装秀，会有一个统一的主题，秀场上展演给观众的服装会在款型、色彩，尤其是其包含的文化元素方面具有一致性，从而给观众留下深刻的视觉印象。但是，随着时尚文化在世界范围内的普及，在强手如云的国际秀场中，单一的文化元素很难应对日益激烈的竞争，许多大牌设计师不得不在秀场中融合多元化的时尚元素。有的设计是试图从昔日的时尚元素中获取灵感，通常被称为复古，有的则把设计视野投向国外，在异域文化中找寻灵感。于是能在国际秀场中独占鳌头的秀场景观或是融合了不同时代的流行文化元素或是汲取了不同民族文化或地域文化中的时尚元素，从而从单一型的秀场文化景观转为复合型、多元型。

以20世纪西方时尚界刮起的"中国风"为例。中国风劲吹西方时尚界的历史可以追溯到20世纪初，在欧洲服装界掀起的"解放束缚身体的紧身衣"的革命浪潮中，当时神似于中国宽袍大袖古装的新式服装被命名为"孔子"，成为巴黎和欧洲的时尚。20世纪七八十年代后，中国风愈吹愈烈，从红色、唐装、旗袍、龙等最初级的中国文化开始，刺绣、剪纸、水墨画、建筑造型、少数民族图腾等各种中国元素纷纷在众多国际知名品牌，如范思哲、约翰·加利亚诺、纪梵希、迪奥等秀场中亮相，与各种西方文化元素比肩而立，争奇斗艳。在巴黎2013秋冬时装周上，随处可见中国风元素。例如，俄罗斯设计师Valentin Yudashkin冰雪女神系列（见图1），服装镶满了雪花图案，浪漫唯美，尤其是模特头上的毛绒头饰，很像中国的戏曲头饰。英国著名服装设计师约翰·加利亚诺采用了中国风的水墨元素（见图2）。模特英气剑眉、飒爽身姿，体现了东方"文人"洒脱的气质，富有设计感的水墨印花裙装，为整个秀场增添了不少诗情画意。在瓦伦蒂诺的秀场（见图3）中，设计师将中国的青花瓷元素与近几年颇为流行的小翻领设计混搭，创造出一种俏皮玩趣的时装艺术，体现了古典与现代的结合。①

---

① 参见 http://www.chinasspp.com/news/Detail/2013-3-15/135589.htm，访问时间：2013年7月31日。

图1 　　　　　　　　　　　图2 　　　　　　　　　　图3

这些西方设计师在服饰设计中运用了中国风元素，但是这些服饰的廓形、剪裁、制作等给人的整体视觉效果是西方的，传递的还是西方本土文化。不同的是，中国文化元素的运用使秀场成为一个非独裁的场所，成为一个中西文化交流对话的场所。

目前国内在这方面做出骄人业绩的莫过于青年设计师劳伦斯·许。近年来他经常活跃于西方服饰秀场，他的作品使用完全西化的立体裁剪，设计元素却极富古典东方传统文化的底蕴，其秀场景观使中国服饰文化在西方的T台之上大放异彩。他大胆地将各种中国传统文化元素融入欧美设计理念，比如深色系的英式蕾丝，错综复杂的刺绣和硬朗的中国线条，使其作品散发出浓浓的东西交融的精神和气质，成为时尚舞台上的新宠。他的代表作有范冰冰在2010戛纳电影节上的出场礼服——一套名为"东方祥云"（见图4）的龙袍。第57届柏林国际电影节上范冰冰也是身着他设计的作品——中国元素极强的"丹凤朝阳"（见图5）和"踏雪寻梅"（见图6）。这些在国际舞台上备受瞩目和赞誉的作品无不洋溢着浓郁的中国文化气息，同时又充分利用了欧式立体剪裁的技艺。

秀场文化景观的对话性，不仅仅停留在同一秀场内部不同设计师作品中不同文化元素之间的对话，同一个设计师的作品之间也可以形成对话，例如伦敦时装周2014春夏系列中，乔纳森·安德森（Jonathan Anderson）就致力于服装与服装之间的对话，每一季的思路都不尽相同，但是相互关联。他说："一直创新是很难的，我们需要提取一些东西到下一个对话中，这样它才能称为一个故事。"2014春夏季他的男装系列（见图7）像是女装系列的衍生物，就像太妃糖一样拉扯成另一种状态。如一条超大的裤子搭配束腰上衣，脖颈处的线条令他觉得烦躁而且棘手，呈现宽大的平板款型；

或者长而瘦，带着冷酷的优雅，却又夹杂着卡通感。他还会用包裹式的袖子设计，这是他在女装中频繁使用的设计技巧。然而，正是这些设计元素的交叉使用使他的服装设计在不同系列之间、男装女装之间构成一种对话，也使创新不再艰难，T台更加绚丽。

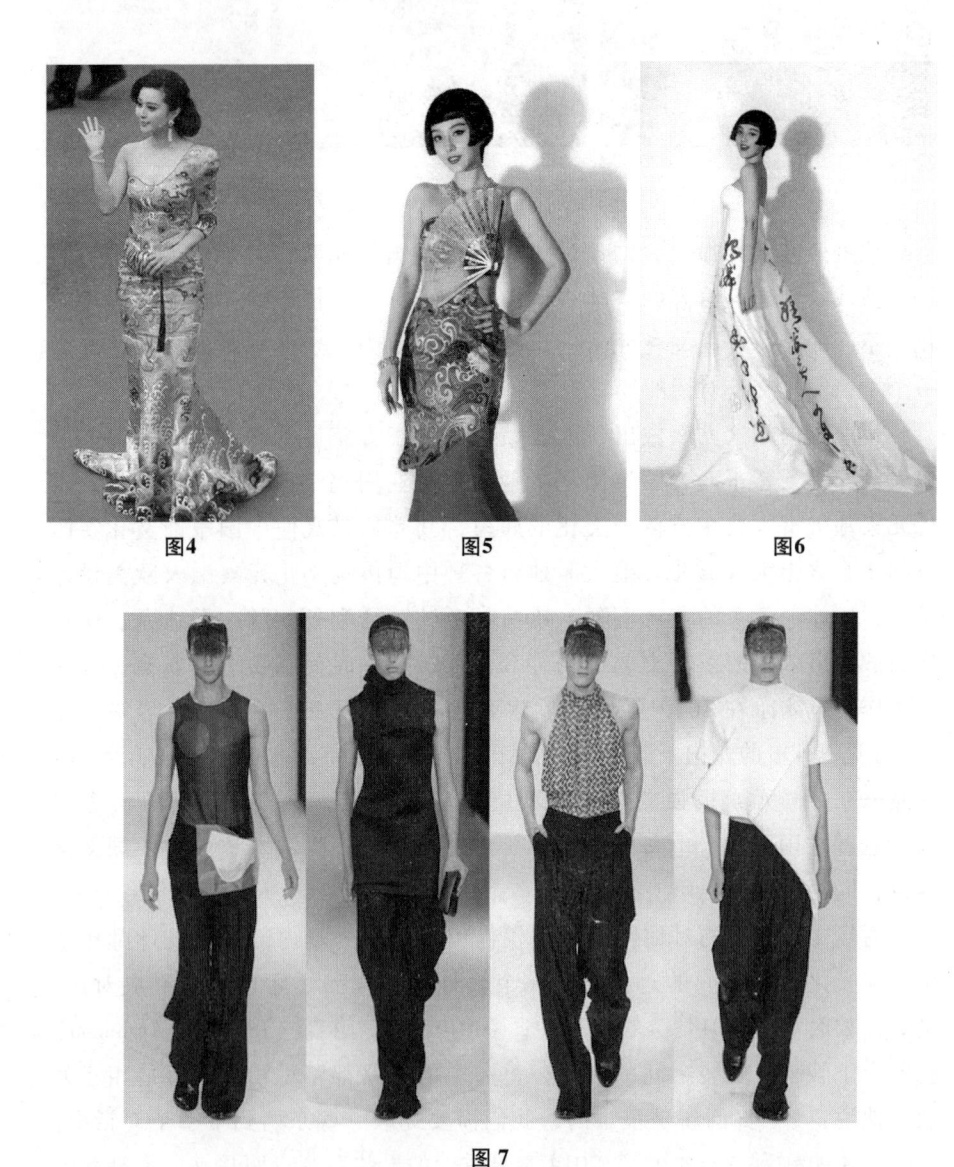

图4　　　　　　　　　图5　　　　　　　　　图6

图7

再次，两个或多个同时展演的秀场之间同样具有对话性特征。最简单的例子，每年两次的巴黎时装周，在每年时装周期间，要举行数十场服装表演，每一场表演都不仅仅是一种服装品牌和设计师之间的交流和较量，也是一种文化之间的碰撞、交流和对话。

1973年为了给凡尔赛宫的重修工程筹款，法国和美国的众多优秀服装设计师举行了一次时装秀，这次展示持续了三个小时，先是法国的服装设计师轮流献技。皮尔·卡丹的时装秀以具有未来感的时装为主，在秀场上出现了一艘宇宙飞船与之呼应。伊曼纽尔·温加罗的秀场上出现了一辆吉卜赛大篷车；伊夫·圣洛朗请来了1950年代歌舞片当红明星Zizi Jeanmaire。于贝尔·德·纪梵希做展示时，天空散落的是鲜花和翩翩起舞的蝴蝶。美国设计师则让刚刚赢得奥斯卡最佳女主角的丽莎·明里尼首先穿着一身候司顿（Halston）时装，表演了一曲教母凯汤普森的代表作"Bonjour Paris"，然后是一场朴素的时装秀。他们不像法国服装设计师那样展示传统的高级定制，而是展示更具活力和现代感的成衣，并首次起用了有色模特，从而使整个表演充满了异域风情。[①] 这次服装秀的意义是多重的，其中一点就是让人们看到了秀场之中文化景观的多元性和对话性，秀场可以是一个对话交流的场所。

因此，秀场的独裁性只是秀场文化景观的一个方面，换句话说，秀场文化景观具有双重特质，既有社会景观的独裁性，也有文化景观的包容性和对话性。二者共时存在，彼此并不排斥。但是，秀场文化景观的独裁性与对话性之间的关系并非总是处于一种平衡静止的状态，二者之间始终处于一种此消彼长的动态交往之中，而且独裁性明显处于一种优势地位。例如，国际四大时装周的时装发布秀影响着世界时装潮流的发展趋势，世界各地的时尚买手每年这个时候都会聚集在一起，把最新的时尚以最快的速度消化吸收，成为街头大众流行服饰的一部分。

## 四 秀场文化景观特征之二：复制性与创新性

德波认为，景象的表征是自律的也是自足的，它不断扩大自身，复制自身。景观具有同义反复的特征。"景象的目的就在于它自身。"[②]作为现代文化景观的一部分，秀场文化景观的复制性是不可避免的。秀场文化景观

---

[①] 《凡尔赛宫内的时尚之战》，《中国服饰报》2013年6月7日。
[②] 〔法〕居伊·德波：《景观社会》，王昭凤译，第5页。

的复制性可以分为两种,一种是横向复制,另一种是纵向复制。横向复制主要是指对于空间的横向跨越,其景观内容不变,如巴黎时装周中的某台时尚秀可以搬到世界任何一个国家的 T 台上表演。这种复制只是改变了景观的出现地点,是最容易理解和进行的,其作用主要是产品的宣传推广,而非艺术的创新。2006 年是世界顶级品牌的丰收年,巴黎高级定制时装展得到了亚洲的瞩目,在巴黎取得空前成功后,当年 3 月,夏奈尔就将其在巴黎推出的春夏高级定制时装业务展原封不动地搬到了香港,用原汁原味的巴黎时尚盛筵为其香港太子店的开店庆典压轴。[1]

纵向复制是对于时间的纵向跨越,是一种创新型的复制。首先,时尚设计师可以在自己过去的时装风格基础上,复制其文化基因,再加入新的设计元素重新设计一场秀。这种复制在时装周的每一场秀中几乎都在上演,迪奥、夏奈尔、纪梵希等大牌都不例外,这里的复制可以理解为一种基因的传承或重组,也可以理解为一种品牌文化精神的继承。每一个时尚大牌在推广设计自己产品的时候,都必须时刻铭记自己的基因,并适时地在新的产品中不断复制重组这些基因。但是一个产品要想具有持久的魅力和生命力,必须创新,否则必定落伍,这也是众多国际时装大牌的生存密码。

卡尔·拉格菲尔德特别为 2004 年巴黎服装周夏奈尔春夏时装发布会上发表了这样的声明:"重现 Chanel 的精神,但不是百分百的仿制。"这次发布会上吸引人们关注的不仅有夏奈尔一贯的甜美可人的风格、粉嫩的色调,还有独特的秀场设计,卡尔·拉格菲尔德在传统的伸展台上陈列了栏杆式的舞台,让模特儿们尽情展现,搭配夏奈尔所收购几家法国传统制衣公坊的顶级手艺,一套套纯手工的服装细节处理,如粉嫩色彩的粗花呢招牌套装、手钩的网状蕾丝裙或是手绘的玫瑰印花等(见图 8、图 9),表现夏奈尔重视工艺的态度,当然也让夏奈尔兼具传统与创新的精神。与此同时,卡尔·拉格菲尔德再次将夏奈尔的经典元素转化为时髦的服装,金属腰链、珍珠项链等装饰也有别于今年秋冬的重金属风格,纷纷换上粉彩气息,而模特儿们也三三两两倚着栏杆谈笑,完全一片自由轻松的气氛,当然也正好点出 2004 春夏夏奈尔的时尚态度。[2]

---

[1] 华梅主编《21 世纪国际顶级时尚品牌:女装》,中国时代经济出版社,2007,第 5 页。
[2] 参见 http://info.cloth.hc360.com/2005/08/03184728557.shtml,访问时间:2013 年 8 月 7 日。

图8　　　　　　　　　　　　　　　图9

因此，秀场文化景观的复制性是与其创新紧密结合在一起的。这种复制是一种创新性的复制，其创新是在现有的文化基因基础上的创新，复制与创新紧密结合在一起。不过，在竞争日益激烈的时尚秀场中，复制往往演化为抄袭和仿造，复古变成仿古，将创新性完全排斥在外。而且，这种抄袭和仿造之风不仅仅停留在服装买手的层面，一些国际大牌服装公司（见图10和图11）也参与其中，使秀场文化的创新性无从谈起。其结果是一些新锐设计师很难脱颖而出，新的创意、新的设计得不到广泛认可和传播，从而使秀场文化景观的创新性大打折扣。

图10　　　　　　　　　　　　　　　图11

## 五　秀场文化景观特征之三：区隔性与大众性

德波认为："分离是景观的全部"①　"景观，像现代社会自身一样，是即刻分裂（divise）和统一的。每次统一都以剧烈的分裂为基础。但当这一矛盾显现在景观中时，通过其意义的倒转，它自身也是矛盾的：展现分裂的是统一，同时，展现统一的是分裂。"② 因此，在德波看来，景观是一种虚假的语言，隔离了人与真实世界。景观同时也造成了人与人之间的分离。而景观统治的现代社会，是一个分裂的社会。

首先来看秀场文化景观的区隔性。众所周知，高级成衣展是国际时装界最早设立也是最高级别的联合发布行动，每年两季在公认的世界时装中心巴黎、米兰、纽约、伦敦四个城市依次举行，每个城市为期一周，所以也称时装周。时装周是著名服装品牌和时装设计师展示其最新作品、交流设计艺术与技术的舞台。高级成衣展的观众都不是一般的普通人，到场的观众都是凭着各个时装公司寄出的请柬入场。来自世界各地的摄影师、记者、时尚评论家等新闻媒体和当红的社会名流、明星、超级名模聚集在一起。可以毫不夸张地说，在一个月的时间里，全球最时髦的人士全都集中在了这几个城市。③

所以，秀场不仅是设计师、时装以及时尚模特的舞台，也是到场嘉宾和观众争奇斗艳的地方。这些社会各界的名流淑媛、精英人士象征着时尚、前卫、天才、权威、统治者、话语权和神秘感。社会普通大众通常得不到请柬，只能通过电视、网络等媒体观看录像或转播。时装周的情况是如此，一些国家或地区的小规模服装展演也是如此，只有少数业内人士能够得到邀请，普通大众亲临现场欣赏时装表演的机会是很少的。

然而，秀场景观的区隔性并不妨碍大众的参与。现代化传媒技术的发展，电视网络的传播，又在一定程度上使普通大众分享了这种少数人才能拥有的特权，普通大众同样可以从不同渠道得到相关信息，领略秀场风光，效仿追逐，甚至抄袭仿制。此外，秀场不仅仅是某些时尚品牌和设计师的

---

①　〔法〕居伊·德波：《景观社会》，王昭凤译，第8页。
②　〔法〕居伊·德波：《景观社会》，王昭凤译，第21页。
③　孙玲编著《霓裳羽衣——国际服饰新视界》，上海文化出版社，2008，第134页。

专利，一些服装店为了招揽人气或者促销产品，会在自家店门前举办一场时装秀；与时尚品牌毫无关联的公司单位，为了扩大知名度，也常常将服装表演、模特和自身产品结合在一起，梅赛德斯-奔驰国际时装周就是一个最好的例子。除此之外国内外一些大型车展都会聘请一些职业或业余模特担任车模，一些体育赛事为了提高知名度也会聘请一些知名或无名的模特担任司仪或者在开幕式上加一段服装表演。为了丰富职工的业余生活，有些公司单位会在年末联欢会上组织本单位职工上演一场时装秀；还有一些与服装无关的公司或品牌也可能通过在街头上演时装秀的方式为自己提升知名度；甚至几个家庭主妇也可以为丰富业余生活而聚在一起在家庭中上演一场时装秀。相对其他类型的演出而言，时装秀场好像更容易操作，对场地和演员的要求也不是很大，即使是老年人、身材肥胖者也可以别出心裁登台献技。每年在世界各地都会举办各种别出心裁的胖模时装秀、中老年人时装秀、儿童时装秀等。因此，秀场文化景观又有着显而易见的大众性特征。

时尚秀场既区隔了人群，拉开了人群之间的距离，但现代传媒又在时刻化解消弭这一距离。现代传媒、高科技以及大规模的工业化生产，时刻都在威胁着时尚秀场的话语霸权和神秘性。二者之间也是一种动态的、不断变化之中的关系。上层精英为了维持其神秘性、权威性和话语权，就必须设计制作更多新颖时尚的服装作品，打造更多气场十足、别具一格的秀场景观。而大众人群为了拉近自己与上流社会精英人群的距离，就会努力去模仿追随，甚至在日常休闲娱乐的时候，有意去制造属于自己的时尚秀场景观。

## 六　秀场文化景观特征之四：商业性与艺术性

居伊·德波认为，世界转化为形象，就是把人的主动的创造性活动转化为被动的消费行为，即是说，景观呈现为漂亮的外观。外在的包装、形象、直观印象比商品功能和质地更为重要。时尚秀场中的服饰比商场中静态的服装更具吸引力，原因正是秀场这一独特的文化景观使静态的服饰成为一种立体可感、动态十足的存在。时尚秀场以狭小的T台为中心，呈辐射状，配合强光、动感十足的音乐，或独特的舞美设计，没有一句广告词，仅仅用光、影、造型等为观者留下的视觉震撼来打动消费者，引发他们的购买欲望,从而征服消费者,达到其商业目的。

然而,很多人都认为秀场文化景观的商业性与其艺术性是不相容的,其商业性会妨碍或有损其艺术性的发挥。其实,时尚秀场文化景观的商业性与其艺术性并不冲突,而且二者彼此支撑。时尚秀场为商业性和艺术性这一对看似矛盾的两极提供了一个完美结合的时机和场所。时尚秀场的商业性主要表现在秀场的运作和最终要达到的商业目的,艺术性则体现在其外在的表现形式和所呈现的时尚风格。良好的商业运作可以使秀场中的时尚艺术得到更广泛的宣传、扩大其影响力,使更多人认识到时尚之美,受到时尚之美的熏陶感染,从而加入追求时尚之美的队伍中来。反过来,时尚秀场所展示的艺术之美在引领时尚、培养人们的穿衣美感和生活情趣的同时,另一个直接影响就是引领人们的消费,而这不正是秀场作为一种商业性展演所要达到的重要目的之一吗?因此,商业性和艺术性,这一对矛盾体,在时尚秀场中得到了统一,而且在这一结合过程中不仅不会相互排斥,反而彼此支撑,互为补充。这一点已经被一场场完美的时装秀所证实。

以时尚界的"鬼才"约翰·加利亚诺(见图12)为例。约翰·加利亚诺是一位公认的、不可救药的浪漫主义大师,对服饰设计充满了艺术性的追求。他的作品往往标新立异,不规则、多元素、极度视觉化,在每季度的时装展示会上,他都推陈出新,展现顽童般天马行空的思维。综观约翰·加利亚诺历年作品,从早期融合了英式古板和世纪末浪漫的歌剧特点的设计,到溢满怀旧情愫的斜裁剪裁技术(见图13),从野性十足的重金属及皮件中充斥的朋克霸气(见图14),到断裂褴褛式黑色装束中肆意宣泄的后现代激情,人们总能真切感觉到穿着这些衣装的躯体不再是单纯的衣架,而是有血有肉的生命在彰显灵魂的驿动。[①] 他在时装中所表达的艺术追求完全是独立于商业利益之外的,但是其舞台效果恰恰是商业利益所要达到的。

这里,肯定有人会从传统的艺术观出发对此提出疑问,时尚艺术应该和其他艺术一样,不应该具有功利性。但是,人们观赏时装艺术之美,领略其独具的精神价值,提高人的精神素质只是这种艺术功能的一部分,对时装艺术的欣赏也是人与时装作品之间的一个交流过程,可以从中找到欣

---

① 参见 http://www.chinasspp.com/News/detail/2011-2-11/95752-1.htm,访问时间:2013年8月7日。

赏者、创作者及表演者之间的情感交流与情感共鸣。这种情感和共鸣表面上具有超功利性，并不是对功利性的否定，而是对功利性一种更为广泛、更为深刻的肯定，反过来证明了其价值所在。

图12　　　　　　　　　图13　　　　　　　　　图14

时尚秀场和其他舞台艺术一样，是一种以舞台为载体的文化传播方式，唯一不同的地方是，这是一种以服装为主体、模特为道具的动态艺术表演。通俗艺术、高雅艺术、现代的、后现代的、未来主义的等各种时装艺术风格都可以在这里找到展示自己的舞台，自由呈现，无拘无束。时尚秀场中的艺术性与其商业性共荣共存、缺一不可。不过在现实中，二者之间很难真正达到这种完美和谐的理想状态。时尚文化的商业性常常处于优势地位，这既是服装设计的功能性、时尚潮流的善变性所决定的，也受时尚文化的经济利益所驱使。时装艺术的光环不断沦为销售的筹码和利器，命运稍好一些的作品被博物馆收藏，成为一个文化符号，却又失去了其实用价值和穿着功能。

## 七　结语

通过上文对时尚秀场文化景观的特征分析，可以看出时尚秀场文化景观与德波所论述的景观社会理论并不完全相符，按照德波的理论，景观社会中的文化具有商业性、独裁性、复制性、区隔性等特征。在秀场文化景观中这些特征出现了明显的调和，具有对话性、创新性、大众性和艺术性等特征，这些特征始终处于一种动态交往的关系之中，然而，我们也必须注意到，景观社会中这种动态交往的关系并非经常处于一种理想中的平衡或静止状态，而是动态的交往关系，错综复杂、多重嬗变。这就要求我们更加客观地看待服装秀场中的文化景观。

浩浩荡荡的商业大潮不仅会催生更多的时尚品牌、培植更美丽的秀场之花、繁荣秀场文化，也同样会挤压服装设计师的艺术设计空间，使服装设计更加商业化、利益化，从而失去其来自艺术的滋养和应有的光芒，尤其是一些新锐设计师的设计想要更快地得到社会和大众的认可，把他们的设计转化为人们生活中一道美丽的风景会更加艰难。第一，虽然秀场文化景观所具有的对话性能够在一定程度上对抗其独裁性话语特权，设计师们暂时可以天马行空让绚丽的服饰在T台上恣意舞动，但是这些服饰的最终命运始终是掌握在国际时装业寡头的操纵之下，服装设计师的话语权到此已经终止了。第二，无论搭建T台是一件多么简单易行的事情，国际四大时装周的光环始终未能散去，光环背后掩盖的等级和阶级的划分使秀场文化景观的区隔性始终存在，大众秀场的狂欢何时才能撼动那里的璀璨和壮观景象呢？第三，秀场文化景观的复制性和创新性的关系也是非常复杂，甚至微妙的。复制很多时候沦为剽窃和抄袭，甚至一些国际知名品牌也不能免于此类丑闻；而创新不过是将两种或多种完全不搭、没有任何内在联系的文化元素或设计元素生拼硬凑在一起，美之名曰"混搭"或"撞色"。

总之，时尚秀场文化景观是一个动态的、复杂多元、充满各种可能性的研究场域，不是用某种理论就能一言以蔽之的，需要我们更多地从客观实际出发，在经过大量实证研究的基础上审慎地思考问题、分析问题，才能对秀场文化景观做出更多精准的判断和探究。

# 粉丝群的形成：
# 娱乐产业、文化消费与粉丝实践

同　心[*]

**摘要**：本文通过对2012年"中国好声音"节目冠军梁博的粉丝群体15个月的参与式观察，试图勾勒出粉丝群的形成脉络。本文希冀说明，在中国娱乐产业生态中，粉丝已不再作为孤立的个体出现，而是在参与粉丝群的多元实践中建构认同、意义和文化。群体目标、实践模式和消费理念的逐步统一标志着粉丝群的形成。同时，粉丝和粉丝群不是狂热的"越轨他者"，商业社会的主流价值理念仍是其最根本的衡量标准。基于此，粉丝群选择以消费为主要方式维护利益，这在自我赋权的同时，也可能让他们面临被隔离为"缝隙市场"的困境。

**关键词**：粉丝　粉丝群　消费　娱乐产业

**Abstract**：Based on 15 months observation on the fandom of Liang Bo, who is the winner of a singing competition named The Voice of China in 2012, this article wants to show how people get together and form a modern fandom. The Author try to elaborate that fans construct self-identity, understand the meaning of their existence and finally form their own culture through their participation in fandom instead of appearing as isolated individuals any longer in Chinese entertainment industry today. The unite of group target, the practice patterns and the consumption conception are the signs of the formation of fandom. At the same time, Fans are not fanatical

---

[*] 同心，复旦大学新闻学院博士研究生。

deviant. The mainstream value of commercial society is still the most fundamental measurement of fandom. Based on this, the fandom select consumption as the main way to safeguard their benefit that may get them be isolated as "niche market" predicament as well as self empowerment.

**Keywords**: Fans  Fandom  Consumption  The Entertainment Industry

2005年,"超级女声"开启了全民娱乐的新纪元,一批批选秀"民星"开始挤占荧屏,更重要的是,粉丝和粉丝群[①]自此炫目登场。这可以视作在中国语境中讨论现代粉丝群的共识性背景。换言之,粉丝群在进入各方话语时,就被默认为是能够展示生猛力量的成形统一群体,讨论因而多是基于此的回视式描述、研判。然而,粉丝和粉丝群均不是天然的存在,个体转化为粉丝,粉丝之间产生群体认同,都需经历漫长而复杂的动态性过程,其中还伴随着个体或群体间不同理念的摩擦和博弈。同时,粉丝和粉丝群并非活动在一个超越历史的或本质主义的空间内,社会语境尤其是娱乐产业的生态现状,极大地影响和制约着粉丝群的认知、话语和实践。如何表达情感和付诸实践,已不再由粉丝个体随意选择,而需要粉丝在群体内谨慎习得。在参与粉丝群的多元实践过程中,粉丝之间逐步磨合并达成共识,形成足够的群体内聚力和行动力,粉丝群才得以拥有与各方势力周旋的基础,以切实支持明星/文本,维护其根本利益。本文中,我以"学者粉"(aca-fan)的身份,通过对2012年"中国好声音"节目冠军梁博粉丝群的15个月参与式观察,讨论粉丝群的动态形成过程。

## 一  粉丝聚集:话语"抵抗"

历经多年发展,中国选秀节目的生产制作逐渐模式化和固定化,形成一套较稳定的叙事策略:以竞争为母题,放大选手经历的故事性,极力煽情等;营销策略也更为圆熟。同时,大量选秀节目似乎也喂养出一批洞悉各种规则的受众,在观看时他们多倾向于使用对抗性策略进行解码:质疑

---

[①] 许多文献中使用"粉都"来指称粉丝群,但由于粉都即"fandom",还可以用作表示粉丝的状态或态度,即"喜好"的意思,为表意清晰,本文仍使用"粉丝群"一词。

选手的真实身份和经历,热衷于追逐选手的负面信息;质疑竞争的公平性,认定有幕后势力操作等。2012年,第一季"中国好声音"节目突破国内传统制播模式,并"将音乐性的判断与解读融入到节目的全过程中",① 成为该年度的收视赢家。但是,耳目一新的节目模式似乎并未改变受众积淀出的"解读策略"。尤其是对赛果的"黑幕操纵"一说,在节目结束后一度充斥各大主要网络社区,不少网民对该节目冠军获得者梁博多有质疑——中国选秀节目的"惯例"还在于,冠军常不指向荣誉,收获更多的可能是争议甚至贬损。

选秀节目备受瞩目与争议的另一个关键在于,现代意义上的粉丝群自此炫目登场。但在此需要说明的是,"中国好声音"与之前选秀节目的区别之一在于"反选秀,评判权交给专业人士而不是投票海选",② 比赛前期环节由分组导师打分,或导师和媒体代表联合打分,决赛则是上海八万人体育场的现场观众和99家媒体代表联合打分。所以在节目播出期间,没有形成类同于超女粉丝群这样直接呈现于前台的大型粉丝团体的前提条件。

尤其是梁博粉丝群,其形成的背景更为特殊。从许多粉丝的自述中可以看到,由于他并未被视作热门选手而着力呈现,很多粉丝是在比赛后期甚至节目结束后才开始关注他并成为"粉丝"的。而赛后的特殊情势正是很多人转变成粉丝的重要契机,"令人忍不住要奋力保护(梁博),以不被黑暗淹没"。③ 情感投入常被视作粉丝的核心要素,但拥有类似情感的粉丝何以集结成群,则涉及具体的情境。在此,寻求情感共鸣并形成抵御性力量是粉丝群聚集的实际动机。同时,由于梁博在赛前未签约经纪公司,其后与"中国好声音"节目制作公司又有签约纠纷,故没有专业信源提供完整信息,搜寻和讨论正面信息的唯一可能指向了百度梁博贴吧(以下简称"博吧")。在赛后一段时期内,梁博也未明确经纪公司签约事宜(约2013年3月才有暗示性消息说明其去向),不可能建立官方网站,因而博吧成为粉丝的最主要聚集地。但必须指出的是,利用职业"黑"加强粉丝内部

---

① 覃晴、谭天:《〈中国好声音〉的传播特征与价值创新》,《新闻与写作》2012年第10期。
② 常江:《〈中国好声音〉的各种声音》,《新闻界》2012年第24期。
③ charishkong:《为梁博的唱功证明——片断》,http://tieba.baidu.com/p/1927065515?pid=25897423395&cid=25899108020#25899108020,访问时间:2012年11月3日。

"团结"也是一种极易成功的"圈粉"(即成功吸引新粉丝)手段。"只有通过所有的斗争、'狼来了'的呼叫和武力威胁,置身于一个共同体的感觉和成为一个共同体的感觉,才能一直萦绕在心而不会消失。人们是夜以继日地在前线来寻求家庭式的温馨的。"[1]

聚集而来的粉丝首先对负面言论进行回应,然而这是仅凭一腔热情所无法应对的。在粉丝话语中,常有三类基本的人群划分:"粉丝",即支持者;"路人",即持中性观点的民众;"黑",包括持负面态度的人和抹黑明星/文本/粉丝群的反粉丝(anti-fan)。[2] 赛后,各类"黑"在网络论坛中从不同角度进行攻击,"低级黑"粗俗谩骂,"中级黑"散布流言,"高级黑"从音乐素养、人品个性、商业前景等对梁博做全面否定论述,还有各类"写手"推波助澜。粉丝的话语抵抗不仅需要"李菊福"(即讲道理、证据使人信服),更需要成熟的心态和策略。经过大量讨论,博吧亦形成了分类抵抗话语:部分人搜集证明梁博身份和经历的信息;专业人士从相关角度如乐理、演唱技巧等回应;还通过其他采访资料证明其品格等。"黑"的言论中有一种论调值得注意,即梁博在9月30日决赛夜演唱《我爱你中国》是一种"献媚"行为,对于摇滚乐手更是"禁忌",然而这也意外成就了博吧"海外粉"的出场。海外华人对"国家"的理解似乎更为丰富,表达也无须"顾忌",他们认为《我爱你中国》唱出了他们的心声,"强烈的文化归属感,强烈的认同追寻感"[3],是一种朴素的爱国心,并通过各种途径证明海外华人的支持[4],但其中亦有颇富意味的论述方式。

在话语"抵抗"的过程中,粉丝逐步从对娱乐节目制作宣传手法的拆解,到对受众解读惯性的深度抗辩,延伸到对娱乐产业商业逻辑的反思。一方面,正是这样的商业逻辑形成了看似合理的负面推断;另一方面,梁

---

[1] 〔英〕齐格蒙特·鲍曼:《共同体》,欧阳景根译,江苏人民出版社,2003,第16页。
[2] "黑"可分为职业性的和自发性的,职业"黑"通常由商业力量支持,按照一定步骤和策略有计划的诋毁粉丝群所支持的明星/文本,攻击、离间粉丝群,并引导大众注意力和舆论走向,营销能力、引导力都不可小觑。在本文中,由于个人能力有限,无法明确辨认各类"黑"是否有商业力量支撑,故统一分析其话语和行动。
[3] 某刻心情:《梁博你进来!博迷你们进来!》,http://tieba.baidu.com/p/1894878451?pid=24760728530&cid=0#24760728530,访问时间:2012年10月1日。
[4] nosheiken:《贴下youtube上的评论吧,我爱你中国》,http://tieba.baidu.com/p/1930037959#frs_nav,访问时间:2012年10月18日。

博于赛后回到了家乡长春,继续上学并准备考研,并未将"人气"快速变现,这种"反商业"举动也令很多粉丝骄傲和敬佩,甚至将他称为"少年",意味着真挚、梦想和纯粹。有意思的是,选秀明星李宇春、张杰等均曾被其粉丝称为"少年"。

## 二 成为"合格的粉丝"

由于话语"抵抗"中相对权威的"第三方"表述更有力量,因而不少粉丝试图梳理相关媒体报道以支撑观点,此举却无意中提升了粉丝的媒介素养。他们发现,参与决赛现场投票的媒体多到国庆假后才匆忙撇清自己,但对当日的情况多语焉不详,媒体的客观性神话被戳破;尽管《中国青年报》的一篇深度报道几乎"还原"了粉丝心目中的梁博形象,[①] 教育类报刊亦有正面评论,但各类都市报中仍然被大量同质化的负面报道挤占,而网络媒体更以虚假夸张的标题吸引眼球。粉丝开始意识到,娱乐报道常常只是公司"通稿",资本力量拥有设置和引导媒体议题的绝对话语权。此前无论哪种层面的话语抵抗,几乎都是对粉丝群体内的,对于博吧外更为广阔的世界,仅靠自我言说很难产生实质性的影响。因此,要成为"合格的粉丝",还需要经历更多的"演练"环节。

### (一) 日常演练

2012 年 11 月开始,梁博的原创歌曲《因为》在中国歌曲排行榜(以下简称"中歌榜")上推出,这是他在赛后的第一次公开行为。这张榜单的周排名由网络投票、歌曲试听量、新浪微博转发量、电台 DJ 打分复合计算,上榜持续度则由前一周排位决定。作为已创建 20 年的权威榜单,中国歌曲排行榜的奖评颇有分量,但是否"打榜"仍使粉丝群出现了第一次明显分歧。"打榜"是指以各种方式大量重复投票,违背理想意义上的公平性,并且与低级黑重复发谣言帖的行为相似。然而这张榜单亦有着特别的实际意义:它是当时粉丝们唯一能切实影响的具有传播力的媒介事件。最终,已经领略过严酷媒体环境的粉丝们默认了打榜行为,各尽心意或只"去投一

---

[①] 陈竹:《梁博:声音不是最好却最较真》, http://zqb.cyol.com/html/2012-11/05/nw.D110000zgqnb_20121105_1-11.htm, 访问时间:2012 年 11 月 5 日。

票",这样可以"为梁博创造环境,他去不去由他自己做主"。[①] 事实上,相对于一般榜单,中歌榜打榜是相当困难的,网络投票栏中的验证码很难辨认,一般有6个字符,还会有干扰的类字母出现,可以说这项指标就是在考量粉丝的数量、热情和绝对忠诚度。

中歌榜于每周日晚上在北京音乐广播电台揭榜。11月18日首周揭榜日,博吧专门开直播贴共同收听讨论。榜单从50名开始倒序播出,在直到第20名还未出现梁博的名字时,粉丝已经开始欢腾;而在10名还没出现时,很多粉丝已经开始庆贺;最终,第一周"空降"亚军。这成为自比赛结束后博吧第一次全体欢畅的激动时刻,亦让更多粉丝加入打榜的行列。其后,粉丝群不断总结经验,"补习"了投票和宣传课程。在《因为》下榜时,笔者与很多新粉丝一样,从初期每小时成功率约20票提升至约60票,学会同时开数个网页自动循环增加播放率,学会用"油菜花"(即有才华)的吧友心路告白来填作微博内容以增加转发量和引起电台DJ注意,学会网购北京手机卡号进行短信投票等。终于,《因为》在榜单上停留9周,成为"恒星歌曲"。这九周的揭榜时刻也成为一种传播仪式,让原本天各一方的粉丝借由网络和电波感受到了"群体生命"的存在,增强了对"想象的共同体"的认同感。同时,梁博也因此获得了当年度中歌榜年终奖项的参评资格。

### (二) 狂欢守则:"灯牌"与人气

其后,梁博获得中歌榜三项提名。提名发布会也成为粉丝们第一次近距离接触梁博和彼此的机会。尽管在两天前才得知这一消息,北京粉丝迅速集结并在当日开通YY语音直播,博吧也专设直播贴。发布会结束后,参与的粉丝通过"REPO"帖(报告帖)说明当天经历。这类贴文多精细而周到,让未能到现场的大多数粉丝"身临其境",这是生产粉丝集体记忆和共同经验的关键环节,也是对粉丝行为规训的重要方式。亲历者的转述让粉丝们见识了其他粉丝群的力量和行事规则:在自己的偶像没有出场时要安静、保持秩序;在"前辈"明星出现时要适时鼓掌以示尊重等;而匆匆赶制的大幅海报并不亮眼,应该效仿其他粉丝,用灯牌的方式彰显"人气",吸引媒体注意。灯牌,在其后成为博吧粉丝之间情谊维系、观点交锋,以

---

[①] 神棍28cm:《百问百答之神棍28cm篇》,http://tieba.baidu.com/p/1962365314?pid=26063726504&cid=26063868720#26063868720,访问时间:2012年11月8日。

及和梁博互动中的一个关键物品。

  12月15日"新年之约"长春演唱会是梁博赛后第一次正式参加的大型演唱会，更是粉丝们期盼已久的节日。这场演唱会的票价从180元到1280元不等，而内场票价为880元、1280元两档。经过前述见面会等，粉丝们已经领悟到，在"拼盘"（即多个歌手参与）演唱会上，票价最高的内场中的灯牌数量就是对明星号召力的直观展现，是粉丝争取话语权的重要形式。粉丝拍摄的现场视频和文字描述都着力于展现当晚内场涌动着的梁博粉丝灯牌，而"黑"则坚称该演唱会人庭冷落、票价低廉，这都是源于上述的逻辑。灯牌一般是明星的名字或昵称。有意思的是，当日一位女粉丝举着"少年嫁我"的灯牌被"围观"，但她只是在个人微博上表达了当时的感受，并未主动在博吧诉说。尽管粉丝对异性明星表达欣赏和爱慕几乎司空见惯，然而这在博吧初期并不是一种可以张扬的情感。梁博曾在接受采访时主动提及已有女友，这一度让粉丝在证明他人品时津津乐道。因而这类话语一直被视作"花痴粉"，相较于"理智粉"并不那么理直气壮。

  12月29日，中歌榜举办年度演唱会。尽管梁博只有3分10秒的演唱时间，并且本场演唱会在台北举行，粉丝们仍翘首以待，积极参与。梁博能在华语乐坛名流汇集的演唱会亮相，也是对粉丝打榜的肯定，这时已没有人再对打榜提出异议。当晚，一些大陆粉丝带着从各地收集的灯牌奔赴现场，一位曾是老师的台湾粉丝提供了嘉宾内场票，还专门在喜欢梁博的"陆生"中挑选了两位形象抢眼的女生举着那块"少年嫁我"的灯牌——这块灯牌其后几乎出现在每一场梁博参与的演唱会上，它已经从私人情感的告白品演变成粉丝集体热切情感的展演物。因此，即使在几篇REPO贴中都可以看到，梁博在与现场粉丝交流时"很郑重地说，我希望没有灯牌，希望以后大家能举起手臂听我现场演唱"，带着十余公斤重的灯牌两地辗转的粉丝当然明白其艰辛，但仍认为在个人演唱会上可以不带，"如果是拼盘，我们就要举灯牌了，因为这是拼人气"。① 最终，尽管当场"最集中和有组织的是玉米"，但"内场独我们一家"，② 这些闪耀的灯牌更成为粉丝们社会

---

① 祉琳：《今夜，我为你而来——2012年12月29日中歌榜台北小巨蛋》，http://tieba.baidu.com/p/2082051488? see_ lz=1&pn=3，访问时间：2013年1月5日。
② 不遭待见的海龟：《2012年底中歌榜台北小巨蛋之行》，http://tieba.baidu.com/p/2074800984? see_ lz=1，访问时间：2012年12月31日。

阶层和影响覆盖面的象征。

可以对比的是，有粉丝曾这样畅想梁博的未来演唱会："20年后的冬天，一个巨大的室外广场或公园，不需要多么璀璨的灯光，不需要我们在吧里群里奔走相告，不需要灯牌荧光棒这些略显'庸俗'的加油道具。你用微博或更先进的社交工具说：不需要门票，想来就来吧。数以万计的人从各处拥入，我们高举打火机，帮你照亮整个舞台。你在台上唱出一首属于自己的足够代替《Let it be》的歌，将我MP3里安魂曲一项的列表彻底翻新。"[①]"门票""略显'庸俗'的加油道具"，粉丝对于这些及文化消费行为并没有天然的亲近性，粉丝追逐的是"安魂曲"一般的本真性文本。但随着阅历的增加，粉丝们越来越意识到商业公司的力量，它们可以通过技术手段和资本运作来操纵市场胜利。仅以"真诚情感"这样"陈旧"的手段取胜的梁博是幸运而稀有的，同时他亦是借用了成熟商业模式所打造的平台。在当下娱乐产业生态中，获得"数以万计"的人喜爱，并能有绵延"20年"的影响力，都需要借助商业力量的持续支持，而在现阶段，消费实践是粉丝能够自我赋权的唯一方式。灯牌成为消费的象征，在想举起双臂全情摇摆时它总是分外累赘，然而粉丝们依然努力托举，它在场外人的视野中点亮，照彻的却是粉丝心中的理想。

## 三 粉丝群的形成

### （一）群体裂变与整合

与其他选手的选曲不同，梁博在"中国好声音"中的演唱曲目均选自早、中期的中国摇滚作品。早期的中国摇滚乐人都拥有一种保持真诚的能力，和将真诚转换为音乐的技巧，[②] 近年来却愈来愈难在电视荧屏上觅得其行踪。很多粉丝认为，梁博的非凡即源于他续接了前辈摇滚乐人的情怀和素养。所以博吧早期既有摇滚乐迷，也有厌弃了浅白模式化歌曲的粉丝。

---

① 神棍28cm：《亲爹未老 私奔长春》，http://tieba.baidu.com/p/2002824676? pid = 26986770658&cid = 0#26986770658，访问时间：2012年12月7日。
② 颜峻：《灰飞烟灭——一个人的摇滚乐观察》，花城出版社，2006，第111页。

尽管"中国摇滚音乐界与流行音乐界彼此划分成清晰的阵营。……大众对摇滚的看法也普遍是陌生且轻蔑的（我们常听人说一提到摇滚歌手就会有长发、暴力、吸毒的不良印象）"，但摇滚乐迷认为"梁博是在这看似不可融合的两岸之间架起了一座桥梁"，"让两岸的人们略微看到了对方：原来音乐是心灵的交流，没有偏见。他让一部分摇滚爱好者放下了孤傲的架子，让一部分大众了解到更真实的音乐"，因此，"我们只做桥墩，不做海浪"。① 面对"黑"曾称梁博"一边践踏摇滚精神，一边假装中国摇滚的希望"，摇滚乐迷的活跃是对此有力的回应。所以在初期，摇滚乐迷与其他粉丝相处融洽，其中颇多洞见深远、文采斐然者的帖文都被标为"精品"帖，他们还撰写了许多摇滚乐普及帖、摇滚乐人推广帖等，这在以不能谈论其他明星为基本原则的娱乐贴吧几乎是不可想象的，也让这时的博吧生动而新鲜。但是在非系统化的普及过程中，摇滚乐迷偶有的急躁粗疏，反而加深了其他粉丝对其的"孤傲"刻板印象。同时从博吧年龄结构和活跃度的统计中可以看到，"熟龄"粉丝占据多数。② 对已经拥有成熟认知框架的他们而言，在贴吧还要"补习"后才能收获延迟的快感似乎并不现实。在此过程中，摇滚乐迷逐渐聚集于梁博摇滚 QQ 群，以一种抱团的方式共同进退，"摇滚群"成为博吧摇滚乐迷的代称。

几场演唱会结束后，粉丝们积极总结经验，讨论如何"给梁博一个'像样'的摇滚现场"，像"崔健的标志性符号带给歌迷的归属感"一样，粉丝们也可"给梁博的歌迷群体找到类似的共识符号"。③ 这时，摇滚乐迷立即指出"梁博远没到可以拥有个人符号的地位"，"现在即使有符号也只能靠歌迷来发明，其实就是个人偶像符号，违背摇滚精神"。④ 同时，还特意普及了此前他们在长春演唱会上挥舞旗帜的意义，借以澄清"摇滚现场"的实质："战场上走散的士兵看到旗帜就找到了队伍，这说明旗代表了共同的目标与理想。摇滚乐迷聚在一起，共同追求真诚与自由，此时高耸飘扬

---

① evey5ive：《梁博如是一座桥梁，我作桥墩，不作海浪》，http：//tieba.baidu.com/p/1980323595？pid=26178099049&cid=0#26178099049，访问时间：2012 年 11 月 11 日。
② 博吧流星：《【博吧专帖】博吧新人报道、博友信息登记专用贴》，http：//tieba.baidu.com/p/2173983408？pn=1，访问时间：2013 年 2 月 21 日。
③ luchy911：《我们应该给梁博一个什么样的摇滚现场？》，http：//tieba.baidu.com/p/2080539833？see_lz=1&pn=1，访问时间：2013 年 1 月 3 日。
④ evey5ive：《我们应该给梁博一个什么样的摇滚现场？》，http：//tieba.baidu.com/p/2080539833？see_lz=1&pn=1，访问时间：2013 年 1 月 4 日。

的大旗就是他们的家园，是他们安放理想的所在。"① 但是有意思的是，很多粉丝对旗帜的"认同"则源于另一层面：长春演唱会还作为吉林卫视跨年演唱会录播，由于播出时粉丝们的合唱与呐喊几乎完全被消音，也仅留有几个灯牌画面，镜头上始终能看到的只有摇滚乐迷挥起的两面招展的旗帜，更多粉丝是在提及此时才会涉及大旗，甚至有粉丝将扛旗者称为"大旗英雄"。然而，"漠视英雄、取消神话，用自己的存在去消解偶像和领袖的暴力"②，是摇滚乐最具有区别性的特征之一。

尽管摇滚乐迷与部分粉丝略有龃龉，但前期演唱会的喜悦气氛似乎足以化解任何不快。2013 年 1 月之后，梁博开始录制新专辑，即一段时期内不会有新动向，博吧也进入沉寂期。这时一则标题为"快来见识摇滚的魅力"的帖子引起了博吧的争议，主贴是谢天笑的现场表演视频——恰好他是一位"长发"且有"吸毒"传闻的摇滚乐手，议论中话题从质疑摇滚乐迷肆意强推其他歌手，逐渐转向摇滚的内核究竟应该是愤怒抑或阳光。这也引起了梁博唯一一次以长篇微博做出回应，他强调"为了一个形式化的定义而丧失了音乐的本身意义是悲哀的"，③ 但这只是从表面平息了争议，摇滚群自此逐渐淡出博吧，其他粉丝的讨论也不再涉及摇滚乐。对此可以注意到，"中国好声音"决赛 VCR 中曾插入梁博的一句话"我觉得摇滚并不一定都是愤怒的，它其实是充满阳光充满爱的"，④ 这句话以强调的方式剪辑呈现，暗合了前述的大众对摇滚乐的负面刻板印象，主流媒体正是基于此才特别强调摇滚是阳光的，这样才有吸引大量主流受众的可能性。粉丝也逐渐意识到，如果梁博的摇滚乐也愤怒而叛逆，偏离想象中的主流文化的后果是无法吸引"路人"。摇滚乐迷在博吧孜孜不倦的推广，并未从根本上改变他们意识到的"陌生且轻蔑"的大众印象。或者说，即使博吧粉丝领略到摇滚亦可以阳光而充满力量，他们仍然对大众心目中的"摇滚"有所顾虑。"粉丝的辨别力与大众文化的社会辨别力以及主导文化的审美辨别力有着密切联系"，粉丝在为自己的粉都客体进行辩护时，常常会引用官

---

① evey5ive：《下次一定要给梁博一个大大的惊喜》，http：//tieba.baidu.com/p/2054181533?pn=3，访问时间：2012 年 12 月 19 日。
② 颜峻：《灰飞烟灭——一个人的摇滚乐观察》，花城出版社，2006，第 106 页。
③ 是非命题姐：《小博又发微博了，他有话对我们说》，http：//tieba.baidu.com/p/2093341784，访问时间：2013 年 1 月 10 日。
④ 搜狐视频：《20120930 梁博震撼献唱〈回来〉舞台放歌只为阳光摇滚正名》，http：//tv.sohu.com/20120930/n354237305.shtml，访问时间：2012 年 9 月 30 日。

方文化的审美标准。① 还需说明的是,发表这则争议贴文的作者并未加入摇滚群,而查询 ID 发帖历史即可看到,他在博吧发帖不多,主要活跃于各选秀节目选手贴吧。这样疑似卧底离间的手段常见且并不高明,但产生影响力的原因则源于粉丝群已有的裂痕。

由于摇滚群的群主在 2013 年 4 月退出博吧,并在其后不久担任了其他音乐人贴吧的吧主。部分粉丝认定摇滚群群主的行为是他利用博吧资源推销其他歌手,并连带提出对摇滚群的强烈质疑;而博吧吧主即于 5 月发帖公告停止摇滚群在博吧的宣传权,引起了其他摇滚乐迷的不满。② 双方产生大规模的激烈争论③,最终许多摇滚群成员退出了博吧。从以往的粉丝研究来看,很多粉丝都会将单个文本/明星作为进入一个更广阔粉丝社群的起点,并将相关材料连成一个互文性网络。④ 但在贴吧这一特殊粉丝聚集场域中,标准和尺度都发生了改变。在逐步认同商业衡量标准之后,许多粉丝认为摇滚乐迷"推销"讨论其他歌手,就有了分流粉丝、弱化凝聚力的可能,而这种凝聚力被默认为直接影响粉丝实践的集体动员,与即将发行的首张专辑的销量休戚相关,更会影响往后的群体行动。

## (二) 边界的形成

经过一段时期的实践后,粉丝们开始意识到"自我认同"确实需要"外界认可","自己的理想"自然要"百折不挠地坚持",但是受制于"外界的压力",识时务地利用环境"曲线救国",更为现实而有效。群体目标进一步被阐释为:守护"少年"赢得继续沉浸于音乐的空间和话语权,目前需要粉丝群体形成足够的内聚力,并以消费等实践切实支持,长远而言,则应当通过大众的消费选择获得认可。摇滚群的离开过程,也是粉丝群体这一内在理念成形的过程。

---

① 〔英〕约翰·菲斯克:《粉都的文化经济》,陶东风主编《粉丝文化读本》,北京大学出版社,2009,第 8、9 页。
② 博吧流星:《〈博吧公告〉关于停止三个 QQ 群在博吧宣传权的公告》,http://tieba.baidu.com/p/2356533831? pid = 33332997364&cid = &from = prin#33332997364? from = prin,访问时间:2013 年 5 月 29 日。
③ 博吧流星:《公告解读与完结》,http://tieba.baidu.com/p/2360082252,访问时间:2013 年 5 月 30 日。
④ 〔美〕亨利·詹金斯:《"干点正事吧!"——粉丝、盗猎者、游牧民》,陶东风主编《粉丝文化读本》,第 48 页。

此后，尽管博吧似乎依然有别于多数娱乐贴吧，它不设置统一格式，没有谐音化的粉丝集体名称等。但是，在对粉丝消费、商业化的理解深化和行动转变的过程中，娱乐产业的商业逻辑逐渐内化于粉丝群的利益目标中。于是，很多粉丝对梁博的关注重点转移为：没有专业的形象设计，演唱会时"不换衣服，只换琴"；长期守在长春，错过一线城市资源；不应该再考本校研究生，去国外游学或直接在社会历练更好；一直通过学校老师与外界沟通，没有专业公关团队等。即使决赛夜上那首《回来》曾唤起粉丝们对回不去的故乡的追忆，即使粉丝都深刻理解《私奔》中"把青春献给身后那座辉煌的都市"的无奈，但是"少年"终究是要长大的，要和粉丝们一样在现实世界里生存。粉丝群逐步磨合出了统一的理念、准则，划出边界，并聚集出"切实有效"的群体力量，这意味着粉丝群的真正成形。

可以看到，"抵抗"是该粉丝群形成的契机，但是粉丝们否定的是急功近利的迅速套利行为，是垄断资源的资本力量，是浮躁、速食的恶性市场，但从未排斥可以通过版权付费等保障梁博生活的理想商业体系。多数粉丝不自觉地认同于"好的音乐就是要让更多的人听到"这一唱片工业掩盖其追逐利益最大化的说辞，他们甚至将主流商业社会对个体优劣的评判标准带入对梁博的期望中。因此，尽管粉丝们评价梁博在"商业时代反商业反包装，坚持追求单纯的音乐创作环境"，是"最大的叛逆和个性"，[①] 曾一度激发出他们心底超越性的力量，但在当下现实中，最世俗的支持方式似乎仍是唯一的选择。商业情境是曾经奋起"抵抗"的起点，也终于成为了目标达至的终点。

## 四　现实碰撞

2013 年 11 月 30 日，某汽车品牌商联合各方在北京举办了"世界好声音"演唱会。当晚，包括梁博在内的五国"好声音"同台献艺，这是他沉寂一年后的首次亮相。该活动的前期宣传声称，梁博将作为开场嘉宾演唱三首原创新作，此消息瞬间引爆博吧。尽管该场演唱会主要以赠票形式回馈该品牌汽车客户，但很多粉丝还是通过各种渠道争取门票。当晚，梁博

---

① 雪原游击队：《随便聊聊好声音前三甲的发展路线》，http：//tieba.baidu.com/p/2160212699?pid=29354731302&cid=#29354731302，访问时间：2013 年 2 月 15 日。

粉丝灯牌几乎遍布现场,贴吧、微博、YY 语音频道都早早开始准备"直播",甚至有从美国、加拿大专程归来的粉丝赶到现场。然而当晚在一片嘈杂声中,没有报幕等任何提示,梁博和几名乐队成员走上舞台一角,在半开的灯光中演唱了两首歌曲后立即离场。之后音乐响起,灯光全开,主持人走上台,宣布演唱会正式开始。粉丝们突然意识到,梁博从"开场"嘉宾变成了"暖场"歌手,而该汽车品牌官方微博、合作电视台官方微博在当晚的微博"直播"中均不提及梁博,并删除了之前有关梁博将现身该场演唱会的营销语句。现场的粉丝并未离场,多数人仍高举灯牌、横幅或是大旗,在每一个歌手的演唱间隙齐声呼喊"梁博""回来",一直到演唱会结束。尽管粉丝们清醒地预判,合作电视台大概不会如约在 12 月 28 日的录播节目中放出梁博演唱的片段,当日粉丝的呼唤声会被消音,灯牌会被剪辑、雾化,雾化后的星点光辉甚至会成为其他歌手的人气佐证,但仍在矛盾中坚持。其他粉丝亦在贴吧和微博热议,使"梁博"于当晚迅速成为新浪微博搜索热榜第一名。有意思的是,翌日多家网站对此刊载了类似内容的疑似"通稿"新闻,但聚焦点不只在于梁博的回归,而集中于表现粉丝的狂热。在粉丝们持续的"抗击"后,一些电视媒体开始陆续播放了包含当日梁博演唱片段的新闻。

这似乎是一场关于粉丝、偶像以及各种力量博弈情景的生动展演。当日舞台上的梁博一身黑色西装,唯一亮眼的是他手上的炫彩吉他,他试图"用音乐说话"。但组织方掌控着能听到他言说的对象范围:由于临时调换时间,几乎只有为观赏梁博开场演唱的粉丝提前到达,多数"路人"几乎尚未落座;而在演唱结束后,组织方立即关掉了仅有的光和话筒音,很多粉丝甚至没有听到梁博的致谢。粉丝们"酝酿积聚一年多的感情和情绪还没来得及爆发就这样给灭掉了,内心充满不甘的憋屈还要为了所谓的礼貌和素质继续强颜欢笑的捧场鼓掌"①。即便如此,竞争性的资本力量似乎可以轻易从大众视线中抹去这些。当然,文化权力也许并不完全归属于任一特定群体。② 经过一年的历练,成形的粉丝群体学会了如何展现力量,继而

---

① FLYLIHUAZI123:《为梁博的唱功正名——片断》,http://tieba.baidu.com/p/1927065515?pid=42611077439&cid=&from=prin#42611077439,访问时间:2013 年 12 月 5 日。
② 〔英〕麦特·西尔斯:《在消费与"抵抗"之间的粉丝文化》,陶东风主编《粉丝文化读本》,第 95~96 页。

不遗余力地撬开每一道裂缝。然而,粉丝们选择展示自身消费热情和潜力以支持偶像/文本,却也很容易被"营销话语和实践利用"①。事实上,经纪公司一直是缺席的在场者,并且在相当程度上参与了粉丝群的流变:中歌榜一般没有音乐人以个人身份上榜的可能性;而梁博每一次公开动向前,总有贴吧 ID "预言成功";此次在演唱会后首发的"通稿"中竟有几分"安抚"粉丝的意味。粉丝群体非凡的消费力,会让公司只针对粉丝群展开缝隙市场(niche market)的生产和营销,"将粉丝受众从更大范围的联合受众中孤立出来,只会有效地终结文本触及更多受众的经济可行性,使得文本只能局限于'向信徒布道'的粉丝隔离区"。② 当然,博吧的贴文中亦不缺少对此的疑虑、警醒和探讨,而第一张专辑发行在即,一切刚刚开始。

---

① 〔英〕麦特·西尔斯:《在消费与"抵抗"之间的粉丝文化》,第 86 页。
② 〔英〕麦特·西尔斯:《在消费与"抵抗"之间的粉丝文化》,第 86~89 页。

# 瓷们，工体去！
## ——北京国安青年球迷亚文化研究[*]

### 刘 佳[**]

**摘要**：自1992年北京国安俱乐部成立至今，青年球迷是国安球迷中不可或缺的组成部分。如今的北京国安青年球迷群体逐渐形成了稳定的穿着、行为等领域的风格，形成了以仪式抵抗为特点的青年亚文化。借鉴民族志研究方法，运用伯明翰学派的青年亚文化理论，可以对"围巾墙""N98"以及助威口号等国安球迷的独特符号进行深入解读和阐释，透视青年球迷亚文化的未来。

**关键词**：青年亚文化 球迷 民族志

**Abstract**: Looking through every fans' age composition of the Beijing GUOAN football club since its establishment in 1992 till now, it is not hard to find that the young generation is an integral formation part. Now the young generation fans gradually forms their own clothing and behavior style, which generates a subculture, based on the distinguishing feature of resistance, ritually resistance and marginality. By using the youth subculture theory of Birmingham School and ethnography research for reference, "the scarf wall", "N98" and slogan for cheering such unique symbol can be deeply analyzed and expounded. And on this basis, the paper is conducted to introspect the

---

[*] 本论文属于国家社会科学重大招标课题"国家文化中心建设的历史现状与未来设计"的成果，课题编号为：12&2D169；瓷，北京方言，形容关系好，亲密。

[**] 刘佳，首都师范大学文学院硕士研究生。

future of subculture for youth fans keeping a foothold on the culture development.

**Keywords**: youth subculture  soccer fans  ethnography

足球运动之所以被誉为"世界第一运动",与其球迷人数之多、疯狂程度之深有密不可分的关系。综观国内学术界近年来关于球迷文化的研究,可以粗略地归结为三大类。第一类是球迷越轨行为成因及对策探究[1],比如李宝坤从心理学、社会学角度对球迷暴力行为成因及对策进行的探讨。第二类是区域性球迷现状研究[2],比如江滔对长沙市球迷的基本情况及消费行为等进行了调查研究,为发展长沙市球迷提出了详细的对策。第三类对球迷进行粉丝文化视野下的解读[3],比如孙娟探讨了体育粉丝的形成过程,并分析了粉丝消费对体育发展的推动作用。具体到球迷文化中的助威行为来看,石岩、马博构建了球场观众助威行为的理论模型[4],将赛场中导致"喝正彩"和"喝倒彩"结果的原因和循环过程清晰完整地呈现。

上述研究成果普遍将球迷文化的形成及意义作为研究重点,从社会学、心理学层面进行探究,在评判球迷文化时立足于道德层面,缺少对球场越轨行为文化层面的剖析。本文将球迷文化视为一种亚文化,运用伯明翰学派青年亚文化理论,对球迷文化中的穿着、助威行为等符号化的风格进行解读,并与英国"光头仔/足球流氓"[5]亚文化风格进行对比,阐释其中"微抵抗"的意义[6]。在此基础上,将北京国安青年球迷亚文化视为丰富文

---

[1] 李宝坤:《足球比赛球迷暴力的成因及其对策的研究》,硕士论文,首都体育学院,2013;魏伟伟:《中国足球超级联赛球场观众暴力诱发因素分析及遏制策略研究》,硕士论文,郑州大学,2013;周秀军、毛志晨:《我国足球赛场球迷越轨行为分级及趋势探析》,《体育与科学》2011年第6期。

[2] 江滔:《长沙市足球球迷现状调查和对策研究》,硕士论文,湖南师范大学,2010;周驰:《构建江西足球红色球迷文化初探》,《南昌航空大学学报(社会科学版)》2011年第1期。

[3] 孙娟、王志伟:《体育粉丝研究》,《体育文化导刊》2012年第7期;许海峰、汪雄:《新时期女性足球球迷文化特征探析》,《读与写杂志》2012年第8期;刘宗祥:《试论足球迷文化》,《体育文化导刊》2013年第9期。

[4] 参见石岩、马博《球场观众助威行为的理论研究》,《体育与科学》2012年第1期。

[5] 参见〔英〕约翰·克拉克《足球流氓和光头仔》,王艳卿译,陶东风、胡疆锋主编《亚文化读本》,北京大学出版社,2011,第145页。

[6] 微抵抗并不为是强烈极端的全部替代的对抗,而是仪式化象征性的对抗。见胡疆锋《中国当代青年亚文化:表征与透视》,《文化研究》第14辑,社会科学文献出版社,2013,第11页。

化市场的一股助力,立足北京文化或文化产业提出一些思考。

本文将国安青年球迷①文化作为一个典型的亚文化案例进行研究,采用民族志的研究方法,对这一亚文化组群进行参与性观察和访谈,结合一些早期的电视台影像资料进行文献分析。

笔者本身就是一名忠实的国安球迷,所以将研究视角置于球迷群体内部,亲身体验种种饱受争议的事件,获得了大量真实的一手资料。自1994年起,笔者便开始观看北京国安队比赛的电视转播,而2012年起至今,笔者几乎在工人体育场观看了北京国安所有的主场比赛,包括中超联赛、亚冠联赛以及足协杯比赛,自2011年起,笔者便加入了百度贴吧的北京国安吧,进行了长期的"潜水"观察。观察了面对不同对手,北京国安球迷表现的风格迥异的态度和行为。

## 一 20年风雨兼程:国安球迷简史

这里有必要先回顾一下20年来国安球迷的兴起和发展。

1992年,北京正式建立中国职业足球俱乐部,成为拥有足球俱乐部的11座城市之一。1993年1月5日,北京足球队完成了向北京国安足球俱乐部的转变。1993年的七运会上,北京队闯入决赛,最终0:2不敌辽宁队屈居亚军。虽然未能夺冠,但北京队体现的拼搏精神奠定了"国安永远争第一"的奋斗目标,也吸引了以"输赢都爱你,不拼不爱你"为宗旨的一群忠实球迷。这20年中,球迷们既在球队处于内外交困时不离不弃②,又在其不思进取时怒其不争③。之所以如此喜爱国安队,既因为"公平竞赛、永踢真球"④,也因

---

① 本文中所讨论的"青年"一词特指14~35岁的人口,国安青年球迷包括大、中学在校学生,以及刚刚在工作上步入正轨的年轻人等。
② 1995年联赛最后一场,北京国安主场3:1击败广东宏远队。全场球迷不约而同地点燃打火机向绕场的球员致敬,场面十分温暖感人。2000年,状态低迷的北京国安队在与延边敖东队的比赛中,遭遇裁判的争议判罚,俱乐部向足协申诉未果反而遭到追加处罚,于是决定退出甲A联赛。国安球迷打出"国安,有你我们不再孤单""国安,我们期盼你早日走出低谷""国安,我们相信你能再创辉煌"等标语。最终,中信董事长兼国安乐部董事长王军宣布北京国安队不但不会退出足坛,反而要加大投入。
③ 2003年,国安队联赛倒数第二场1:3惨败沈阳金德时,球迷高喊"还我国安""沈阳再进一个"的口号。
④ 1999年国安队成绩低迷,在辽宁队和山东队争夺冠军的关键时刻,拒绝默契球并逼平辽宁队,最终山东队夺得了冠军。

为"面对黑暗,决不屈服"①。球迷文化中既产生了独具北京人性格特点的助威方式②,也出现了种种备受诟病的越轨行为。

2009年11月3日,在铁帅李章洙的带领下国安队终于得到了职业化以来的第一个联赛冠军,球迷拥上大街小巷,北京成为不夜城。随着球迷组织管理的规范化,工体的围巾墙、特色助威口号等积极的京味儿球迷文化逐渐成为主流。而在场外,2010年送别澳大利亚外援瑞恩·格里菲斯,2012年送别主教练帕切科③时首都机场T3航站楼的感人场景,也是球迷文化的最好体现(参见图1、图2)。

在种种赛场"仪式"和"令人费解"的出格行为背后,不难看出,球迷文化具有明显的抵抗性、仪式性抵抗以及边缘性的特点,这也使其区别于大众文化、青年文化,而成为典型的亚文化。

**图1、图2 国安球迷送别前主教练帕切科**④

① 2004年,主裁判周伟新判给主队沈阳金德一粒莫名其妙的点球,国安交涉未果,杨祖武带领国安队员罢赛。比赛结果记为国安0∶3告负,并扣除3个积分。当年经过申诉,足协判处周伟新停赛8场的处罚。而2010年,周伟新落网时承认该场比赛他收取了20万元的贿赂。
② 1994年,甲A联赛中位列第八名的北京队在与意大利足球豪门AC米兰的商业比赛中以2∶1取胜。球迷展现了"球场最佳第十二人"的幽默,打出自制的标语横幅"不服再来"。2005年国安队的最佳射手耶利奇转会厦门队,球迷们观看与厦门队比赛时,打出"We miss you"的横幅。
③ 2012年11月18日,与国安俱乐部解约的帕切科乘坐凌晨2点的飞机返回葡萄牙。17日晚7点开始,陆续有国安球迷来到首都机场T3航站楼,身着绿色N98助威服,手持国安围巾。球迷们有序地在自发制作的写有中葡双语的"帕爷,你存在我深深的脑海里""帕切科,我们永远是一家人"以及"帕切科,北京球迷感谢你"大旗上签名。18日凌晨,当帕切科抵达首都机场时,寒风中已聚集了上千名国安球迷,大家高举围巾,组成工体标志性的"围巾墙",高唱国安队歌,并高喊"帕切科,牛×"。
④ 图1、图2引自 http://sports.163.com/12/1118/07/8GIUA26400051C89.html#p=8GIUHQ8N0B6P0005。

## 二 北京国安青年球迷的特征和风格

20年来，国安球迷在足球组织、主要活动等方面形成了一些典型的特征，构成了独特的风格。

球迷组织。球迷组织分布在工人体育场①各个看台，如北京国安俱乐部的官方球迷组织"绿色狂飙"，主要分布在工体的东看台；北看台位于球门正后方，是看球效果最差的区域，这里有著名的"御林军"以及"兄弟连"，21上看台的"绿翼京师"（原名"西厢房"），西看台的"绿色旗帜"，7上看台的"柒尚"等。

图3 位于工体东看台上的"绿色狂飙"，两条巨型条幅上
写着"绿色狂飙，激情无限"（笔者拍摄）

球迷组织的助威旗帜和标语是烘托赛场气氛不可缺少的元素，工体东看台的"绿色狂飙"组织最明显的是两条竖版巨型条幅，写着"绿色狂飙，激情无限"（参见图3）。而"御林军"和"兄弟连"的旗帜和横幅显得更

---

① 工人体育场共有18个看台对主队开放，分别是1~8、15~24看台，每个看台分为上下两个部分，整个工人体育场看台被分割为36个不相通的区域。

加富有个性,如横挂在北看台的"御林国安,军临天下""战斗!保卫紫禁之巅!!""绿色铁骑,不可阻挡"以及征战客场时常悬挂的"一绿向北""北京国安永不独行"等,另外,"御林军"成员还自己动手制作各式各样的门旗,与助威旗帜呼应(参见图4、图5)。其他组织的旗帜也根据各自的名称制作成极富个性的助威旗帜和门旗,装点着工体的赛场。

图4、图5　北看台的"御林军"①

**主要活动。**每逢主场比赛日,工体附近的大小餐馆都会被提前到达体育场的球迷"占领",三五好友在进场前一起吃饭聊天、观看比赛成为了生活的一部分。如遇客场比赛,"远征军"会携带旗帜、标语等助威工具远赴客场,而收看电视转播的球迷们会相约来到球迷餐厅。千禧园球迷餐厅和好来屋趣味烧烤在球迷中口碑较好。据球迷们说,因受众相对较少,国安球迷主题餐厅在经营上存在困难,因此其中一些已走到了倒闭的边缘。

**服饰装扮。**每逢主场比赛日,途经工体的公交车、地铁上就会挤满身着各式观赛服的球迷,虽然样式不尽相同,但颜色以绿色为主,容易辨认。而较为年长的球迷大多不会选择这种"高调"的着装方式。青年球迷还会尽一切可能彰显"国安元素",如围巾、方巾、头带、胸章等,一些女性球迷还会使用绿色头花或发卡。

**赛场语言。**国安青年球迷在赛场上观看比赛时既有气势如虹的助威口号,也有遭人诟病的所谓"京骂"等越轨语言。总体上看,其赛场语言自成一格,带有较强的北京地方特色。

---

① 图4引自http://sports.qianlong.com/4713/2010/08/19/62@6005032_14.htm;图5引自http://news.xinhuanet.com/sports/2012-04/04/c_122927024.htm。

从整体上看，北京国安的青年球迷呈现一种与年龄相关的较为张扬的心态，在工体附近，随处可见一些身着观赛服的球迷故意高声交谈、打闹，不顾旁人感受。另外，北京国安的青年球迷多受父辈影响，从年幼时便开始看球，所以对北京国安这支球队寄予着一种对儿时记忆的依恋和对城市旧貌的追忆。国安青年球迷已经形成较为稳定的风格，从穿着打扮到行为举止，都遵循着一套既定的规范。当你在某个主场比赛日置身于北京东四十条地铁站或是工体附近的商区，看着身边成千上万的陌生人身着与你相同颜色的衣服，对你默契地点头示意；当你身处工体之中，高举手中的围巾欢迎你的球队，成为壮观的"围巾墙"中的一分子；当你加入某个球迷组织，无论胜负整场都为球队摇旗呐喊，难道你还能抑制住内心的热血沸腾？难道你还能不沉迷于这种疯狂？难道你还能拒绝成为一个"圈内人"？国安球迷已经构成了一种亚文化，即"通过风格化方式挑战正统或主流文化以便建立集体认同的附属性文化形态"。①

亚文化风格"不仅包括团体可以利用的物质材料——为了建构亚文化认同（服装、音乐、言谈），也包括他们的语境（行动、功绩、地点、咖啡馆、舞厅、迷幻剂、晚会和足球赛）"。②笔者将通过分析北京国安青年球迷群体观赛时的着装、行为以及场外的种种交流活动，加之对助威歌曲、口号等文本的细读，找出其繁杂的风格背后蕴含的深层文化意义。

### （一）"围巾墙"与满眼绿色：服饰与装备

2013年微博上流行的"中超四大惹不起"③成为球迷们津津乐道的话题，其中，令"主场的北京国安""惹不起"的，其实是那群忠实的拥趸。每逢比赛日，球迷们就像过节一样身着绿色助威服，披着绿色围巾，拥向工人体育场。更有球迷调侃比赛日"不是过节，是过年"（参见图6）。

一提起工体，人们第一个想到的就是著名的"围巾墙"④。数万人高举

---

① 胡疆锋：《恶搞与青年亚文化》，《中国青年研究》2008年第6期。
② 转引自胡疆锋、陆道夫《抵抗·风格·收编——英国伯明翰学派亚文化理论关键词解读》，《南京社会科学》2004年第4期。
③ "中超四大惹不起"是：落后的申花，下半场的恒大，主场的国安，控球率35%的舜天。
④ 在足球文化中，围巾代表了球迷对球队的忠诚和拥戴，主队运动员入场时，全场球迷站立，高举印有俱乐部名称或标语的围巾以示欢迎和鼓励，由于工体上座率高，几乎场场爆满，密集的围巾远看像一面墙遮住了看台。

着印有北京国安足球俱乐部的绿色围巾，等待主队球员走过球员通道进入赛场。这时，赛场的绿色草皮和看台融为一体，成为了绿色的海洋（参见图7）。

图6 比赛日来到工体看球的球迷们脸上洋溢着微笑

图7 享誉中超赛场的工体"围巾墙"①

青年国安球迷的服饰可以分为夏装和秋装两类，秋装以耐克足球夹克N98为主，价格相对较高。比赛日的工体北门西侧的人行道上，挤满了售卖各式

---

① 图6、图7、图8、图10引自"摄影师牙叔"微博相册 http://photo.weibo.com/1652850891/talbum/index?from=profile_wb#!/mode/1/page/1。

球迷装备的摊位，几乎每家都会售卖盗版夹克，售价在60~150元不等。

笔者观察发现，尽管"N98"（参见图8）这一称呼本应特指正版耐克公司生产的足球外套的某一种款式，但在国安球迷这一群体之中，已经被挪用为秋季观赛服的代称。盗版夹克虽然在款式上并未做出较大改动，但在细节方面根据球迷的要求进行了微调，如正面的队标上加印象征2009年夺冠的星星、改变背后的"BEIJING"印花颜色等。N98可以说是北京国安俱乐部官方形象的象征，是教练及队员出席新闻发布会、接受采访时的服装，并且队徽上方没有代表夺冠次数的星星。一些球迷并不注重正版与否，只在意舒适度与辨识度。他们更看重N98的符号化意义，即这种穿着建立了球迷与球队之间身份层面的联系，以及球迷与球迷群体之间身份层面的认同，并通过简单的挪用对N98进行改造，将这一代表官方的服装形式收为己用。

图8 身着绿色N98和"牛×"服的球迷

夏装款式较为多样，正版队服推出了球员版和球迷版[①]，官方售价为769元和269元，另外还有白、绿纯色polo衫，官方售价399元。球员版与球员参赛所穿队服材质完全相同，球迷版则是采用普通运动T恤的材料制成，纯色polo衫则是在左胸前绣有国安队标。盗版队服只要30到50元不等，polo衫则为60元。青年球迷这一群体中很大一部分人还没有独立的经

---

[①] 在购买正版观赛服的球迷中，绝大多数会选择球迷版队服，价格是影响这一选择的最重要因素。

济基础，或是收入不高，由于国安俱乐部发行的定价 600 元的套票数量有限，一部分球迷需要花费每场 50 到 150 元不等购买散票，热门场次还要购买高价黄牛票，看球已是一笔不小的开支，所以更倾向于选择盗版队服。"国安吧"中针对到底选择正版还是盗版的问题展开了多次讨论。一个题为"国安商品开发：盗版太猖獗 销售得赔钱"①的帖子引起了广泛的讨论，9 级吧友"jonson2431"认为，俱乐部应"踏踏实实做做球迷文化的事"，如今"一件队服 500，一件训练服 400，弄个破毛线围巾也 100 多，现在的球迷大多 85 后，90 后，有几个天天买正版的"，没有盗版"工体可能一片绿吗？工体可能有那么壮观的围巾墙吗"？吧友纷纷表示支持，称如果正版队服价格与盗版差距不大是愿意支持正版的。

盗版队服对正版队服消费造成了致命的冲击，而且除外观几乎与正版无异外，还可以根据个人喜好印刷球员号码以及赛事级别、赞助商的标志，最大限度地接近场上比赛球员所穿着的队服。

另外，还有一些根据工体独特的球迷文化设计的特色观赛服应运而生（参见图 9～图 14），受到了球迷们的追捧，这其中不乏对俱乐部甚至是中超官方文化的挪用。一款被球迷称为"牛×观赛服"的衣服，是对中超赞助商耐克公司最畅销的一款经典 T 恤的模仿。这款观赛服底色为绿色，正面印有中超赞助商耐克的巨型商标，但本应在耐克的"钩"形图案之上的"NIKE"被"牛×"二字取代，下方本应印有耐克广告语的地方被"国安是冠军"取代，背面印有标语"工体最牛×，谁来谁歇×"。代表官方赞助商的耐克公司商标被挪用，打破了"钩"形图案与高昂价格之间的联系，与国安元素拼贴在一起，以平均 30 元左右的价格销售，成为对商业文化、消费文化的调侃，甚至是讽刺，生成了独特的球迷亚文化风格。

另外，还有一些观赛服将国安队传统的绿色和北京方言拼贴在一起，如"概儿不吝""混不吝""暴甁""歇菜"等，这些方言来自日常生活并带有浓郁的地方特色，将其作为一种风格化的符号穿着既显示了自己对北京作为家乡的认同，也显示了对北京国安球迷这一身份的认同，其实，随着城市的发展，老旧城区的消亡，越来越多的北京"土著"将北京话、北京国安视为追寻儿时记忆、怀念故乡旧貌的一种方式，这也是北京国安青年球迷群体愈发庞大的原因之一。

---

① 引自百度贴吧 http://tieba.baidu.com/p/1292186719。

图 9　北京金隅男篮队员、前 NBA 球星马布里身着
　　　"牛×观赛服"在工体观看比赛①

图 10　独具创意的"全灭"观赛服，印有中超
　　　各支球队，并以斜线划掉以示胜利

---

① 图 9 引自 http://t.sohu.com/p/m/787208049。

图 11　球迷的助威服（一）　　　　图 12　球迷的助威服（二）

图 13　球迷的助威服（三）　　　　图 14　球迷的助威服（四）[1]

## （二）"这儿是哪儿？北京！"：助威口号与歌曲

助威口号和歌曲是营造主场氛围不可或缺的因素，在助威口号的编排

---

[1]　图 11 引自 http：//tieba.baidu.com/p/696404495；图 12 引自 http：//epaper.bjnews.com.cn/html/2011 - 06/13/content_ 242440.htm? div = 0；图 13 引自 http：//pic.hzcnc.com/ty/200909/t20090904_ 856625.shtml；图 14 引自 http：//sports.sina.com.cn/j/2009 - 10 - 31/13384673271.shtml。

上，可以看出鲜明的城市印记。2013年中超联赛开赛以来，开场口号有了很大变化：

> 东看台下：这是哪儿？
> 东看台上：北京！
> （重复三次）
>
> 东看台下：我们的球队是？
> 东看台上：国安！
> （重复三次）
>
> 东看台下：我们要和国安一起：
> 东看台上：战斗！
> （重复三次）
>
> 东看台下：哦哦哦哦哦
> 东看台上：哦哦哦哦哦
> （重复两次）
>
> 咚咚，咚咚咚，咚咚咚咚 国安！
> 咚咚，咚咚咚，咚咚咚咚 必胜！

之所以要在开始时高喊三次"这是哪儿？北京！"，还要从2013年1月北京金隅男篮的主场MC（主持人）刘芳宇遭到北京市体育局批评说起。在北京金隅男篮与辽宁队比赛开场时，刘芳宇为了活跃现场气氛，与现场球迷互动，问道："这是哪儿？"全场球迷高呼："北京！"这一举动随后被外地网友投诉，认为"北京球迷和很多外地球迷形成了尖锐的对立，对北京的形象影响很不好。完全是在向客队和客队球迷耀武扬威，宣扬北京的优越感，是很不应该的"。[①]

随后刘芳宇在微博上发表了道歉。这一事件的始末引起了北京国安球

---

① http://www.bjsports.gov.cn/.

迷的关注，纷纷在"北京国安吧"内声援刘芳宇，并呼吁2013年3月开始的新赛季将北京国安主场开场口号中加入"这是哪儿？北京！"。14级吧友"ZxL少爷"认为，"今年有关部门要求CBA北京主场杜绝喊'这是哪儿？北京！'的事所有人应该都知道。'这是哪儿？北京！'一个再简单不过的事实，却被禁止喊出，我相信所有北京人心中都很愤懑！"① 经过球迷组织的相互沟通和协商，2013年中超联赛开赛后，全场球迷共同配合的新开场口号响彻了工体上空。

"亚文化是社会结构矛盾的产物……青年亚文化是发生在符号层面的对霸权和支配文化的抵抗，是'社会疾病'的症候。青年亚文化表达和想象性地解决了父辈文化中潜藏着的悬而未决的问题和矛盾，为不公平和不合理的社会病灶提供了象征性的'解决方案'，对强势文化、权力阶层进行了符号层面的挑战，尽管这种抵抗最终无法解决实际问题。"② 在这一事件中，被投诉的口号并未违反官方赛场规范，但体育局在接到投诉后所谓的"转达"意见直接导致了叫停口号的结果，而MC刘芳宇在之后的比赛中明显表现"冷场"，这使得国安球迷感到备受"压迫"，于是奋起"反抗"，在工体对官方所谓的文明赛场文化进行符号性抵抗，将这一口号重新喊起并延续下去，在国安球迷群体中实现认同与推广，象征性地解决了官方赛场文化与球迷之间的矛盾。

在比赛过程中，如果对手故意拖延比赛时间，国安球迷便会高喊："不踢滚蛋！就地活埋！"对于主队，球迷们会高喊："跟×死磕！"来鼓励队员的士气。就算在国安队领先的局势下，球迷们也不能容忍球员们以任何理由而消极倒脚，放弃进攻。竞技体育讲求战术和策略本无可厚非，在中国的足球环境下，"默契球""放水""黑哨"等现象层出不穷，延伸至整个社会层面，便是一种急功近利甚至不择手段的价值取向。对于青年球迷来说，带着对未来的憧憬和想象刚步入社会后，面对种种不公和挫折、现实与理想的落差所导致的无所适从，使他们在赛场上爆发，对于所谓心照不宣的"规则"产生极大的反感。加之国安队20年来一直保持"永踢真球"的传统，球迷们将国安队视为"公平公正"的一种象征。对客队拖延比赛时间的做法，国安球迷在整齐的口号声中表达着自己的不满，也是对场外

---

① 引自百度贴吧 http://tieba.baidu.com/p/2188035526。
② 转引自胡疆锋《恶搞与青年亚文化》，《中国青年研究》2008年第6期。

各自面对的不同程度的生存困境下的不满最直白的宣泄。

  演唱助威歌曲是工体的主要助威形式，北京国安球迷参考国内外多家俱乐部球迷的助威歌曲的特色，重新演绎。助威歌曲主要分为两类，一类是无歌词的歌曲，另一类是将耳熟能详的曲调配以新词的歌曲，还有少数由球迷为国安原创的曲目。笔者通过在工体现场记录以及对"绿色狂飙"成员的采访整理出近期七首最常用的助威歌曲歌词，其中五首是以北京国安队为书写对象，另外两首则将侧重点聚焦在"北京"之上。后者可以看作国安球迷对自己另一重身份的表达，对于他们来说，看球除了出自对足球的喜爱以外，更多的是对"北京"二字的眷恋。以"北京"为歌词主体的两首歌为《这里是北京》：

> 这里 是 北京！
> 这里 是 工体，
> 这里 有 北京国安队！
> 哦哦！
> 我们在这里！
> 永远不放弃！
> 拼搏出下一个奇迹！
> 哦哦哦哦
> 呼哈！

以及《伟大的城市》：

> 伟大的城市我们的故乡，
> 她的名字叫北京。
> 白雪皑皑覆盖的长城，
> 又在今天披上绿装。
> 无所畏惧的北京人们！
> 向前进！不后退！
> 伟大的北京！
> 他是我们的家！

而在观赛程中，如果对手与裁判争执或挑衅球迷时，全场会由各大球迷组织唱起最具有"侵略性"的《笑傲江湖》：

> 哦哦哦哦哦，哦哦哦哦哦，
> 我们国安队是不可战胜的，你来我们主场bb干什么！
> （重复三遍）

在唱完后全场有节奏地高喊：

> 你来！我们！主场！bb！干什么！滚！
> （重复两遍）

高喊这句口号，是对北京作为"家乡"的一种捍卫，而并非无端挑衅。如今，工体可谓是"京味儿""京腔儿"最浓的几个场所之一，在观赛过程中，无论是"侃球"还是"逗贫"，都是一股无形的力量，凝聚起球迷为这支球队呐喊助威、为自己的家乡呐喊助威。笔者与多名80后球迷交流后了解到，对于他们来说，国安承载着最美好的回忆，并且通过观看国安比赛明确了自己的精神追求。看国安比赛的日子镶嵌在流逝的岁月之中，当初"猴儿搂着"[①]自己看球的父亲、一起"追"明星球员的小伙伴们，以及如今变成高楼大厦的胡同、大杂院，都化作一种对国安的情结而延续。

国安队从建队之初就保持的不服输的作风，成为了国安球迷的精神追求，也成了北京人的精神追求。球迷们认为，最重要的并不是比赛结果，而是精气神儿，只要不畏强敌，顽强拼搏，球迷就会不离不弃。这种情感很好地体现在《红河谷》中：

> 北京 国安 你 最牛×
> 我们 和你 永远 在一起
> 一起 征战 大江 南北
> 去争取 属于 我们 的胜利

---

[①] 北京话，读作"呵儿喽着"，意为"小孩骑在大人肩头上"。

以及《GO WEST》中：

哦～哦～我们国安队
哦～哦～我们共进退
哦～哦～我们在一起
哦～哦～我们最牛×

ALE ALE ALE 国安队
ALE ALE 北京国安是我骄傲
我们为你一生拼搏
一起去赢得每场胜利！

这种发自内心的自豪感，呼应了北京国安队 20 年来积淀的球队理念。北京足球以整体"小快灵"制胜，从不急功近利靠大牌球星个人能力取得胜利。国安球迷对此十分认同并拥护，早在 1997 年时，尽管外援英加纳能力超群，仍无法获得球迷的认可，教练组经过慎重考虑只得放弃。

尽管这些歌词中为了增加气势，加入了一些备受诟病的"不文明用语"，但在现场助威的过程中不难发现，无论男女，只要身处工体的气氛之中，多多少少都会受到影响，一些女性球迷向笔者表示，自己在生活中从不使用的语言竟然能与全场数万人一起高声呼喊出来。在这种群体性的活动中，符号化的语言使个体的"罪恶感"减弱了，越轨的快感增强了这一形式的吸引力。

随着中超联赛的发展，各大俱乐部纷纷加大投入，引入许多国外优秀球员。从山东鲁能曾经的"银河战舰"到广州恒大如今的豪华阵容，北京国安始终坚持着自己整体足球的打法。每逢工体迎来实力强劲的对手，球迷们都会以"不忱"[①]的姿态面对，以《醉拳》曲调为基础改编的助威歌曲就是对这种高投入运营理念的一种反抗。除了彰显出国安球迷对"强敌"的无所畏惧以外，还体现青年人走入社会后，面对急功近利的浮躁作风的一种不满：

---

① 北京话，意为"不害怕，不畏惧"。

> 绿色的身影是我骄傲!
> 我们共奋斗征战天下!
> 攻必克 守必坚
> 捍卫绿色的信仰
> 为了平民的荣耀!

对于很多北京的青年人来说,国安球迷的身份已经和从前有了很大不同。很多青年球迷将职业和国安联系起来,使国安球迷身份成为生活密不可分的一部分。如"蜜三刀"乐队为国安创作了助威歌曲《最后的胜利》[①],这首歌得到了球迷们的广泛认可,副歌部分被"绿色狂飙""御林军"等球迷组织定为成员必须学会的助威歌曲:

> 我们不惧强敌,占领每一个阵地!
> 为了共同的理想,永远不放弃!
> 挥动你的拳头,我亲爱的兄弟!
> 血泪汗水夺金杯,最后的胜利!

一些球迷将自己对国安的喜爱融入生活,甚至转化为自己的职业,在工体北门"练摊儿",售卖各式各样的观赛服、围巾、车贴、手机链等球迷用品,多数卖家还会经营网店,一些发展得初具规模的卖家还会开设实体店铺供球迷前去选购商品,如鼓楼附近的"大懒堂",工体附近一家小商品市场内的"NIUCC",主要经营自主设计的球迷用品。还有一些球迷虽然不以球迷用品作为经营对象,但在店铺布置上凸显了自身的球迷身份,如小肠陈后海店老板陈亨将店内一面墙设计成由多张国安现场比赛照片组成的巨幅照片,并挂有多张老板与前来品尝卤煮的国安球员的合影;西四的"猴子煎饼"更是打出了"国安球迷送鸡蛋一个"的广告……

---

[①] 《最后的胜利》歌词为:绿茵场上,经历风雨,留下我们的足迹,举起啤酒,为你欢呼,我们心都在一起。北京这座城市需要你们,国安的英雄。让力量荣耀,闪耀在,工体的上空。我们不惧强敌,占领每一个阵地!为了共同的理想,永远不放弃!挥动你的拳头,我亲爱的兄弟!血泪汗水夺金杯,最后的胜利!曾经失败,曾经辉煌,都属于过去。追随你们,是我生命、骄傲的意义。曾经跌倒,再次洗刷,昨天的痕迹。永不言败,光辉瞬间,永远属于你。

国安青年球迷着力于彰显自己的球迷身份,有些"生怕别人不知道"的趋势。在路上如果遇到贴有国安队标的车,双方会以工体助威的节奏"滴滴 滴 滴滴"鸣笛互相示意。在路上如果身着队服的两人相遇,无论是否认识都会点头示意,有些球迷还会高喊"国安是冠军"进行互动。

这种时刻彰显自己球迷身份的风格在青年球迷中十分普遍,伯明翰学派认为:"其一,风格是文化认同(身份)的表达……其二,风格是一种动态的'分类'……其三,风格常常是有意味的形式,常常'意在言外','含蓄地意指或者表达题中之意'。亚文化团体的成员……这些特定的行为、服装、音乐和行话,以使亚文化区别于社会中主导的、工人阶级的或其他的文化形式——同时也是亚文化团体成员表达自己的一种方式。"[1] 国安青年球迷对"认同"是十分渴望的,因为"在工业文明社会,人类体验和享受强烈经验的空间变得越来越小……体育运动就有了替代性的作用……足球极大地恢复了人们平等的状态"。[2] 巨大的社会压力席卷着这一代青年人,在等待开票、排队购票的过程中实现了相对的平等;在互不相识的环境中自由选择支持的球队实现了相对的自主;在观赛时忘情呐喊或是尽情沮丧的情感发泄过程中实现了相对的自由;在众多球迷共同反对"假球黑哨"、表达对俱乐部抗议的过程中实现了相对的公正。在这个过程中,球迷们通过足球实现了在当下社会中难以寻求的认同感。

笔者对知名球迷用品店"NIUCC"的老板刘畅进行了采访[3]。25岁的刘畅和张琪是影视制作专业的同学,对国安的喜爱让她们成为好姐妹,并开始设计、制作国安Q版球迷周边产品。刘畅告诉笔者,从大学开始她们就在工人体育场为国安队呐喊助威,但由于生活费有限,只能选择一些重要场次,多数时候只能观看转播。毕业以后,面对就业压力和激烈竞争,她们也曾经十分迷茫。之所以开始"练摊儿",是"因为喜欢,又想为球迷做点什么,我和我姐儿们又有想法,所以就抱着试试的心态做了。结果就火了,就想着继续做下去,越做越好,就是当正版买不起盗版又垃圾的时候,还有我们。"

---

[1] 胡疆锋:《伯明翰学派青年亚文化理论研究》,中国社会科学出版社,2012,第79页。
[2] 杨文斌:《现代中国足球球迷行为的文化思考》,《湖南科技学院学报》2006年第5期。
[3] 采访于2013年7月1日,在东四十条地铁站B口东200米东环里小商品市场三道B85刘畅摊位进行。

这种体会来源于她们作为学生球迷，没有钱买正版观赛服的体验。创业初期可以说是历尽艰辛，但凭着对国安的热爱，她们克服了重重困难，终于获得广大球迷的认可。国安对于刘畅来说，"就是北京精神，就像北京人爱吃卤煮喝豆汁儿一个道理"。她认为，国安在某种程度上已经成为了北京的象征，爱国安也是一种对家乡北京的眷恋。随着城市的飞速发展，工体的吸引力、凝聚力越来越大，因为"找个真正属于北京人的地方不多，工体算一个"。而对于球场文化，无论是积极的助威口号还是比较负面的换人时"傻×换傻×，越换越傻×"的口号，刘畅认为，"那就是给场上球员加油的一种方式"。可以说，对于某些饱受外界诟病的现象，青年球迷的态度还是比较宽容的。当全场数万人同时喊起同一句口号时，随着集体肆意高呼的快感已经超越了口号的内容，与此同时，强烈的归属感也使得呐喊成为快感的来源，口号的文本已成为一个被悬置的对象。加之官方话语对文明赛场文化的倡导及对国安球迷口号的指责和批评，强化了此类口号的反抗性，使得球迷亚文化呈现一种"屡教不改""无法无天"的风格。

需要指出的是，国安青年球迷对球迷骚乱[1]的态度出乎意料地一致。刘畅由于工作原因接触过大量国安青年球迷，她认为大家普遍对此持有反对态度。从这一点不难看出，如今的国安青年球迷亚文化已经开始向更积极的形式发展，抵抗性已经渐渐转向赛场助威形式丰富化。"伯明翰学派把亚文化的'抵抗'视为一种寻求'认同'（Identity）。"[2] 这种"认同"是对球迷身份的认同，更是对北京人身份的认同——对集体记忆的追忆和缅怀。"为了体现认同并防御认同感的丧失，他们制造出了各种风格，作为'圈内人'和'圈外人'的标志。"[3] 如今，球迷以穿着个性球迷服饰、背包上挂上国安胸牌、车尾张贴国安队标等行为表征自己的"圈内人"的身份。正如伯明翰学派所说，"亚文化的抵抗与反叛性主要体现在追求价值观、时尚、风格等方面，往往停留在闲暇领域"[4]。

---

[1] 采访时主要针对 2013 年 5 月 18 日国安主场被天津泰达逼平后球迷在工体至东四十条地铁站之间拦截、打砸天津牌照车辆的事件。
[2] 胡疆锋、陆道夫：《抵抗·风格·收编——英国伯明翰学派亚文化理论关键词解读》，《南京社会科学》2004 年第 4 期。
[3] 同上。
[4] 同上。

## （三）民间"北京精神"：局器、厚道、牛×、有面儿：工体的标语

标语在工体可谓是一道独特的风景线，"用巴赫金的话就是：诙谐文化的插科打诨、嬉笑、打闹和调侃背后有着非常严肃深刻的意蕴，隐含着'微言大意'——精神的解放，自由的满足"[1]。其中既包含对对手的调侃，也包含对足协的不满和控诉，更有在地震过后令人感动的祈祷和祝福。可以说，工体标语是国安球迷亚文化风格的最典型的代表（参见图15～图19）。

2009年，国安队队员们在赛场上奋力拼搏，球迷们看到了夺冠的希望。这时，国内某俱乐部放出谣言，声称国安是足协"内定"冠军，呼吁中超各队齐心"阻击"国安。愤怒的国安球迷在工体打出标语："黑京是种病，传播无止境。病状是乱咬，四处喊内定。"标语中将造谣、传谣的人暗指为"疯狗""病人"，对这种行为表达了强烈的不满，但文本中并未出现过激的言语，只是以打油诗的形式对这种行为进行了调侃和讽刺，充满了独特的京味儿幽默。

北京国安和天津队的比赛素来充满火药味，也被媒体"炒"为"德比大战"。2009年6月13日，天津队员谭望嵩在不可能触到皮球的情况下飞踹国安守门员杨智，导致后者受伤离场。中国足协对此暴力行为只开出了停赛五场的罚单，而前不久，国安队员周挺因在比赛中骂人被停赛六场。对此，国安球迷十分不满，于是在2009年6月20日与河南队比赛的时候打出标语："冠军国安，河南亚冠。"这体现了"民间北京精神"中"有面儿"的一面。另外还有"河南朋友有美酒，包子来了有拳头"。以此表达对天津队员行为的鄙视和反感。标语中，对河南队称为"河南朋友"，而见天津队称为"包子"，这也是对天津队的一种不尊重的称呼，通过这种形式，国安球迷表达出对不懂得尊重对手的球队的蔑视。而对于中国足协的判罚，国安球迷更是打出了朗朗上口的标语："昏庸判罚何时能休，中超不要少林足球。""与其骂娘不如踹人，反正最多停赛五轮。""施连志，谭望嵩，传承津门废人功。""骂人六场，踢人五场。中国猪协，你真天津。"球迷将风靡一时的电影《少林足球》的名称进行挪用，赋予其"球场暴力"的新内

---

[1] 胡疆锋：《恶搞与青年亚文化》，《中国青年研究》2008年第6期。

图 15 工体标语（一）①

涵；而对"足"的字音的故意误读，使其生成了浓厚的感情色彩。另外，一些球迷在标语中给这次暴力事件的主角谭望嵩起了新的"昵称"——"骂人六场，踹人五场，中国足协新主张：君子动脚不动嘴。""猪协无能，踹踹无罪！停赛五场，过后照踹！"球迷们通过这种讽刺性的语言和标语的形式，表达了对足协对此次暴力事件的定性的强烈不满，对官方的话语权进行了挑战和反抗。

面对中超新贵广州恒大，国安球迷打出"进你三球毫无压力，恒大首败国安走你。一千多万也别牛×，工体你别忘乎所以"的标语，从小在胡同儿、筒子楼里长大的北京青年球迷自认为靠整体制胜的国安是"平民"，面对广州恒大"疯狂砸钱挖墙脚"的急功近利的行为，以一种不自卑、不羡慕的姿态应对，甚至还有几分鄙视。这也无疑是对当下社会中浮躁作风的一种无声的表态。

---

① 图 15 引自 http：//zhongchao.nubb.com/news/2009/11/01/875253.shtml。

瓷们，工体去！ 379

图 16、图 17　工体标语（二、三）①

在 2010 年亚冠赛场上，国安球迷打出"川崎本是火锅调料，挑战国安纯属瞎闹，工体今夜大声咆哮，中国才是世界骄傲"及"京都火锅川崎配料，御林称雄倭奴乞降"的标语。由于对手为川崎前锋队，国安球迷将北京人常吃的川崎火锅配料的名称进行挪用，模糊了两者之间意义上的区别，只作为一种指代的符号在标语中使用。而面对来自日本的球队，国安青年球迷使用了"倭奴"一词，带有强烈的贬义色彩，将俱乐部之间的足球比赛上升到国家和民族层面，在足球场上释放对官方文化中早已"邦交正常化"的中日关系的个人态度。

图 18　工体标语（四）②

---

① 图 16 引自 http：//www.espnstar.com.cn/new/pub/csl/2009/0620/127342_3.htm；图 17 引自 http：//www.hinews.cn/news/system/2009/06/20/010505236_04.shtml。
② 图 18 引自 http：//bild.sports.tom.com/vw/190865-4.html#picchange。

工体标语还有一部分是脱离比赛内容的,而单纯对不文明现象、不合理现象进行控诉。如全国赛场激光笔盛行,严重影响球员比赛,国安球迷自发打出"请别亮出激光笔,否则大家鄙视你"的标语,共同抵制赛场的不文明现象,这也是"民间北京精神"中厚道的体现;对于黄牛谋取暴利、裁判收受贿赂的行为,球迷打出"黄牛总不断,噪声老添乱。裁判再瞎吹,球市要完蛋""球票原价磕我们都不要,不惯着你们这帮孙子!"

图19 工体标语(五)①

除此之外,还有一类标语在工体也时常出现,就是与当下国家大事紧密结合的标语,如"日本滚出钓鱼岛!""玉树挺住!北京球迷为你祈福"等标语(参见图20)。在2012年7月21日北京遭受特大暴雨侵害之后,在一场中德友谊赛中,国安球迷们在主场高喊"房山挺住"并纷纷举起"房山加油"的标语(参见图21)。这体现"民间北京精神"中"局器"的一面(参见图22)。

所谓"民间北京精神"——局器、厚道、牛×、有面儿,其实是对官方提倡的"北京精神"的一种娱乐化的重新书写。"民间北京精神"更倾向于

---

① 图19引自 http://www.jfdaily.com/a/325896_2.htm。

对"北京人"的精神面貌的总结,是国安球迷对自我性格的一种评价。通过对官方文化的挪用,建立起属于自己亚文化群体的独特风格,并将其深深融入标语文本的书写当中。

图 20　国安球迷在工体外为玉树遇难同胞祈福①

图 21　国安球迷悼念"7·21"北京特大暴雨遇难房山同胞②

---

① 图 20 引自 http：//sports.sina.com.cn/j/p/2010-04-22/12134950659.shtml。
② 图 21 引自 http：//news.china.com.cn/live/2012-07/25/content_ 15326533.htm。

图 22 北京街头随处可见张贴国安队标和"民间北京精神"车贴的车辆（笔者拍摄）

## 三 他们来自何处，又将走向何方？

伯明翰学派曾经对英国的球迷文化进行过研究。1968 年，光头仔/足球流氓亚文化出现在社会变迁造成工人阶级生活的方方面面发生变化的时期。工人阶级传统社区被一一瓦解："大批房屋被卖给了'外来户'，常常是移民；最主要的城市贫民区被改造，通常是兴建'高层'住宅，随之而来的是外来户迁入新居；一些家庭迁往郊区在建的新区。"[1] 工人阶级青年的文化认同在这个过程中消失了，只得将足球场作为恢复工人阶级文化传统的领域。

相似的是，与早期的球迷群体相比，如今的国安青年球迷亚文化群体形成较为完整、全面的风格，这也与近年来北京城市的飞速发展有关。北京在向"世界城市"标准发展的过程中，已经更多地被赋予"国家中心城市""世界都市"的使命，接纳着全国乃至全球各界人才的拥入，而生活在

---

[1] 陶东风、胡疆锋主编《亚文化读本》，第 157 页。

此的只将北京作为"家乡"的青年"土著"们，面对着由二环拆迁至五、六环而对"城里"曲折蜿蜒的小胡同儿渐渐陌生；曾经嬉戏的大杂院中拔地而起富丽堂皇的高楼大厦间再也听不到熟悉的京腔；儿时与父母遛弯的胡同儿里开满各色小店售卖"小资"的生活方式……种种房屋和住宅结构以及休闲方式的变化使得青年"土著"们陷入深深的"文化危机"。在这种日新月异的变化面前，似乎只有足球场能够寄托青年"土著"们对家乡、对传统的忠诚。同时，大量人才的流动和拥入使得青年"土著"们面对着前所未有的竞争和压力，随着年龄的增长，被当作家乡的北京不再能够提供"家"的含义下所承载的内容：令人安心的依靠，压力无处不在，甚至是在"家"里。青年"土著"们只得将目光转向代表着家乡北京的那块绿茵，在那里，以挥舞右臂，与数万人齐声高喊的形式，得到对自我、对记忆的认同，现实中的困窘和矛盾得到了象征性的解决。

青年球迷文化作为一种亚文化通过"亚文化符号（服装、音乐等）转化为大量生产的物品（即商品的形式）"以及"统治集团（如警方、媒体、司法系统）对越轨行为进行'贴标签'和重新界定（及意识形态的形式）"[①] 经历着与主流意识形态对话、融合的过程。

就第一种形式而言，"NIUCC"原创的国安Q版形象全家福得到了北京国安俱乐部的认可，将其纳入北京国安官方手机应用软件的界面。这些Q版形象原本是国安球迷亚文化的一种风格化的符号，用以彰显球迷身份，经过官方文化的重新界定成为流行文化的一部分，成为一种有利可图的商品。同时，随着"NIUCC"品牌球迷用品的影响力不断扩大，她们受到了《北京晚报》的关注[②]，正如赫伯迪格所说，媒体是最先关注亚文化在风格方面的创新的。

笔者认为，青年球迷亚文化中蕴藏着丰富的文化产业价值。球迷文化产业无疑是一个庞大的市场，正版产品高昂的价格与球迷的需要之间存在的尖锐矛盾并非不可调和，如国安队刊以及2013年推出的《北京国安二十年》[③] 纪念册等有纪念意义的正版球迷产品都受到了球迷的欢迎。

---

① 〔美〕迪克·赫伯迪格：《亚文化：风格的意义》，陆道夫、胡疆锋译，北京大学出版社，2009，第117页。
② "国安姐妹"专题报道，《北京晚报》2013年7月18日，第39版"国安姐妹"专题报道；详见http://bjwb.bjd.com.cn/html/2013-07/18/content_91180.htm。
③ 由新京报社编著，北京联合出版公司2013年1月出版，售价98元。

服饰、围巾等类别的正版球迷产品自 2009 年起就被耐克公司包揽，价格很难让青年球迷接受。将目光投向职业化进程相对较短的中职篮赛场，有一些经验可以借鉴。上一赛季的 CBA 联赛由李宁公司推出了一系列球迷服饰，价格相对较低，一些身兼北京金隅男篮球迷身份的国安青年球迷纷纷在"国安吧"中"晒"出自己购买的价格公道的正版金隅球迷服饰，很多球迷表达了有购买计划。反观中超赛场，如果足协能够改变耐克的"大一统"局面，鼓励国产运动品牌参与竞争，同时，大力加强对知识产权的保护，规范球迷用品市场，整合如今"散兵游勇"的原创国安周边产品设计师的资源（如"大懒堂""NIUCC"等），那么就既能够解决就业问题又可以实现经济增长。

而对于第二种形式，也可以转化为对青年球迷进行正确引导并对球迷组织进行规范管理。相关部门应督促工人体育场内的球迷助威组织在文化层面上加强联系和交流，规范赛场内的助威秩序。据笔者了解，一些小型球迷组织还未申请到固定专用看台，所以每次观赛时这些球迷组织都会有专人占去相对靠前的一大片座位，这引起了该看台其他球迷的不满，甚至在还未开始比赛时就引发了看台上的冲突，这需要引起相关部门的足够重视，加强对一些新兴的球迷组织的管理。

对于观赛现场的一些攻击性、侮辱性的口号和行为，笔者认为已经超出了亚文化的范畴而成为了负文化。一旦经过球迷组织带动，非球迷组织的球迷们很容易加入负文化制造者的阵营之中。对此，绿色狂飙[1]成员"国安舟"[2]告诉笔者，有组织的球迷组织一般都会有一定的赛场观赛行为规范。"狂飙的口号不激进，不带侮辱性语言，对内部成员要求也是比较严格的，绝对不允许出现不文明的现象。"而"御林军"无论场上、看台上情况如何，一直高唱助威歌曲并摇旗呐喊，将一些零散的骂声掩盖。"国安舟"告诉笔者，遇到一些特殊场次，如果比赛结果不尽如人意，散场后往往会发生球迷集体发泄的事件，形式多为高喊侮辱性口号，在这种情况下很容易引发球迷暴力事件。笔者认为，控制此类事件的发生如果单纯依靠警察、

---

[1] "绿色狂飙"作为官方的拉拉队，在整个观赛过程中起到了引导助威走向的作用，他们有固定的看台，较为严格的入会审核标准，观赛时也需要遵守一定的纪律。在观赛过程中，在赛场上出现个别看台侮辱骂球员、裁判的情况时，"绿色狂飙"会集体停止助威，等待骂声停止，整个东看台在骂声中保持沉默。

[2] 采访于 2013 年 5 月 25 日，在麦当劳东四十条店进行。

武警等的疏导和管理是很难达到预期效果的。一方面，鼓励各大球迷组织编创积极的现场助威口号、创作富有正能量的助威歌曲歌词；另一方面，从球迷组织内部入手，强化球迷组织的义务和责任。球迷组织对球迷起到了引导和带动作用，应建立一套相对完善的制度，将球迷组织的作用真正规范化并落到实处。

另外，国安青年球迷也难逃被"抹黑"的命运。一些媒体抹杀了青年球迷亚文化的全貌，将其归为"低素质""暴力"的"乌合之众"。每逢比赛日，组织者如临大敌，在工人体育场各个出口附近布置警察、便衣警察、防暴警察和全副武装的武警战士。遇到一些特殊场次，在东四十条地铁站内甚至会安排警犬。这无疑制造出了一种"道德恐慌"。2013年3月13日①的亚冠联赛小组赛中，北京国安在主场迎战日本广岛三箭队。笔者发现，该场比赛的安检比联赛严格，甚至没收了一些球迷手绘的门旗、标语，"御林军"球迷组织的助威大鼓也不见踪影。最终，本场比赛北京国安队取得了胜利，但赛场氛围远不如中超比赛那样热烈：没有遍布看台的旗帜、别出心裁的口号……散场时，在警察的高声指挥下，数万球迷被引导进狭窄的人行道缓慢移动（平日散场时，工体附近的非机动车道和便道都成为球迷们的"地盘"）。几个球迷告诉笔者，在赛场上击败日本球队可以说是民族情绪的一个出口，为自己的球队摇旗呐喊可以表达出自己对钓鱼岛问题的态度，他们愿意用这种方式而并非砸日本车、砸日本商店。但想想被没收的助威门旗、看着严阵以待的防暴警察和武警官兵，心里有一种说不出的滋味，甚至想故意做些"反社会"的举动。

"在道德恐慌中，亚文化的真实面孔被掩盖了起来，被抹上了支配文化挑选的'颜色'，从而使亚文化失去了真正的抵抗力量。"② "国安舟"认为，对于媒体所关注的个别足球流氓现象，也不应将全部责任推给球迷，因为"所有的人都有逆反心理"。那些越轨的行为在球迷内部也会遭到大家的谴责，如2013年中超联赛主场被天津泰达逼平后的砸车事件，球迷们纷纷在"国安吧"中发帖，谴责这种暴力行为，由此可见，青年球迷需要更

---

① 当时正值钓鱼岛问题僵持不下的社会氛围中。赛前，工人体育场附近的街道居委会纷纷张贴通知，告诫日本车车主尽量不要将车辆停在工体附近；工人体育场周围的酒吧、小店都接到提前结束营业的通知。
② 胡疆锋：《伯明翰学派青年亚文化理论研究》，中国社会科学出版社，2012，第232页。

多的信任。

　　媒体的导向作用是至关重要的,各地方媒体之间应将注意力更多地集中在体育比赛本身,给予受众正面的引导。以北京电视台体育频道为例,该媒体总体上看是以正面报道与亚文化的对话的。该媒体在"天天体育"等众多节目之中,开设了短信、微博等交流平台,供球迷们"畅所欲言",球迷们的留言会滚动出现在屏幕下方。球迷们对比赛的评价甚至是调侃可以说是球迷亚文化中一个很重要的组成部分,但留言在播出之前会经过筛选和考量,屏蔽那些偏激、极端的留言,播出积极或是持中立态度的言论。同时,该节目花大力气捕捉球迷中的正面新闻大力报道甚至滚动播出,如工体求婚、球迷送别教练等,将富有抵抗性意味的青年球迷亚文化形式悄悄溶解于众多令人感动的事件,那些带有明显抵抗性的亚文化形式被消解了。

　　对于不同地域之间的矛盾,"国安舟"认为,"看足球比赛,我觉得一定要有地域性,但是不应带有地域性的辱骂"。强化地域概念会导致观赛重心偏离足球本身,产生毫无缘故的谩骂甚至闹事。基于此,媒体应担当起正确舆论导向的责任,将报道重心聚焦在体育比赛本身、不同地域的足球文化或是足球专业知识等内容。一些有"历史渊源"的场次在赛前报道时不要为了造新闻热点而强化矛盾和冲突[1],否则球迷群体的反应便会成为一场脱离比赛内容的闹剧,导致球迷亚文化走向负文化。

　　如今,在京城青年球迷之中流行着这样一句话:"赢就一起狂,输就一起扛",这是北京金隅男篮在夺冠后的第二个赛季止步半决赛回京及2013年北京国安队征战亚冠失败回京时球迷接机打出的标语。醒目的横幅吸引了首都机场众人的目光,响亮的口号震撼了T3航站楼旅客的心灵。笔者相信,国安青年球迷亚文化中令人瞠目结舌却又拍案叫绝的富有活力的风格,将在北京这座城市的发展进程中,共同见证中国的文化自觉和大繁荣。

---

[1] 2013赛季武汉卓尔重回顶级联赛,一些媒体赛前大肆炒作2008年武汉光谷和国安发生冲突后的退赛,引发了两队球迷的对骂。

**图书在版编目(CIP)数据**

文化研究.第17辑,2013年·冬/陶东风,周宪主编.
—北京:社会科学文献出版社,2014.5
ISBN 978-7-5097-5876-2

Ⅰ.①文… Ⅱ.①陶… ②周… Ⅲ.①文化研究-丛刊
Ⅳ.①G0-55

中国版本图书馆CIP数据核字(2014)第067110号

## 文化研究(第17辑)(2013年·冬)

主　　编 / 陶东风(执行)　周　宪
副 主 编 / 胡疆锋　周計武

出 版 人 / 谢寿光
出 版 者 / 社会科学文献出版社
地　　址 / 北京市西城区北三环中路甲29号院3号楼华龙大厦
邮政编码 / 100029

责任部门 / 人文分社 (010) 59367215　　　　责任编辑 / 吴　超
电子信箱 / renwen@ssap.cn　　　　　　　　责任校对 / 宝　蕾
项目统筹 / 宋月华　吴　超　　　　　　　　责任印制 / 岳　阳
经　　销 / 社会科学文献出版社市场营销中心 (010) 59367081　59367089
读者服务 / 读者服务中心 (010) 59367028

印　　装 / 北京季蜂印刷有限公司
开　　本 / 787mm×1092mm　1/16　　　　　印　张 / 25.25
版　　次 / 2014年5月第1版　　　　　　　　字　数 / 415千字
印　　次 / 2014年5月第1次印刷
书　　号 / ISBN 978-7-5097-5876-2
定　　价 / 89.00元

本书如有破损、缺页、装订错误,请与本社读者服务中心联系更换
△ 版权所有　翻印必究